CREATING SUCCESSFUL EVENTS

이벤트를 알면 마케팅이 보인다

이벤트
성공의
노하우

이벤트를 알면 마케팅이 보인다

이벤트 성공의 노하우

ⓒ 이각규 2017

1판1쇄 2017년 6월 23일

지 은 이	이각규
펴 낸 이	강민철
펴 낸 곳	㈜컬처플러스
편　　집	고혜란
디 자 인	이유경
홍　　보	음소형
출판등록	2003년 7월 12일 제2-3811호

ISBN 979-11-85848-04-4 (93300)

주　　소	04557 서울시 중구 퇴계로 39길 7, 5층(필동2가, 윤미빌딩)
전화번호	02-2272-5835
전자메일	cultureplus@hanmail.net
홈페이지	http://www.cultureplus.com

「이 도서의 국립중앙도서관 출판예정도서목록(CIP)은 서지정보유통지원시스템 홈페이지(http://seoji.nl.go.kr)와 국가자료공동목록시스템(http://www.nl.go.kr/kolisnet)에서 이용하실 수 있습니다.(CIP제어번호: CIP2017012677)」

값 29,000원

CREATING SUCCESSFUL EVENTS

이벤트를 알면 마케팅이 보인다

이벤트
성공의
노하우

이각규 지음

컬처플러스

최신 개정판을 내며

이론과 현장이 궁금한 이벤트 실무자들에게

지금은 이벤트 시대이다. 우리나라 현대 이벤트의 효시라 할 수 있는 세계적인 메가이벤트인 1988년 서울올림픽을 기점으로, 많은 기업과 공공단체가 다양하면서도 수많은 이벤트를 실시했다. 그로부터 30년 동안 이벤트산업은 급성장하였다. 1997년 11월부터 시작된 경제위기인 IMF와 2008년 글로벌 금융위기로 인한 장기적인 경기침체에도 불구하고 기업들은 이미지제고와 상품 판매효과, 이익창출을 목적으로, 전국의 각 지자체들은 지역이미지 홍보와 지역경제 활성화를 목적으로 각각 다양한 유형과 규모의 이벤트를 의욕적으로 실시하고 있다.

현재 다양한 형태로 실시되고 있는 이벤트(기업 판촉이벤트, 지방박람회, 지역축제, 특별이벤트)의 파급효과가 성공이냐 실패이냐에 따라 일반대중과 지역, 기업에 미치는 영향은 매우 크다. 이벤트는 실시효율성이 낮은 양적인 성장보다는 실질적인 파급효과를 가져 올 수 있는 질적인 성장으로 탈바꿈해야 한다.

이벤트 주최 측의 다양한 실시목적과 이벤트준비, 그리고 실행현장의 예측 불허한 상황에 효율적으로 대응할 수 있는 실무 전문서의 중요성은 아무리 강조해도 지나침이 없다. 그리고 한국적인 이벤트 이론의 체계화 및 연구는 계속되어야 하며 이를 위한 이벤트업계와 학계의 부단한 노력이 필요하다. 물론 그동안 여러 가지 이벤트 전문서적들이 출판되었지만, 급격한 시대변화와 이벤트현장 및 실무여건을 도외시한 기본 이론에 치우쳐 실무에 활용하기에는 턱없이 부족하다고 볼 수 있다.

이 책은 이같은 이벤트업계 실무자들의 요청으로 집필하여 2001년에 출판됐다. 2007년에 1차 개정판에 이어 그로부터 10년 후인 2017년 2차 개정판을 출판하게 되었다. 이번 개정판에서는 내용들을 보완하고 추가해 실무자들의 요청에 부응하려 힘썼다.

제1부 〈이벤트 개론〉 1장 '이벤트의 발전배경'은 우리나라의 고대시대부터 2015년까지의 상세한 이벤트 역사와 이벤트관련 산업의 최근 현황, 문제점과 대책, 4장 '기업 활동과 이벤트'는 미국의 새로운 고객 파트너십을 위한 라이프스타일 이벤트마케팅 개념과 사례, 5장 지역 활성화를 위한 이벤트 역할을 각각 추가로 넣었다.

제2부 〈이벤트 기획〉 1장 '이벤트 기획의 기본요소'는 기획업무의 흐름과 필요한 능력, 이벤트 요소와 기획요소, 3장 '이벤트 기획 방법'은 기획 구상의 정리 기법과 이벤트를 성공시키기 위한

내용 및 사례, 4장 '기본계획과 프레젠테이션', 5장 '실행 계획'은 실행 계획의 포인트, 실행계획안 작성사례, 실행예산 작성을 보완했다.

또한 제3부 〈이벤트 실무〉는 2장 '홍보마케팅', 3장 '행사장 구성과 시설', 5장 '이벤트운영'이 새로 추가되었다. 4장 '이벤트의 실시'는 사전 체크 포인트, 연출 구성, 법적 규제와 협력 요청, 비상 상황의 대응이 보완되었으며, 이벤트디자인이 새로 추가되었다. 6장 '이벤트 평가와 애프터 매니지먼트'는 수지 결산, 보고서 작성, 총괄과 소감 등을 각각 보완했다. 따라서 이 책을 활용한다면 현시점에서 어떠한 이벤트 프로젝트라도 대응할 수 있을 것이라 판단된다.

이 책은 이벤트업계 실무자들에게 꼭 필요한 실무 전문서로서, 활용도가 높을 것이라 확신한다. 특히, 이벤트프로모션회사 실무담당자, 광고대행사 프로모션 및 이벤트 실무담당자, 기업체 판촉 및 행사담당자, MICE 전문업체 행사담당자, 지방자치단체 관광 및 문화행사 실무자, 문화예술 관련기관 행사담당자, 신문 및 방송사 이벤트사업 실무자들에게 반드시 읽어볼 것을 권하고 싶다.

이 책을 통해 다양한 이벤트 프로젝트업무의 전체구조와 흐름을 파악하고, 실무를 진행할 때마다 필요한 내용을 참고하고, 실무 체크 포인트로 활용하여 성공하는 이벤트의 주역이 되길 바란다.

지난 16년 동안 전국의 이벤트업계 실무자들과 이벤트 관련학과 교수, 이벤트 전공학생들로부터 많은 성원과 사랑을 받았다. 현재 30여 개가 넘는 대학과 대학원의 이벤트학과 및 이벤트관련 전공과정의 교재로 채택되었다. 이벤트분야의 실무전문서 중에서 베스트셀러가 된 것은 부족한 졸저를 독자 여러분들께서 활용과 성원해주신 덕택이라 생각한다.

이 책을 마무리하면서 고마운 분들께 감사드리고 싶다. 먼저 조선 말기와 일제강점기, 8.15 광복 후의 박람회와 각종 행사사진 자료를 협조해준 국립중앙도서관 연구소와 자료보존실, KOTRA 자료실, 전 2012 여수세계박람회조직위원회와 여러 지방박람회조직위원회 관계자 분들께 깊이 감사를 드린다. 아울러 오랜 시간 한 권의 책을 출판하는데 심혈을 기울여준 (주)컬처플러스 강민철 대표를 비롯해 편집·디자인팀원들에게 고마움을 전한다.

서교동 연구소에서
이 각 규

PART 5 | 지역 활성화를 위한 이벤트 역할

2부 이벤트 기획

PART 1 | 이벤트 기획의 기본요소

3부 이벤트 실무

PART
1 이벤트 실무의 기본 지식

PART 5 | 이벤트 운영

PART 6 │ 이벤트 평가와 애프터 매니지먼트

1부 이벤트 개론

CREATING
SUCCESSFUL
EVENTS

제1장

이벤트의 발전배경

 연구 포인트

이벤트의 기원과 발전 과정에 대해서 알아본다. 그리고 현대를 이벤트 시대라고 부르게 된 배경에 대해서도 생각해 보고자 한다. 먼저 고대부터 있었던 이벤트의 역사를 간단하게 돌아본 뒤, 현대 이벤트의 시작, 이벤트 시대의 도래 및 발전 과정에 대해 살펴보기로 한다. 또한 이벤트 시대라고 불리게 된 배경 요인 즉 기술의 변화, 생활 의식의 변화, 사회경제의 소프트화 현상들에 대해 알아보고, 그것이 이벤트 산업의 발전에 미친 영향에 관해 서술하고자 한다. 더불어 이벤트 산업의 발달이 지역 문화 및 경제 활성화에 미친 영향 등에 대해 살펴본다. 끝으로, 이벤트 관련 산업의 현 상황, 행정 정책의 바람직한 자세와 향후 방향에 대해서 정리한다. 이벤트를 산업적 측면에서 파악하는 것도 큰 의미가 있지만, 다음 장에서 서술할 이벤트의 사회적 역할(양방향 퍼스널 커뮤니케이션 미디어의 역할)을 근거로 산업적 의의를 이해하는 것도 중요하다.

1. 현대는 이벤트 시대

역사로 보는 이벤트의 기원

고대부터 현대까지 실시되어 온 이벤트는 그 시대의 사회적 배경과 사회구조, 생활양식과 밀접한 관계가 있다고 할 수 있다. 예를 들면, 혼란했던 시기에는 마음의 평안함을 추구하기 위해 '종교적'인 것이, 평화로운 시기에는 일상생활을 한층 더 즐겁게 보내기 위해 '놀이적'인 것이, 그리고 독재 시기에는 '정치·정책적' 또는 '저항적' 사상이 내재되기 쉽다. 원시시대에는 항상 험난한 자연과 싸움의 연속이었지만, 인간은 자연에 대해서는 너무나 무력했기 때문에 또 다른 무엇인가에 의지하려 했다. 이것이 종교적 사상을 싹트게 했으며 여기서부터 기원을 위한 제사가 시작되었다고 한다. 이처럼 신에 대한 숭배로부터 시작된 이벤트는 오곡풍요기원제, 추수감사제 그리고 죽은

[사진1-1] 원시 기원제
[사진1-2] 고구려의 제천의식 '동맹' 재현

자에 대한 진혼의식이 싹틈과 동시에 영혼과 조상을 모시는 제례의식이 행해졌다.

이러한 제례의식은 이를 주관하는 제사장을 통해 영혼이나 조상과의 대화도 이루어졌는데, 특히 이런 대화의 과정에서 제사장은 주술을 행하거나 점을 치고, 예언과 신의 말씀을 계시했다.

우리나라도 부족국가 시대에 부여의 영고, 고구려의 동맹, 동예의 무천 등과 같은 제천의식이 있었으며, 이것들이 고대의 최초 이벤트였다고 할 수 있다. 이 같은 전통은 불교의식이 중심이 된 고려시대의 팔관회, 연등회, 지방 각지에서 실시된 단오제와 백중놀이 그리고 조선시대의 산천제, 성황제 및 각 마을의 동제(洞祭)로 이어져 오늘날까지 내려오며, 각 지역의 향토축제로 발전되어 전국적으로 1천여 개의 지역축제가 개최되고 있다. 이것들은 역사와 전통 위에 구축되어 오늘날까지 많은 사람들에 의해 계승·발전·개발되어 오고 있다.

19세기 말, 거센 외세의 물결 속에 개항과 함께 신문물을 받아들이기 시작했다. 1881년 고종은 일본에 파견한 신사유람단의 제2회 도쿄내국권업박람회 관람과 1883년에 조선 보빙사 일행의 미국 보스턴기업박람회 관람 등을 통해 국제사회에

[사진1-3] 1893년 시카고세계박람회의 조선실
[사진1-4] 1900년 파리세계박람회의 대한제국관
[사진1-5] 국내 최초의 박람회인 1906년 부산일한상품박람회
[사진1-6] 1910년 런던 일·영 박람회의 조선총감부 전시관

조선을 알리기 위해 박람회를 활용했을 뿐 아니라, 산업과 기술 진흥에 필요한 주요 문물을 입수할 수 있는 행사로 박람회를 인식했다. 당시의 지식인이나 언론 등 여론 주도층 사이에서 박람회는 개화를 위한 가장 효과적인 수단의 하나로 널리 인식되었다. 격동기였던 조선 말기와 대한제국 시기에 1893년 시카고세계박람회와 1900년 파리세계박람회 등 서구에서 개최된 세계박람회에 두 차례 참가한 것은 외국에 조선을 알릴 수 있는 기회가 되었다. 전시실과 전시관을 짓고 조선의 문화와 산물을 전시하여 서구인들에게 소개했다. 시카고세계박람회의 조선실은 조선의 물품을 다양한 나라 사람들에게 알릴 수 있는 기회가 되었으며, 박람회 기간 동안 각국의 주요 인사들과 만날 수 있는 연회를 주최하거나 연회에 참석하여 교류하기도 했다.

또한 파리세계박람회에 설치한 대한제국관으로 인해 조선의 문물과 문화가 얼마나 섬세하며 아름다운지를 알릴 수 있는 기회가 되었던 것으로 보인다. 두 번에 걸친 세계박람회 경험은 기술과 품질, 규모 등 모든 면에서 조선의 수준이 매우 낙후

되어 있음을 절실히 인식하는 계기가 되었다. 이러한 경험과 인식에 근거하여 국내에서도 구체적인 대안이 모색되기 시작했다. 고종은 이러한 관심을 더욱 구체화하기 위해 박람회와 관련된 법제를 정비했다. 그에 따라 1895년 3월에 칙령 제48호로 '농상공부관제'를, 1899년 8월에는 농상공부지령 제39호로 '임시박람회 사무소규칙'을 반포했다. 또한 개화기 이후 문화 대변혁기를 맞이하면서 창극, 신파극, 무성영화, 유랑극단, 서커스 등의 공연이 활발히 이루어졌다.

1902년에는 임시박람회 사무소가 설치되어 9월에 시행 규칙을 마련하고 구체적인 활동에 들어갔다. 1904년 7월에는 농상공부의 '임시박람회 사무소관제'를 폐지하고, 농상공부에 박람회 권업과를 신설했다. 고종은 박람회를 위해 칙령 또는 부령으로 박람회 관련 제도를 정비하기도 했다. 이는 국왕이 박람회에 대해 지대한 관심을 가졌다는 것을 의미한다.

1906년 4월 부산에서 국내 최초의 박람회인 일한상품박람회가 개최되었고, 8월에는 전조선철도박람회가 개최되었다. 1907년에는 ≪조선신보사≫ 주최로 기차박람회가, 9월에는 대형박람회인 경성박람회가 서울에서 개최되었다. 또한 조선통감부는 1910년 5월 영국 런던에서 개최된 일·영박람회의 동양관에 조선의 특산물과 공예품을 전시했다. 1903년 오사카에서 개최된 제5회 내국권업박람회의 학술인류관에 인종 표본으로 5개 종족 12명과 함께 조선 여인 2명이 매수되어 조선의 풍속을 소개한 사건이 벌어졌다. 그들은 20여 일 동안 전시되었다가 오사카에 머물던 조선인들의 항의를 받고 철회되었다. 그 후 1907년 도쿄에서 개최된 도쿄권업박람회의 조선관에 부속된 수정관에도 조선인 남녀 2명이 전시되는 일이 벌어졌다. 충격을 받은 조선 유학생들이 이 조선인들을 귀국시키기 위해 노력했으나 해결하지 못했다. 결국 조선 정부에서 관리를 급파하여 전시된 조선인을 귀국시킴으로써 일단락되었다. 이 두 박람회의 조선인 전시는 당시 계몽적이며 중립적인 박람회에 대한 인식에 큰 파문을 일으켰다. 1910년 일제의 강점으로 식민지시대에 접어들면서 박람회, 산업전람회, 미술전람회, 음악회, 체육대회 등의 각종 행사가 일제의 주도로 개최되었다.

일제강점기는 박람회 시대라고 해도 틀린 말이 아닐 정도로 많은 박람회와 공진회가 개최되었다. 조선은 일본에서 개최된 박람회에도 매회 참가했는데 시대의 요청에 따라 출품 내용도 각각 달랐다. 조선의 박람회 담당자는 식민당국과 밀접한 관

[사진1-7] 경제 불황 타개가 목적이었던 1929년 조선박람회의 풍경

계가 있었으며, 때로는 통감부와 총독부가 담당하기도 했다. 일제강점기에 조선에서의 박람회는 일본의 식민지 경영과는 떼려야 뗄 수 없는 관계였다. 조선총독부는 1910년부터 1940년까지 30년 동안 일본에서 개최된 104개의 지방박람회와 공진회에 참가했다. 그리고 수많은 일본의 지방 박람회장에는 어김없이 조선관이 세워졌다. 또한 조선에서도 1910년부터 1945년까지 36년 동안 다양한 대·소형 박람회와 공진회가 173개나 개최되었으며, 주최 측도 총독부에서 일반 관청, 신문사, 단체 등으로 확대되었다. 주로 2차산업의 상품을 중심으로 한 박람회와, 특정한 목적의 아동박람회, 가정박람회 같은 새로운 라이프스타일을 제안하는 박람회가 전국적으로 거의 매년 개최되었다. 박람회 개최 목적도 초기에는 주로 일본의 상품을 선전하고, 물산장려와 계몽이라는 경제적인 목적으로 시작되었으나, 점차 식민 통치 성과의 선전, 일본의 동아시아 진출의 선전, 내선일체 및 전쟁 참여 의식 고취 등 정치적인 성격이 더해졌다. 그러나 그것이 경제적인 목적이든 정치적인 목적이든 식민지에서 이루어진 제국주의적 전시였다는 점에서는 다를 바가 없다. 대표적인 사례가 경성에서 개최된 세 개의 대형 박람회이다. 식민 통치의 선전이 목적이었던 시정 5주년 기념

1915년 조선물산공진회, 경제 불황 타개가 목적인 시정 20주년 기념 1929년 조선박람회, 내선일체와 황국신민화의 선전이 목적이었던 시정 30주년 기념 1940년 조선대박람회가 그것이다.

　일제의 박람회 개최는 겉으로는 긍정적 의미를 지닌다. 조선물산공진회, 조선박람회, 조선대박람회 등 모두 식민지 조선의 산업을 발전시키려는 의도로 개최되었고, 실제로도 많은 부분 조선의 산업 발달에 이바지했던 측면도 있었다. 그러나 일제강점기 동안 광범위하게 개최되었던 박람회는 겉으로 드러나는 것처럼 긍정적인 의미만을 지닌 것은 아니었다. 일본이 박람회를 그들의 문화통치 수단으로 사용했기 때문이었다. 특이한 점은 일제강점기에 개최된 각종 박람회와 공진회에 기생(예기)이 연예인으로 등장했다는 점이다. 주최 측인 해당 관청과 민간 협찬회는 관람객 유치와 여흥을 위해 기생을 동원해 각종 가무 공연과 놀이를 펼쳤다. 박람회장 연예관의 기생 가무 공연은 대중적인 볼거리가 드물었던 당시에 대단한 인기를 끌었다. 일본 기생의 유곽은 1870년대부터 조선에 유입되어 1878년 부산을 시작으로 1910년대에는 전국 각지에 생겨났다. 예술적 교양을 갖춘 일본 기생은 관의 행사는 물론, 관리들의 개별 연회, 각종 박람회와 공진회에서도 조선 기생과 함께 가무 활동을 했다. 그리고 당시의 사회적 현상 가운데 빠질 수 없는 것이 소비 주체로서 여성의 등장이다. 그러나 박람회에서 여성은 소비 주체로서뿐만 아니라, 소비되는 대상으로도 재현되고 있었다. 즉 여성의 스테레오 타입이 박람회에서 형성되고 있음을 볼 수 있다. 조선박람회에서 여성은 상품화되고 있었던 것이다. 1929년 조선박람회에서 화제가 되었던 것은 '마네킹 걸'의 등장과 전시 도우미인 '여간수'의 모집이었다. 경성협찬회는 일본에서 '마네킹 걸'을 초청하여 조선은행 앞 광장에서 홍보 캠페인을 실시하여 센세이션을 불러일으켰다. 또한 공진회와 박람회의 여간수 모집에는 20대 여성들의 지원이 쇄도했으며, 이들 중에는 고학력자도 상당히 많았다. 이것은 당시 여성의 취업난이 극심

[사진1-8] 내선일체와 황국신민화의 선전이 목적이었던
1940년 조선대박람회 풍경

[사진1-9] 1929년 조선박람회의 여자 간수(전시 도우미)
[사진1-10] 일본 기생들의 조선박람회 선전(1929년)

했다는 것을 보여 준다. 전시관의 운영을 맡았던 '여간수'들은 관람객들에게 전시물과 함께 관람되는 존재가 되었다.

현대 이벤트의 시작과 제1차 이벤트 시대

1945년 8·15 광복과 더불어 건국을 축하하는 각종 문화 행사들이 개최되었다. 광복 이후 최초의 박람회는 조선공업기술연맹 주최로 군정청, 금융 단체, 상공회의소 및 서울신문사 후원으로 1946년 10월 15일부터 11월 25일까지 약 40여 일에 걸쳐 창경궁에서 개최되었던 '건국공업박람회'였다. 건국공업박람회는 개최되기 직전인 10월 10일까지 3백여 개 회사에서 3천여 점을 출품할 정도로 호응이 좋았다. 애초 박람회는 10월 15일부터 열릴 예정이었지만 9월부터 시작된 철도 파업으로 출품 품목이 원활하게 수송되지 않아서 10월 19일로 연기되었다. 이렇게 박람회는 어려운 여건 속에서 개최되었으며, 개장한 뒤에도 내부 장치와 전시품 진열이 완료되지 않아 밤낮으로 작업하여 일주일 뒤인 25일경에 간신히 완료되었다. 당시 언론들은 이 박람회가 연일 성황을 이루었으며 출품 점수가 2천 점에 달해 장관을 이루었고 조선의 공업 발전에 기여했다고 보도했다. 그러나 1947년 이후부터 1953년까지는 남한 전체가 좌우대립의 혼란과 한국전쟁 등으로 인해 한동안 박람회를 개최할 여력이 없었다.

3년간 벌어진 한국전쟁의 폐허를 딛고 일어난 남한은 재건의 메아리 속에서, 1952년과 1953년에 흑인 영가(靈歌) 가수 마리안 앤더슨의 내한 공연(부산)이 개최되었는데, 이는 국내 최초의 해외가수 공연이었다. 또한 1956년에는 국내 최초의 패션쇼인 노라노 씨의 작품 발표회가 개최되었다. 한국전쟁으로 폐허가 된 산업과 경제가 어느 정도 복구된 1954년에는 국산품 애용을 고취할 목적으로 전국국산부흥선전박람회가 국산품종합품평회를 겸해서 5월 15일부터 7월 3일까지 50일간 사직공원 광장에서 개최되었다. 전국 280여 개 회사에서 2만 점이 출품되었으며 장내에는 영화관을 비롯한 각종 오락시설도 설치되었다.

[사진1-11] 1956년 반도호텔에서 열린 국내 최초의 패션쇼인 노라노 씨의 작품 발표회

1955년에는 광복 10주년을 기념하여 '산업박람회'가 10월 1일부터 1개월 동안 창경궁에서 개최되었다. 출품물은 4천여 종에 4만 730점이 각 도별 전시관과 함께 전기관, 원자관, 농기구·조선·방직 등 특설관을 포함해 모두 39개 관에서 전시되었다. 이 박람회에서 화제를 모았던 전시물은 우리나라 최초로 공개된 미국 RCA의 텔레비전, 시발 지프차, 소형 기차였다. 특산품으로는 죽세공품과 도자기, 공업 제품은 양수기, 착암기, 동판, 방화펌프, 탈곡기, 연초 제조기, 치과 기구, 냉동기, 문직기, 자전거, 벽시계, 양말 직기, 연탄 제조기, 금속 인쇄기가 전시되었다. 또한 상주시(당시 상주군)에서는 군수가 박람회 관람 경비를 각 면의 면장에게 14,000환 씩 부담하게 하여 경북도청의 감사를 받았다는 기사가 실리기도 했다. 12월 21일에는 출품자에 대한 시상식이 있었는데, 전체 출품 4만 730점 중 심사를 거쳐 대통령상부터 장려상까지 463점을 시상했다.

1959년에는 8월 20일부터 서울교외 뚝섬 경마장에서 '국산박람회'가 개최되었다. 대한산업진흥협의회가 주최한 이 박람회는 당초 5천 평 규모에 정부관 10개 동, 각 산업관 10개 동, 기타관 4개 동을 설치하고 6천 종의 국산품을 전시할 계획이었다. 그러나 발명관 등 4개 관만이 엉성하게 전시물을 전시했을 뿐이며, 정부관 및 일반 산업관 등 30개 관은 공사비를 제대로 지불하지 않아 모든 공사가 중지된 상태였다. 당시 언론은 박람회 주최 측이 엉터리 박람회로 돈벌이에만 급급한 인상을 주고, 박람회장 구석에 설치된 오락관에서 '신사오락'이란 이름으로 도박이 성행했는데 국산품을 장려한다는 박람회가 도박하기 위한 박람회였다고 혹평했다. 또한 개막은 했지만 거의 텅 빈 전시관을 빌린 기업들의 불평과 원성이 높았다.

1960년대는 경제개발 5개년계획이 실시되면서 1961년 봄에는 독특한 박람회가 개최되었다. 한국영화 40년 기념으로 '영화박람회'가 3월 3일부터 1개월간 국제친선문화협회 주최로 경복궁미술관에서 개최된 것이다. 영화박람회는 초창기관(1920~

1944년), 제2기관(1945~1950년), 제3기관(1951~1960년), 해외관(해외 16개국의 문화, 풍속을 소개하는 16밀리 영화전시)등 4개 전시관으로 나뉘어 운영되었다.

1962년에는 '5·16혁명 제1주년 기념 산업박람회'가 4월 20일부터 6월 5일까지 경복궁에서 47일간 개최되었다. 군사정부는 혁명의 진전과 경제력의 성장을 자극하고 국력을 과시하기 위해 박람회를 구상했다. 박람회를 성공시키기 위해 정래혁 상공부 장관을 통해 1962년 3월 14일 담화를 발표하고 기업의 참가를 독려했다. 이 박람회는 총 10억 환 정도의 예산을 들여 경복궁에 지은 37개 전시관에 2,200명의 출품자가 출품한 17만 점을 전시했다. 개장 11일째인 5월 1일에는 유료 입장객만 1백만 명이 넘었으며, 6월 5일 폐장까지 전 국민의 1할에 가까운 240만 명(무료입장 30만 명)이 입장했다. 당시 언론에서 '사람박람회'라는 별칭을 얻을 정도였다. 관람객 가운데 80퍼센트가 시골에서 올라온 사람들이었는데, 그들에게 산업박람회는 '영농자금'의 일부를 헐어서라도 한번 볼 만한 볼거리로 여겨질 정도였다. 특별한 볼거리가 없던 당시로선 전 국민의 흥미를 끌 만한 대형 이벤트였다.

[사진1-12] 광복 10주년을 기념해 창경궁에서 열린 1955년 산업박람회
[사진1-13] 경복궁에서 개최된 1962년 5·16혁명 제1주년 기념 산업박람회

1968년 9월 9일부터 10월 20일까지 42일간 서울 구로구 구로동 제2수출공업단지에서 '내일을 위한 번영의 광장'이란 주제로 제1회 한국무역박람회(KOREA TRADE FAIR)가 개최되었다. 제2차 경제개발 5개년계획 중에 개최되어 과학기술의 진흥과, 기술 수준과 생산성 향상, 수출 증대 등 보편적인 의미에서 박람회의 성격을 갖춘 이 박람회는 우리나라 최초의 현대적인 박람회로 평가되고 있다. 국내에서 개최된 첫 국제견본시(見本市)로서, 전시관은 크게 한국상품관, 한국정부관, 국제관, 미국원자력에너지관으로 구성됐다.

박람회장의 지리적 여건이 불리하다는 이유로 입장료는 대인 50원, 소인 30원으로 책정되었으며, 하루 평균 5만 명의 입장객이 관람했으며, 총 관람객은 200만 명이 넘었다. 이 박람회는 한국에서 개최된 최초의 국제무역박람회였으며, 수출증진을 목적으로 한 국제견본시로서 경제적인 성

[사진1-14] 1968년 구로공단에서 열린 제1회 한국무역박람회 개막식

격이 강한 박람회였다. '수출 한국'을 건설하기 위해 한국의 저력을 국제시장에서 평가받아 새로운 계기를 마련했다는 점에서 큰 의미가 있는 박람회였다.

우리나라는 62년 만에 세계박람회에 본격적으로 참가하기 시작했다. 1962년 시애틀세계박람회와 1964년~1965년 뉴욕세계박람회, 1967년 몬트리올세계박람회, 1968년 샌안토니오세계박람회에 각각 참가하여 한국관을 건설하고 한국전쟁의 폐허를 딛고 일어선 한국의 발전상을 전 세계인들에게 소개했다.

1966년 코스모스백화점이 백화점으로서는 최초로 패션쇼를 실시하여 유통업계의 판촉행사로 선을 보였고, 이에 앞서 1962년 루이 암스트롱을 비롯해 1963년 패티 페이지, 1964년 냇킹 콜, 1965년 이베트 지로, 1966년 펫분과 브랜다 리, 1967년 클리프 리차드, 레이 찰스 등 해외 아티스트의 내한 공연도 활발하게 이어졌다.

1970년대에 들어서는 해외 아티스트 공연 외에 언론사 주최의 각종 전시회와 소규모로 실시된 각 기업의 판촉행사가 간혹 있었을 뿐 국가적인 이벤트는 거의 없었다.

1975년 대한무역진흥공사가 국내 수출업계를 위한 지원 정책의 하나로 10월 10일

[사진1-15] 1977년 춘계 서울교역전
[사진1-16] 전 국민을 대상으로 한 국가적인 이벤트 '국풍81'
[사진1-17] 1982년 서울국제무역박람회의 풍경
[사진1-18] 1988년 서울올림픽

부터 11월 10일까지 30일간 제1회 '75특별상품전(75 Special Merchandise Show)'을 개최했다. 무역회관 2층에 마련된 300평 규모의 전시장에 총 18개 업체가 참가했고, 해외 51개국으로부터 876명의 바이어가 방한하여 1억4,670만 달러의 수출 계약이 이루어져 괄목할 만한 성과를 거두었다. 1975년 특별상품전은 이듬해 1976년부터는 서울교역전(Seoul Trad Show)으로 개칭하여 연 2회 봄·가을로 나누고, 개최 기간도 30일에서 40일로 연장했으며, 개최 성과도 전년 대비 3.5배의 높은 신장률을 기록했다. 1981년까지 총 11회에 걸쳐 개최된 서울교역전을 통해 총 2만 8,427명의 바이어를 유치했으며 11억1,656만9,000달러를 달성하여 수출 증대에 크게 기여했다. 또한 전시기법과 개최 노하우 등의 경험을 축적할 수 있었다. 이러한 경험을 바탕으로 1982년부터는 서울국제무역박람회(SITRA: Seoul International Trade Fair)로 명칭을 바꾸어 격년제로 개최했다(대한무역진흥공사, 1983). 1970년대에는 아시아 최초의 세계박람회인 1970년 오사카세계박람회와 1974년 스포케인

세계박람회, 1975년 오키나와세계박람회에 한국관을 건설하고 참가하는 등 세계박람회에 적극적으로 참가하기 시작했다.

전 국민을 대상으로 한 국가적인 이벤트는 1981년 '국풍81'을 기점으로 시작되었다고 할 수 있다. 1982년 9월 24일부터 10월 18일까지 '내일의 번영을 위한 광장'이란 주제로 '82서울국제무역박람회'(SITRA'82)가 대한무역진흥공사 주관으로 한국종합전시장(KOEX)과 당시 인근에 있었던 총무처 부지(삼성동)에서 개최되었다. 이 박람회는 단순한 무역박람회가 아니라 준(準) 세계박람회적인 성격도 있었다. 상품 전시와 판매를 위한 상업 활동 위주의 행사였지만 정기적으로 개최되었고, 전문 전시회가 아니어서 일반인도 관람할 수 있었으며, 무역박람회지만 축제적인 성격이 가미된 박람회였다. 내국인 관람객 225만여 명, 외국인 바이어 1만 100여 명이 참가하는 등 대성황을 이루었다. 1982년부터 격년제로 개최된 서울국제무역박람회는 처음 개최되었을 당시 국내 업체 676개 사와 41개국에서 262개 업체 등 총 938개 업체가 참여했으며, 1984년에 총 1,000여 개의 업체가 참가함으로써 세계적인 국제무역박람회로 인정받게 되었다. 하지만 종합무역박람회보다는 특수한 분야의 상품만을 전시하는 전문무역박람회에 대한 기업들의 선호도가 높아지면서 서울국제무역박람회의 규모는 점차 축소되어 결국 1996년에 폐지됐다.

1980년대는 1982년 녹스빌세계박람회와 1984년 뉴올리언스세계박람회, 1985년 츠쿠바국제과학기술박람회, 1986년 밴쿠버세계박람회, 1988년 브리즈번세계박람회 등의 세계박람회에 한국관을 건설하고 참가했다. 또한 세계적인 규모의 메가 스포츠이벤트인 1986년 아시안게임과 1988년 서울올림픽 이후 사회 전반적으로 이벤트에 대한 관심이 높아져 기업의 각종 판촉이벤트도 활발히 실시되었다. 뿐만 아니라 1980년대 후반부터 불어닥친 기업 문화 또는 기업 이미지에 대한 관심 고조는 그 수단으로 이벤트의 중요성을 증대시켰으며, 특히 홍보이벤트와 사회 프로모션이벤트의 중요성이 부각되었다.

이처럼 1980년대에는 학술, 예술, 스포츠 등 각종 이벤트가 생겨나 번성했으며, 국제적인 교류 이벤트도 실시되어 국내 이벤트 시대의 큰 '흐름'을 형성하기 시작했다. 그중에서도 1988년에 개최된 '서울올림픽'은 제2차 이벤트 시대의 계기가 되었다. 이러한 전후 이벤트 시대의 발전 계기를 제공한 배경 요인으로 다음의 사항을 들 수 있다.

> ❊ 이벤트 시대로 발전하는 계기를 제공한 사회적 배경 요인
>   1) 학술·문화의 발전
>   2) 미국 문화의 침투
>   3) 매스커뮤니케이션의 발달
>   4) 경제의 고도성장
>   5) 민주주의의 정착
>   6) 과학기술의 급속한 발달
>   7) 활발한 국제 교류

이 시기는 고도성장을 배경으로 성장 확대된 이벤트 시대라고 할 수 있으며, 이는 거품경제가 붕괴될 때까지 계속되었다. 당시의 이벤트는 오늘날과 비교하면 이벤트 자체가 상품이고, 직접적 효과를 겨냥했으며, 복합적이 아닌 단일 목적의 경향이 강했다. 즉 당시 매스커뮤니케이션의 강세 속에서 이벤트는 커뮤니케이션 미디어로 자리 잡기보다는 부분적 위치 내지는 보완적인 역할을 했다고 할 수 있다. 따라서 기업의 판촉 전략 속에 존재한다 하더라도 명확한 하나의 전략적 요소라기보다는 단순히 사람을 모으기 위한 수단이었고, 오락 요소적인 위치 부여로 끝나 버리는 것도 많았다.

제2차 이벤트 시대

한국의 경제, 사회, 문화 전반에 미친 거품경제 붕괴의 영향은 대단히 컸다. 이 거품경제 붕괴 이후 우리나라가 크게 변했다고 해도 틀린 말은 아니다. 이벤트 산업도 개최 횟수뿐만 아니라, 내용적인 측면에서도 이전에 비해 많은 변화가 생겼다. 예를 들면, 1991년부터 급격히 축소되었던 이벤트 산업이 경제 회복을 계기로 1993년에 세계적인 메가 이벤트인 '대전세계박람회'가 개최되었고, 이후 많은 기업과 공공기관·단체들이 다양하면서도 수많은 이벤트를 실시했다. 대표적으로 '94 한국방문의 해', '서울정도 600년 기념행사'를 들 수 있다. 이와 함께 패션쇼, 신제품 발표회, 고객초청 사은행사, 신차 발표회, 야외영화 프로모션 등 기업의 판촉이벤트가 유형

[사진1-19] 개발도상국의 저력을 보여준 1993년 대전세계박람회

적인 측면에서 성장·확대되는 경향을 보였으며, 이 시기에 대기업과 백화점이 판매 촉진 수단으로 개최하는 이벤트가 정착되었다.

1997년 11월부터 닥쳐온 IMF 경제 위기의 한파 속에서 이벤트 시장은 급격하게 감소했으나, 2002년 경기 회복과 함께 '2002 한일월드컵' 개최로 이벤트 업계는 일시적인 월드컵 특수를 누렸다. 1990년대부터는 지방자치시대를 맞이해 각 지자체에서 개최하는 크고 작은 지방박람회가 줄을 이었다. 1995년 본격적으로 지방화시대가 도래하면서 지역 활성화 수단으로 지방박람회가 주목받았다. 1993년 대전세계박람회의 성공은 지방과 세계가 바로 연결될 수 있는 새로운 가능성을 보여 주었으며, 이에 자극받은 고양국제꽃박람회와 경주세계문화엑스포 등이 1997년부터 개최되어 지방박람회의 붐을 일으키는 계기가 되었다.

그 뒤 2016년까지 19년 동안 49개의 다양한 지방박람회가 개최되었다. 그동안 다양한 성격의 박람회가 개최되면서 지역 산업과 지역 개발에 중요한 역할을 담당해 왔다. 이처럼 지방박람회를 개최하는 이유는 놀랄 만한 경제 성장의 풍요로움과 함께 고도성장에서 저성장으로 이행되는 시기였던 1980년대와 1990년대에 지방박람

[사진1-20] 1997년 고양세계꽃박람회의 주제공연

회를 통한 지역 홍보, 지역 산업의 발전과 재정 수입 증대, 중앙정부의 지원 확대라는 계기를 마련함으로써, 경기 부양과 지역 활성화를 위한 수단으로 박람회를 활용했기 때문이라는 분석이 있다. 1990년대에는 1997년부터 1999년까지 고양세계꽃박람회, 1998년 경주세계문화엑스포, 1999년 강원국제관광박람회, 1999년 하남국제환경박람회 등 다양한 소재의 지방박람회가 개최되었다. 하지만 하남국제환경박람회는 관람객의 저조로 입장권 강매와 186억 원 적자로 감사원 감사에서 문제가 되었다. 1990년대에는 1990년 오사카 국제 꽃과 녹음의 박람회, 1992년 세비야세계박람회, 1992년 제노바세계박람회, 1998년 리스본세계박람회 등의 세계박람회에 한국관을 건설하고 참가했다.

지방화시대의 개막과 함께 전통문화와 독특한 소재를 배경으로 한 지역축제가 많이 개최되고 있는데, 이에 발맞춰 문화관광부는 외래 관광객 유치 확대 및 지역 관광 활성화에 기여하는 관광 상품성이 큰 축제를 선정하여 지원하는 문화관광축제를 1995년부터 진행하고 있다. 문화관광축제는 지속적으로 성장하여 현재는 매년 40여 개 축제를 선정하여 지원하고 있으며, 추진 결과 지난 2013년의 경우, 총 관광객 수 2,942만 명, 지역경제 파급 효과는 1조 6,422억 원이라는 괄목할 만한 성과를 거두었다.

2000년부터 2016년까지 16년 동안 45개의 다양한 소재로 지방박람회가 개최되면서, 지역의 산업과 지역 개발에 중요한 역할을 담당해 왔다. 주요 지방박람회를 살펴보면, 2001년 경기도세계도자기엑스포, 2002년 안면도세계꽃박람회와 오송국제바이오엑스포, 삼척세계동굴박람회, 2006년 고성공룡세계엑스포와 금산세계인삼엑스포, 2008년 함평세계나비·곤충엑스포, 2009년 인천세계도시축전, 2010년 제천국제한방바이오엑스포와 울산세계옹기문화엑스포, 2011년 경주세계문화엑스포와 대장경천년문화세계축전, 2012년 안성세계민속축전과 고성세계공룡엑스포, 2013년 순천만국제정원박람회, 산청세계전통의약엑스포, 오송화장품·뷰티세계박람회,

[사진1-21] 지방박람회의 새로운 모델을 보여준 2013년 순천만국제정원박람회

2014년 완도세계해조류박람회, 오송국제바이오엑스포 등이 있다.

그러나 모든 박람회가 꼭 성공한 것은 아니다. 실패로 끝난 박람회도 속출했다. 2008년 함평세계나비·곤충엑스포는 411억 8,000만 원, 2009년 인천세계도시축전은 152억 원, 2010년 울산세계옹기문화엑스포는 101억 원의 적자가 나서 감사원 감사에서 문제가 되었다. 더불어 2012년에는 함평나비·곤충엑스포에 이어 강진청자엑스포까지 전남 지역의 '미니 박람회'들이 줄줄이 좌초했다. 국비 지원에 대한 정부의 난색과 지자체 재정난이 주된 원인으로, 무분별한 국제행사들에 대한 전반적인 검토와 대안 마련이 시급하다는 지적을 받았다.

2012년에는 남도의 미항(美港) 여수에서 '살아있는 바다, 숨 쉬는 연안'이란 주제로 1993년 대전세계박람회 개최 후 20년 만에 BIE(국제박람회기구) 공인 세계박람회인 여수세계박람회가 개최되었다. 여수세계박람회는 박람회 역사상 가장 작은 도시에서 개최된 사례였다. 이에 따라 걱정과 우려도 컸지만 흥행과 전시, 운영 등 모든 면에서 성공적으로 마무리되었다. 2000년대는 2000년 독일 하노버세계박람회, 2005년 일본 아이치세계박람회, 2008년 스페인 사라고사세계박람회 등의 세계박

[사진1-22] 소도시에서도 세계박람회가 성공할 수 있다는 선례를 남긴
2012년 여수세계박람회

람회에 한국관을 건설하고 참가했으며, 2010년 상하이세계박람회는 한국관과 한국 기업관을, 2015년 밀라노세계박람회는 한국관을 건설하고 참가했다.

제2차 이벤트 시대가 제1차 이벤트 시대와 기본적으로 다른 것은, 이벤트가 새로운 미디어로 명확하게 자리매김했으며, 복합적인 목적으로 의미가 부여되고, 직접적인 효과뿐만 아니라 간접적인 효과까지 확대할 필요가 있다는 인식이 중시되고 있다는 점이다. 이벤트 시대는 이처럼 이벤트의 양적, 질적인 변화 속에서 명확하게 파악할 수 있다. 비록 우리나라에서 현대적 개념의 이벤트가 본격적으로 도입된 역사는 짧지만 사회·경제적인 욕구의 증대로 중요성이 점차 부각되면서, 앞으로 발전 가능성이 매우 크며 밝은 전망을 가진 21세기 유망 산업 중의 하나로 떠올랐다.

2. 기술 및 생활 의식의 변화와 이벤트

이벤트 시대의 배경에 대해 사회적, 경제적 현상을 바탕으로 정리해 보자.

1990년대 후반부터 시작된 이벤트 붐의 특징 중 하나로, 행정 주도형 이벤트의 급증을 들 수 있다. 행정의 이벤트 지향성은 시대적 흐름을 도외시하고는 생각할 수 없지만, 행정 내부의 변화 및 지역사회의 변화와 상승효과에 의한 측면이 강하다고 할 수 있다. 우선 행정 내부의 변화는 지방자치단체의 최대 과제인 '지역산업의 진흥', '지역경제의 활성화', '지역문화와 기술의 발전'을 현재의 냉엄한 사회 환경과 행정 개혁의 흐름 속에서 중앙정부에만 맡길 수 없다는 것이다. 즉 과거의 고도 성장기처럼 도로와 교량으로 상징되는 공공투자는 의미가 없게 되었다. 또한 경제의 회복기(IMF 이후)에 접어들면서부터 지역 주민의 의식도 변해 정신적인 만족을 중시하고, 행정에 대한 요구도 더욱 다양화되어, 이로 인한 공공투자의 핵심도 문화 복지적 기반의 확충 등으로 이행되고 있다.

한편, 경제 성장의 둔화와 함께 무역마찰, 세계 경제의 블럭화 등 국제환경 변화의 영향으로 인해 침체된 지역경제 활성화와 지방 산업의 진흥, 지역을 뒷받침하는 기술과 문화의 발전에 대한 요구는 더욱 강해지고 있는데, 이런 가운데 지역 활성화의 전략적 수단으로 등장한 것이 바로 이벤트이다.

이러한 시대의 흐름 속에서 행정 측면에서의 변화만이 아닌, 지역사회 측면에서도 변화가 나타나기 시작했다. 지역 활성화는 대기업의 공장 유치로 인한 공업화의 촉진이라는 단순한 생각이 아니라, 여러 가지 다양한 발상에서 시도되기 시작했다. 지역 주민들 스스로의 노력으로 그 지역의 다양한 자원을 활용하여 개성과 활력 넘치는 지역 조성을 추진하려는 구상으로, 자립적이며 내부 발생적인 지역 활성화를 실행하고 있는 것이다.

이러한 요구와 활동은 단순한 지역산업의 진흥과 지역경제의 활성화라는 측면에만 국한되지 않고, 지역사회의 재구축, 새로운 지역 연대로 유지되는 활력이 넘치는 지역 창조를 목표로 하는 단계까지 성장할 가능성을 포함하고 있다.

이러한 움직임에 '동기'를 부여하고 '탄력'을 제공한 것이 바로 이벤트라고 할 수 있다. 이벤트는 지역 진흥을 위한 수단이며, 지역 활성화를 위한 전략적 의미를 갖는다.

생활과 산업 그리고 지역을 바꾸는 기술의 변화

이상과 같이 행정 측면의 움직임과 지역사회 측면의 변화가 상승해서 이벤트 시대가 도래하게 되었다고 말할 수 있다. 일각에선 "그렇다면 왜 지금이 이벤트 시대인가?"라는 의문을 제기했지만, 명쾌한 답을 찾지 못했다. 지금부터 이 의문에 대해서 명쾌하게 답하고자 한다.

최근 과학기술의 진보, 특히 정보통신기술(ICT)을 활용한 다양한 정보와 비즈니스 기회의 창출은 실로 엄청난 것이었다. 그중에서도 정보통신기술(ICT)의 향상은 가전제품에 국한되지 않고 광통신과 뉴미디어 등 통신정보 수단의 발달에 큰 역할을 담당하고 있다. 이것은 작은 한 가지 사례에 지나지 않지만 이와 같은 과학기술의 발달은 과거부터 경제사회의 기반이 되는 도로, 철도, 항공 또는 전기, 통신 등의 인프라스트럭처에 큰 변화를 가져와, 이것이 새로운 네트워크 사회를 구축하는 기본적인 요건이 되었다. 이를 통해 직장과 학교, 가정 등 주변의 가까운 곳에서도 대중들의 생활에 큰 변혁이 계속 진행되고 있으며, 한층 더 나아가 사회 전반으로 '정보화 사회–탈공업화 사회로의 새로운 물결'이 밀어닥치고 있다.

고도로 발달한 현대 산업화 사회는 규격화, 표준화, 단일화 등과 같은 기술 향상에 의한 '소품종 대량생산'의 성과인 가격 인하에 의해 유지되어 왔다. 그 결과 대량생산·대량판매의 대중소비사회를 출현시켜 일반 서민의 생활수준도 비약적으로 향상되었다. 그리고 첨단 전자 기술의 발달은 가격 상승을 초래하지 않고도 다품종 소량생산을 가능하게 했다. 대량생산·대량판매를 전제로 한 대중소비사회에서 시장이라는 개념은 다품종 소량생산의 기술 출현과 소비자의 욕구 변화에 의해서 어쩔 수 없이 변화되어, 집단 붕괴의 흐름 속에서 종래의 마케팅 이론을 대처할 새로운 이론을 요구하는 시대가 되었다.

일반적으로 이와 같은 흐름을 '하드 중심의 사회에서 소프트 중심의 사회', '공업화 사회에서 정보화 사회'로의 변화라고 통칭한다. 이것은 산업사회에도 구조적인 변화를 가져오기 시작했다. 즉 제품 중심의 경제에서 지식 서비스를 중심으로 하는 경제로 모든 경제의 소프트화 현상이 진행 중이다.

이러한 상황에서 지역도 경영의 시대로 접어들었다고 할 수 있다. 지역도 다른 힘에 의존하지 않고 자신들의 힘으로 새로운 산업을 창출하는 것, 즉 '자주적이며 내부 발생적인 지역의 진흥'을 추진하려는 움직임을 활발히 보여 주고 있다. 이러한 지역 활성화의 전략적인 수단으로 이벤트가 등장한 점을 간과해서는 안 된다. 더욱이 지역 활성화는 최근 3~4년 사이 내수 촉진이라는 한국경제의 커다란 과제와 연결되어 한층 중요해졌다.

생활과 이벤트

이와 같은 변화 속에서 기본적이며 직접적인 욕구에서 더 고차원적인 정신적, 문화적 욕구의 충족을 향한 요구가 높아지는 것은 당연하다. 이것은 '물질에서 마음으로'라는 가치관의 변화이고, 생활의 소프트화라고 할 수 있다. 이러한 움직임에 대해서 다음과 같이 정리할 수 있다.

❋ **생활 욕구의 변화**

1) **'물질'의 소프트화**: 디자인과 브랜드가 중시되고 수작업의 가치가 중시되고 있다.

2) **기업과 업계의 소프트화**: 상품의 구성과 매출이 차지하는 소프트 관련 분야가 증가하고 있다.

3) **라이프스타일의 소프트화**: 소비의 개성화, 다양화가 진행되어 자기실현의 욕구가 강해지고 있다.

대중들의 이러한 의식 변화는 다양한 정신적, 문화적 욕구를 유발하고, 윤택함에 대한 가치관을 변화시켜 지역적인 새로운 인간관계를 갈망하는 마음을 기르며, 조화된 환경과 자연을 추구하고, 남녀의 역할에 대한 의식을 변화시키는 등 다양한 방향으로 계속 표출되고 있다. 또한 사회적으로는 소득 증가와 물질적인 만족을 추구하는 단계에서 정신적인 풍족함, 여유, 자기실현 욕구의 고조 등 더 높은 욕구 단계로 이행되고 있다. 이러한 생활의 변화와 함께 정보의 양은 급속하게 늘어나, 다양한 미디어를 통한 정보가 거리와 인터넷, SNS에 넘치고 있다.

그러나 현대의 매스미디어는 '물질'과 '사건'의 존재에 대한 정보를 끊임없이 대량으로 제공하는 것에 비해, 정보를 받아들이는 수신자와의 관계에 있어서는 커뮤니케이션의 참모습인 '상호교류 기능'을 상실하여 본래의 커뮤니케이션 개념에서 점차 벗어나고 있다. 매스미디어로부터 흘러나오는 정보를 냉철한 시각으로 응시하고, 자신과의 관계에 대해 인식하고 이해하는 것을 무의식중에 피하려고 하는, 무엇에 대해서나 무관심한 상태가 되어 소위 '흥이 깨어진' 현상을 발생시키고, 매사에 마음을 움직이는 동기가 적어져 점점 '감동'을 잃어버린 사회가 되어가고 있는 것이다.

이벤트란 특정 공간에서 전개되는 '사물'과 '사건'을 접하고, 그것들을 매개로 자신과 주위 대중들과의 사이에서 새로운 관계를 발견하며, 자신 안에서 새로운 '의미'를 발견하는 장을 말한다. 이러한 새로운 발견은 감동의 원천이 된다.

따라서 현대의 이벤트는 결코 미지의 '사물'과 '사건'만을 보여 주는 것으로 감동을 창출하려고 하지 않는다. 이미 알고 있었거나 평소에 아무런 생각 없이 지나쳐온 것을 다시 한 번 되돌아보고, 새로운 자신과의 관계를 발견함으로써 전혀 새로운 감동을 느낄 수 있게 한다.

이벤트는 이처럼 새로운 발견, 자신 안에서 새로운 '의미'를 발견하는 장을 창조하는, 새로운 미디어라고 할 수 있다. 매스커뮤니케이션은 본래 발신자 측에서 수신자 측을 향해 일방적으로 보내는 '수동적', '원심적', '확산적'인 커뮤니케이션 미디어이지만 그것에 비해 이벤트는 특정한 장소에서 수신자 측에서 교류하는 '능동적', '구심적', '수용적'인 커뮤니케이션 미디어이다.

점점 더 거대해지고 복잡해지는 현대사회에서, 점차 잃어버리고 망각되고 있는 만남과 접촉을 소중하게 지키면서 새로운 커뮤니케이션의 장과 기회를 만드는 것이 이벤트이다. 또한 이벤트는 종래의 매스미디어에 결여되어 있는 적극적·능동적인 양방향의 커뮤니케이션이 가능한, 새로운 미래 시대가 필요로 하는 미디어이다. 끝으로 이벤트는 지역의 경제와 산업뿐만 아니라 대중의 마음을 활성화하는 역할을 담당하고 있다는 점에서 내수 촉진을 위한 유력한 수단임과 동시에 그것 자체에 의해서 개발되는 유망한 산업이라고 할 수 있다.

3. 산업 발달 · 지역 활성화 · 국제 교류 촉진과 이벤트

산업융합화의 진행

현대는 산업융합화 시대이다. 새로운 기업 간, 산업 간 교류가 왕성해지고, 하이테크화, 서비스 산업화라고 하는 산업구조의 변화 속에서 다양한 업종이 새로운 시장의 개척을 모색하는 시대가 되었다. 종래의 한 가지 업종에 대한 발상만으로는 미래에 대한 비전이 없다. 다른 업종과 교류하면서 무언가 새로운 것을 찾아내야 하는 시대가 된 것이다. 즉, 현대는 업계 각 분야와 다른 업종의 교류가 활발해진 시대라고 할 수 있다. 이러한 교류의 열쇠가 되는 것이 이벤트이다.

지역 활성화와 내수 증진

현대는 지역 활성화의 시대이다. 지금까지는 금융과 서비스업을 중심으로 서울 집중이 급속하게 진행됐으며 지역의 정보발신 기능이 극히 저하되어 왔다. 이처럼 인구와 정보 등이 대도시에 집중되는 경향에 대응하여 지역에서의 생활과 문화를 재조명하고, 지역 활성화와 지방의 정보발신 기능의 회복을 도모하려는 움직임이 일어나고 있다. 지방자치단체와 지역의 여러 단체가 지역 전략 산업의 진흥을 비롯해 지역경제의 활성화, 개성적인 지역 만들기, 향토의식의 함양(지역 정체성의 확립)에 적극적으로 몰두하려는 움직임이 심화되고 있는 것이다. 이 상황에서 이벤트가 지역 주민과 지역산업의 활성화를 위한 구체적인 활동 기반과 절호의 참가 기회를 제공함으로써 한층 주목받고 있다. 또한 지역 활성화와 내수 증진이 밀접하게 연결되어 국내 경제의 경기 회복에도 크게 기여하고 있다.

국제 교류의 촉진

이미 알려진 바와 같이, 우리나라가 대외 무역마찰을 피하고 국민생활의 향상을 도모하기 위해 무엇보다 중요하게 여기는 것은 국제협력을 기본으로 한 내수 진흥형의 경제 경영 확립과 추진이다. 동시에 문화적 마찰을 사전에 피하기 위해 국제 이해의 증진과 국제 교류를 촉진하기 위한 노력이 필요하다. 이벤트는 국제적인 문화, 산업, 기술을 교류하는 장이며, 특히 국제적인 인적 교류의 장으로써 중요한 역할을 할 수 있다. 최근 점점 더 활발해지고 있는 '인재'와 '정보'의 교류 속에서 국제적인 모임의 장으로 이벤트에 대한 욕구는 더욱더 증대되고 있다.

4. 이벤트 관련 산업

이벤트 관련 산업의 현황

이벤트 관련 산업은 굉장히 광범위하다. 이벤트 관련 산업은 이벤트의 준비, 개최 등에 참가하는 사업체를 가리킨다. 전형적인 이벤트 준비에서 개최, 종료까지 업종의 흐름을 도표화 하면 [표1-1]과 같다. 이 밖에도 이벤트 공간, 시설 제공 사업도 있지만, 아직까지 국내에서는 공공기관이 주체인 경우가 많다. 또한 전시회에 참가하는 기업의 내부 조직으로서 전시기획 등의 업무를 전담하는 '사업'이 있지만 여기서는 일단 제외했다. 한국에서의 이벤트 관련 산업의 특색은 다음과 같다.

❋ **한국 이벤트 관련 산업의 특색**
  1) 이벤트 관련 산업은 다양한 업종이 다양한 임무를 수행하고 있으며, 그 범위도 매우 광범위하다.
  2) 이벤트 관련 산업은 다양하게 구성되어 있으며 분야별로 세분되어 있다. 대형 광고회사 및 언론사에는 특정 이벤트 프로젝트 사업 부문이 조직화되어 있으며, 이벤트 유형별로 전문화 및 세분화되어 있다.
  3) 이벤트컨설팅 및 제작 전문회사는 현재 성숙 단계이다.

각 매스컴 및 이벤트 전문가들의 추정에 의하면 이벤트 산업의 시장 규모는 전시 및 컨벤션을 포함해서 약 2조 원(KIET, 2010) 정도로 추산된다. 성장 산업인 것만은 틀림없다. 이벤트 관련 기업의 사업 규모는 대형 광고대행사와 언론사, 전시사업, 영상제작 등의 대기업을 제외하면 대체로 소규모이다. 특히 이벤트 기획회사들은 우수한 프로듀서를 중심으로 소수 인원이 스태프로 일하는 소규모 사업체가 많다.

[표 1-1] 이벤트 관련 산업의 체계

구분	업무	직접적 이벤트 관련 산업	간접적 이벤트 관련 산업
이벤트준비	종합 조정	광고대행업, 방송업 등	
	기획수립	프로듀서, 디렉터, 플래너 등	
	행사장 및 부지임대	공연장 및 전시장 임대업, 부동산업	
	시설설계 · 건설	전시업, 건축사, 디자인업 등	건축업, 전기공사, 배관업, 임대업
	전시기획, 시설제작	디자인업, 전시제작, 렌탈업	
	광고 및 홍보	방송, 신문, 온라인, 옥외광고, 홍보대행업 등	출판, 인쇄업
	예매권 판매	티켓판매업 등	
	자금조달	금융업	
	회계처리	회계사	
	법률업무	변호사	
	보험업무	보험업	
	전시물 반입	운송, 창고, 통관업	
	전력, 수도, 가스공급	전력, 수도, 가스공급업 등	
이벤트실시	행사장 안내	도우미, 통역 등 인력공급업	
	관람객 수송	여행사, 철도, 버스, 택시	주차장업
	행사장 경비	경비업	
	행사장 통신	통신업	
	행사장 내 음식점	음식업	
	행사장 내 판매점	소매업	
	숙박	숙박업–호텔, 모텔, 펜션 등	
	방송	방송업	
	행사 제작	프로듀서, 연예프로덕션, 연출, 진행, 영상, 음향, 조명, 특수효과 관련 업종	
	광고 및 홍보	방송, 신문, 온라인, 옥외광고, 홍보대행업 등	
	행사장 내 청소	청소업	
	행사장 내 의료	지정병원, 보건소	
	기타 서비스	은행, 우체국, 택배업	
종료	기록 제작	사진촬영, 영상제작, 출판업 등	
	조사 평가	조사분석업	
	행사장 철거	건축업, 운송업, 폐기물처리업 등	

이벤트 관련 산업의 문제점과 대책

이벤트 산업은 아직 정착되어 있지 않은 만큼 문제점도 많다.
주된 사례를 들어 보았다.

❋ 이벤트 산업의 문제점

1) 기획 등의 소프트 업무에 대한 적정한 평가의 결여

① 소프트에 대한 객관적인 평가의 곤란성

② 프레젠테이션에 관련된 적정한 비용 보상 인식의 결여

③ 아이디어, 지적재산권 보호의 문제

2) 수요의 변동, 부정기성

① 이벤트의 수요는 국가와 지방자치단체의 정책, 국가적인 천재지변, 기업의 경기 동향 등에 민감하게 영향 받는다.

② 계절적으로 집중되는 경향이 많다. (봄, 가을)

③ 단발형과 일과성 이벤트가 많다.

3) 이벤트 산업의 시장 규모 관련 자료 부재와 지속적인 연구 부족

① 한국에 이벤트가 산업화된 지 40년이 넘었는데도 이벤트 산업의 시장 규모와 전문회사, 전문인력 및 종사자 수 등에 대한 자료가 부재하여 이벤트 산업 관련 지원 정책 수립에 어려움이 있다.

② 이벤트 산업에 대한 총괄적인 연구보다는 분야별로 구체적인 연구가 이뤄지고 있으며, 이벤트 산업의 발전과 미래에 대한 실질적이며 지속적인 연구가 부족하다.

4) 인재의 확보, 육성의 어려움

① 적정한 인원 확보의 곤란

② 인재 육성의 곤란

③ 이벤트 프로듀서의 역할에 대한 인식 부족

이상을 주된 문제점으로 들 수 있다. 이에 대해 다음과 같은 대책을 제안할 수 있다.

❋ 이벤트 산업 활성화 대책

   1) 이벤트 산업의 지원 기준·법적 근거 및 제도 마련

      ① 이벤트 산업 진흥 및 발전법 제정

      ② 이벤트 산업 대행 구조 개선법 제정

      ③ 이벤트 산업 유치·개최 지원 기준 설정을 통한 제도 마련

      ④ 이벤트 산업의 시장 규모 관련 자료 확보를 위한 체계적인 등록시스템 마련

   2) 이벤트 업계 지원 방안

      ① 이벤트 산업 관련 협회/조합에 대한 적극적인 지원

      ② 정부의 세제 및 금융 지원 정책 마련

      ③ 물가 및 인건비 상승에 근거한 비율사업비 적용 검토

      ④ 이벤트 업계 전문인력 양성을 위한 적극적인 지원

      ⑤ 이벤트 인재 육성을 위한 국가 자격증 도입

      ⑥ 행사 용역 입찰제도 개선을 통해 이벤트 전문회사의 성장 기반 구축

      ⑦ 프레젠테이션에 관련된 적정 보상 체계 마련

   기업이 이벤트를 실시하는 경우는 기업 주최형과, 공공이벤트 참가형이 있다. 두 가지 모두 이벤트 활성화의 배경과 산업 특성, 대책의 방향성 부여 및 제시 등에 대해 깊이 있게 이해하는 것이 중요하다.

이 장에서는 다음과 같은 점을 포인트로 정리할 수 있다.

- 이벤트는 인간의 역사 그 자체라고 해도 틀린 말이 아니다. 또한 그 시대의 역사적 배경, 생활양식 등과 밀접한 관계를 맺고 있다.

- 현대의 이벤트 시대는 제1차와 제2차로 나눌 수 있다. 제1차 시대는 고도성장 속에서 매스커뮤니케이션의 보완 기능 또는 그 자체가 상품이며 목적이었고, 제2차 시대는 현대의 복합적인 목적을 갖는 진정한 '양방향 퍼스널커뮤니케이션 미디어'로 의미가 부여되었다.

- 이벤트는 행정 측면의 정책과 지역사회의 변화가 상승작용을 하여 새로운 지역 진흥의 전략적인 수단으로 활성화되면서 발전했다. 이 배경에는 기술, 생활, 산업구조 등의 변화가 있었다. 총괄해서 정보화, 소프트화, 개성화, 다양화 등의 변화를 바탕으로 새로운 커뮤니케이션의 장과 기회를 창출하는 수단으로써 이벤트가 의의를 갖게 되었다.

- 이벤트 산업은 이제까지 없던 새로운 산업구조의 측면을 강하게 지닌 형태로 점차 자리를 잡아 가고 있다. 하지만 확고하게 자리 잡기까지에는 많은 문제가 있으며, 이 문제를 해결하기 위해서는 진흥, 육성 정책이 매우 중요하다.

제2장

이벤트란 무엇인가

연구 포인트

"이벤트란 무엇인가?"라는 질문을 받고 정확하게 대답할 수 있는 사람은 의외로 드물다. 대답을 하더라도 내용은 각양각색이다. 이벤트에 돈을 투자하는 투자자와 이벤트를 제작하는 제작자에게 질문하면 각자의 입장에 따라 대답이 다르다. 이렇게 사람에 따라 이벤트에 대한 시각은 다르지만 분명한 것은 현대는 이벤트 시대라는 것이다. 현대를 '이벤트의 일상화' 시대라고 해도 틀린 말은 아닐 것이다. 그래서 이 장에서는 이벤트의 기능과 정의, 목적과 사회적 역할 그리고 분류 방법에 관하여 기본적인 내용을 정리했다. 이벤트 분야에 종사하고 있는 경우 산업적인 측면과 기술적인 측면이 있지만, 여기에서는 커뮤니케이션 미디어 측면에서 그 본질적 의미를 서술하기로 한다.

1. 이벤트의 기능과 정의

이벤트의 기능의 핵심은 '커뮤니케이션 기능'이라고 할 수 있다. 다른 커뮤니케이션 미디어와 비교한다면 참가 대상에게 직접적으로 내용을 전달할 수 있다는 점이 다르다.

이벤트의 기능

제1의 미디어가 문자, 제2의 미디어가 영상, 제3의 미디어가 정보통신기술(ICT)을 활용한 멀티미디어라면, 이벤트는 FACE TO FACE의 미디어, 즉 제4의 미디어라고 할 수 있다. "이벤트는 '정보'라는 말 그대로 정에 보답하는 정보를 보내는 기능을 가지고 있다"(일본 이벤트 프로듀서 기타모토 마사타케(北本正孟))

또한 "이벤트는 단순하게 '사람이 모이는 장(場)'이 아니라 새로운 커뮤니케이션의 도구이다. 신문, 텔레비전 등 매스미디어에 의해서 정보의 균질화가 이루어졌지만, 문화가 성숙되고 정보가 범람하고 있는 현재 대중들은 한편으로 매스미디어 정보에 의한 타인들과의 차별화를 추구하는 측면을 보이고 있다. 이러한 시대의 움직임을 배경으로 한 이벤트가 새로운 미디어, 즉 퍼스널 커뮤니케이션 미디어로서 부각되었다"(전 덴쓰그룹 회장 나리타 유타카(成田豊))

이벤트는 [표 2-1]과 같은 효과를 가지고 기획되며 실시돼야 한다.

[표 2-1] 이벤트 효과

다이렉트 효과 (직접 효과)	이벤트 행사장과 같은 '장(場)'이 가져오는 직접적인 효과. 입장료 수입, 행사장 내에서의 매출, 관중 동원 수 등 이벤트의 직접적인 성과 지표 외에 '장'에 참여한 사람들의 의식, 태도에 미치는 효과 등이 여기에 해당한다.
커뮤니케이션 효과	매스미디어, 온라인, SNS 등에 의한 뉴스 레벨화와 이벤트가 연동해서 발생하는 효과. 이벤트 참가자들의 주최 측에 대한 지명도 상승, 활동 내용에 대한 이해, 공감대 형성 등이 여기에 해당한다.
판촉 효과	판촉이벤트의 경우 이벤트를 개최하는 목적이기도 하다. 이벤트가 구매 동기를 유발함으로써 매출에 기여하는 효과를 말한다.

파급 효과	파급 효과는 직접적 파급 효과와 간접적 파급 효과로 구분된다. **직접적 파급 효과** 이벤트 기획자와 참가자 혹은 이벤트에 관련된 어떠한 정보를 접한 사람들로부터 소문의 형태로 직접 구전을 통해 목적이 전달되는 효과를 말한다. **간접적 파급 효과** 이벤트의 기획 및 개최로 인한 투자가 가져오는 경제 효과. 이벤트가 지닌 신선한 발상 등에 의한 새로운 기술, 문화의 보급 등의 개발 효과를 말한다. 공공 이벤트의 경우 사회에 대한 인식 전환 효과 등도 이에 해당된다.
퍼블리시티 효과	매스컴을 통해 이벤트 주최 측의 의도가 주지되는 효과를 의미한다.
인센티브 효과	기업 프로모션 이벤트의 경우 두드러지게 나타나는 효과이다. 판매점, 직영점, 협력 업체, 금융기관, 감독관청 등 기업을 둘러싼 다양한 관련 사업체의 이해 증진으로 얻는 관계 개선의 효과를 뜻한다.

다음은 다른 커뮤니케이션 미디어와 비교했을 때 이벤트의 특이성이다.

❊ 이벤트의 특이성

① **현물주의**: 커뮤니케이션 수신자가 직접 커뮤니케이션의 내용을 접할 수 있다.

② **현장 참가주의**: 커뮤니케이션 수신자는 이벤트 현장에 가거나 참가해야 한다.

③ **일과성**: 커뮤니케이션 수신자 대부분이 이벤트를 접할 수 있는 시간 및 기간이 정해져 있다.(그러나 커뮤니케이션 전략, SP전략으로서의 연속성은 항상 고려된다)

④ **종합예술성**: 커뮤니케이션 수신자의 모든 감각(오감)에 호소할 수 있다.

⑤ **사회성, 문화성**: 평판과 홍보에 의해 간접적 수신자 수가 확대되었을 때, 그 이벤트는 사회적 및 문화적 성격을 띤다.

이벤트 구성요소의 특성

이벤트 개념을 파악할 때에 중요한 것은 '이벤트 구성요소의 구조를 기본으로 어느 요소에 중점을 두고 파악하는가'이다. 그에 따라 의미가 달라지기 때문이다. 이벤트 구성요소 항목의 내용을 정리하면 [표 2-2]와 같다.

[표 2-2] 이벤트 구성요소

구 분		항 목	비 고
누가	주체성격	국가, 지방자치단체, 공공단체, 기업, 영리단체, 기타(학교, 사회단체 등), 국제기구	• 목적, 규모, 조건(예산 규모 포함) 등의 운영 조건 • 영리, 비영리의 조건 • 주최 이외 참여 조건 등 • 기획의 조건 등
누가	주체구성	단독, 공동(주체가 복합체: 공동 개최, 협찬, 후원-단독, 복수)	
언제	시기	계절, 월일, 요일, 시간, 사회문화적 조건(국제기구 지정 년도), 기념일 등	
어디서	장소	지역(해외, 전국, 도시, 거리 등), 장소(경기장, 문화예술회관, 호텔, 구민회관, 해변, 공원 등)	
무엇을	형태	생활행사, 통과의례, 기업 사내행사, 판촉행사, 스포츠 대회, 문화예술행사, 박람회, 전시회, 컨벤션, 제례, 관광행사 및 국가정책 홍보행사, 지역축제, 지역경제 개발촉진행사 등	
무엇을 위해	목적	영리(판촉, 홍보), 비영리(진흥, 계몽, 교육, 지역개발, 사회복지, 기념 등)	
무엇을 위해	대상	일반 대중(국민, 지역 주민), 고객, 관계자 그 외 특정 대상	• 목적의 명확화 • 우선권의 확립
어떻게	규모	예산, 집객, 참가자, 운영	• 이벤트의 효과 예측과 확인 • 목적, 업무의 목표화 확립 • 기획 연출의 발상 아이디어 • 시대감각, 운영 기획, 예비 조건 등
어떻게	기간	기간(일·주·월), 주기(단발, 상설)	
어떻게	내용구성	기획, 구성, 연출 및 운영	

자료: 《이벤트 전략 데이터파일》, 일본이벤트프로듀서협회, 1987.

　이벤트의 구성요소는 달리 말하면 이벤트 기능항목을 열거한 것에 지나지 않지만, 각각의 기능요소 간의 원칙적인 관련과 의의 및 이벤트의 효과측정을 필요로 하는 관점에서 보면 '누가'에 해당하는 '개최 주체 요소'와, '무엇을 위해'에 해당하는 '목적 요소' 두 가지가 '주체적 조건요소'이기 때문에 다른 요소는 그것에 포함되는 종속요소라고 할 수 있다. 그리고 이와 같은 주체요소와 종속요소의 관계 속에서 각 요소가 서로 조합된 형태로 이벤트가 구성된다. 또한 종속요소로 위치가 부여되었지만 '어떻게'라는 내용구성의 요소는 이벤트 기획, 구성과 아이디어 및 연출, 운영 계획 등에 의해서 구성되며 효과에 대한 영향력은 매우 강하다고 할 수 있다. 이벤트의 구성요소를 정리하면 [표 2-3]과 같이 정리할 수 있다. 이 구성요소는 나중에 서술할 이벤트 효과측면에서 본다면 이벤트 효과기능의 전제기능이며 전제 조건이다.

[표 2-3] 이벤트의 구성요소

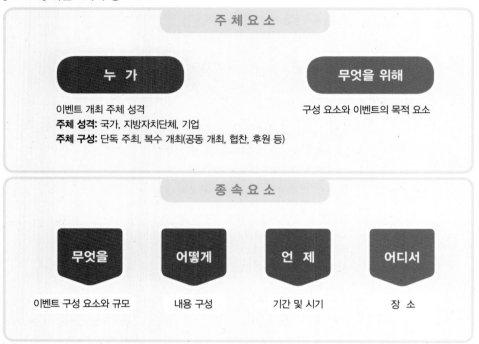

이벤트의 정의

이벤트의 정의를 추상화해서 표현하는 것은 어려울 뿐만 아니라 그것이 반드시 의미있는 일인가라는 의문도 생긴다. 그래서 여러 국내외 전문가들이 내린 다양한 정의들을 유형별로 제시하고 종합적 차원으로 이벤트에 대한 정의를 내려 보고자 한다.

❖ 사전 계획성을 강조한 정의
  • Goldblatt(1990): 스페셜 이벤트는 항상 계획에 따라 구성된 것으로 기대감을 유발시키며, 축하하려는 특정 동기와 함께 발생하는 것

- Wilkinson(1988): 주어진 시간 동안 특정 욕구를 충족시키기 위해 사전에 계획된 일회 성 행사

✻ 목적 달성 측면을 강조한 정의

- 일본이벤트프로듀스협회(1996): 뚜렷한 목적을 가지고 일정한 기간 동안 특정한 장소에서 특정한 대상들에게 각각 개별적이고 직접적으로 자극을 체험시키는 미디어
- 도비오카 켄(飛岡 健)(1994): 어떤 목적을 위해서 어떤 조직이 대중 동원을 도모하는 것
- 일본 통상산업성 이벤트연구회(1987): 특정 목적(지역사회의 경제·사회·문화적 발전과 관련 산업의 발전, 국제 교류, 관광 등)을 수단으로 실시하는 행사 또는 기획된 모임
- 일본 인터크로스연구소(1989): 기간, 장소, 대상을 제한하고 공동의 목적을 달성하려는 의도를 가진 일체의 행사
- 일본이벤트산업진흥협회(1999): 이벤트는 커뮤니케이션 미디어이면서 특정의 주체에 의해 기획·운영되며, 명확한 목적을 갖고 특정한 기간에 특정한 장소에서 참여한 대상에게 정보를 체험시키는 것
- ≪Event Report≫(일본 월간지): 광의의 의미로 기간, 장소 그리고 대상을 제한하여 공통의 목적을 실현하기 위한 모든 행사

✻ 특별성을 강조한 정의

- Getz(1997): 스페셜 이벤트란 주최 측 입장에서는 일상적인 활동이나 프로그램에서 벗어난 일회성 또는 비정기적으로 개최하는 특별한 이벤트이며, 수요자들에게는 일상생활의 경험을 벗어나는 특별한 사회 문화적 또는 여가 경험의 특별한 기회를 제공하는 것이다.
- 한국문화예술진흥원(1992): 이벤트의 어원은 라틴어인 e-(밖으로)와 venire(오다)라는 뜻을 가진 evenir(밖으로 나오다)의 파생어로 발생 또는 우발적인 사건과 같이 일상적인 상황의 흐름 중에서 특별하게 발생하는 일을 나타낸다.
- 쿠마노 타쿠가(熊野卓可)(1988): 이벤트는 이변을 일으키는 의도된 것, 주최 측이 어떤 목적을 달성하기 위해서 행하는 비일상적인 특별한 활동이다.
- 일본이벤트프로듀스협회에서 발표한 '이벤트의 정의와 이벤트 프로듀서의 자세'를 KJ 방식으로 정리한 [표 2-4]를 제시하였다.

[표 2-4] KJ 방식에 의한 '이벤트의 정의' 개념

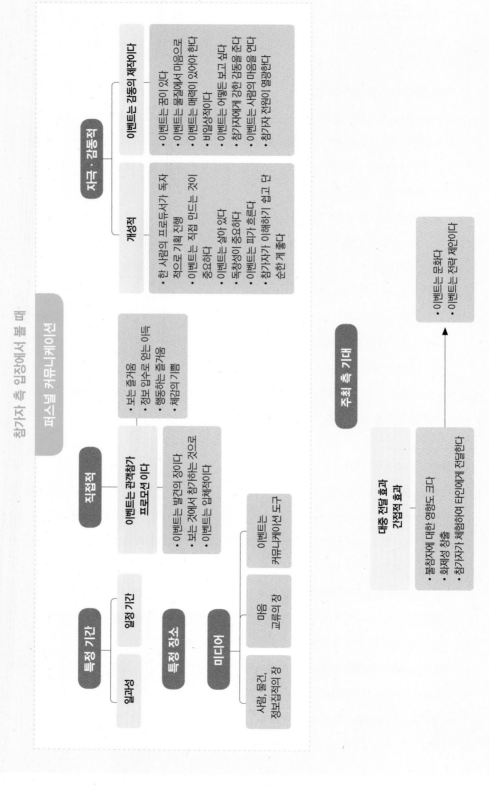

(일본이벤트프로듀스협회 기획개발위원회 제공)

이러한 세 가지 특성을 고려하여 종합적인 관점에서 내린 이벤트의 정의는 다음과 같다.

[표 2-5]에서 사과의 의미는

    ① **뉴턴의 사과**: 거기에서 새로운 무엇인가가 생겨난다.

    ② **아담과 이브의 사과**: 사용법에 따라서는 독이 되기도 하고 약이 되기도 한다.

    ③ **윌리엄 텔의 사과**: 정확하게 표적에 조준하여 맞히는 것이다.

[표 2-5] **이벤트의 정의**

2. 이벤트의 목적과 사회적 역할

이벤트에 대한 고찰은 국가 및 지방 행정 등의 행정적인 측면과, 기업 및 단체가 주최하고 참가하는 측면 그리고 이벤트에 참가하는 사람들, 즉 대중적인 측면에서 고찰하는 방법 등이 있다. 여기에서는 각각의 측면에서 이벤트의 목적과 사회적 역할에 관해 정리해 보기로 한다.

국가 행정적인 측면에서 본 이벤트의 목적

국가 행정적인 측면에서 본 이벤트의 목적은 크게 다음의 네 가지로 집약할 수 있다.

1) 국민의 욕구(정신적 충족, 문화 스포츠 지향 등) 충족

2) 지역 활성화

3) 산업 교류 및 진흥

4) 국제 교류

이 중에서 현재 특히 주목받는 것은 국내 수요 창출과도 연계되는 지역 활성화와 산업 교류 및 진흥에 관련되는 목적이다. 최근에 개최되고 있는 지방박람회 및 문화 관광축제의 목적 중에서 이것이 큰 비중을 차지하고 있는 것을 보면 알 수 있다.

기업 전략적인 측면에서 본 이벤트의 목적

기업 전략적인 측면에서 본 이벤트의 목적은 크게 세 가지로 집약할 수 있다.

1) 이벤트로서 직접적 효과를 추구: 영리 목적 효과

　① 이벤트 제작에 의해 이익을 얻는다.(기획, 실시, 조사 등의 업무를 하는 기업)

　② 이벤트 실시에 의해 참가자 또는 소비자로부터 이익을 얻는다.

　　(입장료, 관람료, 상품 판매 등의 수입)

2) 이벤트의 참가 대상에게 이벤트를 통해서 간접적 효과를 추구하는 것

　① 이벤트 참가 대상자 및 관계자들에게 기업의 지명도 및 인지도 제고

　② 상품과 서비스의 판매 촉진(브랜드 인지도 제고로서 판매 촉진)

3) 이벤트의 참가 대상에게 부가적인 효과창출: 활성화 효과

　① 지역사회를 활성화하여 사회에 환원함

　② 임직원에게 의욕과 자부심을 높여주는 기업의 사내행사

이와 같은 측면에서 볼 때 기업이 주도해 실시하는 이벤트는 그 자체가 넓은 의미의 판촉이벤트라고도 할 수 있지만, 좁은 의미의 판촉이벤트는 1)의 둘째 항(입장료, 관람료, 상품 판매 등의 수입)에 해당한다.

대중적인 측면에서 본 이벤트 참가 목적

대중적인 측면에서 본 이벤트 참가 목적은 크게 네 가지로 집약할 수 있다.

1) 놀이, 오락으로서의 직접적인 목적

2) 지식, 정보, 교양을 제공하는 장소

3) 현실 생활에 대한 자극=활력을 제공하는 장

4) 현실 생활에서의 탈피=마음의 근심을 푸는 장

이벤트의 사회적 역할

이벤트를 행정, 기업, 대중 등 개개의 측면에서 파악한 목적을 정리해 보았지만, 이벤트의 목적이 단일한 경우는 거의 드물고 대부분 복합적인 경우가 많다. 예를 들면, 스폰서십 스포츠대회는 대중의 욕구 충족과 기업의 인지도를 높이는 목적이 큰 비중을 차지하고 있다. 이와 같은 각각의 목적이 이루어진다는 것은 이벤트에는 기본적으로 사회적인 역할이 존재하고 있음을 의미한다.

예를 들면 제사, 예언, 점, 축제, 태양 숭배, 추수감사제, 장례식, 내세에 대한 기원, 나아가서는 귀족의 놀이와 의식, 대중 속에서 성장한 제례, 예능(향토 예술, 민속 예술) 등 한국의 역사 속에 나타난 이벤트는 왕조시대에 통치의 수단이기도 했고, 때로는 민속 신앙적인 충족을 구하거나 생활을 즐기는 놀이를 목적으로 실시되기도 했다. 이처럼 이벤트는 시대적인 배경에 의해서 크게 변화했다.

시대와 함께 변화하는 이러한 이벤트에 대해 많은 전문가들이 일관되게 말하는 공통적인 요소는, 이벤트는 사회적으로 유력한 '커뮤니케이션 미디어'이며 특히 인간이 관련되는 '퍼스널 커뮤니케이션 미디어'라는 것이다. 여기서 해외의 저명한 이벤트 전문가들의 견해를 소개하고 이벤트의 사회적 역할에 관한 인식을 깊이 느껴 보자.

1) 니헤이 조우키(二甁長記)의 견해 《축제의 기술 혁신》

① 이벤트는 인간이 개재되는 커뮤니케이션 미디어이다.

② 이벤트는 '사건'이나 '결과'와 같은 의미이나, 일상적으로는 일어날 수 없는 일이 일어나는 것이다.

③ 현대는 이벤트 시대라고 일컬어진다. 이벤트를 하나의 산업으로 분류하고 그것을 적극적으로 활성화하려는 움직임이 활발하다. 이것은 시대의 추세이며, 시대의 추세에 뒤처져서는 안 된다.

2) 엔도 히로모토(遠藤博元)의 견해 [《이벤트 전략》(다이아몬드사 발행)]

① 이벤트는 인간 탄생의 시점부터 이 세상에 존재해 왔다. 인간은 자연의 일부로 살아가고 있다. 자연을 두려워하고 자연을 숭배하는 생존 과정에서 스스로 '제례(축제)'를 발생시켰을 것으로 보인다.

② 이벤트는 "참가시키는 예술이다"라고 어느 프로듀서가 말했다. 즉 참가와 공감, 창조의 논리, '참가시키는 방법의 노하우'가 이벤트 제작의 포인트이다.

③ 이벤트는 인간들의 꿈과 희망을 만족시키는 것을 밑바탕에 둔 '정열 창조의 프로모션'이 아닐까.

④ 이벤트는 공동체 커뮤니케이션 확립을 위한 계기라고 해야 할까? 아니, 더욱 강렬한 언어로 표현한다면 '기폭제'에 해당할 것이다.

⑤ 사람들은 현대가 '불신'의 시대라며 단절을 호소한다. 하지만 모두들 마음속으로는 '커다란 만남'을 원하고 있다. '만남 만들기'를 보람으로 여긴다면, 거기에 반드시 있어야 하는 것이 상호 간에 구축하는 '공감'이다. '공감 창조를 위한 원동력'이 바로 이벤트 프로모션이다.

3) 히라노 시게오미(平野繁臣)의 견해 [《이벤트 부국론》(도큐에이전시)]

① 급속하게 변화되는 경제적 · 생활적인 측면의 소프트화 현상 속에서, 정보는 증가했지만 '인적 접촉'은 감소했다.

② 현재 매스미디어는 '사물'과 '사건'의 존재에 대한 정보는 대량으로 끊임없이 제공하지만, 그럼에도 정보 수신자와의 관계의 존재 방식이 본래의 커뮤니케이션 의미에서 점차 멀어지고 있다.

③ 이벤트는 전개되는 '사물'과 '사건'의 접촉, 그것들을 매개로 하는 자신과 주변 대중들과의 사이에서 새로운 관계를 발견하고 자신만의 '의미'를 창출하는 것이며, 이러한 새로운 발견이 감동의 원천이 되는 것을 새로운 미디어라고 할 수 있다.

④ 점점 더 거대해지고 복잡해지는 현대사회에서 점차 잃어버리고 망각되어 가는 '만남'과 '접촉'을 소중하게 지키면서 거기에 새로운 커뮤니케이션의 장과 기회를 육성하는 것이 이벤트이다. 이전까지의 매스미디어에 결여되어 있던 적극적이고 능동적인 양방향의 커뮤니케이션이 이벤트를 통해 가능해진다. 이벤트는 앞으로 펼쳐질 시대에 필요한 새로운 미디어이다.

⑤ 이벤트는 지역 활성화의 기폭제다.

⑥ 이벤트 효과 중에서 특히 공공 이벤트는 입장객 수와 수지의 결과만으로 판단해서는

안 된다. 더욱 넓은 의미에서의 사회·경제적인 효과와 지역에 미치는 문화적, 정신적 효과를 포함해서 평가해야 한다.

4) 알프레드 L. 슈레이버((Alfred L. Schreiber)의 견해[《Lifestyle & Event Marketing》(McGraw-Hill Companies)]

현대의 혼란한 마케팅 환경에서 텔레비전에 광고하는 것만으로는 확실한 성공을 기대할 수 없다. 이미 시장 세분화는 진행되고 있으며, 그 때문에 종래와는 다른 대중을 모을 수 있는 방법을 발견할 필요가 생겨났다. 필자의 생각에는 종래와 다른 수단 중 하나가 바로 '이벤트 마케팅'이다.

현대는 '이벤트 시대'라고 일컬어진다. 그 이유는 어디에 있는 걸까. 이벤트의 사회적 역할과 위치 설정에 대해 생각할 때 가장 중요한 것은, 새로운 네트워크 시대라고 불리는 지식정보화(소프트화를 포함)가 가속되는 사회 환경 아래에서 그것을 어떻게 위치 설정할 것인가이다.

이러한 환경에서 가장 주목해야 할 것은 행정과 기업 측면에서 대중들과의 관계를 구축하는 사회적인 '커뮤니케이션 시스템'을 어떠한 방법으로 구축해야 할 것인가이다. 또한 현대 마케팅의 의미는 제품 판매 차원에서 소비자와 기업 간의 커뮤니케이션을 어떻게 효과적으로 창출할 것인가라는 제품과 서비스의 유통에 있다.

위에서 언급한 커뮤니케이션 시스템 구축은 마케팅 분야에서 매우 중요한 의미가 있다. 그리고 여기서 말하는 커뮤니케이션의 의미는 양방향적인 커뮤니케이션 구축이 토대가 되는 '상호 정보를 전달하며 교류하는 양방향의 미디어, 즉 정보 체제를 구축하는 것'이다.

현대를 이벤트 시대라고 말하는 까닭은 이처럼 이벤트는 양방향 커뮤니케이션 시스템 구축의 중요한 '창조자'이고 '장(場)'이며 '기회'라고 할 수 있기 때문이다. 예를 들면, 각지에서 개최되는 지역축제와 지방박람회 등도 '지역 주민들이 참가하고, 서로가 함께 느끼는 장소'인 동시에 인간이 개재되는 '미디어'라는 본질적인 의미를 소홀히해서는 안 된다. 이와 같이 이벤트의 본질적 역할을 파악함으로써 행정이나 기업이 이벤트를 어떠한 목적으로 활용하느냐에 따라 앞에서 서술한 목적의 방향성이 확실해진다.

제3장에 서술할 이벤트 효과를 파악하는 방법도 이와 같은 기본적인 인식에서 시도할 필요가 있다. 예를 들면, 박람회의 효과를 단순히 입장객 수의 많고 적음으로 평가하는

방법은 매우 진부하다고 할 수 있다. 오히려 경제적·산업적인 파급 효과의 측면과 관람객 및 참가자 평판과 홍보 활동을 종합한 파급 효과 그리고 지역에 미치는 문화적·정신적 효과 등에 눈을 돌려야 할 것이다.

이벤트가 이와 같은 양방향 커뮤니케이션의 장이 되기 위해서는 '의외성'과 '미래적인 이미지 창조' 그리고 만남을 창출하는 장이라는 것을 포함한 '정감 창조'의 기회가 있어야 한다. 또한 사회적인 커뮤니케이션 확립의 '기폭제'가 되어야 한다. 산업적 측면과 지역 활성화라는 측면에서 이벤트 역할은 지대하지만, 이것도 이와 같은 이벤트의 기본적인 역할과 사회적 위치 설정 아래에서 양방향 커뮤니케이션 시스템 구축에 기여할 수 없다면 그 목적을 충분히 다했다고 할 수 없다. 이벤트는 목적이 아닌 수단이며, 기회이고, 장(場)의 창출이라는 것을 다시 한 번 명심해야 할 것이다.

3. 이벤트의 분류

이벤트 분류를 위한 요소

앞에서 기술한 [표 2-2] 이벤트 구성요소에서 본 것처럼 이벤트를 상세하게 분류하려면 그 모든 요소를 조합해야만 한다. 그리고 거기에는 중점 요소(주체적 조건 요소)가 있다. 그것들을 기준으로 하여 이벤트 분류의 기본적인 방법을 살펴보기로 한다. 우선 분류에 관련된 주체적 조건 요소는 이벤트 개최 주체의 성격, 구성 요소와 이벤트 목적 요소의 조합으로 [표 2-6]과 같이 분류할 수 있다.

[표 2-6] 이벤트의 주체적 조건

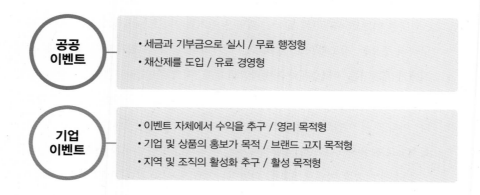

공공
이벤트
• 세금과 기부금으로 실시 / 무료 행정형
• 채산제를 도입 / 유료 경영형

기업
이벤트
• 이벤트 자체에서 수익을 추구 / 영리 목적형
• 기업 및 상품의 홍보가 목적 / 브랜드 고지 목적형
• 지역 및 조직의 활성화 추구 / 활성 목적형

그리고 [표 2-7]과 같이 이벤트를 형태별/장르별로 분류하는 방식이 있는데 비교적 이해하기 쉽다.

[표 2-7] 이벤트 형태별/장르별 분류

① 박람회(페어 등 포함)

② 견본시, 전시회(설명회, 딜러회의 등 포함)

③ 연예, 스포츠이벤트(가요 콘서트, 각종 경기 등 포함)

④ 예술, 과학이벤트(클래식 콘서트, 과학전시 등 포함)

⑤ 회의, 컨벤션(대표회의, 연회, 강연회, 심포지엄, 포럼, 세미나 등 포함)

⑥ 세레모니, 리셉션(기념식, 파티, 쇼, 퍼레이드 등 포함)

⑦ 콘테스트(미인 콘테스트, 무선 조종비행기 응모 콘테스트, 콩쿨 등 포함)

⑧ 미디어이벤트(공개방송, 거리캠페인 등 포함)

⑨ 지역축제(문화관광, 문화예술, 역사, 자연환경, 특산물 등 포함)

여기에 덧붙여 상가와 쇼핑센터 혹은 대형 유통점에서의 매장 이벤트(바겐세일을 포함)와 SP활동과 연동한 형식의 'SP이벤트'를 독립시킨 방식도 있다. 또한 지역 활성화 등을 목적으로 한 '지역 이벤트' 등으로 구분하는 방법도 있다. 그리고 '문화이벤트'라는 표현도 있지만 이벤트 자체가 문화를 기반으로 하기 때문에 굳이 문화이벤트라는 용어는 사용할 필요가 없다.

여기에서 주최자별 개최 목적 및 이벤트 형태의 종적인 파악방식의 구조를 [표 2-8]에 제시한다. 또한 이벤트의 대상인 일반 대중 측면에서 본 이벤트 참가 목적은 [표 2-9]에, 이벤트 참가 목적과 형태별 분류의 매트릭스로 파악하는 틀은 [표 2-10]에 제시하였으며, 일반 대중의 이벤트 참가 목적에 의한 분류는 다음과 같이 정리할 수 있다.

[표 2-8] 주최자별 개최 목적 및 이벤트 형태의 매트릭스에 의한 분류

주최자별 / 형태별	공공이벤트		기업이벤트		
	무료행정형	유료경영형	영리목적형	홍보목적형	활성목적형
박람회					
견본시, 전시회, 설명회					
연예, 스포츠					
예술, 과학					
회의, 컨벤션					
세레모니, 리셉션					
콘테스트					
미디어 이벤트					
지역축제					

[표 2-9] 일반 대중의 이벤트 참가 목적

① **감상형 이벤트:** 보는 즐거움(오락, 교양)

② **체험형 이벤트:** 체험하며 만드는 즐거움

③ **귀속형 이벤트:** 체감의 기쁨(회의, 클럽파티)

④ **욕구충족형 이벤트:** 자기 욕구 충족 요소가 포함된 참가형(스포츠, 콘테스트)

⑤ **이득형 이벤트:** 정보를 입수함으로써 어떠한 이득을 얻음(회의, 전시회)

[표 2-10] 이벤트 참가 목적과 형태의 매트릭스에 의한 분류

형태별 / 목적별	감상형	체험형	귀속형	욕구충족형	이득형
박람회					
견본시, 전시회, 설명회					
연예, 스포츠					
예술, 과학					
회의, 컨벤션					
세레모니, 리셉션					
콘테스트					
미디어 이벤트					
지역축제					

이벤트 분류는 이상과 같이 1차원에 의한 파악 방법이 아닌 매트릭스에 의한 2차원의 파악 방법이 더 실제적으로 이해하기가 쉽다.

주요 구성요소별로 본 이벤트의 종류

앞에서 서술한 주요 구성요소별 이벤트 종류를 소개하기로 한다.

1) 주최기관 분류

이벤트 제공의 형태로서는 '주최', '후원', '협찬' 등이 있다. 일반적으로 '주최'는 이벤트 개최에서 예산의 대부분을 책임진다. '협찬'은 이벤트 개최 경비의 일부를 부담하며 전반적인 책임은 지지 않는다. 그리고 예산 책임의 범위와 제공 형태의 관계가 명확하지 않으며 실제로는 모든 비용을 책임지고 있어도 후원 및 협찬으로 명시되는 경우도 많기 때문에 여기에서는 모든 이벤트 제공자를 '주최기관'으로 정의한다(표 2-11 참조).

[표 2-11] **주최기관 분류**

(1) 국가, 정부(외국정부, 정부기관 포함)	⑧ 서비스업
(2) 지자체(광역시도, 시, 군 등의 자치단체)	⑨ 관광관련 서비스(여행업, 여객운송업, 호텔, 여관 등)
(3) 일반기업, 업계단체	⑩ 매스컴, 광고대행사
① 제조업	⑪ 종교(각종 종교단체)
② 도매업	⑫ 기타(금융, 보험, 화물운송, 통신 등)
③ 종합상사	**(4) 일반단체**
④ 소매업	① 경제단체
⑤ 백화점, 수퍼(대형소매점)	② 학술, 문화단체
⑥ 전문점(상가, 쇼핑몰 포함)	③ 스포츠단체
⑦ 음식점	④ 기타 단체(정치단체, 노동단체 등)

2) 목적별 분류

이벤트의 목적은 크게 정치 및 행정 목적, 경제 및 산업 목적, 사회 및 문화 목적, 마케팅 목적으로 구별할 수 있다. 이를 주최기관과의 관계로 보면 [표 2-12]와 같이 분류할 수 있다.

[표 2-12] **주최기관 측면에서 본 목적별 분류**

주최기관	목 적	주최기관	목 적
정부기관, 지자체, 공공단체 등	경제 진흥 산업 진흥 지역개발 진흥 과학기술 진흥 학술 진흥 예술, 예능 기술 체육, 스포츠 기능 사회복지사업 추진 국가의례 국위 선양 국민의 사회적·문화적 계몽 국민·지역 주민 의식의 고양 국제 교류, 지역 간 교류 인적 교류 정보 교류 지역, 지자체의 홍보 이미지업	제조업체, 단체	제품 브랜드의 판매 촉진 세일즈 활동의 지원 기업 이미지 제고 기업 주체성 확립 소비자에게 이익 환원 지역 주민과의 연대 사회적 계몽, 소비자 계몽 사회복지, 공공 봉사 기업기념일
		서비스업체 상점가	고객서비스(이익 환원) 상점 및 상가 판매 촉진 매출 증대 상점, 상가의 홍보, 이미지업 고객과의 연대 상권 확대

3) 대상 분류

이벤트의 대상은 [표 2-13]과 같이 분류할 수 있다.

[표 2-13] **이벤트 대상 분류**

국민, 지역주민(일반대중) 소비자, 고객, 유통관계자(도매점, 소매점), 업계, 기업, 학회, 단체, 기타

4) 규모 분류

이벤트의 규모는 세계박람회·올림픽·월드컵 등으로 대표되는 국가적 차원의 메가이벤트, 지방박람회·문화관광축제·스포츠대회 등 지자체의 대형이벤트, 제품 판촉이벤트·상가와 유통점의 판촉이벤트 등 기업의 중소형이벤트로 분류할 수 있다.

5) 주제 분류

이벤트의 주제는 [표 2-14]와 같이 분류할 수 있다.

[표 2-14] 주제 분류

경제산업이벤트, 국제교류이벤트, 관광이벤트, 생활문화이벤트, 사회복지이벤트, 교육이벤트, 문화 · 연예이벤트, 음악 · 영화이벤트, 오락이벤트, 스포츠이벤트, 자연모험이벤트, 과학기술이벤트, 게임이벤트, 패션이벤트, 관혼상제이벤트, 판촉이벤트, 기타

6) 형태 분류

앞서 [표 2-7] 이벤트 형태별/장르별 분류에서 서술한 것과 같다.

7) 주최기관의 입장에서 본 이벤트의 의의

주최기관이 이벤트를 실시하는 의미는 목적, 의도 혹은 고지 등의 개념으로 제시되고 있다. 그 내용은 매우 자세하고 구체적인 사항부터 장대하고 추상적인 사항까지 폭넓은 범위를 포함하고 있다. 이들 개요에 대해서는 앞의 '목적별 분류'에서 제시됐는데 그것을 주최기관별로 보다 상세하게 [표 2-15]에 분류하였다.

그리고 주최기관별로 본 이벤트의 목적(의의)은 원천적으로 그 내용을 알기 쉽게 단적으로 정리한 것이 통상적이지만 실제적으로는 반드시 주최기관만의 목적에 한정되는 것이라고는 볼 수 없다. 예를 들면, 지자체 이벤트에 기업이 협력하는 경우 기업은 사회공헌 측면에서의 공공 목적을 원칙으로 기획하지만, 동시에 기업 목적이 당연히 전제되는 것처럼 주최기관과 목적과의 관계는 배경조건에 따라 실제로는 각각 독립적으로 성립되는 경우도 있다. 이러한 관계에 관해서는 제3장 「이벤트의 효과 측정」에서 명확히 제시하기로 한다.

[표 2-15] 주최기관 입장에서 본 이벤트의 의의

주최기관	이벤트의 의의	주최기관	이벤트의 의의
정부기관 자치단체, 공공단체 등	1. 경제 진흥 　① 무역 진흥 　② 경제력 진흥 2. 산업 진흥 　① 산업의 육성, 발전 　② 기업 유치 3. 관광 진흥 　① 관광·레저자원의 어필 　② 관광·레저사업 육성 　③ 관광객 유치 4. 지역개발 진흥 　① 국토개발, 해양개발 추진 　② 지역개발, 재개발 추진 5. 과학기술 진흥 　① 과학기술 개발 촉진 　② 과학기술력 어필 　③ 과학기술 교류 6. 학술 진흥 　① 학술의 향상 　② 학술의 교류 7. 예술·예능 진흥 　① 예술·예능의 육성 　② 예술·예능의 보전, 홍보 8. 체육·스포츠 진흥 　① 체육·스포츠의 육성 　② 체육·스포츠의 경기 수준 향상	정부기관 자치단체, 공공단체 등	9. 사회복지 사업 추진 10. 국제 교류 11. 지역개발 교류 12. 정보 교류 13. 인적 교류 14. 과학기술에 대한 관심, 이해, 인식의 전환 15. 사회복지에 대한 관심, 이해, 인식의 전환 16. 정치행정에 대한 관심, 이해, 인식의 전환 17. 예술·예능에 대한 관심, 이해, 인식의 전환 18. 체육·스포츠에 관한 관심, 이해, 인식의 환기 19. 문화, 지식, 교양의 향상 20. 국위 선양 21. 국민의식의 육성 22. 국민의 사회적, 문화적 계몽 23. 국가의례 24. 지방자치단체의 어필 　① 지역, 자치제의 이미지 업 　② 지자체 주민(도, 시, 군, 면)의 　　 의식 고양(공동체 의식 육성) 　③ 향토 양식의 육성 　④ 지자체 주민과의 연대 　⑤ 지자체의 비전 제시 　⑥ 소비자에 대한 서비스 　⑦ 지역 주민과의 연대 　⑧ 사회적 계몽, 소비자 계몽 　⑨ 사회복지, 공공 봉사
제조업계, 단체	1. 브랜드 　① 브랜드의 인지도 향상 　② 브랜드의 이미지 업 　③ 브랜드 내용의 이해, 향상 　④ 브랜드의 접촉, 사용, 체험 층 확대 　⑤ 브랜드 판매 예상 　⑥ 브랜드 매출 증대 　⑦ 브랜드 애용, 정착 층 확대 　⑧ 브랜드 세일즈 활동 지원 　⑨ 브랜드 취급점 확보, 확대 　⑩ 브랜드 취급점의 점두쉐어 확보, 확대 2. 기업 　① 기업 인지도 확산 　② 기업 이미지 업 　③ 기업 자세 어필 　④ 기업의 사업 영역 　⑤ 기업의 기술, 연구개발력 어필 　⑥ 기업 동일성 형성 　⑦ 사원에 대한 서비스(위로, 친목) 　⑧ 소비자 서비스 　⑨ 기업의 기념일 　⑩ 오프닝 세리머니	유통 서비스업 상가	1. 고객서비스(이익 환원) 2. 상품의 판촉(상품 내용의 이해 구매 자극) 3. 상점·상가 판매 촉진(고객 동원) 4. 점포·상가의 매상 증진 5. 점포·상가의 분위기 조성 6. 점포·상가의 어필(존재, 지명도 향상) 7. 점포·상가의 이미지 업 8. 고객과의 연대(만남의 장 형성) 9. 상권 확대(타 지역으로 유출 방지) 10. 오프닝 세리머니

이 장에서는 다음과 같은 점을 포인트로 정리할 수 있다.

● 이벤트의 목적은 국가 · 행정의 입장, 기업 단체의 입장 그리고 참가하는 일반 대중의 입장에 따라 달라진다. 이벤트가 성공하기 위해서는 각 주체의 입장과 목적을 적절하게 반영하고 조합하여 효과를 얻을 수 있는 기획과 시행이 요구된다.

● 이벤트의 사회적 역할은 멀티미디어 네트워크 시대에 더욱더 중요시되고 있다. 특히 이벤트는 양방향 커뮤니케이션 미디어 중에서도 인간이 매개가 되는 퍼스널 미디어로서의 양방향 커뮤니케이션이라고 할 수 있다. 이 기본적인 역할을 100퍼센트 발휘할 수 있도록 계획하고 전략화하는 것이 중요하다. 지역 활성화와 산업 진흥도 이 기본적인 역할을 무시해서는 성립되지 않는다.

● 이벤트의 기능은 기본적인 역할이 있어야만 발휘되는 것이다. 특히 이벤트 효과라는 형태로 파악한다면 그것은 집객 인원수와 수입액이라는 단순한 측면만이 아니라 커뮤니케이션 효과와 파급 효과(직접적, 간접적: 경제 효과 등), 홍보 효과 등 넓은 시각으로 파악해야 한다. 또한 중요한 것은 기획 단계에서 효과의 목표화를 시도하는 것이다. 그 기준(정량적이 아니라도 좋다)이 없으면 이벤트의 기능 평가는 무의미해진다. 또 한 가지 이벤트를 커뮤니케이션 미디어로서 파악할 때 다른 요소와의 차이점을 충분히 인식하는 것이 중요하다.

● 이벤트 분류는 이벤트 구성 요소 특성의 개별 항목만으로는 실제적으로 파악하기 어렵다. 그래서 일반적으로 이벤트 개최 주체의 성격, 이벤트 목적과 이벤트 형태 등을 통해 이원적으로 파악하는 것이 비교적 이해하기 쉽다.

제3장
이벤트의 효과적 전개

연구 포인트

이 장에서는 이벤트의 효과에 관해서 정리해 기술하고자 한다. 광고 효과에 대해서는 많은 전문서적이 나와 있지만, 이벤트의 효과에 관해 정리한 것은 찾아보기 어렵다. 광고의 경우도 그렇지만 이벤트의 효과 측정은 기획 단계에서 이벤트 효과의 목표화를 시도하여 효과 있는 기획을 수립하고 실시하는 것이 궁극적인 목적이다.

그러기 위해서는 기획 단계에서 효과의 목표를 명확히 설정하는 것이 중요하다. 그것은 반드시 정량적 표현이 아니어도 좋다. 이벤트의 본질적인 역할을 근거로 한 광의의 개념에서 목표화하면 된다. 이와 같은 목표화를 적절히 하기 위해서 이벤트 효과의 구조, 이벤트 효과 측정 방법 그리고 전체적인 효과 측정의 기술체계를 이해해둘 필요가 있다. 이 장에서는 이벤트 효과를 어떻게 파악하는가에 대해서 체계적으로 연구하기로 한다.

1. 이벤트 효과의 목표화

이벤트 효과를 어떻게 파악할 것인가라는 논의는 지금처럼 이벤트가 활성화된 상황에서도 충분히 성숙되어 있지 않다. 그 이유는 여러 가지로 생각할 수 있지만 그 중에서도 가장 큰 이유는 '이벤트 효과란 어떤 것인가?' 그리고 '그것을 측정하기 위해서는 어떠한 방법이 있는가?'가 명확하지 않다는 것이다. 이 장에서는 이벤트 효과의 개념과 측정 등에 대해 알아보고자 한다.

효과 목표화를 위한 이벤트 개념 정리

이벤트의 효과에 대해 최근 각 지역의 문화관광축제, 지방박람회 등의 주최자인 지방자치단체에서도 많은 관심을 갖고 있다. 그렇지만 지금까지의 사례를 보면 그 효과목표의 주된 관점이 입장객만으로 제시되는 경우가 많았다. 그 이유는 효과의 표현이 구체적인 숫자로 제시되지 않으면 알기 어렵고, 객관성이 결여된다는 생각이 지배적이었기 때문이다.

확실히 이와 같은 구체적이고 정량적인 효과 목표의 설정은 대단히 중요한 의미를 갖는다고 할 수 있다. 그러나 과연 이것만이 이벤트 효과의 모든 것일까? 그렇지만은 않다. 그러면 효과의 확대는 무엇을 기준으로 구상하고 파악해야 할 것인가.

그 해답은 사실 제2장에서 서술한 내용, 즉 이벤트의 기능과 정의, 목적과 본질적 역할, 나아가 이벤트의 성격, 분류 등과 같은 것들로서 파악할 수 있다. 단지 그것을 측정하는 근거 기준이 있느냐는 여기에서 생각해야 할 것이 아니라 다음 단계에서 생각해야 할 문제이기 때문에 이 단계에서 기법에 구애될 필요는 없다.

여기서는 제2장에서 연구했던 내용을 복습하고 한 번 더 이 장에서 정리해 보기로 한다.

넓은 시야로 본 효과의 목표화

앞에서 서술한 것과 같이 이벤트 효과는 단순하게 파악되는 양적인 측면만 있는 것은 아니다. 이벤트는 파급 효과와 커뮤니케이션 효과 등 넓은 범위로 확대되는 성격을 갖고 있다. 또 이벤트의 형태에 따라 여러 가지 효과 중에서 강조하는 부분은 당연히 달라진다.

'지역이벤트는 지역 주민들에게 명확한 목표를 부여하고 자발적인 참가를 촉구하여 공동 작업하는 것을 전제로 하며, 계획적으로 기획 구상을 하여 다른 산업 분야와의 융합화, 지역의 연대와 참가 의식의 육성에 매우 효과적인 촉진 작용을 한다. 지역이벤트 참가와 준비 과정을 통해 지역에 대한 애착과 긍지가 육성되어 그것이 내부 발생적인 지역발전의 에너지로 바뀔 가능성이 있기 때문이다'(《이벤트 부국론》, 히라노 시게오미(平野繁臣))

지방박람회와 지역축제 등의 지역이벤트에서는 파급 효과와 커뮤니케이션 효과가 매우 중요한 의미를 지닌다. 이와 같이 양적인 효과 측정이 불가능할 경우의 목표화에 대해서는 상기와 같이 과정을 중시한 효과 목표화의 구조를 만들고 그것을 실시 과정에서 정확하게 추진하는 것이 중요하다. 앞에서 예로 든 히라노의 저서 중 파급 효과를 파악하는 사례를 [표 3-1]에서 소개한다.

[표 3-1] 공공 이벤트의 파급 효과

① 생산 유발 효과

- 행사장 시설 등에 의한 생산 유발
- 입장객의 소비에 의한 생산 유발

- 개인 소득의 증가
- 지방세 수익 증가
- 고용기회의 증가

② 지역의 동질성 확립

- 지역의 지명도 제고
- 지역의 이미지업 실현
- 지역 주민의 계몽과 연대감 육성

- 관광객의 증대
- 기업 유치의 증가
- 지역산업의 거래 기회 증대

③ 교류 확대와 네트워크 구축

- 지역의 기술과 문화 수준 향상
- 정보화의 접촉 기회 증대
- 지역의 새로운 매력 창조 기회 조성
- 지역 발전의 장기적인 기반 강화

- 기획 설계, 디자인의 기술 이전
- 산업 간의 교류와 융합화 촉진
- 전문가 집단과의 인적 채널 조성
- 참가 및 협찬 기업과의 채널 조성

[표 3-1]과 같이 효과 목표화의 구조를 만들 수 있다면 정성적(定性的)이라고 해도, 일부는 정량적인 기준으로 표현하는 것도 가능하며 효과의 목표화도 가능해진다.

기획 단계에서 고려해야 할 효과 예측 방법

여기에서는 기획에 포함해야 할 효과 목표 중에서 가장 알기 쉬운 입장객 예측을 생각해 보자. 대형 박람회 등에서는 각 분야의 전문가로 구성하거나 혹은 추진기획단 등에서 시뮬레이션 모델을 만들고 예측하여 그것이 실제 상황에 적중했거나 빗나갔다고 판단한 것이 지금까지의 일반적인 상식이었다.

입장객 예측과 같이 양적으로 측정 가능한 척도라고 하더라도 다음과 같은 점에 유의하는 것이 중요하다. 적중했느냐 아니냐의 논의보다 현실적인 여러 조건 속에서 그것을 목표화하고 가능성과 실현성을 검토하여 실행하는 것이 현실적이며 이치에 맞다. 따라서 예측하는 경우에는 다음의 여러 가지 사항에 유의해야 한다.

❊ 효과 예측의 유의점

(1) 효과 측정의 기술 체계에서 기술하겠지만 가장 중요한 것은 이벤트 개최의 기본 조건인 이벤트 개최의 주체 조건(주체 성격 및 공동 개최, 협찬 등에 의한 주최자의 구성 조건을 포함)과 목적, 규모, 장소 등의 조건마다 성격 패턴별로 입장객 예측 기술의 구성 방법이 달라져야 한다는 것이다. 예를 들면, 여수세계박람회와 같은 국가적인 의의를 지닌 성격과 규모의 박람회부터 지방박람회 혹은 대기업 주최의 이벤트, 나아가서는 백화점 행사처럼 매출 증대 목적의 비중이 높은 경우 등과 같이 기본적 조건이 다른 상황에 대한 패턴별 예측 체계의 정리가 매우 중요하다.

(2) '예측'이란 것은 '목표화'를 위한 작업이라는 점을 명확히 해야 한다.

(3) 예측을 위한 구성 요인으로서는 다음과 같은 점들을 보완해 주는 일이 필요하다.

① 이벤트 개최의 기본 조건에 근거하는 요인

- 이벤트의 주체, 소구 대상, 지역, 시기, 행사장, 규모 등

② 이벤트의 질적 조건에 근거하는 요인

- 이벤트의 매력 요인
- 고지, 홍보, 광고 등의 커뮤니케이션 요인
- 소구 대상의 특성 요인
- 집객 대상 지역의 지역적 요인
- 그 외의 요인: 반복 입장률, 기간 내 입장객 변동, 경쟁 여건 등

(4) 이와 같은 요인 등을 일거에 망라하기는 당연히 불가능하지만 앞의 (1)의 기본 조건, (3)의 ②항의 질적 조건별로 어떤 시뮬레이션 모델이 필요할 것이다. 더욱이 정량적으로 예측할 수 없는 효과 목표에 대해서는 앞에서 서술한 바와 같이 나름대로 요소를 정해 각 부분에서의 정량화와 함께 계획에서 실행에 이르는 과정에서 계획적으로

만들어낸 요소를 확실하게 구성해감으로써 효과의 목표화와 동일하게 파악할 수 있다. 가끔 있는 일이지만 정량화할 수 없는 것은 자칫 기존 목표와 동떨어지기 쉬운 난점을 지니고 있다는 것을 잊어서는 안 된다.

2. 이벤트 효과의 구조

이벤트의 효과 측정에서는 '무엇을 효과라고 하는가'가 중요하다. 즉 이벤트 효과 구조의 규명 및 측정 지표와 평가 척도 등을 어떻게 규정해야 할 것인가 등의 기본적인 사항이 중요하기 때문에 그 점을 연구하고자 한다.

효과 구조의 기본 조건

효과를 파악할 경우 효과의 소재와 기준 그리고 측정에서 효과 내용에 대한 제약 조건 등이 있으므로 그것들에 대한 기본 조건을 인식할 필요가 있다. 효과의 소재는 이벤트 장소를 대상으로 한 실시 효과가 '어디에서', '어떠한 형태'로 표현되는가를 명확히 하는 것이 필요하다. 효과 기준에 관해서는 효과의 성격과 정도를 측정하기 위한 각종의 배경 조건에 따라 '개별적'이기 때문에 항상 상황에 따라 필요한 '계획 기준' 등의 평가 기준에 의해서 판단되고 확인되었을 때 비로소 구체적인 이벤트 효과라는 것을 인식하는 것이 필요하다.

그 외에 효과 측정의 기술적 제약으로 인해 효과 측정의 핵심에 접근할 수 없는 '효과의 질적인 평가'에 관해서도 중시할 필요가 있다. 이것들을 근거로 해서 '이벤트 효과의 파악법'이라는 관점에서 총괄적인 기본 조건을 예로 들면 다음과 같다.

❋ 이벤트 효과 파악법의 기본 조건

1) 이벤트의 실시 체계는 실시 주체가 갖고 있는 목적과 의도의 표출이다. 따라서 실시 주체가 '어떠한 목적을 갖고' 실시하는 이벤트는 일차적으로 입장객이 보이는 반응은 물론이고, 실시 주체도 그 주변(기획자 등)에 여러 가지 반응(의식과 행동)을 불러일으키게 된다. 이 반응의 내용이 플러스 효과이든 마이너스 효과이든 모두가 효과의 대상이라는 관점에서 파악해야 한다.

2) 그 파악된 효과는 실시 주체(주최, 협찬, 후원 등)의 목적에 따라서 '어디에서', '어떻게' 대응했느냐가 최종적인 기준에 의해서 평가받는다.

3) 이벤트의 효과는 '기획·연출된 이벤트가 작용하는 각각의 소구 기능에 대해 입장객이 어떻게 반응했는가'라는 것이다. 따라서 이벤트 효과의 구조 체계는 이벤트 연출 기능의 체계와 상반되는 관계라고 할 수 있다.

　　일본의 노무라종합연구소의 〈기업의 이벤트 전략〉의 사고방식은 ≪NRISEARCH≫(1984) 10월 호에 '기업 측면에서 본 이벤트 효과 구조'의 내용이 발표되었다. 내용 중에는 '이벤트 구조'에 대하여 '이벤트는 ① 미디어 기능 ② 퍼블리시티 기능 ③ 이익 환원 기능을 통해서 소비자와 사회에 작용한다. 이 중에서 이벤트만의 기능은 미디어 기능으로서, 즉 다이렉트 커뮤니케이션이다'라고 이벤트 기능 측면에서의 이벤트의 구조를 소개하고 있다. 그 어느 쪽이라 해도 이벤트의 효과 구조는 목적에 적합하게 기획·실시된 것이 어떠한 효과 기능을 발휘하였는가를 명확히 하여, 효과 기능 체계에 대응하는 형태로 정리해야 한다.

4) 목적으로서 효과 구조 중에서 이벤트 내용에 관한 아이디어, 발상, 연출 기법의 장단점 등에 대해서는 참가자와 같은 외부에서의 평가 접근도 가능하지만, 핵심적인 기술적 평가 등은 통상적인 평가 범주에서 처리하는 것 외에 별도의 접근이 필요하다. 특히 의외성의 평가 등에 관해서는 특별한 평가 사항으로 고려해야 한다.

효과 구조의 형태

　　이벤트 효과의 관련 사항을 도표로 제시하면 [표 3-2]와 같다. 이것이 이벤트 효과의 구조이다. 이벤트 효과에 대해 [표 3-2]를 보면서 설명을 하고자 한다.

[표 3-2] 이벤트 효과의 구조

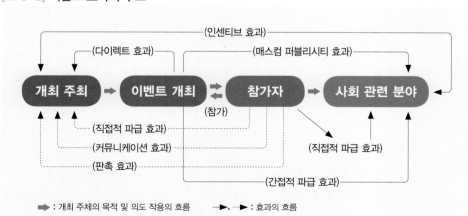

1) 다이렉트 효과

이벤트의 장(場)이 창출하는 직접적인 효과이다. 여기에서 발생하는 효과는 집객 인원수, 입장료 수입, 행사장 내 매출과 이벤트에 참가한 사람들의 의식과 태도에 미치는 효과 등이다.

(1) 이벤트의 직접적 효과(이벤트의 성과 지표)

① 참가자 수(소구 대상 속성별)

② 입장료 수입

③ 행사장 내·외부의 소비액

④ 그 외의 수입(광고 및 협찬 수입)

(2) 이벤트 매체의 역할

① 이벤트의 인식

② 이벤트 주제의 인식, 이해 ┐

③ 발신자의 지명도 ├───── **태도 변화의 촉진 효과**

④ 발신 내용, 활동의 이해 ┘

⑤ 발신자에 대한 이미지(호의적 이미지, 부정적 이미지)

⑥ 참가 계층의 확대

⑦ 소구 내용의 소구력(訴求力)

⑧ 이벤트의 평가, 공감도

　　(이벤트 세부 연출 사항에 대한 전문적이며 기술적인 의견 등도 포함)

⑨ 집객력

⑩ 참가 횟수, 접촉 횟수

⑪ 화제성

(3) 의식 향상 효과

① 사원의 의식 향상

② 사원의 의식 통일

③ 관계자의 공감, 지원 의식

2) 커뮤니케이션 효과

매스미디어에 의한 홍보와 이벤트가 연동되어 발생하는 효과이다. 이벤트 참가자들의 실시 주체 인지도, 활동 내용의 이해와 공감 등 여러 가지 효과가 여기에 해당한다. 이들 효과의 측정 지표로서는 앞의 1) 다이렉트 효과 중 (2) 이벤트 매체의 역할과 같다.

3) 판매 촉진 효과

판촉이벤트의 경우 구매 의식, 호의적 태도의 변용 등에 의한 판매 기여 효과이다. 이것들의 효과는 다음과 같다.

(1) 판촉 효과

① 구매 및 사용 빈도의 향상

② 신규 구입, 브랜드 교체, 구입량의 증가

③ 구입 준비 행동의 조성

(2) 판매 효과

① 전 회사의 매출

② 상품, 브랜드 매출

③ 시장 점유율 확대

4) 파급 효과

(1) **직접적 파급 효과:** 이벤트의 기획자 및 참가자 혹은 이벤트에 관해서 어떤 정보를 접한 사람으로부터 '소문'으로 전달되는 구전 효과이다. 이들의 효과에 관한 구체적인 지표는 2)항 커뮤니케이션 효과와 같다.

(2) **간접적 파급 효과:** 이벤트의 기획, 개최에 따르는 투자가 가져오는 경제 효과 및 이벤트가 지닌 신선한 발상 등에 의한 새로운 기술, 문화의 보급을 촉진시키는 사회개발 효과다.

① **경제 파급 효과**

· 생산 유발 · 소득 증가 · 소비 확대

· 유통 촉진 · 세수 증대 · 고용기회의 증대

② **기술 개발 효과**

· 첨단기술의 실용화 　　　　· 첨단기술의 보급

· 기술 지식의 보급 　　　　· 자사 보유 기술의 어필

③ **환경 개선 효과**

· 사회간접시설의 충실

· 시가지 재개발 등의 유발 효과

· 환경 개선 의식 향상

· 지역 이미지 향상 ——— **의식 지표**

· 공동체 의식 향상

④ **문화 수준의 향상 효과**

· 교육 효과(학교 교육, 사회 교육)

· 교육 문화 시설 확충

5) 홍보 효과

이벤트의 개최 사실이 매스컴 등에 보도됨으로써 개최 주체가 가지고 있는 의도가 홍보되는 효과이다. 이 효과 중에는 단순한 고지 효과뿐만이 아니라 이벤트에 대한 매스컴의 평가와 해석이 첨가되어, 관련된 소구 대상의 의식과 행동을 촉발시키는 효과 또한 갖는다. 이와 관련된 효과는 다음의 두 가지이다.

① 고지 효과(각종 홍보 효과)

② 여론의 환기, 형성, 촉발 효과

6) 인센티브 효과

기업 프로모션 이벤트의 경우 판매점, 도매점, 하청, 협력업체 등 기업을 둘러싸고 있는 각 관련 사업체의 초청 등에 의해서 형성되는 관계 개선의 효과다.

① 사업 활동의 협력도, 공헌도의 향상

② 공감 의식, 이해도의 향상(친근감, 연대의식)

③ 거래 조건에 대한 협조, 이해

④ 거래, 영업의 활성화

이벤트 효과 지표의 설정

이벤트 효과의 전제조건 아래에서 전개되는 직접적인 효과 구조는 앞에서 서술한 바와 같다. 효과 측정 체계와 관련하여 기능하는 각각의 효과 내용 항목을 구체적인 효과 지표로 정리하고, 더 나아가 그것을 효과의 반응으로 나타내는 두 가지 형태, 즉 '의식 혹은 지식화 지표'로 파악되는 항목과, 그것에 의해 현실적 지표로 나타나는 항목 등 두 가지로 나누어 정리하여 측정 작업에 대한 효과의 구조를 제시한다. 이를 도표화한 것이 [표 3-3]의 효과 지표 분류이다.

[표 3-3] **효과 지표 분류**

구 분		의식, 지식의 지표 항목	현실의 지표 항목
직접적 효과	이벤트의 직접적 효과 (이벤트의 성과 지표)	—	• 참가자 수(소구 대상의 속성별) • 입장료 수입 • 행사장 내·외부의 소비액 • 그 외의 수입(광고 및 협찬)
	이벤트 매체로서의 효과	• 이벤트의 인식 • 이벤트 주제의 인식 • 이벤트 주제의 이해 • 이벤트의 평가 공감(기술 평가) • 이벤트 내용의 소구력 • 이벤트 내용의 화제성 • 개최 주체의 지명도 • 개최 주체의 사업 내용 이해 • 개최 주체에 대한 이미지 　(호의적 이미지, 부정적 이미지)	• 집객력 • 참가 횟수 • 접촉 횟수
	의식 향상 효과	• 사원의 의식 향상 • 사원의 의식 통일 • 관계자의 공감, 지지 의식	—
커뮤니케이션 효과	커뮤니케이션 효과	(이벤트 매체로서의 효과와 같음)	—
판촉 효과	판촉 효과	• 구입 의도 • 사용 의도 • 호의적 태도	• 사용량, 구입량의 증가 • 신규 사용 • 브랜드 교체 • 구입 준비 행위
	판매 효과	—	• 전 회사의 매출 • 상품, 브랜드 매출고 • 시장점유율

구 분		의식 · 지식의 지표 항목	현실의 지표 항목
직접적 파급 효과	직접적 파급 효과	• 이벤트의 인지 • 이벤트 주제의 인지 • 이벤트 주제의 이해 • 이벤트 평가, 공감 • 이벤트 내용의 임팩트 　(소구력, 화제성) • 개최 주체의 지명도 • 개최 주체의 사업 내용 이해 • 개최 주체에 대한 이미지	—
간접적 파급 효과	경제 파급 효과	—	• 생산 유발 효과 • 소득 증대 효과 • 소비 확대 효과 • 유통 촉진 효과 • 세수 증가 • 고용기회의 증대 효과
	기술 발전 효과	• 기술, 지식의 보급 • 첨단기술 인식의 보급 • 자사 보유기술의 어필	• 첨단기술의 실용화
	환경 개선 효과	• 환경 개선 의식의 향상 • 지역 이미지의 향상 • 공동체 의식의 향상	• 사회간접시설의 충실 • 시가지 재개발의 유발
	문화 수준의 향상	• 교육 효과	• 교육 · 문화 시설의 충실
홍보 효과	홍보 효과	• 고지 효과 (홍보 효과) • 여론 등의 의식 환기 형성	—
인센티브 효과	인센티브 효과	• 사업에 대한 협력, 공헌도 향상 • 공감의식, 이해도 향상 • 거래 조건에 대한 협조, 이해 • 영업 활동의 원활화	• 거래량의 증가 • 거래 조건의 향상

3. 이벤트 효과 측정

효과 측정의 관점

　효과 측정은 우선 개최 주체 또는 이벤트의 목적에 따라서 어떠한 효과를 의도할 것인가를 명확히 하는 것이 중요하다. 그다음은 측정의 범위를 부분측정에 국한할 것인지 종합적인 평가로 할 것인지 결정해야 한다. 그중에 부분적으로 국한할 경우의 효과 측정 관점은 다음과 같다.

① 직접적으로 효과를 파악하는 실제 측정

　예) 입장객 수, 입장료 수입 등

② 설문조사 등을 실시해 그 데이터 분석에 의해 파악할 수 있는 효과

　예) 입장객의 평가, 이벤트의 영향, 소구력과 태도 변화 등

③ 그 외의 자료(과거의 매출 자료와 경제 동향 자료)와 연관된 상태에서 파악할

　수 있는 효과

　예) 경제 파급 효과와 매출에 기여하는 효과의 추정, 혹은 예측 등

④ 종합평가를 해야 할 경우는 파악된 각종의 효과를 개최 주체 측에서 종합적으로

　평가해 판단하는 것을 목적으로 하는 효과 측정

　예) 개최 의도의 달성도 등

한편, 부분적인 측정과 종합적인 평가를 동시에 필요로 하는 경우도 있다.

효과 측정의 기획

효과 측정의 기획에 있어 주요 조건으로 중요한 것은 아래의 세 가지이다.

① 이벤트 구조와 성격의 정확한 파악(프로젝트 개념의 도입)
② 측정 작업 기획을 위한 체크 리스트에 의한 체크
③ 측정 작업의 조건 설정 작업

우선 이벤트 구조와 성격의 정확한 파악에 관한 기본적인 견해로서, 측정하는 이벤트 구조의 확대를 충분하게 체크해야 하며, 그러기 위해서는 [표 3-4] 개최 주체별 목적 체계와 효과 구조 체계를 매트릭스 형태로 파악하는 개념 정리가 중요하다.

다음은 효과 측정 계획을 위한 매트릭스의 활용인데 조건 설정을 정리하기 위한 예비 작업이라고 할 수 있다. 우선 측정 계획 확정을 위해 체크 리스트로 정확한 체크 작업이 중요하다. 체크 리스트에는 '조건 설정 A', '조건 설정 B' 가 있다. [표 3-5]에는 효과 측정계획을 위한 체크 리스트를 제시했다. 끝으로 효과 측정을 위한 조건 설정에 관해서는 다음과 같은 점이 중요하다.

이벤트 효과 측정에서 가장 유의해야 할 점은 일반 조사기획의 절대적인 원칙과 같이 측정 계획의 기획 단계에서 '조건 설정'을 철저히 해야 한다는 점이다.

[표 3-4] 개최 주체별 목적 체계와 효과 구조의 매트릭스

이벤트의 효과 구조 체계

개최 주체 →(다이렉트 효과)→ 이벤트의 개최 →(직접적 파급 효과)(커뮤니케이션 효과)(판족 효과)→ 참가자

부분적 효과

효과와 그 지표

정부 기관, 자치체, 단체 등의 이벤트 목적 체계		직접 효과	매체로서의 효과 (커뮤니케이션 효과와 동일)	모델업 효과	판촉 효과	판매 효과	커뮤니케이션 효과	직접적 파급 효과
경제 진흥	·무역 진흥 ·경제력 어필 등	○○		○○				
산업 진흥	·산업의 육성, 발전	○	○○○○	○○				
관광 진흥	·관광 래저, 육성	○						
지역개발 진흥	·국토, 해양 개발 추진 ·지역개발, 재개발		○○	○○				
과학기술 진흥	·과학기술 개발 추진 ·과학기술력 어필							
학술 진흥	·학술의 향상 ·학술의 교류							

[표 3-5] 효과 측정 계획을 위한 체크 리스트

		'조건 설정 A'를 위한 체크 리스트
주체요소	누가	• 개최 주체 성격: 국가, 지방자치단체, 기업, 단체 • 개최 주체 구성: 단독 개최, 복수 개최(공동 개최, 협찬, 후원, 협력) • 개최 주체의 구성별: −협찬 예산의 유무 　−개최 주체 간의 경쟁 관계 유무　　−이벤트의 주요 목적과 기관의 목적과의 적합성 　−지역 등의 부분적 참가 여부　　−이벤트에 간접적인 지원만 하는가의 여부
	무엇을 위해	• 명확한 목적을 확정할 수 있는가 　−영리 목적(판촉, 홍보, 기념) 　−비영리 목적(진흥, 계몽, 교육, 지역개발, 사회복지, 기념 등) • 이벤트의 대상은 누구인가 　−일반 대중(국민, 지역 주민), 고객, 관계자 및 노인, 젊은층, 외국인 • 이벤트의 목적에 대응해서 측정해야 할 효과 항목은 무엇인가 　(개최 주체별 효과 구조 매트릭스에 근거함) • 주최기관의 경우 협찬기관의 목적과 효과 목표의 내용이 정리되어 있는가 • 협찬기관의 경우 효과 목적 요소는(공식적 목적과 실질적 목적만 정리) • 내용 항목의 중요도 순위는 무엇인가 • 이벤트 기획은 결정되었는가, 기획 중인가
	무엇을	• 이벤트 형태는 무엇인가
	어디에서	• 지역과 장소는 어디인가 　−행사장은 단일 장소인가, 복수 장소인가 　−행사장의 성격은(다목적 행사장, 경기장, 호텔, 문화예술회관, 해변 등)
종속요소	어떻게	• 규모는 어느 정도인가 　−예산 규모　　　　　　　　　−입장객 수의 예상 규모 　−이벤트 실행 전문가의 인원과 구성 　−운영 조직의 규모와 구성(아르바이트 요원 수까지 포함) • 개최 시기, 개최 기간은 언제인가 　−단일 행사장의 경우 기간(시간, 일, 주, 월) 　−복수 행사장의 경우 행사별, 시기, 기간 및 전체 기간의 구성 　−단발인가, 상설로 개최되는가 • 내용 구성은 어떠한가 　−행사별 내용: 실시 코너의 배치, 코너별 규모와 내용, 행사 내용의 규모와 방식, 　코너별 소구 목표는 무엇인가 　−어떠한 의도에서 계획하고 있는가 • 위의 내용과 예산 관계는 있는가 　−이벤트의 핵심은 무엇인가, 그 중요도는 명확한가 • 주최기관, 협찬기관의 행사 내용 분담과 전체의 통합성은 있는가 　(각 연출기획자와의 연대는) • 이벤트의 운영 계획은 어떻게 되어 있는가 　−개최 주체가 복수인 경우 각 행사장과의 연계 운영은 철저한가 　−지역이 복수인 경우 행사별로 연계 운영은 철저한가 　−이벤트의 운영 관리에 있어서 이벤트의 홍보 취지가 철저한가 • 이벤트의 홍보, 개최 고지는 어떠한 형태로 실시되는가

- 측정을 위한 조건 설정은 이벤트별로 하지만, 측정 목적의 배경 조건(이벤트 기획의 내용 '조건설정 A' 와의 관계)과 측정 내용의 범위 및 정도(중요도 순위 포함)에 관련해 측정 항목별로 체크해야 한다.
- 종합적 평가인지 부분적 평가인지 평가 범위에 따라서 평가 내용을 세밀하게 정리해야 한다.
- 효과의 지표와 척도를 설정해야 한다.
- 측정 작업의 시간, 예산, 인력의 조건은 갖추어야 한다.
- 측정 결과를 어떻게 활용할 것인가를 미리 계획해야 한다.

측정 계획을 하려면 우선 배경에 있는 이벤트 주체의 목적과 내용에 관한 조건 설정을 정확하게 인식한 뒤 그것을 근거로 측정 목적 내용을 명확하게 규정하기 위한 작업 내용의 조건 설정이 이루어져야 한다.

이 두 가지 조건 설정을 근거로 측정 내용으로서의 과제가 설정되며 계획이 구체화된다.(상세한 내용은 4항의 이벤트 효과 측정의 기술 체계 참조) 따라서 전자의 조건 설정을 '조건 설정 A', 후자를 '조건 설정 B'라고 부른다.

앞에서 서술한 개최 주체 조건별 목적 체계와 효과 구조 체계의 관계 파악과 측정을 위한 체크 리스트는 '조건 설정 A'와 '조건 설정 B'를 위한 전제 작업이라 할 수 있다.

관점별 측정 기법과 판단 기준

1) 관점별 측정 기법

앞에서 서술한 효과 측정 관점별 사례와 효과 측정의 사고방식을 연구해 보기로 한다.

(1) 개최 주체별, 목적 체계별 조건에 의한 관점의 사례

개최 주체별, 목적 체계별 조건과 측정의 사고방식과의 관계는 앞에서 서술한 바와 같이 측정을 위한 중요한 전제조건이라고 할 수 있다. 따라서 측정의 조건으로서 이벤트의 목적에서 본 기본적인 효과 측정 내용의 범위와 척도 등을 규정하게 된다.

기법으로서 효과 측정을 위한 조사 대상 지역의 확대, 조사 대상 및 상대적인 측정 기법의 선정 등에 영향을 미치는 경우도 예상된다.

(2) 부분적 효과에 그치는 경우

효과 측정의 대상 영역은 효과 구조 흐름의 전역에 미치지만, 앞에서 서술한 [표

3-3] 효과 지표 분류에 근거하여 각각의 효과 지표를 성격에 따라서 분류하였다.

① 직접적인 계측(혹은 관측)에 의해 파악할 수 있는 효과 지표

② 설문조사 등을 실시하거나 그 밖의 데이터를 분석하는 것으로 파악할 수 있는 효과 지표

③ 다른 데이터와의 연결 및 분석으로 파악된 효과 지표 등

크게 세 가지로 분류하여 [표 3-6]과 같이 정리했다.

효과 지표에 대해서는 주요 항목만을 셀 안에 표기했다. 실제 상황에서는 프로젝트별로, [표 3-6] 효과 지표와 기법(종합평가를 제외한)은 측정 기법의 전제로서 기법 대별화의 의미가 있다. 효과의 내용은 직접적인 효과 지표만을 대상으로 했다.

(3) 종합평가를 해야 하는 경우

종합평가와 부분적 평가의 인식과 측정 방식의 상관관계는 앞에서 서술한 바와 같다. 이벤트의 종합평가는 향후의 기획 활동을 위한 참고 데이터로 활용하기 위해서도 필요하다. 이 시점에서 이벤트 효과를 생각할 때 '개개의 이벤트 소구 대상이 어떠한 반응을 보였는가'라는 것도 중요하지만 그 외에 '당초에 의도했던 이벤트의 목적이 어느 정도 달성되었는가'라는 개최 주체 자체의 평가와 판단도 중요하다.

2) 이벤트의 종합평가를 위한 판단 테이블

일반적인 마케팅 프로젝트에서 의사결정을 위한 판단을 적절하고 명확하게 하기 위한 의사결정 구조에 관한 구체적인 절차방식으로서 판단 테이블을 작성하는 것이, 판단을 적절하고 명확하게 하기 위해서는 더없이 효과적이다.

일반적인 조사에서도 추상적인 리포트의 수준을 탈피하여 최종 판단을 마케팅 과제의 해결을 위한 조사에 바로 적용할 수 있는 '판단 테이블'을 작성해야만 비로소 마케팅 프로젝트에 관한 실질적인 효과를 발휘한다.

판단 테이블이란 소재 정보에서 1차, 2차로 지식정보화하여 마지막으로 현안 사항의 취합 선택, 구상안의 우위 비교 등을 정확하게 판단하는 것을 목적으로 하나의 '도표 형식'을 빌어 표현한 것이라고 할 수 있다.

이벤트의 효과 측정 중 특히 '종합적인 평가'의 측면에서는 당연히 '판단 테이블'이 필요하다. 일반적으로 이벤트는 지속적인 효과를 예상 또는 기대하면서 이벤트를 계획하

므로 기획 단계에서 사전에 몇 개의 대체안을 비교 검토하기 위해 정해진 판단 테이블을 준비하고, 이것에 따라 개별안을 평가하여 효과적으로 이벤트에 반영하기 위한 표준적인 평가 방법을 고려하는 것이 필요하다.

　　대체안이 없는 경우에도 기대치와 실측치를 정확히 대비해야 하며, 이는 효과 측정 척도에 관한 중요한 조건이 된다. 이 평가 판단을 위한 테이블은 본래 이벤트 기획 때마다 작성하는 것이 바람직하며, 여기에서는 그 개념만 제시하기로 한다.

[표 3-6] 효과 지표와 측정 기법

효과 지표 ＼ 효과 측정의 기법		직접적 계측(혹은 관측)에 의해 파악할 수 있는 효과 지표	설문조사 등을 실시, 데이터를 분석하여 파악할 수 있는 효과 지표	다른 데이터와 연결 및 분석하여 파악할 수 있는 효과 지표
다이렉트 효과	이벤트 그 자체의 효과 (이벤트의 성과 지표)	•참가자 수　•광고료 수입 등 •입장료 수입　•기타 수입	•행사장 내·외부의　소비액	
	이벤트 매체로서의 효과		•이벤트의 인지 •이벤트 주제의 인지 •이벤트 내용의 소구력 •이벤트 내용의 의외성, 화제성 •개최자의 지명도 •개최자의 사업 내용 이해 •개최자에 대한 이미지 　-호의적 이미지 　-비호의적 이미지 •참가 횟수 •이벤트 접촉 횟수 •집객력	
	의식 향상 효과		•직원의 의식 향상 •직원의 의식 통일 •관계자의 공감, 지지 의식	
커뮤니케이션/판촉 효과	커뮤니케이션 효과		•이벤트 매체로서의 효과와 동일함	
	판촉 효과	•이벤트에 의한 행사장 내 상품 매출 •행사장에서 거래 조건에 대한 사전 문의, 상담, 질문 건수	•구입 의도, 사용 의도 •호의적 태도 •사용 구입량의 증가 •브랜드 교체의 촉진 •구입 준비 행위 •신규 사용 촉진	
	판매 효과	•행사장 내 매출		•회사 전체 매출 •상품, 브랜드 매출 •시장점유율

효과 지표	효과 측정의 기법	직접적 계측(혹은 관측)에 의해 파악할 수 있는 효과 지표	설문조사 등을 실시, 데이터를 분석하여 파악할 수 있는 효과 지표	다른 데이터와 연결 및 분석하여 파악할 수 있는 효과 지표

직접적 파급 효과	직접 파급 효과		• 이벤트의 인지
			• 이벤트 주제의 인지
			• 이벤트 주제의 이해
			• 이벤트의 평가 공감
			  (기술 평가를 포함)
			• 이벤트 내용의 소구력
			• 이벤트 내용의 임팩트
			  (의외성, 화제성)
			• 개최자의 지명도
			• 개최자의 사업 내용 이해
			• 개최자에 대한 이미지	

간접적 파급 효과	경제 파급 효과			• 생산유발액 • 소득증가율 • 소비유발액 • 물류증가량 • 상업매출증가액 • 세수익증가액 • 고용기회의 증대
	기술 발전 효과	• 첨단기술의 실용화	• 기술 지식의 보급 • 첨단기술, 지식의 보급 • 자사 보유 기술의 어필	
	환경 개선 효과		• 환경개선 의식의 향상 • 지역 이미지의 향상 • 커뮤니티 의식의 향상	• 경제 기반의 충실 • 시가지 재개발의 촉진
	문화 수준의 향상			• 교육 수준의 향상 • 교육 문화 시설의 충실
퍼블리시티 효과	퍼블리시티 효과		• 고지 효과(홍보 효과) • 여론, 의식 환기 형성	
인센티브 효과	인센티브 효과	• 거래량의 증가 • 거래 조건의 향상	• 사업 협력, 공헌도 향상 • 공감 의식, 이해도 향상 • 거래 조건에 대한 협조 이해 • 영업 행위의 활성화	

   ① **종합평가 테이블:** 예상되는 결과를 상정해 각 대체안의 종합 효과를 평가하는 테이블

   ② **효과 판단 시뮬레이션 테이블:** 기획할 때의 주요 조건을 여러 가지 상황을 예상하여 각종 효과를 점검하는 테이블

4. 이벤트 효과 측정의 기술 체계

기술 체계의 의의

이벤트의 효과 측정을 목적으로 하는 기술 체계의 의의는 기법 자체의 체계화 의미 외에도 기술 체계에 고려된 특정의 역할과 기능의 의의라는 두 가지 측면을 가지고 있다.

이벤트 효과를 측정하는 기술 체계에는 '적절한 이벤트의 효과를 측정함으로써 얼마나 유효하게 이벤트 기획에 피드백이 될 수 있느냐'는 배경 역할이 있다. 그것을 위해 처음부터 배경의 의의를 중요한 전제조건으로 강조했다. 효과를 측정한다는 것은 그것을 적절하게 평가함으로써 당초 기대치와의 대비 및 효과, 내용의 분석에 의한 원인 규명, 혹은 긍정적이건 부정적이건 예상할 수 없었던 반응 등의 원인을 분석하는 것에 연결된다. 그리고 향후 이벤트 기획 효율화와 설계 계획 기술, 홍보 수단, 예산 반영도, 사회적 반응의 확립에 기여할 수 있어야만 한다.

측정 결과 뒤 이벤트 기획과의 연결은 여러 가지로 생각할 수 있는데, 모든 효과 기능 분석의 원칙적인 관점으로 다루었던 '누가, 무엇을, 언제, 어디에서, 어떻게'라는 이벤트 기능 사항에 포함되는 것이다.

따라서 결과에서 보아도 측정 기법은 이와 같은 소박한 차원에서의 발상과 절차를 기본으로 해야 한다는 것을 다시 한 번 인식할 필요가 있다. 이벤트 기획에 대한 역할로는 다음의 두 가지 요소를 특히 강조한다.

❋ **이벤트 기획에 대한 역할**

   ① 이벤트 기획의 아이디어와 발상, 기술적인 내용 등에 관한 것은 이벤트 기획에서 매우 중요한 역할을 담당한다. 그러나 이것은 앞에서 서술한 바와 같이 측정 기술로서의 제약도 있고 단순한 형태의 대응은 불가능한 측면이 있다. 따라서 필요한 경우에

는 문제규명을 위해 특별한 분석이 필요하다. 특히 이벤트 기획에서 중요한 요소인 의외성 등에 대한 분석에 유의해야 한다.

② 향후의 이벤트 기획은 여러 측면에 걸친 사회 반응에 대한 의식을 강화해야 하고, 예기치 않았던 부정적인 반응과 평가 등에 관해서 애매한 자세를 취해서는 안 되며, 필요한 경우에는 더욱 적절한 대책을 강구해야 한다. 또한 향후 어떠한 방법으로 이러한 요소들을 사회적 규범으로 정의하느냐의 문제를 포함하여 일반적인 이벤트 정보를 정리하기 위한 공공적인 대책 등도 마련해야 한다.

효과 측정 기술의 유의점

지금까지 단계별로 기법의 유의사항을 서술했는데, 주요 핵심을 정리하면 다음과 같다.

① 기능 분석

'시장조사란 기능의 분석으로 시작하여 기능의 분석으로 끝난다'라고 할 수 있을 정도로 모든 기능(작용)의 분석은 매우 중요하며, 기술 체계도 마지막까지 이런 원칙으로 일관하고 있다. 앞에서 서술한 대로 개념의 정리와 효과의 설명 그리고 측정 결과의 환원에 관한 구상 방법에 이르기까지 이 원칙을 일관된 형태로 진행해야 한다.

② 사전 정보를 위한 체크 리스트

상세한 측정 계획을 수립하기 전에 정확한 목적 내용에 접근하기 위해 사전에 조건 항목을 망라한 체크 리스트 등을 작성해야 한다.

③ 측정 작업과 조사 작업(자료 수집, 분석 작업 포함)

기술 체계의 흐름으로서의 측정 작업과 그것을 위한 조사 작업은 엄밀하게 구별해야 한다. 실무 진행에서 이것을 애매하게 하면 혼란을 일으키고 정밀도의 저하를 초래하므로 질서정연한 구상과 실무의 결과가 중요하다. 측정 작업이 애매하면 뒤에서 서술할 '조건 설정과 과제의 확정'의 의의와 내용의 부실함을 초래하는 원인이 되기도 한다. 따라서 측정 작업은 측정 계획 아래에서 측정 항목이 결정되며, 이 항목은 적용되는 조사기법별로 분류되어 조사가 진행되고, 이 결과가 재측정 작업으로 되돌아가, 측정 항목이 정리되고 진행되는 순서를 밟는다.(이 문제에 관해서는 다음 항목 '기술 체계의 정리'를 참조) 또한 자료수집과 분석 작업도 측정 실무 작업의 조사 작업과 같은 차원으로 고려해야 할 것이다.

④ 조건 설정과 과제의 확정

조건 설정과 과제의 확정은 측정 업무의 문제뿐만이 아니라 모든 시장조사 기획 절차의 원칙이다. 이것은 막연한 테두리인 목적 영역에서 조사를 진행하는 실수를 피하고, 시장조사를 시스템적으로 기획하고 설계하는 역할을 한다.

측정 업무도 동일한 원칙에 따라서 실시되지 않으면 안 된다. 이벤트 효과 측정의 조건으로 앞에서 서술한 대로 우선 이벤트 기획 자체의 조건이 전제되고, 나아가 그것에 근거하여 측정 목적의 조건이 설정되어야 한다. 따라서 전자를 '조건 설정 A', 후자를 '조건 설정 B'라고 한다(표 3-5 참조).

'조건 설정 A'는 이벤트 자체의 기획으로 달성 목표와 그 계획 기준의 설정, 예산 조건과 개최 조건으로서의 주체 구성, 시기, 장소, 대상, 기획 내용 등의 조건(중요도 순위)의 명확한 설정이 여기에 해당한다.

'조건 설정 B'는 측정 항목의 설정과 항목 내용 조건의 명확화(배경, 목적, 범위, 정도: 중요도 순위) 및 측정을 위한 시간, 예산, 인력의 조건이다. 이 두 가지 측면에서의 조건 설정은 측정 계획에 있어 필요 불가결한 것이다. 과제란 측정 항목과 그 내용에서 일반적으로 사용되는 '목적'이라는 모호한 말의 의미와는 달리, 하나하나 구체적이며 정확한 항목의 구성을 의미한다. 목적은 당연히 과제와는 의미가 다르며 추상적 표현으로 구성되기 쉽다.

또한 조건 확정 후에 설정되는 과제는 다음과 같이 이해해야 한다. 일반적인 마케팅에서도 조사된 정보가 바로 마케팅 전략과 전술에 직결되는 경우는 매우 드물다. 따라서 수집된 조사 정보는 마케팅 목적을 위한 지식 정보로써 이차적으로 집약되어 전략과 전술에 직결시키는 것이 원칙이다.

앞에서 서술한 측정과 조사 기능의 다른 점도 같은 맥락에 따른 것이다. 따라서 과제의 구체적인 표현으로 우선 측정 단계에서 그 조건 설정에 근거한 측정 항목으로 '알고 싶은 항목'이라는 용어로 특별하게 표현하는 것이 실무 절차상 간단명료하게 이해되기 쉽다.

'알고 싶은 항목'은 측정 목적을 위해 필요한 조건만의 항목에 전체 구성을 중요도 순위로 표현하여 측정 목적을 명료하게 설명할 수 있도록 알기 쉽게 표현해야 한다.

왜 '알고 싶은 항목'으로 표현하는가에 대해서는 다음 설명으로 더욱 명확해진다. 측정 단계에서의 측정 항목은 그 항목의 성격과 정보상의 여러 조건에 의해서 각각 적절한 조사 기법으로 분류되지만, 조사 단계에서 조사의 설문 기법, 대상 조건 등에 따라서 측정 단계의 2차 정보적인 항목 표현을 그대로 적용하는 것은 불가능하다.

'알고 싶은 항목'은 조사기법별로 그 기법마다 조건에 따라서 분류된 표현으로 변환되어야만 한다.(예: 한 가지의 것을 2~3단계로 분류하여 질문할 경우, 동일한 것을 개인에게 질문하는 개인 조사와 기업들에게 질문하는 경우, 배경 조건이 다른 점에 따라 질문 내용이 전혀 다를 경우 등) 따라서 '알고 싶은 항목'을 조사기법상으로 분류한 내용 항목 표현을 '분명히 하고 싶은 항목'이라고 부르기도 한다.

이상이 과제로서의 '알고 싶은 항목', 조사 항목으로서의 '분명히 하고 싶은 항목'의 의미이다. 그리고 '분명히 하고 싶은 항목'은 '알고 싶은 항목'의 차원에서 조건 설정이 그대로 분석되고 정리되어야 하는 것은 당연하다. 또한 '분명히 하고 싶은 항목'은 조사 종료 뒤에 다시 한 번 전부 '알고 싶은 항목'으로 환원된다. 이 사고법을 '조사 기획의 백워드 사고'라고 부른다.

⑤ 효과 기준

효과는 그 자체의 내용에만 국한되지 않고, 사회적인 일반 개념의 주제에서 엄밀한 기준이 반드시 필요로 하지 않는 경우를 제외하고는, 어떤 경우에도 설정된 기준으로 확인하는 것이 원칙이다.

⑥ 종합평가와 부분적 평가

평가는 당초에 의도했던 이벤트의 목적이 어느 정도 달성되었는가를 평가하는 종합평가와 효과지표분류에 근거해 평가하는 부분적 평가가 있다.
종합평가와 부분적 평가의 의미 및 그 측정 작업의 내용은 앞에서 서술한 바와 같다.

⑦ 조사 기법과 분석 기법

조사 기법에는 실제 측정과 설문조사, 기타 데이터와 연결하는 기법이 있으며, 분석 기법은 효과지표에 따른 기능 분석과 조건설정과 과제에 따른 분석 기법이 있다.

[표 3-7] 이벤트 효과 측정을 위한 기술 체계

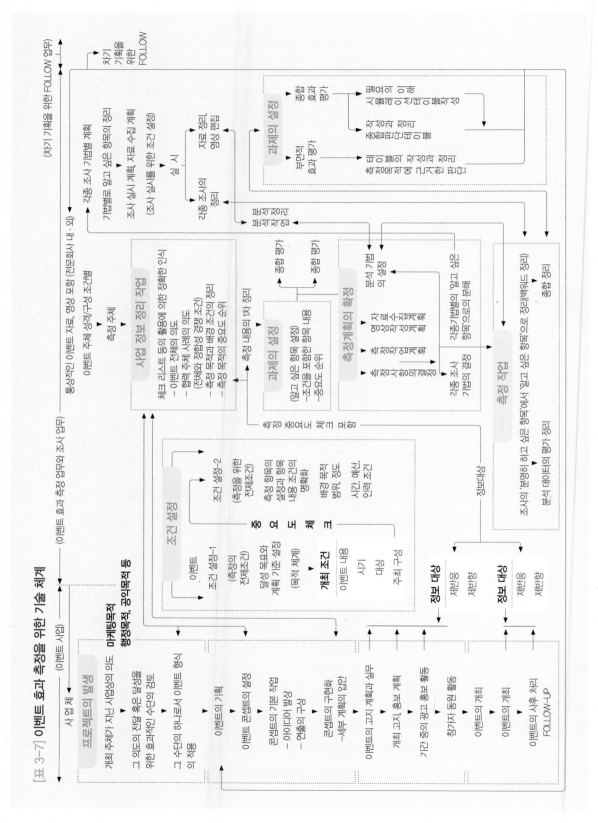

조사 기법과 분석 기법의 유의점도 앞에서 서술한 바와 같다.

⑧ **통상적인 이벤트 정보의 수집**

이벤트 기획의 질적 향상 및 사업 성과의 향상을 도모하거나 이벤트별로 반성·평가하기 위해 이벤트 효과 측정 결과를 활용하는 의미는 앞에서 서술한 바와 같다. 그 외에 폭넓은 이벤트 정보를 정기적으로 축적하는 것도 중요하다. 또 이벤트의 성격상 영상 자료도 활용해야 한다. 이것은 이벤트 기획을 위해서만이 아니라 측정 작업 자체를 위해서도 중요한 조건이 된다.

기술 체계의 정리

전 항의 유의사항 등을 기본 축으로 하여 이벤트 기획과 실시 체계를 대상으로 하는 '측정 작업의 관계', '측정 작업과 조사 작업의 관계', 당초 기획에 대한 '피드백과 차기 이벤트 기획과의 연계 기능'을 연결해야 하는 것 등에 따라 [표 3-7] 이벤트 효과 측정을 위한 기술 체계를 제시했다.

❋ **기술 체계의 구성([표 3-7] 이벤트 효과 측정을 위한 기술 체계 참조)**

① [표 3-7]의 상단에 기재한 대로 좌측이 이벤트 사업의 기획과 실시 체계, 중앙과 우측하단 이벤트의 평가 부분이 '측정 업무 체계', 우측 '이벤트 평가'의 상단이 측정 업무를 위한 '조사 작업', 가장 우측과 하단의 굵은 선이 다음 기획으로의 연결과 피드백을 나타낸다.

② 좌측의 이벤트 사업은 프로젝트의 발생, 이벤트 기획, 이벤트 홍보 계획과 실행, 이벤트 개최의 순서가 된다.

③ 측정 업무는 우선 이벤트 주최 성격과 이벤트의 주체구성별 조건에 의한 '측정 주체'가 있다(이 경우 제3자의 경우도 생각할 수 있다).

④ 체크 리스트 등을 활용하는 사전 정보 정리의 단계가 있다. 이 경우에는 목적으로 하는 이벤트 사업의 콘셉트와 콘셉트를 구현화하는 상세한 계획 내용이 대상이 된다. 또 측정 내용의 목적과 질적인 구성의 개요를 정리한다.

⑤ 이어서 전 항에 근거하여 측정 내용의 제1차 정리를 진행한다. 이 경우는 전 항의 체크 리스트 등에 의해 측정을 위한 조건 설정이 동시에 진행되어야 한다. 측정 내용의 제1차 정리는 조건 설정의 확정 작업이라 할 수 있다.

⑥ 조건 설정은 앞에서 서술한 의미에 따라 '조건 설정 A', '조건 설정 B' 로 구분된다.

⑦ 계속해서 '과제의 설정', 즉 '알고 싶은 항목'을 설정한다.

⑧ 과제의 단계에서는 '종합 평가'와 '부분적 평가' 등 두 가지 측면이 결정된다.

⑨ 측정 사항과 측정 작업 계획 및 자료, 영상을 필요로 하는 경우에도 계획 속에 포함시켜 '측정 계획의 확정'이 진행된다.

⑩ 측정 계획은 측정 항목의 성격 조건 등에 의해서 복수의 '조사 기법'으로 분류하고 조사기법별로 '알고 싶은 항목'에서 '분명히 하고 싶은 항목'으로 분류가 진행된다 (이것은 각종 조사 기법에 의한 조사 작업의 기획 단계에서 진행해도 좋다).

⑪ 분석 작업이 필요한 경우에도 동일하게 이 단계에서 계획된다. 또 중앙 상단의 '통상적인 이벤트 자료 파일'의 자료도 활용된다.

⑫ 계속해서 각종 '조사기법별 계획'이 확정되어 조사가 진행된다.

⑬ 조사와 분석을 거쳐 각각의 정리가 진행된다.

⑭ 이것들은 재측정 작업으로 돌아가서 이번에는 조사로 얻어진 '분명히 하고 싶은 항목'에서 원래의 '알고 싶은 항목'으로 내용이 소급해서 정리된다. 이것이 제2차 지식 정보이다.

⑮ 이 제2차 지식 정보와 분석 자료에 의해 '측정의 정리'가 진행된다.

⑯ 이 정리에 근거해서 이벤트 평가가 진행되어 '부분적 평가와 종합 평가' 별로 작업이 진행된다(판단 테이블과 시뮬레이션 테이블의 작성).

⑰ 이 결과로 하나는 이벤트 사업의 이벤트 기획에 피드백되고, 하나는 차기 이벤트 기획의 개선 방향으로 활용된다.

⑱ 또한 이 자료는 중앙 상단의 통상적인 이벤트 파일에 저장된다.

이 기술 체계 단계별로 '사고방식과 기법'은 각각 해당하는 요소에서 설명한 바와 같다.

이 장에서는 다음과 같은 점을 포인트로 정리할 수 있다.

● 이벤트 효과는 사후에 분석되지만 기획 단계에서 목표화하고, 사후의 결과에 대비함으로써 파악할 수 있다. 그리고 그것이 향후의 기획에 충분히 반영되는 것에 의미가 있다.

● 효과의 목표화를 위해서는 이벤트 개념을 정리해야 하며, 특히 이벤트의 본질적인 역할과 국가, 행정 입장에서의 목적, 기업 전략 측면에서의 목적 등 이벤트의 의의와 성격 등을 근거로 하여 폭넓은 시각으로 효과(기능)의 확대를 파악하는 것이 필요하다.

● 이벤트 효과 지표는 사실의 표현(참가자 수와 입장 요금 수입 등)에 의해서 드러나는 것과, 의식이나 지식의 지표 항목 등과 같이 조사와 데이터 분석 등에 의한 반응을 조사하여 분석하는 것이 있다.

● 효과 측정의 기획에서 중요한 것은 이벤트 구조의 확대(개최 주체별 목적 체계와 효과 구조 체계와의 매트릭스)를 명확히 하고, 그것을 근거로 이벤트에 관계되는 '조건 설정 A', '조건 설정 B'를 명확히 하는 것이 중요하다.

● 이벤트 효과 측정을 기술 체계로서 정리해 인식하는 것도 중요하지만, 단순히 기법의 체계화뿐만이 아니라 이벤트 효과 측정을 실시함으로써 얼마나 유효하게 이벤트 기획에 반영되는가에 더욱 진정한 의미가 있다. 그런 의미에서 [표 3-7] 이벤트 효과 측정을 위한 기술 체계를 충분히 이해해 주길 바란다.

제4장

기업 활동과 이벤트

연구 포인트

이 장에서는 기업 활동과 이벤트의 관계에 대해 연구하기로 한다. 사회기반(인프라스트럭처)의 큰 변혁 속에서 기업 활동의 중요한 위치에 있는 마케팅 커뮤니케이션 전략 방법도 크게 변화하고 있다. 이처럼 혼란스런 마케팅 환경과 장기적인 경기 침체 때문에 종래와는 다른 고객 획득 방법을 개발할 필요가 생겨났다. 그래서 등장한 것이 '이벤트 마케팅'이다. 선진국에서는 이미 마케팅 활동에 다양하게 활용해온 '이벤트 마케팅'을 소개해 이벤트 프로모션의 가치를 높이고자 한다. 이러한 변화 속에서 양방향의 퍼스널 커뮤니케이션 미디어가 어떤 의의를 지니며 어떤 역할을 달성하는가, 그 의의와 역할을 근거로 기업의 마케팅 활동과 이벤트와의 연관은 어떻게 해야 할 것인가, 그중에서도 기업의 주최형 이벤트와 참가형 이벤트는 어떤 대응의 차이가 있는가에 관해 기본적인 사항을 연구하고자 한다. 또한 기업 실무자와 외부 전문가 사이의 효과적인 연계방식에 대해서도 고찰하기로 한다.

1. 기업 활동과 마케팅 전략

기업 활동의 새로운 차원

한국의 경제와 사회는 지금 역사상 그 유례가 드문 환경의 대변혁기를 맞이하고 있다. 사회·경제의 여러 가지 요소의 관계가 다이나믹하고 빠른 속도로 변화하여 새롭고 다양한 국면이 계속해서 출현하고 있다. 이런 움직임의 배경에는 정보통신, 정보 처리와 인터넷 비즈니스에 관한 급속한 발전이 존재한다. 이 혁명적인 변화가 산업혁명과 비교될 만큼의 규모와 역사적 의의가 있는 것인지 아닌지 지금의 우리는 알 수 없다. 어찌됐건 경제 산업 사회의 낡은 질서가 무너지기 시작했으며 새로운 질서가 계속 생성되고 있는 것만은 확실하다.

기존의 도로, 항만, 항공, 우편 등의 기반에서 컴퓨터와 인터넷을 구사하는 지식 사회기반으로의 변화는 백 년 단위의 대단한 이노베이션이다. 20여 년 전까지만 해도 인터넷과 휴대전화조차 드물었는데 지금 휴대전화와 초고속 통신망은 삶의 일부가 됐을 정도로 기술 변혁의 침투 속도는 빠르다.

또한 한국의 산업은 네트워크 산업 조직으로 급속 전환하고 있다. 이 변화에 수반해서 마케팅의 방법도 네트워크적인 개념으로 바뀌고 있다. 여기에서 '네트워크적'이라는 것은 제조와 구매 사이의 정보 해석에 의한 다양한 관계의 형성을 중시한다는 의미이다. 마케팅의 본질이 정보의 상호 해석 프로세스에 있다는 것을 마케터들이 인식하기 시작한 것은 비교적 최근의 일이다.

과거에는 '마케팅'을 '어떻게 팔 것인가'에 관한 기술, 이른바 판매 수단의 일종이라고 인식했다. 하지만 최근에는 마케팅이란 기본적으로 생산자와 구매자 사이의 커뮤니케이션 문제를 해결하기 위한 수단이라는 의식이 생겨나기 시작했다. 지금 기업에 요구되고 있는 것은 이와 같은 변화 속에서 소비자와 기업을 연결하는 사회적 커뮤니케이션 시스템의 구축이다. 이 과제는 현대사회에 놓인 실질적인 마케팅의 중요 과제 중 하나이다.

현재는 사회적 마케팅 시대

일본 와세다 대학의 우노 마사오(宇野政雄) 교수는 기업의 마케팅 발전 단계를 인간의 생활 의식 구조 패턴을 응용한 형태로 [표 4-1]과 같이 정리했다. 이와 같은 마케팅 발전 단계 속에서 현재는 4단계인 사회적 마케팅에 해당한다고 할 수 있다. 이를 기업과 연결하는 커뮤니케이션 시스템과 관련해 파악하면, 사회적 마케팅 시대는 커뮤니케이션 시스템의 의의가 매우 중요시되고 내용에 있어서는 양방향의 목적이 요구된다.

새로운 네트워크 시대의 마케팅은 기본적으로 '기업과 소비자의 사이에서 얼마나 윤택한 커뮤니케이션 관계를 만들 수 있는가'와 '윤택한 커뮤니케이션을 뒷받침하는 것은 양방향 커뮤니케이션 관계'라고 지적해온 셈이지만, 기업의 사회성이 중시되면 될수록, 즉 사회적 마케팅을 지향하면 할수록 양방향의 커뮤니케이션 시스템 만들기가 중요한 의의를 갖게 되는 것은 당연하다고 할 수 있다.

[표 4-1] 인간의 생활 의식 구조를 응용한 기업의 마케팅 발전 단계

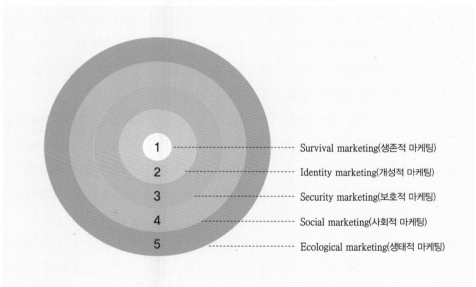

1 ---- Survival marketing(생존적 마케팅)
2 ---- Identity marketing(개성적 마케팅)
3 ---- Security marketing(보호적 마케팅)
4 ---- Social marketing(사회적 마케팅)
5 ---- Ecological marketing(생태적 마케팅)

자료 : 저자 재작성. 宇野政雄, 『新時代のマーケティング理論と戦略方向』(1992) 참고

양방향 커뮤니케이션 시스템 구축의 중요성

기업과 마케팅을 둘러싼 환경의 변화는 시대의 흐름에 따라 양방향 커뮤니케이션 시스템의 구체적인 구축을 추진할 것을 요구하고 있다. 이렇게 각 기업이 경쟁적으로 SP와 캠페인을 벌이고 있는 배경에는 이와 같은 움직임이 반영되어 있다.

"이벤트는 공동체 커뮤니케이션 확립의 계기이며 '기폭제'에 해당한다"(이벤트프로듀서, 엔도 히로모토(遠藤博元))

"이벤트는 점점 거대화하고 복잡해지고 있는 현대사회에서 점차 잃어버리고 망각되고 있는 '만남'과 '접촉'을 소중히 지키는 한편 새로운 커뮤니케이션의 장과 기회를 육성하는 것이다. 그 의미에서 종래의 매스미디어에 결여되어 있던 적극적, 능동적인 양방향의 커뮤니케이션을 가능하게 하는 새로운 미디어라고 할 수 있다"(이벤트 프로듀서, 히라노 시게오미(平野繁臣))

"이벤트란 문화가 성숙하고 정보가 범람하는 사회 속에서 사람들은 한편으로 정보에 의한 균질화를 지향하고, 다른 한편에서는 퍼스널 정보에 의한 타인과의 차별화를 지향하는 양면성을 갖기 시작하며, 이 양면의 한쪽을 떠받치는 새로운 미디어, 즉 퍼스널 커뮤니케이션 미디어로서 의미를 갖는다"(덴쯔그룹 회장, 나리타 유타카, (『イベント戰略データファイル(이벤트전략 데이터파일)』,(사)일본이벤트프로듀스협회편집, 1997).

이처럼 이벤트의 미디어 특성은 양방향의 커뮤니케이션 미디어라는 점이다. 중요한 것은 이 '양방향'의 의미이다. 다시 말하면 '한쪽에서 다른 한쪽으로 형식적인 정보를 일방적으로 보내는 것이 아니라 서로 상대가 발신하는 정보의 의미를 해석하며 관계를 형성한다', 즉 진정한 양방의 의미를 잘 파악하여 상호 이해를 바탕으로 새로운 정보와 수요가 생겨난다는 의미이다.

이벤트는 이와 같은 양방향 커뮤니케이션 시스템을 구축하는 유력한 '장소(공간, 장) 만들기'이며 '기회 만들기'라고 할 수 있다. 단지 현재 실시되고 있는 모든 이벤트가 그렇다고는 할 수 없지만, 그 기능성을 기본적으로는 가지고 있다. 그것을 완벽하게 활용할 수 있느냐가 이벤트 플래닝의 과제 중 하나일 것이다.

라이프스타일 이벤트마케팅: 새로운 고객 파트너십 형성

현재 텔레비전이나 신문을 중심으로 한 전통적인 매체에 광고하는 것만으로는 확실한 성공을 기대할 수 없다. 시장 세분화가 급속하게 진행되고 있으며 그 때문에 종래와는 다른 고객 획득 방법을 개발할 필요가 생겨났다. 종래와 다른 수단의 하나가 '이벤트마케팅'이다. 선진국에서 이미 마케팅 활동에 다양하게 활용해온 '이벤트마케팅'을 소개해 이벤트 프로모션의 가치를 높이려고 한다.

라이프스타일 이벤트마케팅이 기존의 광고나 세일즈 프로모션의 대체 수단은 아니다. 사실 이벤트나 라이프스타일 캠페인에 의한 스폰서 활동은 이 외의 프로모션을 더 효과적인 수단으로 만드는 촉매제로 기능한다.

그러나 마케팅 환경은 다방면에 걸쳐, 언론매체와 기존의 네트워크를 이용한 텔레비전 광고에 식상해하는 소비자로 둘러싸여 있다. 이런 환경에서 기업이 소비자를 획득하려는 새로운 마케팅에서 필요한 것은 혼합된 수단이다. 버슨 마스텔러(세계 최대의 홍보회사)의 창업자이자 이벤트마케팅의 개척자 해럴드 버슨(Harold Burson)은 이 트렌드를 다음과 같이 분석하고 있다. "라이프스타일 이벤트마케팅은 혼재하는 여러 가지 광고, 주로 텔레비전 광고를 초월할 것이며, 소비자와 관계를 확립하는 역할을 완수할 것이다. 현재는 제품의 품질 차이가 거의 없다. 따라서 차별화된 특징이 필요하다. 그러기 위해서는 외부 요인을 찾고, 그 요인을 타사 제품과 차별화하기 위한 특징의 하나로 구체화하기가 가장 쉽다. 적절한 스폰서 활동은 제품의 차별화를 강화하고, 수많은 따라 하기 제품(Me to Product)과 다른 특성을 제품에 부여하는 것이 가능해진다"

제품은 이제 더 이상 단순한 것이 아니다. 사회적 가치관이 금전적 가치관으로 대체됐다. 이제까지 주류였던 전자의 가치관을 가진 소비자는 후자와는 다른 수요를 가지고 있으며, 다른 특정 분야(틈새)시장도 세분화되고 있다. 환경보호에 적극적인 녹색소비자(Green Consumer)가 있다면 회색소비자(Grey Consumer)도 있다. 새로운 시장에는 그 외 다수 그룹이 혼재하고 있다. 각 그룹은 각자의 흥미와 관심에 기업이 주목하기를 요구하고 있다. 대량 판매로는 각 그룹의 요구를 만족시킬 수 없다. 유선 텔레비전 방송과 SNS(소셜네트워킹서비스)가 필요한 것은 이 때문이다. 그리고 라이프스타일 캠페인에는 표적이 되는 세분된 시장과 장기적인 지속 관계를 구축하는 데 필요한 기능이 준비돼 있다. 슈퍼마켓의 진열대에는 다양한 브랜드의 비누와 샴푸, 자동차 쇼룸에는 비슷한 차가 늘어서 있다. 제품에 거의 차이가 없다면 소비자는 다른 기준으로 구매를 결정한다. 그 기준은 제품과 제품을 제조하는 기업에 대한 평가와 이미지가 되는 경우가 많다. 라이프스타일 이벤트마케팅은 자주 구매자의 수요에 강력한 제2의 기준을 만들기도 한다. 그 기준이라는 것은 공유가 가능한 개인적 가치관이나 사회적 관심사 등이다. 라이프스타일 이벤트마케팅은 마케팅 프로세스를 풀뿌리 수준에서 전개해 나갈 수 있는 수단이다. 또한 이 마케팅은 오늘날 복잡해진 시장에서 기업 주체성과 제품 차별화를 확립하는 매우 효과적이며 새로운 방법이다.

미국의 대기업 다수는 라이프스타일 마케팅으로 이미 큰 성과를 거두고 있다. 주요 기업은 어떤 프로그램을 기획하고 있을까. 크고 작은 몇 가지 사례를 예를 들어 간단히 고찰해 보자.

- 몰슨양조는 몬트리올의 '올드 포트 지역' 개조를 위해 30만 달러 이상을 제공했다.
- 크라이슬러의 지프 '이글' 부문은 '더 윌 로저스 포일스'라는 여행사를 지원하기 위해 30만 달러를 기부했다.
- 칼스버그맥주는 3년 계약으로 '유럽컵 축구대회'의 결승전을 후원하고 협찬금 200만 달러를 제공했다.
- 미국 알베르트 칼버는 60개 이상의 도시를 순회하는 '링고 스타의 콘서트 투어'에 15만 달러 이상을 지출했다.
- 시트고 석유는 '1992년 보스턴 마라톤'에 25만 달러를 제공했다.
- ITT자동차는 '인디 카 월드시리즈'의 인디애나폴리스에 65만 달러 이상을 제공했다.
- 비페터 진은 '옥스퍼드 대 케임브리지 보트 경기'의 스폰서로 3년간 100만 달러 이상을 제공했다.
- 크래프트의 세븐 시즈 샐러드드레싱은 16개 도시 '폴라 압둘 콘서트 투어'에 10만 달러를 기부했다.
- 라바트 블루맥주는 '3 on 3 농구 토너먼트'의 캐나다 5대 도시 투어 스폰서가 되기 위해 30만 달러를 제공했다.
- 맥도날드는 '1994년 월드컵 축구'에 1,000만 달러를 제공했다.
- 노스웨스트 항공은 '인디카 레이스'의 스폰서로 25만 달러를 제공했다.
- 필립 모리스는 '호스튼 그랜드 오페라'에 10만 달러를 기부했다.
- 펩시콜라의 켄터키 프라이드치킨은 'MC 해머 유에스 콘서트 투어'에 50만 달러 이상을 제공했다.
- 필립 비즈니스 시스템은 'PGA 투어'에 25만 달러 이상을 제공했다.
- 시그램의 마텔 코냑은 영국의 '그랜드내셔널 경마'를 위해 400만 달러 이상을 지출했다.
- 태그호이어는 'FIA 포뮬러1 월드 챔피온 십 레이스'에 협찬금 50만 달러를 제공했다.
- 팀버랜드는 '팀버랜드 요트 시리즈'의 타이틀 스폰서가 되기 위해 25만 달러 이상을 제공했다.

이와 같이 기업은 실제로 라이프스타일 마케팅에 연간 약 30억 달러를 출자하고 있다. 이벤트 스폰서십의 결과를 조사하는 조직인 '인터내셔널 이벤트그룹'에 의하면 협찬금의 분류는 약 70퍼센트가 스폰서에 쓰이고, 나머지 30퍼센트가 예술, 문화, 엔터테인먼트를 위해 사용되고 있다. 후자는 급속하게 증가하고 있는 분야이다. 그리고 소위 말하는 사회 공헌 마케팅에 관여하는 기업 또한 증가하고 있다. 이는 사람들의 관심사나 도덕심을 대상으로 한 라이프스타일 마케팅의 한 종류이다.

이처럼 라이프스타일 이벤트마케팅은 비즈니스를 이용해서 고객에게 기업의 입장을 전하고 환경을 존중하며 가족에게 경의를 표한다. 고객에게 호소하듯이 미술과 음악을 후원하고 사회복지를 지원한다. 그러나 모든 사람에게 호소하려는 것은 아니며, 기대해서도 안 된다. 어디까지나 기업은 선별된 그룹의 파트너인 것이다. 이것이 라이프스타일 이벤트마케팅의 원칙이며 강점이다.

라이프스타일 이벤트마케팅은 예산에 관계없이 즉석에서 기능을 발휘하고, 항상 기대 이상의 결과를 창출하는 힘이 있다. 사회공헌 라이프스타일 이벤트마케팅은 기업의 자선 활동과 비슷한 것이 아니냐는 인식도 있다. 실제로 오랫동안 비슷하다고 생각돼 왔으나 현재는 사회 공헌 이벤트마케팅이 자선 활동을 거의 대체하고 있다고 할 수 있다. 양자의 차이점은 무엇일까. 자선 활동은 가끔 자금 지원을 하는 것에 지나지 않는다. 물론 라이프스타일 이벤트마케팅도 자금을 지원하지만 그것에 머물지 않고 가치관을 공유하는 것이다.

즉 이벤트마케팅은 공공적인 데몬스트레이션(Demonstration)을 실시해 자금 제공만이 아닌 소비자와 가치를 공유한다고 주장한다. 또한 라이프스타일 이벤트마케팅은 자선 활동 이상의 상승효과가 있다. 중요한 것은 돈이 아니라 양자 간의 제휴로써, 그 파트너 관계가 가져올 명확한 것, 즉 프로그램이나 이벤트 등이다.

기업은 선정한 지원 대상에 구체적인 자산을 계속 기부하고 있다. 이는 자금이나 기술 지원, 마케팅 어드바이스, 광고 노출 등이며 그 대신 기업은 지원 대상 측이 동의한 계획 중에서 상세하게 설정된 구체적인 사항의 실행을 기대하고 있다. 이 동의 사항에는 다음과 같은 이점이 있다.

- 스폰서의 소프트드링크가 음악 페스티벌의 공인 음료가 된다. 스폰서는 소매점이나 모든 매체에 음료의 프로모션을 전개할 수 있다.
- 스폰서 이름이 들어간 배너(광고, 로고 등이 디자인된 현수막)가 무대에 설치된다.

- 스폰서 이름이 30분마다 스피커에서 방송된다.
- 스폰서 제품이 페스티벌에서 독점적으로 판매된다.
- 스폰서는 페스티벌 프로모션으로 할인 쿠폰을 배포할 수 있다.
- 스폰서는 기업 간 프로모션으로 일정 매수의 티켓을 확보, 지방 유통 업체나 우수 고객들에게 배부할 수 있다.
- 스폰서는 야외 조사, 쿠폰과 다른 인센티브를 첨부한 설문조사를 할 권리와 프로그램의 참가자로부터 자료 모집의 권리를 갖는다.

이와 같이 라이프스타일 이벤트마케팅은 사회공헌적 측면이 있는 한편, 무척 건전한 비즈니스 거래에 입각해 있다. 즉 이것은 프로그램 스폰서 기업에 대해 각 소비자에게 태도 변용이 있었는지, 어떤지를 기업 측이 문의할 수 있기 때문에 그런 의미에서 전략적으로 주류가 되는 마케팅이라고 할 수 있다.

2. 세일즈 프로모션 전략과 커뮤니케이션 전략, 이벤트

수요 창출에 직결되는 SP전략과 이벤트

현대 마케팅 환경에서 판매의 실질적인 완결이라고 할 수 있는 구매 의사의 결정을 촉진하는 'SP(Sales Promotion)'가 모든 업계에 걸쳐 1990년대부터 급속하게 중시된 것은 어쩌면 당연한 일이다.

이와 같은 SP를 중요시하는 상황에서 SP이벤트에 대한 기대 또한 커진 것은 당연한 일이다. 따라서 SP전략의 일환으로 SP믹스 안에서 실시되는 이벤트의 역할은 SP의 즉효성이라는 특성을 살리면서, 나아가 더욱더 넓은 효과(파급 효과와 커뮤니케이션 효과 또는 인센티브 효과 등)를 배경으로 종래의 매스미디어 믹스 전략과는 또 다른 측면이 있으므로 현대에 걸맞은 의의와 역할을 수행하고 있다고 할 수 있다. 즉 SP이벤트는 SP의 즉효적인 효과 측면을 보강하여 수요 창출, 나아가서는 시장 확대의 역할을 계속 수행하고, SP의 본래 기능도 함께 포함된 다목적 내지는 믹스 효과를 더 강하게 지닌 의의를 기대할 수 있다.

이와 같이 파악한다면 SP이벤트는 즉각적인 경쟁 수단이라기보다 수요 창출을 통해서 경쟁에서 승리하기 위한 유력한 도구(무기)로 기능한다고 볼 수 있다. SP전략의 일환으로 이벤트가 갖는 특성으로는 다음의 다섯 가지가 있다.

① 대상 참가　　② 오리지널리티 소구　　③ 생활 문화 창조
④ 실물 밀착　　⑤ 프로세스 관리의 중시

이벤트를 실시할 때 가장 피해야 할 요소는 이른바 나무만 보고 숲을 보지 않는 발상이라 할 수 있다. 이벤트를 위한 이벤트여서는 안 된다는 것이다. SP이벤트도 SP전략의 일환으로 명확하게 위치가 부여되어 기능해야 한다는 것을 거듭 강조하고자 한다.

커뮤니케이션 전략과 이벤트

기업의 커뮤니케이션 전략은 매우 중요한 의미가 있다. 특히 제품 하나하나를 개별적으로 알리는 것뿐만 아니라, 기업 그 자체의 개성을 소비자들이 인식하게 하는 것이 중요시됨에 따라 커뮤니케이션의 의미는 깊고 넓어질 수밖에 없다.

특히, 소비자의 생활과 의식이 획일적이지 않고 개별적, 개성적일수록 기업 측의 일방적인 커뮤니케이션은 통용되지 않는다. 따라서 기업 커뮤니케이션 전략의 성패는 다른 것과의 차별화라는 의미도 포함하여 얼마나 다각적인 커뮤니케이션 수단을 효과적으로 믹스하는가, 그리고 그것에 의해 얼마나 소비자들 속으로 스며들 수 있는 커뮤니케이션 시스템을 만들어낼 수 있는가에 달려있다. 이와함께 일방적인 미디어와 양방향 미디어의 믹스 효과를 얼마나 유효하게 거둘 수 있는가가 중요해진다.

기업이 이벤트를 실시할 때 고려해야 할 중요한 점은 홍보 전략이다. 이벤트 효과를 충분히 발휘할 수 있는가는 프리이벤트를 포함한 홍보 전략과 캠페인 작전의 여하에 달려 있다. 홍보라고 해서 그저 단순히 사람을 많이 모으기 위한 목적만이라면 이벤트 의미는 반감된다. 역시 이벤트의 본질적인 의미로부터 이벤트와 그 전후를 통한 양방향 커뮤니케이션 미디어로서의 역할을 최대한으로 발휘하도록 조직되고, 실행되는 종합적인 커뮤니케이션 전략이 강하게 요구되고 있다.

사내 커뮤니케이션 창조와 사원 의식 향상

기업의 얼굴에는 여러 가지가 있다. 그러나 가장 중요한 것은 사원의 의욕적이며 활기찬 얼굴이다. 그것은 사원의 언어이며 행동이고 태도이며 향기라고 해도 좋다.

현대는 개성시대이다. 다른 사람과 같은 것을 선호하지 않는 경향이 있다.

네트워크 시대에는 이러한 움직임이 한층 더 촉진될 것이다. 이와 같은 상황에서 사원의 의식 향상, 기업으로서의 일체감 조성(개성적이지만 사원들에게 '단 한 가지' 공통적인 것은 있다)은 중요한 의미를 갖고 있다.

CI 붐 속에서 기업 이념을 어떻게 표현할 것인가를 일부 몇 사람만이 인식하고, 전체 사원의 결집된 분위기가 느껴지지 않는다면 효과를 부여할 수 없다. 그런 의미에서 CI의 과제는 사내·외 커뮤니케이션 만들기라고 단언한 전문가도 있을 정도이다.

이와 같은 시대에 '회사 속에 축제를 만들어라!'라는 슬로건으로 새로운 형태의 사내 이벤트가 생겨나고 있다. 그것은 가족을 포함한 사원의 '만남'이며 '접촉'의 장이다. 진정한 의미의 이벤트인 것이다. 이벤트가 갖는 양방향 퍼스널 커뮤니케이션 기능은 사원의 사기 활성화, 매너리즘 타파의 기폭제가 될 수 있는 요소를 충분히 갖고 있다.

개개인의 개성을 살리면서 사원 상호 간의 자극과 접촉을 만들 수 있는 사내 이벤트는 또 다른 여러 가지 사원 대응책과 결부시켜 그야말로 의미 있게 만들 수 있다. 그리고 이와 같은 이벤트를 배양하고 키우는 기업 마인드 조성이 우수한 이벤트를 만드는 토양이 된다.

3. 이벤트 프로모션

치열한 시장 환경과 범람하는 정보 속에서 기업 활동이 시장에서 승리해야만 하는 근본적인 문제에 직면한 오늘날, 시대의 변화를 정확히 파악하고 적극적인 대응을 위해 고감도의 마케팅 수단이 필요하다. 이러한 환경 속에서 등장한 것이 이벤트 프로모션이다. 이는 시대의 변화를 민감하게 파악하여 새로운 트렌드를 형성할 수 있는 수단이라 할 수 있다.

이벤트 프로모션이란?

이벤트를 통해 판매 촉진과 기업 이미지 형성 및 제고라는 효과를 동시에 노리는 소비자 지향적인 사고에서 발상한 것이며, 기업의 마케팅 커뮤니케이션에 새로운 활력을 주는 수단이라 할 수 있다.

이벤트 프로모션이 기업 커뮤니케이션에 미치는 효과

① 기업 이미지 형성

② 임직원의 사기진작 효과

③ 영업 및 유통 관계자의 판매 의욕 제고

④ 직접적인 판매 효과

이벤트 프로모션의 유형

① 기업 이벤트 프로모션

② 판촉 이벤트 프로모션

③ 국가 이벤트 프로모션

④ 국제 컨벤션

이벤트 프로모션의 활용 범위

1) 기업 이벤트 프로모션

기업행동이 단순히 상품 및 서비스를 제공함으로써 얻어지는 이익에 그치지 않고, 범위를 넓혀 사회 형성, 문화 형성, 지역 형성을 이룸으로써 기업 인식을 높여 상품 판매 효과 및 기업 이익을 창출할 수 있다는 것이다. 이러한 사실은 이벤트 프로모션이 '기업 이익의 사회 환원'에 한몫을 담당하고 있음을 보여 준다. 이러한 기업 이벤트 프로모션의 활동 유형은 다음과 같이 3가지로 분류할 수 있다.

① 스포츠, 문화개최형 이벤트

② 사회문제 인식형 이벤트

③ 소비자 참가형 이벤트

2) 판촉 이벤트 프로모션

주로 유통업자들에게서 많이 찾아볼 수 있다. 이러한 활동은 판매이벤트와 홍보이벤트로 구분된다.

① **판매이벤트**: 제고 처분 세일, 각종 기념 세일(개점 및 기념 등), 계절적인 세일(설날, 추석 등), 자선바자 등이 있다. 이것은 상당히 도식화된 이벤트인 만큼 고객을 유치하기 위한 차별화된 이벤트 소재 개발이 필요하다.

② **홍보이벤트**: 매스컴에 뉴스로 취급될 것을 겨냥한 이벤트로 문화(스포츠 경기, 전시회, 콘서트), 사회공공(교통안전교실 등) 등이 있다.

3) 국가 이벤트 프로모션

국가 이벤트 프로모션의 대표적인 예로는 1988 서울올림픽, 2002 한일월드컵, 2014 인천아시안게임, 2012 여수세계박람회 등을 들 수 있으며, 이런 이벤트는 국가적인 차원에서 대외 이미지를 높일 수 있다.

4) 국제 컨벤션

국제적인 정보 교환을 주목적으로 하는 국제적인 이벤트 프로모션이다. 즉 국제회의, 국제 세미나, 국제 견본시(International Trade Show) 등의 형태이다. 이는 주변 산업(호텔, 회의대행업, 통역업 등)의 성장이 필수 조건이다. 국제 간의 이동이 편리하고 활발해진 국제 교류가 기초가 되며, 이는 관광산업의 발달과 더불어 국가적 차원의 산업 성장이 밑받침되어야 한다.

이벤트 프로모션의 성공 요인

① 이벤트 프로모션 계획에는 창의성이 요구된다. 즉 아이디어가 상당히 뛰어나야 한다.
② 기업의 판매를 위한 이벤트(Manufacturers Selling Consumers Buying Event)로서 세일즈 프로모션 프로그램으로 전환시킬 수 있는 능력이 있어야 한다. 즉 이벤트 프로모션은 판매자인 기업 관점에서 구매자인 소비자 관점으로 전환, 계획되어야 한다.
③ 특정 이벤트 프로모션을 성공적으로 수행할 수 있는 다양한 경험을 보유해야 하며, 이벤트 프로모션 계획 수립에 전략적인 접근 방법이 요구된다.

이벤트 프로모션의 필요 배경

① 매스컴의 분리
② 이해의 다원화
③ 실체를 요구하는 시대
④ 판매 곤란 시대의 대응 방법
⑤ 사회 욕구의 부응

이벤트 프로모션의 종류

① 세일즈이벤트

② 홍보이벤트

③ 이벤트 프리미엄

④ 사회이벤트

⑤ 매스미디어이벤트

⑥ 유통 연결 이벤트

⑦ 일반 행사

이벤트 프로모션의 전개 목적

① 소비자 구매 행동에 직접적인 동기 부여

② 판매 관계자의 판매 의욕 고취

③ 기업 및 브랜드의 호감도 형성

이벤트 프로모션의 기획 순서

① 목적의 명확화

② 이벤트 타입 선정

③ 이벤트 전개의 실시 계획

④ 이벤트 주제 개발

⑤ 실시 프로그램 개발

⑥ 미디어 툴의 개발

[표 4-2] **이벤트 프로모션의 기획 순서**

목 적 설 정

1. 인지(認知) 과제 (제품, 기업)
2. 시험 사용 과제
3. 판매 과제(신규, 계속)
4. 유통 과제(인지, 시험 사용, 수송, 우선 판매)

이벤트 타입 선정

이벤트 주제 개발

실시 프로그램 개발

미디어 툴 개발

이벤트 프로모션 계획 수립 시 고려 사항

① 다른 마케팅 커뮤니케이션 수단, 즉 광고와 세일즈 프로모션의 다른 기법 혹은 현재 계획 중인 세일즈 프로그램과 비교해서 이벤트 프로모션의 비용 효과 측면을 검토해야 한다.

② 이벤트 프로모션 활동이 마케팅 목표와 일치하는가를 확인해야만 한다. 이벤트 프로모션의 목표는 [표 4-3]에 제시했듯이 현재의 소비자, 잠재적인 소비자와 판매 목표, 비판매 목표의 매트릭스 속에서 결정돼야 한다.

[표 4-3] **이벤트 프로모션의 목표**

목표 소비자	판매 목표 (Selling Objectives)	비판매 목표 (Non-selling Objectives)
현재 소비자 (Current Customers)	• 관계의 유지 • 핵심 소비자에게 메시지 전달 • 서비스 문제점 제거 • 부가적인 판매 자극	• 기업 이미지 유지 • 제품시험 • 경쟁사 정보의 수집 • 노출 확대(Widen Exposure)
잠재 소비자 (Potential Customers)	• 잠재 수요자와 접촉 • 소비자 필요의 결정 • 메시지 전달 • 판매와 Call-Back 유도	• 잠재 수요자와 접촉 • 이미지 구축을 촉진 • 제품 시험 • 경쟁사 정보의 수집

③ 이벤트 프로모션과 관련된 모든 가능한 프로모션 수단, 즉 홍보, 광고, 세일즈 프로모션, 거래(Trade) 기회 등을 확인해야 하며 이것들이 서로 관련되어 종합적인 상승 효과를 거둘 수 있도록 계획해야 한다. [그림 4-1]에서 보듯 트라이앵글의 효과를 집중시켜서 운영할 방법을 최대한 포착해야 한다.

[그림 4-1] **트라이앵글의 효과**

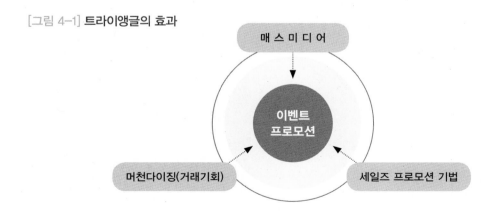

④ 이벤트 프로모션 활동이 브랜드의 표적 시장(Brands Target Market)의 인구학적 측면과 일치함을 확인해야 한다. 이는 이벤트 프로모션의 대상이 명확하게 설정되어야 하며, 대상에 적합한 이벤트 프로모션의 명확한 성격 규명으로 그들과 심도 있는 공감대를 형성할 수 있어야 한다.

⑤ 이벤트 프로모션 활동을 위해서는 숙련되고 전문적인 관리 능력의 보유 여부가 확인되어야 하는데, 그 이유는 특정 이벤트 프로모션의 성과를 높이기 위해서는 풍부한 경험이 반드시 필요하기 때문이다.

이벤트 프로모션을 성공적으로 수행하기 위해서는 최초의 기획 단계부터 전략적 사고를 해야 한다. 전략적 사고란 기업의 현재 위치와 경쟁사와의 관계와 시장을 파악할 수 있는 통찰력을 지니며, 모든 이벤트 프로모션 활동이 기업의 목표에 부합되도록 하는 것이다. 이것은 이벤트 프로모션을 위한 객관적인 근거를 확보하고 올바른 실행을 해야 함을 의미할 뿐만 아니라, 이벤트 프로모션 활동의 근본 취지를 명심하고 일을 수행해야만 비로소 성공할 수 있음을 의미한다.

이벤트 프로모션의 향후 방향

① 이벤트 프로모션은 세일즈 프로모션 실무자에게 도전적인 영역의 하나로 부각되었다. 기업 환경의 변화에 새롭게 대응할 수 있는 기업마케팅 커뮤니케이션의 도구로서 이벤트 프로모션은 강렬한 각광을 받고 있다.

② 이벤트 프로모션은 기업 문화적 차원에서 이해돼야 하며, 이러한 기업 문화는 대외적으로 모두가 공감할 수 있는 '놀이마당'으로 전개되어야 한다. 즉 인간과 인간의 만남의 장에서 서로 자유롭게 어울릴 수 있는 축제 분위기를 조성하여 서로의 공감대를 일치시키고 돈독하게 해야만 효과가 있다.

③ 이벤트 프로모션의 미래는 인간의 한마당 놀이축제가 되어야 하며, 기업의 마케팅 커뮤니케이션으로 기업 문화와 소비자의 욕구를 최대한 도모하는 세일즈 프로모션의 독창적인 결합으로 전개되어야 한다.

4. 기업 주최 및 협찬 이벤트의 대응

주최 이벤트의 대응

기업이 독자적인 전략을 가지고 주최하는 이벤트에는 여러 가지 형태가 있다. 예를 들면, 전시회와 설명회, 연예·스포츠이벤트, 세리머니, 리셉션(기념식과 파티 등), 콘테스트 외에도 상가 입구 등에서의 각종 판촉이벤트 등이 여기에 해당된다.

이것들은 박람회 등 국가나 지방공공단체들이 주최하는 이벤트의 규모와 비교하면 대부분 소규모이다. 그러나 기업 독자적인 '커뮤니케이션 전략' 혹은 '마케팅 SP 전략' 등과 같은 맥락에서 위치 설정을 명확히 하기 쉽고, 위치 설정이 됨으로써 의의가 있다고 할 수 있다.

따라서 이벤트의 목적, 소구 대상의 설정이 명확하기 때문에 이벤트의 콘셉트를 설정하기 쉬운 조건에 있다고 할 수 있다. 기업이 주최하는 이벤트의 경우 주의해야 하는 기본 사항으로서는 다음과 같은 점들을 들 수 있다.

[표 4-4] 기업이 주최하는 이벤트에서 주의해야 할 사항

① 이벤트를 단독으로 생각해서는 안 된다. 이벤트는 모두 커뮤니케이션 전략, SP전략의 일환이다. 이벤트를 단순하게 일시적인 것으로 끝내서는 의미가 반감된다. 전략적인 발상으로 이벤트의 역할을 명확하게 하여 기능하도록 계획하는 것이 중요하다.

② 콘셉트(목적)를 명확히 하여 단순한 흉내 내기나 외양적인 테크닉에 현혹되지 말라. 이벤트에서 중요한 것은 콘셉트 설정이다. 콘셉트 없이 아이디어에만 현혹되는 경우를 자주 볼 수 있다. 엄격하게 경계해야 할 것이다.

③ 풍부한 발상을 자유롭게 활용하고 가까운 미래를 제시하며 새롭고 시사성이 넘치는 내용(구상)이어야 한다. 이벤트 아이디어는 콘셉트가 확실하면 활용할 수 있는 가치 있는 것이 된다. 아이디어 발상 전문가 및 콘셉트 전문가와의 멋진 팀플레이가 성공의 비결이다.

④ 이벤트는 비즈니스이며 사업이다. 특히 기업이 주최하는 이벤트는 계획, 실행, 사후까지 조직적인 비즈니스로 정리되어야만 한다. 당연히 수지 계획과 그것을 위한 홍보 및 촉진 방안이 실효성이 있어야 한다.

⑤ 이벤트 프로듀서와의 좋은 파트너십 만들기가 중요하다. 이벤트를 성공시키기 위해서는 이벤트 프로듀서와의 연계, 파트너십 조성, 더 나아가 외부 협력 업체와의 관계 조성 등이 성공 여부를 결정하는 요인이 된다.

협찬 이벤트의 대응

기업이 주최하는 것 이외에 박람회와 특별 전시 그 밖의 협찬 이벤트 등의 참가형 이벤트가 있다. 스포츠, 예술·과학이벤트와 전통행사, 공개방송 등의 미디어이벤트에도 이런 종류의 것이 많다. 박람회와 관련하여 기업의 참가는 박람회를 성공시키는 중요한 요건이기도 하다. 기업이 참가하는 이런 종류의 이벤트 경우는 전체적인 규모와 콘셉트 등 내용에 따라 입장객 수와 수입 규모가 거의 결정된다.

박람회의 경우 이벤트의 꽃으로서 기업관 조성이 중요한 위치를 차지한다. 이 경우 당연히 '오월동주(吳越同舟)'의 상황이기 때문에 동일한 이벤트 공간 안에서 기업 간의 경쟁도 발생한다. 기업은 자사 또는 그룹의 독립관 조성이 가장 중요한 과제라 할 수 있다.

그러나 이 경우에도 앞에서 서술한 주최형의 주의사항을 기본적으로는 따라야 한다. 동시에 고려해야만 하는 것을 다음과 같이 덧붙인다.

[표 4-5] **참가형 이벤트에서 주의해야 할 사항**

① 전체의 이벤트(박람회) 콘셉트를 확실한 근거로 이해하고, 그것이 촉진될 수 있도록 독자적인 콘셉트를 만들어 내는 것이 중요하다.

② 이와 동시에 '자사의 개성을 얼마나 강력하게 표방할 수 있는가'가 중요하다. 물론 대부분은 아이디어에서 승부가 난다고 말할 수 있지만 종합적인 커뮤니케이션 전략, 마케팅 SP전략의 유기적인 연계를 포함하여 타사와의 치밀한 차별화 전략을 세워 계획, 실시, 추진하고 전개하는 준비가 필요하다.

③ 주최형과는 달리 효과 목표의 파악 방법이 조금 복잡해진다. 그러나 효과 목표를 세우지 않는 한 효과 평가는 불가능하다. 이벤트의 종합적인 기능을 근거로 하여 이벤트 전체에 정확하게 의미를 부여한 뒤 효과 목표를 명확히 하여, 그것을 추진하는 체제 만들기를 잊으면 안 된다. 이것은 주최형의 경우도 마찬가지이다.

5. 기업 실무자와 외부 전문가와의 효과적인 연계

이벤트 관련 사업자의 확대

이벤트의 복합적 목적성과 종합 예술성이라는 성격상 이벤트를 직접 기획·실시하는 기업군 이외에 간접적으로 이벤트에 관련하는 기업군, 이른바 '이벤트 관련 산업'의 업종은 실로 다양하다. 예를 들면 다음과 같다.

(1) 준비 단계의 업무

① 장소 확보에는 부동산업

② 행사장 임대에는 공연장 임대업 · 호텔업

③ 시설 건설은 건축사 · 건설업 · 각종 기재 대여업, 에너지 공급을 위한

　　전력 · 가스 · 수도업

④ 법률 업무는 변호사, 회계 처리는 회계사

⑤ 자금 관리는 금융업

⑥ 자재, 전시물 같은 물류는 운수업 · 창고업 · 통관업

⑦ 관광객 수송은 여행사 · 철도 · 버스 · 렌트카 · 주차장업

⑧ 참가자의 숙박을 위해서는 여관 · 호텔업

⑨ 대인대물보험은 보험업

(2) 실시 단계의 업무

① 안내는 도우미 · 통역업

② 경비는 경비업

③ 통신은 전화 통신

④ 그 외의 서비스는 음식업, 소매업, 청소업, 의료, 은행, 우체국 택배업 등이다.

(3) 기획 · 준비 · 실행 단계의 업무

① 이벤트를 직접 기획 · 준비 · 실시하는 기업군(이벤트 대행업체)으로는

　　종합 기획 · 관리를 하는 광고대행사, 신문사, 방송사

② 기획 · 총괄 업무를 하는 기획제작회사, 프로듀서, 디렉터, 플래너

③ 시설 설계 · 운영을 하는 디자인, 디스플레이

④ 광고 및 홍보를 담당하는 광고업, 홍보업, 방송, 편집, 출판업

⑤ 연예인을 공급하는 연예프로덕션

⑥ 구성 연출 · 진행 · 음향 · 조명 · 영상 · 특수효과 · 장치 등의 제작프로덕션

⑦ 기록을 위한 사진, 영상, 출판업….

　이러한 업종이 이벤트 계획에서 종료까지 여러 형태로 참여할 때 비로소 이벤트가 완성되는 것이다. 그러나 기업 담당자가 이러한 이벤트 관련 기업에 대해서 직접적,

개별적으로 대응하는 것은 드물다. 이 일을 총괄 대행하는 것을 이른바 대행업(프로듀스업)이라고 한다. 대부분은 양측이 함께 관련하는 경우가 많다.

기업 담당자에게는 우수한 이벤트 대행업체나 이벤트 프로듀서와 확실한 파트너십을 구축하는 것이 중요하며 그 관계에 의해서 80퍼센트의 성공 여부가 결정 된다고 할 수 있다. 그리고 일시적으로 이벤트 프로듀서가 각각의 기능과 인맥을 고려하면서 통합하여 제작에서 시행, 운영, 사후 관리에 이르기까지를 총괄 수행한다.

그러나 이벤트의 형태와 규모에 따라서는 기업 내 담당자가 실질적인 프로듀서 기능을 수행하는 일도 있다. 그럴 경우 무엇보다도 중요한 것은 최상의 인맥 활용이다. 좋은 이벤트를 만드는 것과 예산을 인식하는 것이 양립되지 않으면 진정한 프로듀서라고 할 수 없다. 그러기 위해서는 풍부한 전문가 인맥이 없으면 실현하기 어렵다.

이벤트 전문회사는 명칭에서도 추측할 수 있듯이 대부분 소규모 기업들이 많다. 대부분 개성이 강한 기업이며, 그렇지 않은 경우도 기업 속에서 이벤트가 차지하는 비율이 크다고는 볼 수 없는 것이 현재 상황이다. 이와 같은 상황에서 이벤트를 성공시키기 위해서는 앞에서 서술한 대로 뛰어난 이벤트 프로듀서나 전문 그룹과의 파트너십이 중요하다. 그리고 그 파트너십 만들기는 기업 측이나 이벤트 프로듀서 측에서도 각각의 업무 영역에 대해서 적절한 평가와 신뢰 관계가 전제되어야 하며, 비즈니스로서의 과감한 도전 또한 요구된다. 대등한 관계가 아닌 단순한 하청 관계에서는 좋은 이벤트가 탄생되지 않는다고 해도 틀린 말이 아니다.

이벤트 프로듀서의 자질과 기능

현재 한국의 이벤트 프로듀서는 본질적으로 영화제작사의 감독과 같은 위치라고 할 수 있다. 이벤트의 경우에는 프로듀서로 위촉한다고 말하면서 실제로는 영화제작에서 말하는 감독이나 미술 그 외의 기능 또한 모두 위임했다고 생각하거나 단순한 의견을 듣는 자문역 정도로 생각하는 경우가 많은데, 어느 쪽이나 진정한 의미에서의 프로듀서 또는 프로듀스 기능에 대한 인식이 매우 결여되어 있다고 할 수 있다. 이것이 한국의 현재 상황이다.

그동안 이벤트 프로듀서로서 활동해 오면서 생각해왔던 이벤트 프로듀서의 자질과 능력 그리고 기능과 역할에 관한 필자의 '이벤트 프로듀서론'을 정리하면 다음과 같다.

✽ 이벤트 프로듀서의 기본적 자질과 능력

　1) **창조성이 높고 감성이 풍부한 비전을 제시할 수 있는 사람**

　　① 폭넓은 발상에 근거하여 창조적이고 유연하게 이벤트를 실시하는 능력

　　② 끊임없이 창조성을 점검하고 새로운 창조를 추구하는 능력

　　③ 인력과 예산을 활용하여 '프로젝트' 전체를 마치 눈앞에 실존하는 것처럼 예상할 수 있는 능력

　　④ '프로젝트'와 '이익'을 창출하고 사업적으로 성공시키는 능력

　　⑤ 어떤 것이나 탐구정신으로 번뜩이는 감성과 자기주장을 할 수 있는 능력

　　⑥ 풍부한 예술적인 감각과 프로 기질을 갖고 시대의 흐름을 정확하게 파악할 수 있는 능력

　　⑦ 고객의 요구를 정확하게 파악할 수 있는 능력

　　⑧ 가장 중요한 능력이라고 할 수 있는 꿈을 그릴 수 있는 능력

　　⑨ 지역의 미래 모습을 추구하고 이것을 실현하는 능력

　2) **기획 능력이 있고 설득력이 있으며 행동력이 있는 사람**

　　① 개발 계획 이상으로 플랜을 이미지화하고, 가능한 상세히 표현할 수 있는 능력

　　② 폭넓은 측면에서의 기획력

　　③ 상대방을 이해시키는 설득력과 누구에게도 지지 않는 행동력

　3) **열정적인 의지와 냉철한 감각이 있는 사람**

　　① 광고주, 스태프, 참가 대상과 이벤트 관계자들의 마음속에 감동을 줄 수 있는 능력

　　② 참가자 및 주최자에게 만족을 줄 수 있는 능력

　4) **정보력(노하우를 포함)이 있으며, 지식과 안목이 풍부하고, 다양한 계층과 관련된 네트워크가 풍부한 사람[오거나이저(Organizer)로서의 자질]**

　　① 판촉이벤트의 노하우를 가진 사람

　　② 사회를 관찰하는 안목과 인간적 매력을 겸비하고 있는 사람

　　③ 지역의 역사에 근거한 조사 능력이 뛰어난 사람

　　④ 상세한 관광지와 그 루트, 관광적 요소와 매력 등의 정보 수집과 발굴에 뛰어난 사람

⑤ 여행 기획에 종사하는 프로듀서는 여행 지역 정보에 정통한 사람

⑥ 다양한 분야에 넓고 깊은 전문지식을 갖춘 사람

⑦ 폭넓은 분야에 걸친 고도의 지식을 갖춘 사람

⑧ 미래의 전망을 예측하는 섬세한 두뇌의 소유자

⑨ 하나의 주제에 깊은 지식과 능력과 안목을 겸비한 사람

⑩ 기쁨의 축을 더욱더 크게 넓힐 수 있는 따뜻한 마음의 소유자

⑪ 원만한 성격, 다양한 인맥을 형성하고 있는 사람

⑫ 그 지역이 직면해 있는 문제점을 지역 주민과 함께 해결하려는 정열에 불타는 사람

⑬ 지역 활성화의 프로듀서로도 유능한 사람

⑭ 인재 육성의 달인, 이벤트를 통해서 지역의 리더를 육성할 수 있는 사람

⑮ 다방면에 두터운 인맥을 갖고 있는 사람

5) **사업 및 경영 능력을 갖춘 사람**

① 기업가 정신을 갖춘 사람

② 이미 정해져 있는 방향을 향해 주어진 자원을 균형 있게 활용하는 기업가적 자질이 있는 사람

③ 경영자 감각으로 기획 입안에서 실시 · 운영까지 수행할 수 있는 사람

④ 형태가 불확실할 때부터 그것을 구체화하고 공식화해서 사업화해 갈 수 있는 사람

⑤ 금전 감각, 관리 능력, 시간 감각, 결단력을 갖춘 사람

⑥ 정치력, 자금 조달력, 인적 네트워크, 창조성 등이 포괄된 능력의 소유자

❖ **이벤트 프로듀서의 기능과 역할**

1) **이벤트의 총괄 책임자로서 임무 수행**

① 모든 것을 관리하는 총책임자이며 모든 제작과 진행에 관여한다.

② 창조적으로도, 실무적으로도, 금전적으로도 총책임자가 되어야 한다.

③ 전문 스태프들에게 임무를 부여하고 능력을 최대한 발휘하도록 한다.

④ 다양하게 걸친 임무도 프로듀서의 범주에 속한다.

⑤ 개성적이면서 고품질의 이벤트로 기쁨을 제공한다.

2) 주최자와 동일한 개념에서의 임무 수행

① 항상 주최 측의 입장에서 주최 이념의 투영을 계속한다.

② 주최자의 개최 목적과 의도를 충분히 이해하고 방향성을 제시한다.

③ 자신이 주최 측에서 부여받은 업무에 대해 권한과 책임을 진다.

3) 수지 계획, 운영 계획에 대한 정확한 판단과 실행

① 구체적인 계획이 애초의 목적 달성을 가능하게 할 것인가에 대한 판단

② 예산의 책정과 운용

③ 각 계획이 적절한 수지 계획 아래에서 실행될 수 있는 내용인가를 체크

④ 운영 계획에 근거한 효율적인 운영

4) 배후 조정자이며 표면에 나서지 않고, 뒤에서 준비나 운영을 돕는 사람

① 특정한 장점과 매력을 최대로 발휘하여 고객과 주최자의 일체감을 조성한다.

② 배후에서 조정하며 이벤트의 성공을 고민한다.

③ 프로듀서는 자화자찬하는 모습으로 무대 전면에 나서는 일은 삼가야 한다.

④ 스포트라이트는 주최자가 받도록 하고, 프로듀서는 프로젝트를 수행한다.

이상과 같이 이벤트 프로듀서에 대해 현재의 실정에 덧붙여, 앞으로 이벤트 프로듀서의 바람직한 자세에 관해 요구되는 것은 이벤트 프로듀서를 첨단 엔지니어링의 대상으로서 파악하고, 그 방법론을 과학적이며 체계적으로 정리하는 일과, 그 체계를 향상하기 위한 교육훈련시스템을 확립하는 것이다. 이벤트 프로듀서에게 특정한 개인의 예술가적 직업에서 사회와 관련된 일정한 목적에 따라 유기적인 체계로 구성하는 활동인 엔지니어링으로서 위치를 부여하는 시대가 되었다. 이것이 '이벤트 시대'를 이끌어가는 가장 중요한 요건의 하나가 될 것이다. 현재는 '이벤트 엔지니어링의 시대'라고 할 수 있다.

이 장에서는 다음과 같은 점을 포인트로 정리할 수 있다.

- 기업 환경은 사회기반(인프라스트럭처)의 변화 속에서 크게 변화되고 있다.

- 마케팅도 종래 상품의 판매 차원보다 소비자들과 기업 간에 얼마나 윤택한 커뮤니케이션 관계를 만드는가가 주요 과제로 요구되고 있다.

- 또 다른 환경에서 보면 현재는 사회적 마케팅 시대라고 할 수 있다. 그렇다면 기업의 과제는 더욱더 소비자들과 기업을 연결하는 양방향 커뮤니케이션 시스템을 어떻게 완성하는가에 중점을 두게 된다. 이벤트 시대라고 말하는 이유는 이 중요한 기업 과제 해결에 이벤트가 더 구체적으로 대응할 수 있는 조건을 갖추고 있기 때문이다.

- 장기적인 경기 침체와 혼란스런 마케팅 환경에 처해 있는 현재, 텔레비전과 신문을 중심으로 한 전통적인 매체에 광고하는 것만으로는 확실한 성공을 기대할 수 없다. 시장 세분화는 급속하게 진행되고 있으며, 종래와는 다른 고객 획득 방법을 개발할 필요가 있다. 종래와 다른 수단의 하나가 바로 '이벤트마케팅'이다.

- 시장 창조에 연결해 지역 활성화를 촉진하는 이벤트는 기업 경쟁에서 승리하는 SP전략, 커뮤니케이션 전략의 일환으로 매우 중요한 의의가 있다.

- 이벤트는 기업 외부를 겨냥하여 실시하는 것만이 아닌 기업 내부에서도 사원의 사기 증진, 사원의 일체감 조성 등에 크게 기여할 수 있다.

- 기업이 이벤트에 관련하는 경우, 주최형과 참가형이 있다. 각각에 관해서 유의해야 할 점이 있지만 그 어떤 경우도 이벤트의 본질적인 역할에 근거하여 그것을 어떻게 실현하는가를 기업의 전체 커뮤니케이션 전략과 마케팅 전략의 일환으로서 위치를 설정하고, 콘셉트와 효과 목표를 명확히 하여, 비용의 효율성을 실현하는 계획과 실시가 중요하다.

- 그러기 위해서는 우수한 이벤트 전문회사나 이벤트 프로듀서와의 파트너십 조성, 관련 협력 업체와의 팀워크 조성이 중요하다.

제5장

지역 활성화를 위한 이벤트 역할

연구 포인트

이 장에서는 지역 활성화를 위한 이벤트 역할에 대해 연구하기로 한다. 새로운 지역 활성화의 관점에서 지방 행정을 둘러싼 동향은 '지방분권화'와 '광역화'이다. 지역 종합 계획과 전략 프로젝트에서 이벤트도 필요 불가결한 행정 과제이며 지역 활성화를 위한 전략 프로젝트의 하나로 여겨지고 있다. 이벤트는 다른 사업과는 분명하게 구별되는 고유의 기능과 역할이 있다. 즉 지역의 연대와 협동의 기운을 양성하고, 네트워크의 형성을 촉진하여, 인재 육성에 기여한다. 이벤트는 지역의 CI운동에 필요한 기능을 복합적으로 갖추고 있다. 정보 수신 · 발신기능의 강화와 교류 인구의 확대, 산업 간의 교류와 복합화를 촉진한다.

지역 이미지 제고는 새로운 지역 이미지를 창출하는 것이다. 즉 새로운 문화를 창조하는 것이다. 지역에서는 지금까지 전통적으로 계승되고 있는 문화와 행사만 중요시하는 경향이 있는데, 독창적이며 개성 있는 지역 이벤트로 새로운 지역 이미지를 만들어야 한다.

지역에서 개최하는 이벤트는 '목적을 달성하기 위한 수단'이다. 즉 이벤트를 통해서 지역을 활성화하거나 과제를 해결해야 할 경우에 실시한다. 하지만 이 과정에서 목적의 달성뿐만 아니라 이벤트를 실시함으로써 각종 '효과'도 기대할 수 있다. 그것이 '경제적 효과'와 '사회 · 문화적 효과'이며, 이러한 성과나 효과를 최대한으로 추구하는 것이 이벤트 기획의 핵심이 된다.

1. 새로운 지역 활성화의 관점

지역의 개성화를 추구하며 자립성을 제고하고 창조성을 풍부하게 이끌어내기 위한 지역 활성화 키워드는 다양하게 들 수 있으나, 좀 더 넓은 관점에서 본다면 최근 지방 행정을 둘러싼 동향을 두 가지로 요약할 수 있다.

첫째는 지방분권화로서 중앙집권에서 지방분권으로의 흐름이 명확해졌다는 것이고 둘째는 광역화이다. 새로운 지역 활성화의 경우 이 두 가지를 새로운 관점으로 지적할 수 있다.

사업 관청에서 정책 관청으로

자치단체의 업무도 크게 변화하고 있다. 중앙집권 시기에는 말단 행정이었으나 지방분권 시기에는 선단 행정이 되는 것이다. 즉 정책을 자신들이 만들어 가야 한다. 사업 관청에서 정책 관청으로 전환된 것이다. 지금까지 정책 만들기는 국가의 역할로 시와 산하기관은 단지 보조금과 지역 재정을 확보하기 위해 노력했는데, 이제는 자신들이 정책을 만들고 실시하는 방향으로 명확하게 변화하고 있다.

이러한 계획을 확정할 때 기본적인 전제는 시와 지역이 자신들의 발상으로 자신들의 지역 특성과 상황을 염두에 둔 계획을 세워야 한다. 즉 중앙에서 하달하는 계획이 아닌 시와 지역이 주체가 되는 계획이라는 점이 지금까지와는 전혀 다른 것이다. 이러한 형태가 앞으로는 더욱더 일반화될 것으로 보인다.

광역화의 동향

광역화는 지방분권과 밀접한 관련이 있다. 지방을 거점으로 한 도시지역 정비로 지방도 광역화 하자는 흐름이 명확히 나타나고 있는 것이다. 따라서 지방분권과 광역화는 오늘날 행정상의 큰 흐름이라는 것을 이해해야 한다.

행정단위를 축소하여 구체적으로 일상 생활권의 핵이 되는 지역을 중심으로 주변부를 포함한, 지역사회의 존립 조건과 재정 능력을 갖춘 지자체는 전국적으로 17개이다. 광역자치단체에서 산하 기초자치단체로 대폭적인 권한 이양을 실시하여 지방분권을 촉진하고 있으며, 동시에 다극분산형 국토 형성을 도모하고 있다.

지역 활성화는 단독의 지역에서는 좀처럼 구상대로 되지 않는다. 따라서 지역 주변부를 포함한 넓은 지역에서 지역 활성화를 시도할 필요가 있다. 특히 광역화의 문제는 각자의 지역에서 자기중심으로만 생각하기 때문에 함께 추진하기가 어렵다. 더욱이 같은 규모의 시가 둘이면 좀처럼 조정이 되지 않는다. 이때 서로 자신과 상대의 역할과 특색을 활용하는 것이 중요하다. 물론 이는 대단히 어려운 일이며 다소 시간도 걸릴 것이다. 지역은 좀 더 넓은 시각에서 광역에서의 역할 분담에 관해 고려할 필요가 있다.

2. 지역종합계획과 전략프로젝트

지역종합계획은 '기본 구상', '기본 계획' 그리고 '실시 계획'으로 성립되며, 그 밖에 '전략프로젝트'가 있다. 그러나 기본 구상, 기본 계획, 실시 계획 등의 세 가지로는 계획이 성립되지 않는다. 전략프로젝트는 종합계획 속에서 장기 정책을 정보화하고 주민에게 소구하는 기능을 가진다. 정책의 큰 줄기는 기본적 과제를 해결하고 기본 목표를 실현하기 위해 어떠한 정책이 필요한가라는 것이다. 행정 원안을 기본으로 하며 정책을 망라하게 된다. 따라서 리딩 프로젝트가 필요하다. 중점 정책으로 기본 목표와 기본 콘셉트를 구체화하고 지역 주민에게 강하게 소구하는 내용이 있어야 한다.

종합계획을 정보화한 것이 전략프로젝트이므로 기본이 되는 행정 원안은 거의 관심을 가지지 않는 것이 일반적이다. 현재까지 구체적인 프로젝트는 5년 또는 10년 단위로 구분하여 추진되었으나 3년, 5년, 10년 단위의 단기, 중기, 장기 등으로 구분하고 그것에 대응하는 전략프로젝트를 제시하는 것이 가장 이해하기 쉬울 것이다. 지역종합계획은 최상위의 계획이며 개최하고 있는 이벤트도 필요 불가결한 행정 과제이다. 또한 이벤트도 훌륭한 전략프로젝트이므로 이벤트는 지역 활성화를 위한 전략프로젝트의 하나로 차별화되어야 한다. 이벤트를 기획하는 경우 이벤트의 기술적인 부분만 강조하고 종합계획의 어느 부분에 포지셔닝할 것인가 하는 가장 중요한 부분이 결여되는 사례가 대단히 많다.

지역에서 이벤트를 실시할 때 실시하는 사람만 흥미를 느끼는 행정적인 이벤트는 아무 의미가 없다. 종합계획은 지역에 확실한 목표를 설정하고, 이벤트는 그것을 실현하기 위한 독창적이고 전략적인 목적이 있어야 한다. 이것을 충분히 이해한 상태에서 이벤트를 기획하고 시행해야 한다.

3. 이벤트의 기능과 역할

이벤트는 다른 사업과는 분명하게 구별되는 고유의 기능과 역할을 갖는다. 이벤트로 가능한 기능과 역할 중에서도 대표적인 것을 골라 그 개요를 정리한다.

지역의 연대와 협동의 기운(氣運) 양성

자립적·내부 발생적인 지역 진흥을 추진할 경우, 처음에 고려할 것은 지역 내의 주민이나 기업, 단체와 행정 등이 서로 협력하여 개성 있는 지역사회와 지역산업 창조에 임할 수 있도록 구조와 체제를 구축하는 것이다. 지역 활성화는 장기적인 작업이고, 때로는 용기 있는 결단과 위험을 무릅쓴 대응도 필요한데, 이것을 완수하기 위해서는 지역 주민들이 스스로 담당자가 되어 적극적으로 추진하려는 의욕과 그것을 지지하는 체제를 구축하는 것이 필수적이다.

두말할 필요도 없이 개성 있고 활력이 넘치는 지역을 만드는 것은 행정만 애를 쓴다고 해서 실현되는 것이 아니다. 오늘날과 같은 사회 환경 속에서 지역 진흥에 필요한 것은 가장 먼저 행정과 시민, 기업 간에 협력과 협동이 성립될 수 있는 환경과 구조를 구축하는 것이며, 그것을 위해서는 쌍방이 같은 목표를 공유하며 각각의 입장에서 각자의 역할을 완수할 수 있는 기운과 구조를 만들어 내는 것이 중요하다.

다만 여러 가지 지역 변혁을 낳는 환경이나 구조가 지역에 형성되기 위해서는 어떠한 계기가 필요하다. 즉 알기 쉬운 주제와 목표를 구체적으로 제시하고 참가의욕을 높이는 구조를 준비한 다음 실현을 위한 장소와 기회를 실제로 준비하는 것, 바꾸어 말하면, 자립적인 지역 활성화를 향한 여러 가지 행동을 유발하는 계기가 될 수 있는 구체적인 정책을 어떠한 형태로든 실현해야 한다는 것이다.

이벤트는 확실히 이러한 기능과 역할을 가장 효과적으로 완수하는 전략적인 수단이 될 수 있다. 지역의 분위기나 의식을 바꾸어 지역 내의 다양한 계층의 사람들을 지역 부흥 운동에 참여하게 하기 위한 계기가 되는 것이 이벤트의 큰 역할이다.

지역이벤트를 만들어 가는 가운데, 지역 사람들이 업종이나 입장의 차이를 넘어 교류하고 공통의 인식이 확산되어 행동을 함께한다는 공감대를 형성할 수 있다면 지역의 연대를 유발하는 계기가 되는 것과 동시에 미래를 향한 귀중한 협동 체험의 기회로 만들어 나갈 수 있다. 즉 지역이벤트라는 것은 지역 활성화를 향한 이러한 의식과 의욕을 높이기 위한 계기가 될 수 있으며 동시에 그러한 기운을 결집하는 장소로 나아가 이런 협동 행동의 연습 장소의 역할을 완수할 가능성을 내포하고 있다고 말할 수 있다.

이러한 관점에서 계획적으로 준비가 진행된 지역이벤트의 경우, 그 이벤트에 참가하거나 그 이벤트를 협력하여 만드는 과정을 통해서 주민 한 사람 한 사람에게 지역에 대한 자긍심과 애착이 생겨나 그것이 자조(自助) 노력에 의한 지역 활성화의 계기가 된다.

네트워크 형성 촉진, 인재 육성에 기여

앞에서 설명한 바와 같이 지역 진흥을 위한 이벤트를 추진하려면 지역 내의 다양한 계층의 사람들과 제휴 및 협력이 필수적이다. 이 경우 그 과정에서 그전까지 별로 관계가 없었던 사람들 사이에도 교류가 촉진되어 서로 간의 이해를 돕는 효과가 생긴다. 게다가 입장이 다른 사람들이 공동의 목표를 향한 행동을 함께하면 조직의 틀을 넘어 원만하고 소프트한 인간관계 또는 조직 간의 관계가 구축될 가능성이 높다. 이것이 바로 유기적인 조직 간의 네트워크 형성이라고 할 수 있다. 지역에는 다양한 조직이 존재하는데 그러한 비공식적인 교류와 목표의 공유는 각각을 활성화하는 것과 동시에 지역 차원에서의 협력 체제 확립으로 나아가는 첫걸음이 된다.

물론 이러한 조직 간의 관계는 반드시 지역 내에만 한정되는 것은 아니고, 이벤트를 만드는 방법에 따라서는 한층 더 광역으로 넓히는 것도 가능하다. 실제로 앞에서 소개한 광역화의 동향에 의하면 광역 제휴활동 중에서 해보고 싶은 사업으로 '공동이벤트'와 '공동마케팅'이 거론되고 있다.

현재는 조직 간의 교류와 제휴, 협력과 협조의 중요성이 높아지는 시대이다. 이러한 완만한 조직 간의 관계 혹은 소프트한 네트워크의 형성은 지역사회에서 향후 과제의 하나이며, 지역이벤트는 지역 간을 연결하는 광역 네트워크의 수립에 기여한다고 볼 수 있다.

또한 여러 사람이 이벤트와 관계되면서 지역 내 뛰어난 인재가 발굴되는 경우도 적지 않고, 여러 가지 어려움을 극복하고 이벤트를 만들어 가는 과정에서의 경험을 바탕으로 새로운 인재가 육성되는 경우도 드문 일이 아니다. 즉 이벤트는 향후의 지역 활성화의 리더가 되어야 할 인재를 발견하거나 양성하는 계기가 되며, 목표를 공유하면서 준비 작업을 추진하는 가운데 뜻을 같이하는 동료와의 만남과 교류를 활성화하는 기회가 된다. 이러한 리더와 동지의 존재는 지역 활성화에 매우 중요하다.

사실 자립에 성공하고 있다고 여겨지는 지역은 모두 지역 내 일부 사람들의 문제의식과 대응을 계기로 그 열의가 점차 지역 내로 확산되어 마침내 지역 전체로 여러 가지 힘이 결집하면서 조금씩 지역이 변화하기 시작하는 프로세스를 가지고 있다. 이벤트는 이러한 측면에서도 큰 역할을 한다.

지역 이미지를 만드는 CI전략

개성적이고 매력적인 지역 만들기는 가장 먼저 우리가 사는 지역의 특성과 조건을 냉정하게 분석·이해하고 미래에 대한 분명한 이념을 가지는 것부터 시작된다. 우리들의 지역을 어떠한 지역으로 만들고 싶은지, 그러기 위해서는 어떠한 목표를 설정해야 할 것인지, 지역의 주제와 정체성을 확정한 뒤 실현을 향해 어떠한 대응자세가 필요한지, 어떠한 정책이 유효한지 전략과 방법을 검토하는 것이 필요하다.

기업에서 시작한 CI(Corporate Identity 혹은 City Identity)는 현재 정부와 지방자치단체 등의 행정조직으로까지 그 개념이 보편화되었다. 이제는 지역에서도 CI의 확립이 요구된다. CI라고 하면 회사명의 변경이나 로고의 제작으로 대표되는 단순한 '외부용 홍보 수단'이라고 생각하기 쉽다. 하지만 본래의 의미는 스스로 놓인 상황과 위치를 객관적으로 파악한 다음 추진되어야 할 방향과 미래상을 전략적으로 구축하는 것을 가리킨다.

그것을 위한 하나의 방법으로, 한편으로는 사회와 외부 환경에 대해서 아이덴티티를 소구(訴求)하는 것으로 자신의 입장을 분명히 하고, 다른 한편으로는 그것을 실현하기 위한 조직 내부의 의식 개혁을 도모하는 방법이 있다. 지역의 CI도 마찬가지로 지역을 둘러싼 외부 환경과 지역 외의 사회에 대한 대외적인 운동과 지역 내부의 의식 개혁을 추진하기 위한 대내적인 운동 등 2개의 요소를 조합해야 한다.

지역이벤트는 그것이 본래 가지고 있는 정보발신 기능에 의해 지역의 정체성을 소구하는 미디어의 역할은 물론, 이벤트를 계획·준비하는 과정에서 지역의 과제와 관련되지 않을 수 없다. 그렇기 때문에 그 지역의 미래상과 본연의 모습에 대한 개념을 찾아낼 수 있는 계기가 될 수 있다는 점, 지역 주민들이 자신의 입장만 내세우지 않고 지역 주민과의 교류와 공통의 인식을 키우는 것으로 지역 내 의식을 바꾸고 공감을 형성하는 계기가 될 수 있다는 점, 공동의 목표를 향한 지역 제휴와 협동의 트레이닝 장소가 될 수 있다는 점 등에서 지역 CI의 확립을 향한 매우 유효한 수단이 되는 것이다. 바꾸어 말하면, 지역이벤트는 지역의 CI운동에 필요한 기능을 복합적으로 갖추고 있다고 할 수 있다.

향후 지역 만들기에서 지역이 하나가 되는 아이덴티티 확립은 하나의 커다란 과제이며, 그것을 구체화하기 위한 CI운동의 전개도 중요한 전략의 하나이다. 이처럼 지역이벤트는 그것을 효과적으로 추진하기 위한 유효한 수단이 될 수 있지만, 그러기 위해서는 종료 후에 지역에 무엇을 남길 수 있는지 등을 포함해 사전에 면밀한 검토와 준비가 필요하다.

정보수신·발신 기능의 강화와 교류 인구의 확대

향후 지역의 정보발신력 향상은 큰 과제이다. 지역만의 독자적인 완벽한 진흥 대책은 현실적으로는 불가능하며, 지역 진흥을 위한 활동은 어떠한 형태로든 지역 외부와의 관계 속에서 성립되므로 정보발신 기능이 중요한 의미를 가지는 것은 당연하다. 물론 중요한 정보 기능은 발신 기능만이 아니다. 정보의 수신과 그 집적도는 매우 중요한 역할을 하며 유익하고 살아 있는 정보에 대한 적절한 반응도 중요하다.

앞으로는 지혜로 승부하는 시대라고 할 수 있는데, 이러한 관점에서 생각한다면 폭넓은 인맥과 네트워크, 바꿔 말해 '지혜를 모으는' 궁리와 장치가 큰 무기가 될 것이다. 지역 내·외부를 불문하고 다양한 분야의 사람들과의 교류와 제휴가 지금 수준 이상으로 요구될 것이다. 앞으로는 지역에서 인적 채널 및 정보 채널의 확보와 그 질과 양적인 측면에서의 충실화가 매우 중요한 전략이 된다. 이런 의미에서 말하자면 사람이나 정보도 지역의 중요한 자원 중 하나이다.

지역에서 교류해야 할 대상은 일부의 전문가나 학자만이 아니다. 최근 지역 환경이나 그곳에 사는 사람들과의 만남을 목적으로 재방문하여 체류하는 방문자를 의미하는 '교류 인구'라는 개념이 부각되고 있는데, 이러한 교류 인구의 유치와 정착도 지역의 큰 과제이다. 한마디로, 지역의 '팬'을 늘리는 노력이 필요하다는 것이다. 그러기 위해서는 방문자의 욕구에 적절히 대응하는 것은 물론, 동시에 지역의 존재와 그 특성, 지역에서 제공하는 활동과 매력 등을 효과적으로 홍보하는 것도 필요하다. 이러한 의미에서도 지역의 정보발신력은 중요하다.

지금까지 살펴본 것처럼 지역이벤트는 구조적으로 갖추고 있는 정보발신 기능을 전략적으로 활용함으로써 이러한 요구에 대응하는 효과적인 수단이 된다. 참가자 양방향의 교류 속에서 상대의 반응을 확인하면서 눈에 보이는 형태로 지역의 정보를 직접 소구하는 것이 가능함과 동시에, 그것이 기사 형태로 매스컴에 보도되는 것도 기대할 수 있기 때문이다.

또한 이벤트란 사람과 정보가 교류하는 독특한 커뮤니케이션 환경이기 때문에 개최 중에는 물론 준비 과정 중에도 여러 사람과의 교류와 제휴가 촉진되어 여러 정보가 집적되는 구조이다. 따라서 폭넓은 인맥과 정보 채널의 개척과 조직화에 가장 적합한 사업 형태라도 할 수 있다. 즉 이벤트를 통한 정보발신은 그 자체가 중요한 역할을 하는 동시에 살아 있는 정보의 수신기능 향상이라는 측면에서도 큰 효과를 가져온다.

산업 간의 교류와 융합화 촉진

최근 타 업종과의 교류라는 말을 자주 듣는다. 이것은 다른 업종과의 교류·협력을 통해 새로운 발상과 상품 개발의 혁신을 이뤄, 신상품 개발과 신기술의 창출을 촉진하는 것으로 지방 특화산업의 진흥과 지역경제 활성화 전략으로 주목받고 있다. 다만 지금까지는 대체로 제조업 분야에 국한하여 생각하는 경향이 많았으나, 이제부터는 제1차 산업, 제3차 산업의 범위를 넘는 융합화, 혹은 전통공예와 특산품 등과 첨단기술의 융합 등 기존의 틀을 넘는 교류와 제휴가 기대되고 있다. 이것은 신상품 개발에만 머물지 않고 새로운 판로의 개척과 브랜드화의 실현 가능성도 동시에 내포하고 있다.

물론 산업 간의 교류와 융합화가 특수한 조건을 갖춘 지역에서만 가능하다는 것은 아니다. 지역의 자원과 특성을 객관적으로 분석한 다음, 미래에 대한 과제를 염두에 두고 지역의 독자적이며 전략적인 프로그램을 구상하고, 목표 달성을 향해 진지하게 노력하자는 합의만 된다면 어떤 지역에서도 가능하다.

이러한 프로젝트가 실제로 추진되기 위해서는 적어도 알기 쉬운 도달 목표가 구체적으로 설정되는 한편, 그 실현을 향한 작업의 착수를 강제하는 어떠한 계기와 인센티브가 필요하다. 회의실에 모인 관계자에게 "자 여러분, 지금부터 많이 교류하세요"라고 한다고 해서 업종을 초월한 융합프로젝트가 본격적으로 추진되는 것은 아니다.

지역이벤트는 이러한 활동을 유발하기 위한 무대로서 가장 적격인 사업이다. 앞에 말한 바와 같이 이벤트는 공통의 목표를 향해 관계자들에게 일정 기간의 협동 작업을 강제하는 구조로 되어 있어 관계자 사이의 교류를 확산시켜 결속력을 높이는 효과가 있다. 게다가 이벤트는 시간과 공간이 극단적으로 한정된 특수한 조건 아래 있기 때문에 일상적인 사업 활동의 틀을 넘은 새로운 시도를 실시하는데 절호의 기회이기도 하다. 지역이벤트를 계기로 구체적인 교류융합화 프로젝트를 시작하는 시도도 이미 많이 이루어지고 있다.

4. 지역 이미지 제고

현재 각 광역자치단체부터 기초자치단체까지 막대한 예산을 들여 지역 CI를 경쟁적으로 도입하고 있다. 그런데 CI를 지역 활성화에 응용하지 않는 지역이 약 70퍼센트에 해당한다고 한다. CI와 관련된 전문가가 없기 때문이다. 지역 이미지를 제고하려면 어떻게 해야 할까? 이는 지역행정상 매우 큰 고민거리이며 이벤트를 기획하는 경우에도 매우 중요한 포인트이다. 이에 대해 다섯 가지 대안을 제시하려고 한다.

첫 번째는 지역에서 별로 알려지지 않은 특산품 등 지역자원을 재인식해 홍보하는 것이다. 자신의 지역에 있는 특산품 중에서 별것 아니라고 간과했던 특산품을 발굴하여 홍보하는 것이 지역 이미지를 제고하는 한 가지 방법이다.

두 번째는 지역에서 관심을 가지고 있는 자원에 부가가치를 적절하게 붙여 지역 이미지를 향상시키는 것이다. 좋은 자원을 가지고 있는 지역은 가만히 있어도 손님이 오기 때문에 새로운 것을 고려하지 않는 경향이 있다. 하지만 그것만으로는 지속될 수 없다. 예를 들면, 에버랜드에는 왜 그렇게 사람이 많이 모이는 것일까? 항상 새로운 놀이기구와 이벤트를 연구하고 부가가치를 높여 광고와 홍보를 하고 있기 때문이다. 그러한 노력이 없다면 한 번 갔던 사람들이 재방문할 가능성은 적어지며 입장객은 차츰 감소한다.

세 번째는 지역의 마이너스 이미지를 플러스 이미지로 만드는 것이다.

네 번째는 지역이 가지고 있는 플러스 이미지를 더욱 홍보하는 것이다. 즉 플러스 이미지를 다듬는 것이다.

다섯 번째는 새로운 지역 이미지를 창출하는 것이다. 즉 없는 것을 창조하는 것이다. 지금까지 전통적으로 계승되고 있는 지역문화와 지역 행사만 중시하는 경향이 있는데, 새로운 문화를 창출하여 새로운 지역 이미지를 만들어야 한다.

5. 어떤 효과를 기대할 수 있나

이벤트는 '목적을 달성하기 위한 수단'이다. 즉 이벤트를 통해 지역을 활성화하거나 과제를 해결해야 할 경우에 실시한다. 그러므로 우선은 이벤트의 개최 목적을 명확히 해야 하는데, 목적 달성 정도를 판단하는 것이 중요하다. 이 목적 달성도를 '성과'라고 할 수 있다. 단순히 목적 달성뿐만 아니라 이벤트를 실시함으로써 각종 다른 '효과'도 기대할 수 있다. 그것이 '경제적 효과'와 '사회·문화적 효과'이며, 이러한 성과나 효과를 최대한으로 추구하는 것이 이벤트 기획의 핵심이 된다.

행정의 과제 해결

경제적 효과와 사회·문화적 효과는 광범위하다. 그러나 이러한 효과를 종합적으로 추구하다 보면 목적의식이 별로 없는 이벤트가 되어 버리는 경우가 있다. 그러므로 행정의 과제에 맞추어 추구하는 효과를 한정할 필요가 있다. 예를 들면, 과제가 '산업의 활성화'에 있으면 매출과 고용의 증가로 연결되는 내용이, 과제가 주민 교류에 있으면 모여서 즐길 수 있는 내용이 되어야 한다. 이벤트를 계획하는 첫걸음에서는 이 점을 명확히 인식해야 한다.

지역 인재 육성

지방분권시대를 맞이하여 개성 있는 지역 활성화를 추진하기 위해 주민의 적극적인 참여가 더욱더 중요해지고 있다. 또 자원봉사와 시민단체 등의 활동도 활성화되고 그것을 위한 인재 육성도 반드시 필요하다. 행정과 지역 주민이 하나가 되어 직접 이벤트를 실시함으로써 주민의식이 높아지고 지역 활동의 리더가 육성된다.

경제적 효과

지역이벤트를 실시한 결과가 경제적 이익으로 연결되면 효과를 명확하게 인식하게 되며, 다음 이벤트 개최를 위해 많은 사람을 설득하기 쉬워진다. 지역이벤트의 '경제적 효과'는 다음과 같다.

① 지역산업의 홍보와 판매 촉진
② 지역산업 기술의 계승
③ 타 지역과의 유통 판로 개척
④ 특산품의 개발
⑤ 향토음식의 개발
⑥ 관광산업의 진흥

⑦ 지역 상가의 활성화

⑧ 타 업종과의 교류 활성화

⑨ 지역의 각종 경제단체 활동의 활성화

⑩ 시설 활용 등의 촉진

사회 · 문화적 효과

지역사회의 발전에 필요한 '사회 · 문화적 효과'는 다음과 같다.

① 여가활동의 기회 제공

② 사는 보람 만들기

③ 지역의 주체성 확립

④ 지역에 대한 자부심 형성

⑤ 지역의 지명도 향상

⑥ 지역 주민의 공동체 육성

⑦ 주민참가형 지역 활성화 등 지역 계획의 원활한 추진

⑧ 지역의 각종 단체 협력 체제의 촉진

⑨ 지역 간 교류의 촉진

⑩ 지역 활성화에 있어서 인재 육성

⑪ 평생 학습의 추진

⑫ 학교 교육에 있어서 체험 학습의 실현

⑬ 새로운 문화의 창조

⑭ 새로운 스포츠의 창조

이 장에서는 다음과 같은 점을 포인트로 정리할 수 있다.

● 새로운 지역 활성화의 관점에서 지방 행정을 둘러싼 동향은 두 가지로 지적할 수 있다. 첫째는 지방분권화로 중앙집권에서 지방분권으로의 흐름이 명확해졌다는 점이며, 둘째는 광역화이다.

● 지역종합계획과 전략프로젝트에서 지역종합계획은 최상위의 계획이며 이벤트도 필요 불가결한 행정 과제이다. 이벤트도 지역 활성화를 위한 전략프로젝트의 하나로 포지셔닝(Positioning)해야 한다.

● 이벤트는 다른 사업과는 분명하게 구별되는 고유의 기능과 역할이 있다.

● 지역 이미지 제고는 새로운 지역 이미지를 창출하는 것이다. 즉 새로운 문화를 창조하는 것이다. 지역에서는 지금까지 전통적으로 계승되고 있는 문화와 행사만 중시하는 경향이 있는데, 새로운 지역 이미지를 창출해야 한다.

● 지역이벤트의 효과는 경제적 효과와 사회·문화적 효과가 광범위하기 때문에 이러한 효과를 종합적으로 추구하다보면 목적의식이 별로 없는 이벤트가 되어 버리는 경우가 있다. 그러므로 행정의 정책과제에 맞추어 추구하는 효과를 한정할 필요가 있다.

● 이벤트를 실시한 결과가 경제적 이익으로 연결되면 이것은 효과로 명확하게 인식되며, 다음 이벤트를 개최할 때 많은 사람을 설득하기 쉬워진다. 지역사회의 발전에 반드시 필요한 '사회·문화적 효과'도 거둘 수 있다.

2부 이벤트 기획

CREATING
SUCCESSFUL
EVENTS

이벤트 기획의 기본 요소

연구 포인트

이 장에서는 이벤트의 기획을 학습하고 연구하는데 매우 중요한 기본 요소에 관한 이해를 돕고자 한다. 우선 기획에 요구되는 세 가지 기본적인 능력인 기획력, 발상력, 설득력과 함께 기획 업무 수행에 필요한 9가지 능력을 서술한다. 목적을 성취하기 위해서는 기획력이 얼마나 큰 역할을 하는지, 그리고 좋은 기획을 하려면 시대를 직관하는 높은 감성이 필요하다는 것을 강조한다. 끝으로 기획서가 기획서 그 자체로 끝나 버리지 않기 위해서는 무엇을 해야 하는지도 알아본다. 이 장에서 성공적인 이벤트를 만드는데 무엇보다 중요한 기획과 진행 방법에 대해 명확하게 이해하길 바란다.

1. 기획이란

기획에 요구되는 세 가지 능력

기획과 관련된 단어 중에는 '아이디어' 또는 '계획'이 있다. 아이디어는 '문득 떠오른 생각' 또는 '착상'을 의미한다. 아이디어가 없으면 좋은 기획이 이루어질 수 없다.

기획은 플랜(plan) 또는 플래닝(planning · 기획 수립)에 해당하지만 정확한 의미는 기획상에서 나온 여러 가지 아이디어를 조합하여 어떠한 목적, 여기에서는 이벤트의 개최 목적을 달성하는 데 필요한 수단을 구상하는 것이라고 할 수 있다.

때로는 조금 의미를 확대하여 스케줄을 짜고, 경비를 결정하고 실행에 옮기는 것까지를 기획의 범주로 정의한다. 따라서 기획에는 '어떤 것을 하는가'와 '어떤 스케줄을 얼마만큼의 비용으로 어떻게 실시하는가'의 두 가지 측면이 포함되어 있다. 즉 하나의 계획(program, project)이란 상황적 조건에 따라 완성된 기획을 실행하기 위해 여러 가지 자원(인력, 물자, 자금, 노하우, 정보, 시간)을 확보하고 배분하는 것이라고 정의할 수 있다. 이렇게 볼 때 이벤트 기획이란 본래 '기획의 의미'에 '계획의 의미'를 어느 정도 더한 내용을 말한다. 즉 아이디어를 바탕으로 목적 달성에 도달하는 데 필요한 수단의 조합만을 생각해서는 이벤트 기획이라고 할 수 없으며, 그것을 어떠한 형태로 실현하는가의 구체성이 없으면 이 또한 기획이 될 수 없다. 예를 들면, 이미 결정된 예산으로 이벤트를 실시하기 위해서 어떤 아이디어로, 어떤 수단을 동원해, 어떻게 조합하면 좋을 것인가 등을 시행착오를 거치면서 좁혀 가는 프로세스 또한 기획의 범위에 들어간다고 할 수 있다.

이처럼 기획에 요구되는 능력에는 여러 가지 측면이 있다. 여기에서는 특히 중요하다고 생각되는 기획력, 발상력, 설득력 등 세 가지 능력에 관해서 서술하기로 한다.

기획력

성공을 거두는 플래닝에 없어선 안 될 것은 무엇일까. 미국의 리처드 슬로머(Richard S. Sloma)는 《The planning》(TBS브리태니커, 1986)에서 '성공하는 플래닝은 플래너가 어떠한 마음 자세를 갖고 있느냐에 달려있다'라고 말했다. 이것은 정말 의미 있는 말이다. 기획력이 있고 없고는 무엇보다 기획하는 사람이 어떠한 '마음가짐'을 가지고 그 일에 임하는가에 크게 좌우된다. 즉 기획의 기술력보다 그 기획에 임하는 자세와 열정이 중요하다. 그러므로 기획을 외부 전문가에게 의뢰할 때 중요한 것은 이와 같은 자세와 열정 그리고 무엇인가 해보겠다는 마음가짐을 갖게 할 수 있는 동기 부여 조성에 대한 세심한 배려이다. 그러나 열정과 의욕만 있다고 해서 그것이 바로 기획력으로 직결되는 것은 아니다. 결국 그 목적 수행을 위한 여러 가지 조건들을 제대로 이해하고, 폭넓은 아이디어를 추출하여, 그것을 여러 가지 조건 속에 구체적으로 조합해 가는 객관적인 자세 · 지식 · 기획기술력(planning ability)이 수반되지 않으면 안 된다. 즉 기획력을 떠받치는 것은 기획자나 그룹의 '하려고 하는 의지'와 '객관적인 자세-기획기술력'이라고 할 수 있다.

그런데 많은 기획자에게서 나타나는 잘못된 사고방식 중의 하나는 기획자가 지녀야 할 '마음의 자세'를 도외시한 채 계획을 수립하기 위한 도구와 테크닉에만 관심을 기울이는 점이다. '하려고 하는 마음가짐'을 본체로 하고 '사고방식'과 '기술(테크닉, 지식)'이 양쪽의 바퀴처럼 존재하지 않는다면 탁월한 기획력은 이루어지지 않는다. 여기에서는 기획에서 중요한 사항들을 정리한다.

❇ 기획에서 중요한 사항

① 기획은 목적을 달성하기 위한 수단이며 프로세스라는 것을 잊어서는 안 된다.

② 그 목적을 바르게, 그리고 구체적으로 이해하고 그것을 실행하기 위한 여러 가지 전제와 조건(시간, 인력, 자금 포함)을 냉철하게 이해하고 설정할 수 있어야 한다.

③ 주어진 조건 속에서 각종 아이디어와 수단을 적절하고 합리적으로 실행하기 위한 반복 작업(시행착오)이 필요하며 그 반복 작업 과정에서 조건 변화를 수용해 가면서 계속 수정을 거듭하여 목적 실현의 절차를 만들어 가는 프로세스를 중시해야 한다.

④ 효과적인 기획을 하려면 실행하기 전의 예비조사와 탐색조사, 가설을 집약시킨 프로세스가 중요하다.(기획에서 팀 구성과 아이디어 추출 방법, 수단의 조합 등에 관해서는 제2장에서 계속 서술하기로 한다)

발상력

기획에서 요구되는 또 다른 중요한 능력은 발상력이다. 뛰어난 기획은 개개인의 풍부한 발상력은 물론이며 팀(그룹, 조직)에 의해서 만들어지는 발상력을 토대로 한다. 개인의 발상력을 키우기 위해서는 매일 다양한 위기 속에서 생존할 수 있는 지혜가 크게 도움이 된다. 이것에 관련해서 시스템공학자인 와타나베 시게루(渡辺茂)는 자신의 저서 《これからの発想法(앞으로의 발상법)》(1979)에서 다음과 같이 발상력을 키우는 5대 요소를 제시하고 있다.

[표 1-1] 발상력을 키우는 5대 요소

① **인간적 성장을 완성시키는 노력:** 자신의 경험을 소중히 하고 그것을 통해서 배우며 더욱 풍부한 발상력을 지니려고 노력한다.

② **더 많은 지식과 경험:** 자신의 취향과 관계없이 조금이라도 다른 분야에 뛰어들어 새로운 경험을 하거나 서로 의견을 교환한다. 그리고 지식과 경험을 자신 속에서 구현하여 지혜로 승화할 수 있도록 노력한다.

③ **정보를 여과하는 능력:** 정보를 5W1H(육하원칙)로 확인하여 자신의 데이터 뱅크 속에 정리한다. *5W1H는 누가(Who), 언제(When), 어디에서(Where), 무엇을(What), 왜(Why), 어떻게(How)를 뜻한다.

④ **자기 능력에 대한 도전:** 조직의 공적인 업무와 자신의 사적인 일 중에서 한 가지를 선택하고, 계획을 세워 최선을 다함으로써 자기 능력에 도전한다. 목표를 세우고 그것을 달성하여 스스로 자신감을 부여한다.

⑤ **유비무환(有備無患)의 정신:** '소 잃고 외양간 고친다'는 속담이 있다. 뒤늦게 후회하지 말고 미리 준비하고 대책을 마련하는 게 바람직하다.

자료: 저자 재작성. 《これからの発想法(앞으로의 발상법)》(渡辺茂, 1979) 참고.

또 다른 발상법을 소개한다. 이른바 '지혜시대'의 발상법으로서 '착안(着眼)'을 '아이디어'와 구별하고 있는 장사과학연구소 회장 이부키 다쿠(伊吹 卓)의 견해이다. 《着眼力(착안력)》(PHP문고, 1991)에서 이부키 다쿠는 '문득 떠오른 아이디어'는 재미있는 것처럼 보여도 실패한다고 꼬집는다. "아이디어라는 것은 원래 그것에 대한 근거가 필요한 것이다"라고 지적하며 착안의 위치 설정을 [표 1-2]과 같이 단계별로 제시하고 있다. 또 아이디어와 착안의 비교를 [표 1-3]와 같이 정리하고 있다.

[표 1-2] 지혜시대에 착안의 위치 설정

사회에 있는 지혜를 자신의 눈으로 발견한다.		착안 (판단력, 실행력)
스스로 보고 생각한다.	발상 (직감)	발상 (직감)
받아들인 지식 생각하는 지식	지식	지식	지식
단계별	지식의 시대	아이디어 발상의 시대	지혜의 시대

자료 : 저자 재작성. 《着眼力(착안력)》(PHP文庫, 伊吹 卓, 1991) 참고.

[표 1-3] 아이디어와 착안의 비교

아이디어	착안
공상적이다.	체험적이다.
탁상공론적이어서 해보지 않으면 알 수 없다. 해보면 문제가 있을 수 있다.	테스트를 끝마친 아이디어로 실행하기 쉽고 성공 가능성이 높다.
(도출하기가 쉬워) 수가 많다.	(도출하기 어려워) 수가 적다.
문제의식이 막연한 것이 많다.	문제의식을 명확히 갖고 있다.
아웃풋(Out·put)적인 발상에 의해서 생겨난다.	인풋(In Put)적인 발상에 의해서 생겨난다.

자료 : 저자 재작성. 《着眼力(착안력)》(PHP文庫, 伊吹 卓, 1991) 참고.

이부키 다쿠는 "착안점은 뛰어난 지식과 아이디어를 토대로 하여, 뛰어난 판단력과 선택력에 의해서 선택되는 급소이며 의도이다. 착안점은 결과를 놓고 보면 단순하게 보이지만 한 가지의 착안점을 선택하기 위해 어떻게 예측했는가가 문제인 것이다"라고 말했다. 이처럼 이벤트 기획에 요구되는 발상력은 단순히 공허한 아이디어 발상이 아니라 '착안'으로 이어지는 현실성이 있는 것으로 그에 따른 풍부한 발상력이 요구된다.

설득력

설득력은 기획에 요구되는 중요한 요소로 기획 자체가 최종적으로 살아남느냐, 사라지느냐를 결정한다. 설득 기술에 대해서는 여러 가지 설명이 있지만 여기에서는 설득의 구조 요소를 도표로 제시하고, 설득력을 높이기 위해서는 어떠한 요소를 고려하고 강조해야 할 것인가를 생각해 본다.(그림 1-1 참조)

설득력이 있으려면 우선 상대가 처한 여건을 충분히 파악하는 것이 중요하다. '심금을 울려라'라는 말이 있듯이 조금이라도 감동을 주거나 기억에 남으려면 무엇보다 상대를 잘 알고 있어야 한다. 이것은 기획을 하는 데도 대단히 중요하다. 다음은 타이밍(언제, 어느 정도의 시간을 들여서)을 가늠해야 한다. 예를 들면, 아이들이 부모에게 용돈을 달라고 조를 때 부모의 기분이 좋은 경우보다 좋지 않은 경우에 거절당할 확률이 높다. 그다음은 표현에 관한 것이다. 장황하게 설명하는 것보다 요점을 간결하게 전달하는 게 중요하다. 이것은 간단하게 보이지만 그것을 위해 어떻게 내용을 정리하고, 어떤 점을 강조하고, 어느 정도의 분량으로, 어떠한 표현 방법(문자, 숫자, 그래프, 그림, 영상 등)으로 할 것인가가 문제가 된다. 결론부터 이야기하고 각론은 나중에 이야기하는 방식이 설득하는데 효과가 높다.

이것들을 유지하기 위해서는 의식적으로 객관성을 한시도 잊어서는 안 된다. 그리고 주제의 목적의식을 명확하게 확립하고 그것을 명심하는 것이 중요하다. 표현을 지탱하는 요소로서 에티켓 의식과 임팩트 효과에 대한 배려, 강한 집념도 요구된다. 설득력을 높이는 종합적인 연출력은 효과를 더 높인다.

만약 설득력이 모자라 실패할 경우, 여기에서 서술한 요소 중 무엇이 결여되었는가 분석하면 다음에는 반드시 도움이 될 것이다. 또한 설득력이라고 해도 프레젠테이션 조건에 따라서 어떤 요소에 역점을 둘 것인가를 잘 고려한 뒤 실행하는 계획성이 요구된다. 친분과 의리, 인정에 의지하는 안일한 방법은 경계해야 한다.

[그림 1-1] 설득의 구조 요소

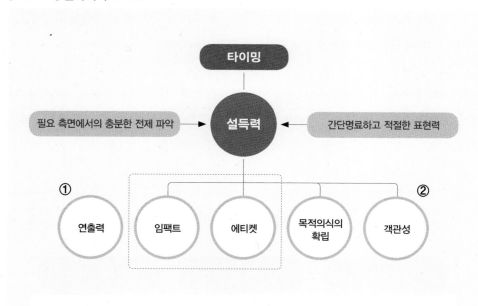

① 동양에서는 연출을 의도적으로 어떤 상황을 만들어 과장시킨 것이라 착각한다. 큰 오해이다. 연출은 인간성에 뿌리를 둔 것이고, 본래 표현력에도 연출이 수반된다.

② 객관성은 주관에 좌우되지 않고 언제 누가 보아도 그러하다고 인정되는 상태의 사고 속에서 생겨난다.

기획 업무의 흐름과 필요한 능력

기획 업무는 3개의 'P'로 이뤄졌으며 그 흐름에 근거해서 9개의 '능력'이 필요하다.(그림 1-2 참조)

❋ **3개의 'P'**

기획 업무의 3개의 'P'는 다음과 같다.

① **Planning(기획 수립):** 기획을 수립할 때에는 기획 주제에 관한 정보를 광범위하게 수집하고 객관적으로 분석하여 구체적인 아이디어를 발상한다. 향후의 변화와 전망도 예견한다.

② **Proposal(기획서 작성):** 기획서 작성에서 떠오른 아이디어를 구체화하면서 적절하게 표현해서 내용과 표현의 조화를 이룬다. 의뢰자를 매료시키는 정리 방법과 그 전제로서 알기 쉽게 작성하는 것이 중요하다.

③ **Presentation(기획 제안):** 기획 제안을 받는 사람에게 내용을 정확하게 전달하는 동시에 프레젠터의 연출력으로 매력을 높여 최종적으로 설득한다. 자발형 기획에서는 기획의 필요성에 대한 공감을 획득하는 것이 전제된다.

① 기획 수립 → ② 기획서 작성 → ③ 기획 제안은 기획 업무의 기본이 되는 흐름이다. 기획자는 3개의 'P' 가운데 업종이나 직종, 지위에 따라서 필요성이 높은 'P'를 중점적으로 연구해야 한다.

[그림 1-2] 기획 업무의 흐름과 필요한 능력

기획 업무의 3P		
Planning	**Proposal**	**Presentation**
기획 수립	**기획서 작성**	**기획 제안**
정보력 분석력 발상력	구상력 표현력 연성력	설득력 연출력 전달력

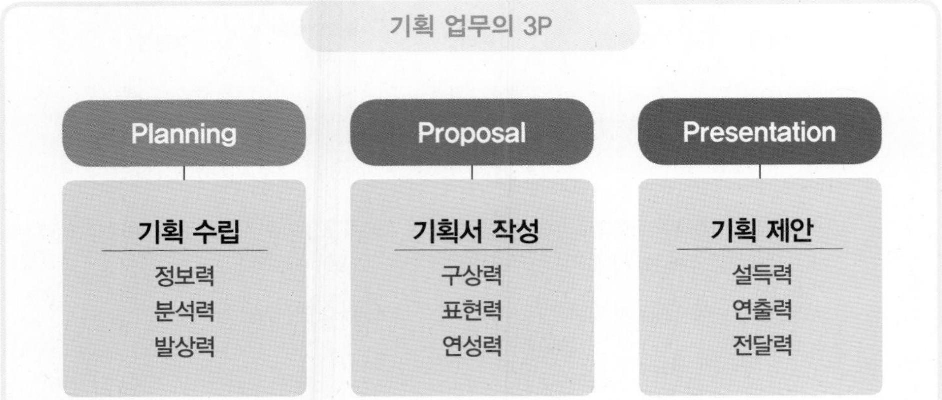

❇ 9개의 필요한 능력

기획 업무 수행에 필요한 9가지 능력은 다음과 같다.

(1) 기획 수립 단계

① **정보력:** 기획 주제에 맞게 정보를 효율적으로 수집하는 능력. 일상형과 과제형의 정보수집을 병행한다.

② **분석력:** 정보를 정리하여 현 상황과 목표를 명확하게 하는 능력. 그리고 목표에 도달하기 위해 해야 할 일을 논리적으로 도출한다.

③ **발상력:** 목표에 도달하기 위한 현실적인 방법을 제시하는 능력. 발상법 등을 활용하여 양질의 아이디어를 많이 낸다.

(2) 기획서 작성 단계

④ **구상력:** 기획 내용을 논리적이며 발전적으로 조립하는 능력. 떠오른 아이디어를 구축하고 기획의 전체상을 설정한다. 구상과 내용의 표현은 동시에 작업하는 경우가 많다.

⑤ **표현력:** 기획 내용을 알기 쉽고 매력적으로 기획서로 정리하는 능력. 논리적인 소구와 감성적인 소구의 양면이 필요하다. 기획서 이외에도 다양한 표현 형태가 있다.

⑥ **연성력:** 기획 내용을 파악하여 그 매력을 갈고 닦아 호감도를 높이는 능력. 표현이 적절한지 검토한다.

(3) 기획 제안 단계

⑦ **전달력:** 기획 내용을 의뢰인에게 정확하게 전달하고 분명하게 표현하는 능력. 기획서는 물론 발표하는 것이 전제이다. 그냥 읽어 버리지 않는다.

⑧ **연출력:** 기획 내용의 매력을 한층 더 높이는 능력. 같은 내용이라도 발표자의 능력에 따라 호감도에 영향을 미친다.

⑨ **설득력:** 의뢰인에게 공감을 촉구하고 의사 결정이 이뤄지도록 하는 능력. 기획 내용에 대해서 설득시키고 최대한 그 자리에서 승인을 받는다.

'기획력'은 이들 9개의 능력이 균형있게 통합된 것이다. 요즘엔 분석력과 선견

력의 중요성이 높아지고 있다. 다시 말해 현재의 문제를 꿰뚫으면서 미래를 내다보는 능력이 요구되고 있다. 기획이 지혜의 작용에 근거한 이상 좋고 나쁨은 기획자에게 달려 있다. 기획력을 향상시키기 위해서는 평소 노력과 훈련을 게을리 하지 않아야 한다.

2. 조직 구성

조직 구성의 필요성

이벤트 프로듀서는 이벤트의 개최 주체가 요청하는 이벤트의 목적을 달성하기 위해 필요한 인재를 모집한다. 작전을 세우기 위해서는 기획력이 뛰어난 기획자를 선택해야 하는데, 창조적이면서 신선한 아이디어가 풍부한 인재가 필요하다. 그러나아무리 뛰어난 지혜가 있다고 해도 경쟁자의 전략 상황과 환경 조건, 거기에 자신들의 전력이 나아갈 방향 등에 관한 정확한 정보가 없다면 목적을 달성하기 어렵다. 이 경우에는 경쟁자에 대한 정보 수집이 필요하며, 분석력이 뛰어난 인재가 이를 담당해야 한다.

실행 계획이 완성되어 실행에 옮길 때에는 발 빠르고 강하며 민첩한 진행자의 도움이 필요하다. 각 전문 스태프들은 각각 자신들만의 독특한 장점이 있으므로 그 장점을 충분히 이해하고 각자의 역량을 충분히 발휘할 수 있도록 조정해 가는 게 이벤트 프로듀서의 능력 중의 하나다.

❋ **기획자, 정보분석가, 진행자의 특성과 능력**

① **기획자**

때로는 잔재주꾼으로 불리며 공상가 취급을 받기도 하지만 아이디어를 낼 수 있는 천부적인 능력이 있다. 뿐만 아니라 아이디어를 이벤트의 목적과 여러 조건 속에서 최적으로 조합시켜 스케줄화하고, 현실적으로 예산화할 수 있는 능력을 갖추고 있다.

② **정보분석가**

한 번 들으면 절대 잊지 않으며, 상대방의 비밀을 재빨리 듣고 파악할 수 있는 장점의 소유자. 어디에 무엇이 있는지 재빨리 발견한다. 조사, 분석이 특기이며 성공한 이벤트의 요인 분석도 잘하고 데이터화되어 있으며, 자신이 가진 풍부한 경험을 잘 살릴 수 있다.

③ 진행자

밝고 행동적인 비즈니스맨 타입. 섭외력이 좋고, 부탁을 받으면 재빨리 행동에 옮긴다. 이벤트의 협업 등에 대한 섭외력에도 멋진 재능을 보여 준다.

"기획이란 적에게 승리하기 위한 것이며, 승리를 위해 프로듀서는 무엇을 했는가"라는 일본의 기획그룹 대표 이치하시 다쯔히코(市橋立彦)의 말은 이벤트 성공을 위해 기획의 올바른 방법과 전문 스태프들이 역할을 충분히 발휘할 수 있는 조직을 구성하는 이벤트 프로듀서의 능력을 의미한다고 생각한다.

조직 구성의 중요성

이벤트 프로젝트 실행 조직을 구성하고 그것을 목적 달성에 유효하도록 운영하기 위해서는 여러 가지 배려가 필요하다. 특히 이벤트에 관여하는 많은 스태프들은 분야가 다르고 개성이 강한 만큼 조직 구성이 중요하다. 실행팀의 구성과 운영 방법에 관해 유의해야 할 사항을 몇 가지 제시하고자 한다.

✻ 팀 구성의 유의사항

① 개개인의 특별한 장점과 능력을 최대한 살린다.

② 조직(팀)은 상하의 관계가 아니고, 서클의 연동(분담과 연결)이라는 것을 리더를 포함한 팀 전원이 올바르게 인식해야 한다.

③ 개개인의 특별한 장점과 능력을 끌어낼 수 있도록 역할을 명확히 하고 목표를 정한다. 나아가 전문가 개개인의 업무분담과 상호관계 그리고 연계를 명확히 한다.

④ 리더(프로듀서)의 확실한 결단과 적절한 시기의 지원 체제와 운영 방식을 확립한다.

⑤ 스태프의 대부분이 예산과 스케줄 측면에서 철저하지 못한 면도 있으므로 인력 운영을 원활하게 할 수 있는 관계 조성을 사전에 고려한다.

이외 세부적인 측면에서도 여러 가지 유의사항이 있지만, 중요한 것은 그룹 멤버가 기분 좋고 상쾌한 마음으로 최선을 다할 수 있는 관계 형성(프로듀서의 리더십이 중요하지만 동시에 횡적 관계를 고려해야 함)이 이벤트를 성공시키는 요소의 하나라는 점이다.

기획력의 승리

이벤트를 성공시키는 것은 마치 전쟁터에서 목적을 수행하는 일과 같다. 바꾸어 생각하면 생사를 거는 일이 되기도 한다. 생사를 거는 전투만큼이나 이벤트의 성공은 의미가 크다. 따라서 전쟁을 승리로 이끄는 작전과 같은 기획력의 중요성은 두말할 필요없다. 이 기획력이란 전투에서 승리하기 위한 수단과 스케줄 그리고 인재의 활용 방법에 따라서 결정된다.

이벤트 프로젝트의 수행은 프로듀서가 구상을 하고(콘셉트 만들기), 연출가가 구체적인 실시 작전 방안(아이디어)을 내고, 그것을 판단하기 위해 기획자가 자료 조사와 아이디어를 검증하고, 진행자가 이벤트 장비 및 도구를 모아서 작전을 성공시키는 것이다. 이때 빛나는 것은 역시 기획력이다.

이처럼 이벤트의 성공은 기획력의 승리라고 할 수 있다. 다음의 [그림 1-3]은 기획과 정보(검증), 실행의 관계를 제시한 것이다. 이 균형 맞추기가 프로듀서의 큰 역할 중의 하나이기도 하지만, 그중에서도 기획력의 의미는 모든 것의 출발이라는 의미에서 큰 의의가 있다.

[그림 1-3] **기획, 정보, 실행의 균형도**

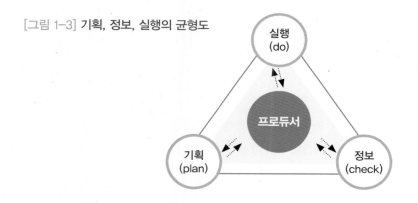

3. 이벤트 요소와 기획 요소

이벤트 요소

이벤트 요소에는 발상 요소와 전개 요소가 있으며 이에 대한 내용은 다음과 같다.

(1) 발상 요소: 이벤트 아이디어를 발상하는 데 필요한 요소

　① **단순성:** 목적이 간단하게 좁혀지면 기획의도가 선명하게 부각된다. 다만 그렇게 되지

않는 경우도 많기 때문에 강조하는 방법과 핵심 과제를 설정하는 방법이 있다.

② **화제성:** 이벤트에서 집객과 커뮤니케이션을 극대화하기 위해 불가결한 요소이다.

③ **미래성:** 지역이벤트에서 지역에 대한 친근감은 역사에 대한 공감으로 얻을 수 있다. 동시에 급속한 시대의 변화 속에서 가까운 미래성을 끊임없이 인식하는 것도 중요하다. 조선 말 개화기에 서양문명의 도입 정도는 아니더라도 새로운 시대로의 이미지 조성에 기여하는 의미는 크다. 따라서 이벤트 기획자는 시대를 직관하는 높은 감성이 필요하다.

④ **독창성:** '어느 축제를 가도 똑같은 것뿐이다'라는 말을 자주 듣는다. 독창성은 보는 사람이 어떻게 느끼느냐의 문제이기 때문에 전문가가 여기저기 외양만 보고 단적으로 말하는 것은 잘못된 것이다. 예를 들면, 이천과 여주에서 동일한 도자기축제가 있어도 전체 구성 방법과 의미 부여에 따라 독창성을 확보하는 것이 가능하다.

⑤ **지역성:** 지역이벤트는 지역을 연구해서 지역의 개성 창출(매력 만들기)을 위해 실시하는 것이라고 여겨야 한다. 지역을 잘 모르는 대중의 아이디어 공모는 시간과 예산의 낭비일 뿐이다.

⑥ **현재성:** 이벤트에 현재의 동향과 추세를 분석하여 반영하는 것이 중요하다. 이 점을 소홀히 하면 내용이 진부하다는 평가와 함께 참가자들에게 외면당할 수도 있다.

(2) 전개 요소: 이벤트 내용을 발전시켜 펼치는 데 필요한 요소
① **공감성:** 이벤트는 공감과 감동이 없으면 가치를 잃는다. 공감과 감동의 창조는 기획과 연출의 결과이다. 그리고 기획 내용에 참가자들과 그 장을 연결하는 강력한 연계성이 없으면 안 된다.

② **지속성:** 이벤트 자체는 일정한 장소와 일정한 기간에 한정되어 개최되지만, 기업과 행정 입장에서는 장기적인 커뮤니케이션 전략과 마케팅 전략의 과제 속에 명확한 위치를 부여해 지속성을 가져야만 한다.

③ **드라마성:** 이벤트에서 참가자나 관람객들에게 감동을 주고 공감을 창출하기 위해 극적인 변화와 상황 연출이 필요하다.

④ **안전성:** 이벤트에는 화재, 지진뿐만 아니라 재난, 부상, 질병 등의 인재(人災)와 사고가 날 수 있다. 이벤트를 안전하게 실시하기 위해 안전 관리를 철저히 하여 안전성을 확보해야 한다.

⑤ **참가성:** 이벤트는 참가자와 관람객이 없으면 존재할 수 없다. 따라서 일반 대중의 이벤트 참가에 대한 욕구를 충족할 수 있는 당위성과 매력적인 프로그램, 여건을 갖추어 참가율을 높이는 것이 중요하다.

종합적으로 발상 요소와 전개 요소를 갖추었다고 해도 의외성과 전달성이 이벤트 요소의 특징으로 부각될 수 있다.(그림 1-4 참조)

[그림1-4] **이벤트 요소**

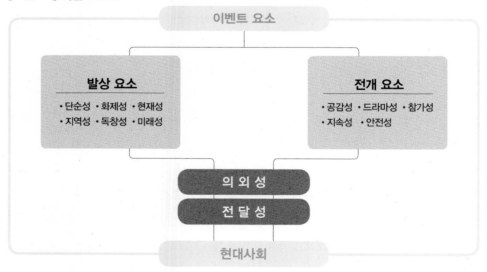

이벤트 기획 요소

이벤트의 기획 요소는 주체 요소와 종속 요소로 구분되며 일반적인 내용을 정리하면 다음과 같다.

❋ 이벤트의 기획 요소

① **주체 요소**

- 주최자(By Whom: 단독인가 복수인가)

- 목적(Why: 주요 목적과 부대 목적)

- 대상(To Whom: 주요 대상)

- 내용 개요(What : 기본 항목과 중요도 순위)

② **종속 요소**

- 장소(Where: 하나인가 복수인가, 야외인가 실내인가)

- 기간(When: 준비 기간, 홍보 기간, 개최 기간)

- 방법(How to: 제작 방법, 운영 방법, 홍보 방법)

- 예산(How much: 예산 규모)

주체 요소는 주최자가 의뢰한 개최 목적을 설정해야 한다. 그 목적에는 거두고자 하는 효과와 목표를 근거로 하여 어떤 대상에게 어떤 효과를 거둘 것인가가 포함되어 있다. 그리고 이 목적과 효과 목표를 명확히 한 상황에서 이벤트 내용이 결정된다.

또한 이벤트 내용은 종속 요소인 장소, 기간, 방법, 예산 등을 결정하면 된다. 이러한 내용을 강조하는 방법은 목적과 과제를 근거로 한 이벤트의 콘셉트(관점, 핵심 포인트, 방향설정 등으로도 표현함)에 의해서 명확해진다.

이벤트 내용은, 많은 아이디어를 구체적인 여러 조건 속에서 구체화가 가능한 것으로 압축하면 여러 가지 조합이 생겨난다. 이벤트의 가장 큰 제약 조건인 예산 결정 방법이 중요한데, 예산은 사전에 설정되는 예산과 이벤트 기간 중의 수입에 의해 조달되는 경우도 있다. 이 수입은 내용과 홍보 방법에 따라서 달라진다. 따라서 입장객 예측과 입장료 결정, 내부의 여러 가지 수입 예측이 필요하다. 이 예측의 전제 조건에는 이벤트의 내용 등을 어떻게 완성할 것인가가 큰 요소가 되며, 거기에 덧붙여 홍보 방법이 결정적인 요소가 된다. 그러기 위해 조사 활동을 하고, 예측 모델을 만들어 참고하는 경우도 있지만, 이것은 대형 행사에만 국한되며 소형 행사는 느낌에 의해 좌우된다.

그러나 중요한 것은 예측 모델이 아무리 정밀하다고 해도 조건 여하에 따라서 달라질 수 있다는 점이다. 역으로 말하면, 조건을 바꾸기 위한 노력(예를 들면, 홍보 방법 중에서 구전과 SNS, 행사의 기발성 소구 등)으로 수치의 증대화를 도모하는 것도 가능하다. 단지 불가능한 방법과 공허한 탁상공론적인 방법은 실패를 초래할 수 있으므로 이는 철저히 경계해야 한다.

이벤트 기획의 프레임

일반적으로 이벤트 기획의 프레임은 기본 구상, 기본 계획, 실행 계획으로 구분되며 개요는 다음과 같다.

❇ **이벤트 기획의 프레임 개요**

1) **기본 구상**

2) **기본 계획**

① 내용과 운영 계획: 행사장 계획 및 설계, 조사, 예측, 유치 계획, 교통 · 운송 계획, 행사 계획, 운영 계획

② 광고 · 홍보 계획

③ 운영 · 예산 계획

3) **실행 계획**

이 프레임의 '조사, 예측'을 근거로 예산 계획과의 연계 등이 자주 강조된다. 그 관계는 다른 항목 사이에서도 진행된다. 또한 기본 구상이 모든 것의 시작이며 매우 중요한 위치를 차지하지만, 그것이 실행 계획 단계로 진행되는 과정에서 단번에 매력을 상실한 내용이 될 수도 있다. 적정 예산을 수립하고 비용 인식을 내용에 연결하는 것이 중요하지만 콘셉트를 구현한 내용이 매우 부족하다면 이벤트의 가치는 반감된다. 콘셉트를 예산 범위 안에서 개별 행사에 구현하는 것이 키포인트라고 할 수 있다.

이벤트를 계획하고 완성하는 프로세스도 중요하다. 이 단계에서 지역 주민이 여러 가지 형태로 참여하는 것은 이벤트의 취지와 이벤트의 성공을 위해서도 중요하다. 공감 창조는 이와 같은 준비 계획 단계에서 시작되는 것이다.

끝으로 이벤트 프로듀서에게 중요한 것은 단순히 이벤트를 개최하는 것이 아니고, 그 이전의 과정에서 '참가 대상들을 어떻게 참가시켜 결집할 것인가'라는 겉으로 드러나지는 않지만 중요한 측면을 계획 속에 포함한다는 인식을 결코 잊어서는 안 된다.

이 장에서는 다음과 같은 점을 포인트로 정리할 수 있다.

- 기획, 계획, 아이디어 각각의 관련을 명확히 인식하고 기획에 임하는 마음가 짐이 중요하다.

- 기획을 성공시키기 위해서는 그것에 임하는 '문제 해결 의식'이 없어서는 안 된다. 동시에 '객관적인 자세로 대응할 수 있는 지식과 기획 노하우'를 균형 있게 갖추고 있어야 한다.

- 기획에서 중요한 기본 사항은 목적, 목표의 설정과 조건 설정이다. 이것이 애매하면 실현성이 떨어질 수밖에 없다.

- 발상력은 기획을 뒷받침하는 중요한 요소이다. 또한 기획을 실현할 수 있는 설득력도 갖춰야 한다.

- 이벤트의 성공을 위해서는 기획과 조사 실행이 균형 있게 연결되어야 한다. 그중에서도 기획력이 '핵심'이다. 그것을 위한 실행 전문 조직을 구성하는 일 이 이벤트의 성패를 결정하는 포인트가 된다.

- 이벤트 기획의 요소 중에서 주최자의 의지와 목적, 목표(대상자를 명확히 한 상황에서)의 설정이 중요하다. 그것을 바탕으로 이벤트 콘셉트가 명확해지면 내용이 결정된다. 그다음 중요한 것은 그 실현성과 비용 집행의 문제이다.

- 끝으로 이벤트는 개최 시기뿐만이 아니라 사전과 사후에 대중들에게 '어떻게 공감을 끌어낼 것ㅁ이냐'는 공감 창조 계획이 중요하다. 홍보 계획도 그 일 환이라 할 수 있지만, 지역이벤트에서는 주민 참가의 기회를 준비 단계부터 어떻게 만들 것인가를 잊어서는 안 된다. 이는 겉으로 드러나지 않는 중요한 사항이다.

제2장
기획 아이디어의 포인트

 연구 포인트

고금동서(古今東西)를 통해 아이디어 발상법을 연구한 사람은 많다. 기업가는 돈을 버는 아이디어를, 과학자는 세기의 발명을 위해 얼마나 많은 도전을 거듭했겠는가. 이벤트의 세계도 마찬가지이다. 이벤트 사업에 종사하는 사람들도 틀림없이 좋은 아이디어를 내기 위해 밤낮으로 그 소재 찾기에 여념이 없을 것이다.

사실상 발상법의 노하우를 소개한 책은 수백 권이나 된다. 중요한 것은 자신에게 맞는 책을 발견하는 것이다. 아이디어라는 것은 그 사람의 라이프 스타일과 목적에 따라서 관점이 다를 것이고, 가치 기준과 판단도 각각 다르다. 그래서 이 장에서는 누구나 응용하기 쉽고 이해하기 쉬운 아이디어 발상법의 포인트와 구조를 소개한다.

1. 메모는 필수

우리 선조들의 발상법

삼상(三上)이란 우리 선조들이 생각이나 문장을 발상하는 가장 좋은 장소를 선정한 것으로 마상(馬上), 침상(枕上), 그리고 측상(厠上) 세 가지 장소가 최상이라는 것이다. 삼상에서 공통으로 나타나는 것은 고독이다. 다른 일에 번잡한 생각을 할 것도 없이 혼자서 생각할 수 있는 장소로서 더할 나위 없이 좋다.

삼상은 문장을 만들 때 한정되지 않고 아이디어를 발상할 때도 마찬가지이다. 마음의 번잡함을 버리고 어느 한 가지에 생각을 집중하고 있으면 번뜩 떠오르는 것이 있다. 이것은 본래 인간이 가진 본능적인 자질이다. 예를 들면, 프랑스의 유명한 조각가 로댕의 〈생각하는 사람〉은 턱을 괴고 있는 모습인데, 아이디어를 발상하고 있다는 느낌이 든다. 발상법은 동서양을 막론하고 똑같은 것 같다. 그렇긴 해도 〈생각하는 사람〉은 아이디어를 발상하고 있다기보다는 고뇌하고 있는 것처럼도 보인다. 이래서는 좋은 아이디어가 떠오르지 않는다. 아이디어는 커다란 우주 공간 속에 무한히 있다는 마음가짐을 가지고 어린아이와 같이 무심하게 열중하는 것이 포인트이다.

현대에 있어서 삼상이 주는 교훈

삼상을 현시점에서 생각해 보면, 마상은 전철이나 버스 등과 같은 교통수단이라고 할 수 있다. 필자는 출장 등으로 자주 KTX나 비행기를 이용하므로 이 교통수단도 추가하고 싶다. 이 속에서는 '군중 속의 고독'이라는 말이 있듯이 주위에 아무리 군중이 많이 있어도 신경 쓸 게 조금도 없다. 냉정하게 말하면, 전혀 모르는 사람들이기 때문에 그렇기도 하지만 군중에 둘러싸인 상태가 침묵의 벽으로 작용해 오히려 조용한 공간을 만들어 주기 때문이다. 그중에서도 전철은 어떤 일정한 리듬감 때문에 기분이 좋다. 앉으면 책을 읽거나 스마트폰으로 어학 공부도 할 수 있다. 몸을 움직일 수 없을 만큼 붐비는 만원 전철 안에서 소설의 구상이 떠오른다고 말한 작가도 있었다.

침상은 침대 위이다. 여기는 하루를 정리하는 곳이며 휴식의 공간이다. 자신이 좋아하는 잡지 등을 머리맡에 두고 읽고 싶은 대로 읽는 것도 즐거운 일이다. 또한 이곳은 하루의 일과를 반추하기도 하고 새로운 기획을 구상하기 위한 자신만의 연구실이기도 하다. 그래서 베갯머리에 공책과 필기구를 놓아 두는 것을 추천한다. 어떤 아이디어가 떠올랐을 때는 잊어버리기 전에 공책에 적어 놓는다. 평소 베갯머리에서 쓰고 있던 메모가 나중에는 엄청난 기획을 만드는 밑거름이 될 수 있다.

끝으로 측상이란 오늘날의 화장실이다. 예전에 어느 지역 유지의 집에 초대를 받아 화장실을 사용한 적이 있는데, 그 규모와 분위기에 깜짝 놀랐다. 화장실의 크기가 5평 규모나 되었다. 그 안에는 책장과 소파, 탁자가 있고 각종 신문과 주간 및 월간잡지 등이 비치되어 있었다. 이런 화려한 화장실을 꿈꿀 수는 없다 하더라도 최소한 메모지 정도는 놓아 두고 천천히 사색에 잠겨 보는 것도 좋을 것이다. 실제로 창조적인 작업에 종사하는 전문가들 중에는 화장실 안에서 중요한 구상을 하는 사람들이 많다. 집의 화장실에는 언제나 메모지와 필기구가 놓여 있다. 결론적으로 삼상이 주는 교훈에서 중요한 열쇠가 되는 것은 메모이다. 생각이 나면 무엇이나 메모하는 습관을 몸에 익혀 두는 것이 중요하다.

세 사람의 지혜

우리 속담에 "백지장도 맞들면 낫다"라는 말이 있다. 이렇듯 평범한 사람이라도 같이 모여 회의하면 좋은 생각이 떠오른다. 영어에도 "Two heads are better than one, even if the one's a sheep's"(두개의 머리는 하나의 머리보다 좋다. 가령 그 중의 하나가 양의 머리라고 하더라도)라는 속담이 있다. 이런 속담들을 아이디어 발상법으로 바꿔서 설명해 보자.

첫 번째로 혼자서 생각하는 아이디어는 능력의 한계도 있고 독선에 빠지기 쉽다. 개인이 가진 정보량은 한정되어 있어서 비교 검토할 때에 판단 착오를 범하기 쉽다. 그렇다면 두 명이 아이디어를 가지고 검토했을 경우 어떠한 일이 자주 발생할까. 만약 양자가 서로 자신의 아이디어만 내세우고 완고하게 양보하지 않는다면 결렬될 수밖에 없다. 그럴 때, 말 그대로 제3자가 있다면 어느 쪽 아이디어가 좋은지 판단해 준다. 이 경우 제3자는 자신의 아이디어도 피력하면서 판단하므로 균형 감각이 생긴다. 이런 의미에서 아이디어 회의 등의 최소 단위는 3명부터이다. 이 세 명은 서로가 상대방으로부터 자극을 받기도 하고 설득하기도 하는 최소 인원이다.

추리력과 창조력

추리의 의미를 사전에서 찾아보면 '사전에 알려진 것에서 새로운 지식을 미루어 결론짓는 것'이라고 쓰여 있다. 반면에 창조란 '새롭게 만드는 것, 새로운 것을 만들기 시작하는 것'이라 되어 있다.

전자의 추리를 이벤트에 적용해 설명해 보자. 예를 들면, 어느 지방박람회가 큰 성공을 거두었다고 가정하자. 행사 기간에 날씨도 나쁘고 평판도 좋지 않는데 성공했다고 한다. 왜 성공했을까? 그 원인이 무엇인지를 제3자가 마치 명탐정처럼 입장객들을 대상으로 설문조사도 하고, 박람회 주최자에게서 의견도 들으면서 자기 나름대로 성공 요인을 추리해서 결론을 도출해 가는 방법이 추리이다.

반면 박람회를 예로 들어 창조를 설명하면 창조란 박람회를 위해 새로운 아이디어와 콘셉트를 창출하여 내용(사물)을 가치 있는 것으로 의도적으로 표현하는 것이다. 일본의 저명한 이벤트 플래너인 다카하시 미찌요시(高橋由良)는 그의 저서 《기획을 창출하는 사전》에서 기획 창조력의 필수 조건으로 다음의 9개 항목을 제시하고 있다.

❋ **기획 창조력의 필수 조건**
　① **미래 상정 능력:** '기획한 것이 실현되었을 때 조직과 환경 속에서 어떻게 받아들여질 것인가'라는 선견 능력
　② **지식력:** 기획 주변의 광범위한 지식, 전문지식, 다양한 인맥에서 나오는 지식, 정보 수집력
　③ **자기 객체화 능력:** 자신의 기획 능력을 자기 스스로 체크하는 능력
　④ **감수성:** 자극을 받아들여 느끼는 성질이나 성향
　⑤ **가설력:** 어떤 사실을 설명하려고 임시로 이론을 세우는 능력
　⑥ **이미지네이션:** 풍부한 상상력과 형상화할 수 있는 능력
　⑦ **주체성:** 현 상황과 기존 개념에 좌우되지 않거나 답습하지 않는 성향
　⑧ **부감(府瞰), 조감(鳥瞰):** 전체를 파악하고 떠올려볼 수 있는 능력
　⑨ **집념:** 한 번 시작하면 끝장을 보는 능력

[그림 2-1] 기획 창조력의 필수 조건

2. 아이디어의 추출

기존 개념의 탈피

이벤트를 몇 번 하다 보면 이벤트에 대한 고정관념이 생겨 응용성과 융통성이 없어져 버리는 사람이 있다. 말하자면 이벤트에 대해 매너리즘에 빠지는 것인데, 이것은 결코 바람직하지 않다. 이벤트는 살아 있는 것이다. 따라서 그때그때의 사회 정세와 시대의 흐름에 따라 변화하며, 다양한 대중들의 가치관과 기호에 대응하는 이벤트 계획을 세우지 않으면 안 된다.

[표 2–1] 우수한 이벤트 플래너란?

(경험 + 시대를 직관하는 깊이 + 정보량) × 문제의식

과거 기존 개념을 완전히 버리지 않고 기획을 해서 완성된 이벤트는 그야말로 진부한 이벤트가 되어 버릴 것이다. 기획에서 주의해야 할 또 다른 점은 아무리 평판이 좋았다고 해도 안이하게 과거의 기획을 복제하거나 다른 사람의 기획을 모방해서는 안 된다. 이벤트 아이디어는 신선함과 독창성이 생명이다.

지식과 아이디어

지식이란 사물에 관한 명확한 의식이며, 지식인이란 그것을 가진 사람을 의미한다. 그것들은 책을 읽거나, 사람들에게서 이야기를 듣거나, 여러 가지 체험에서 얻을 수 있다. 이러한 경험에서 얻어진 지식은 언어적·개념적 정보로서 좌뇌에 저장된다고 한다. 그렇다면 아이디어란 무엇인가? 그것은 지식을 바탕으로 한 새로운 발상의 조합이며 우뇌라고 하는 스크린에 회화적인 비주얼로 떠오른다.

좋은 아이디어를 내기 어려운 사람은 스크린에 그림을 그리는 것이 서툰 사람일 것이다. 이런 사람은 주로 사물을 논리적으로 생각하고 남에게 설명하는 경우 조리 있게 이야기하는 사람이 많다. 즉 좌뇌 발상 타입의 인간이다.

이에 비해 아이디어맨이라고 불리는 사람은 주로 직감적이고 번뜩이는 인간이다. 단 우뇌라고 하는 스크린에 비친 이미지를 논리적으로 설명하는 것에 서툰 사람이 많다. 이와 같은 사람을 우뇌 발상 타입의 인간이라고 한다.

기획자는 우뇌와 좌뇌의 균형 감각이 있는 사람이 바람직하다. 우뇌와 좌뇌를 균형 있게 연마시키려면 스스로 시를 쓰기도 하고, 영화를 보거나 그림을 그리는 등의 활동으로 우뇌에 자극을 부여하고, 가능한 많은 책을 읽어 그 내용을 사람들에게 설명하면서 좌뇌를 활성화하는 방법이 있다.

상상과 연상

국어 사전식으로 말하면 '상상'이란 실제로 보거나 정확하게 들은 적도 없는 사물에 대해서 아마 이러할 거라고 머릿속으로 생각하는 것을 말한다. 반면 '연상'이란 어느 한 가지 사물을 보고 듣거나 생각할 때 그것의 어떠한 점에 관련되는 사물과 생각이 떠오르는 것이다. 이것을 게임식으로 말하면 사과를 모르는 사람에게 빨갛고, 동그랗고, 고무공 정도의 크기인 과일이라고 설명하고 그것을 알아맞히게 하는 것이 상상 게임이라면, 사과를 알고 있는 사람에게 그것을 보여 주고(혹은 들려 주고) 사과에서 빨간 볼(얼굴)과 주산지인 청송을 생각나게 하는 것이 연상 게임이다. 이 연상 게임을 교육에 활용하고 있는 초등학교도 있는 것 같다. '바다'라는 단어를 보여 주고 '항구-배-선장-생선-낚시' 순서로 연상시켜 그것이 어업이라는 산업으로 이어지도록 학생들을 이해시키는 것이다. [그림 2-2]와 같은 재미있는 연상 게임도 있다.

[그림 2-2] **연상 게임의 예**

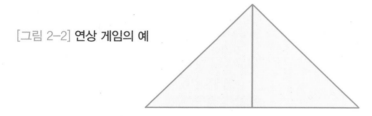

이런 도형을 보여준 뒤 이것에서 무엇이 연상되는지 대답하게 한다.

해답의 예로 텐트, 요트의 돛, 피라미드, UFO, 새의 부리, 미끄럼틀 등과 같이 답은 끝이 없다.

아이디어 발상법 훈련에 독자들도 도전해 보기 바란다. 미국의 유명한 광고회사 BBDO의 전 부사장으로 집단사고법을 개발한 알렉스 오즈본(Alex Osborn)은 아이디어를 발상하는 조건으로 다음과 같은 체크 리스트를 제시했다.

체크 리스트 항목만을 예를 들면 다음과 같다.

✳ 아이디어의 체크 리스트 항목

① 다른 사용 방도는 없는가   ② 다른 아이디어를 빌릴 수는 없는가

③ 확대하면 어떨 것인가   ④ 축소하면 어떨 것인가

⑤ 바꾸면 어떨 것인가   ⑥ 대용하면 어떨 것인가

⑦ 교체하면 어떨 것인가   ⑧ 반대로 해보면 어떨 것인가

⑨ 조합해 보면 어떨 것인가

이상 아홉 가지이다. 이 중에서 몇 가지 항목을 응용하여 이벤트의 시뮬레이션을 해보기로 하자. 예를 들어, ③ '확대하면 어떨 것인가'와 ④ '축소하면 어떨 것인가'는 [표 2-2]와 같은 발상의 과정을 겪으며 이벤트가 명확해진다. 독자들도 체크 리스트 속에서 적당한 번호를 선택하여 이벤트를 만들어 보기 바란다.

[표 2-2] ③과 ④에 대한 시뮬레이션

3. 아이디어는 새로운 조합

정보 수집 방법

아이디어를 발상하기 위해서는 그 바탕이 되는 깊은 지식과 풍부한 경험이 필요하다는 것은 앞에서도 이야기했다. 그것을 위해 우선 밖으로 나와서 백화점 행사, 대학 축제, 지역 축제, 전시회, 지방 박람회 등 여러 가지 이벤트를 답사하며 많이

보는 것이 중요하다. 이벤트 시대라고 말하는 오늘날은 언제, 어느 곳에 가더라도 백화점·대기업 등이 주최하는 기업이벤트와 지자체가 주최하는 지역이벤트 등 다양한 이벤트를 볼 수 있다. 이것들은 그저 막연히 볼 게 아니라 무엇을 보고 싶은가, 어떤 점을 주의해 보면 자신에게 도움이 될 것인가를 체크하면서 살펴보는 게 중요하다.

어떤 이벤트가 인기가 있었는가, 여성 관람객은 눈에 띄었는가, 시설은 어떤가, 동선 배치는 원활하게 배려되었는가, 화장실은 청결한가, 서비스는 좋았는가 등 자기 나름대로 체크 리스트를 만들어서 관찰한다. 이는 이벤트 계획 수립 시 반드시 도움이 될 것이다. 이처럼 발로 뛰어서 얻을 수 있는 정보 외에 이벤트 관련 인터넷 포털과 신문이나 잡지의 이벤트 정보란, 구글의 뉴스 키워드 설정 등에도 세심한 관심을 기울여 필요하다면 스크랩하고 정보별로 정리해 두는 것이 편리하다.

일본의 저명한 기획컨설턴트인 지적소프트웨어연구소 와다 조우(和田創) 소장은 정보원의 종류와 특성을 인적, 도시, 매체, 축적 등 네 가지로 설정하고 있다. 이것을 정리하면 [표 2-3]과 같다.

[표 2-3] 정보원의 종류와 특성

종류 / 특성	인적 정보			도시 정보			매체 정보						축적 정보		
	가족·친구	상사·동료·부하	스태프·브레인	거리	백화점	번화가	신문	잡지	전문지·업계지	서적	전파매체	온라인·SNS	도서관	기업자료실	데이터베이스
정보의 질 신선도	○	○	○	◎	◎	◎	○	※	※	△	○	◎	△	△	※
객관성	※	※	※	※	※	※	◎	○	◎	※	◎	△	○	○	○
망라성	△	△	△	△	△	△	○	△	○	◎	△	○	◎	○	◎
독점성	◎	◎	◎	○	○	○	△	△	○	△	△	△	△	◎	◎
가공도	△	△	△	△	△	△	○	○	◎	◎	○	△	◎	◎	◎
직결성	○	○	◎	※	※	※	○	○	○	○	○	○	○	◎	◎
활용에 편리 친밀함	◎	◎	◎	○	○	○	○	○	○	○	○	○	○	○	△
간편성	◎	◎	◎	△	△	△	◎	◎	◎	◎	◎	◎	○	○	◎
경제성	◎	◎	○	◎	◎	◎	○	○	○	※	◎	◎	◎	○	△
보존성	△	△	△	△	△	△	○	○	○	◎	△	△	※	※	※

◎높음, ○약간 높음, △낮음, ※경우에 따라 다름

자료: 저자 재작성, 和田創, 『和田創の企画力養成講座―販売促進のための企画の立て方·企画書のまとめ方』(1996) 참고

과학적 사고에 의한 방법

인간의 두뇌는 계획·판단·창조를 담당하는 전두엽(前頭葉), 기억과 정서를 담당하는 측두엽, 사물의 위치·모양·운동 상태를 분석하는 후두엽, 보고 들은 정보를 종합하는 두정엽(頭頂葉)으로 나누어져 있다. 이 중에서 특히 전두엽은 훈련하면 노화되지 않는다고 한다. 아이디어 발상은 이 전두엽을 얼마나 훈련하는가에 따라 좌우된다. 아이디어의 과학적 발상 기법은 100가지 이상이나 있지만, 일본의 발상법 전문가 창조개발연구소 다카하시 마코토(高橋誠) 소장은 그의 저서《創造力 辭典(창조력사전)》(1993)에서 크게 네 가지로 구분하고 있다. 이 네 가지 기법의 하나인 발산 기법을 예로 들은 집단사고(브레인스토밍법)에 관해서는 뒤에서 별도로 설명하기로 한다.

※ 아이디어의 과학적 발상 기법(다카하시 마코토의 견해)
　① **발산 기법:** 발산 사고를 사용해 사실과 아이디어를 내기 위한 사고법. 집단사고와 체크리스트법, NM법 등이 있다.
　② **수렴 기법:** 발산 사고로 끌어낸 사실과 아이디어를 정리하는 방법. KJ법, 특성요인도, 각종 분류 등이 있다.
　③ **태도 기법:** 주로 창조적 태도를 양성하기 위한 기법. 최면, 카운셀링, 롤 프레이닝 등
　④ **통합 기법:** 발산 사고와 수렴 사고를 반복하는 것에 포인트를 두는 기법. 하이브리드(hybrid)법, 워크디자인법 등이 있다.

창조적인 아이디어 발상

창조적인 아이디어를 내는 방법에는 수많은 기법이 있지만, 여기서는 이벤트 기획 실무에 가장 많이 쓰이며 활용하기 쉬운 대표적인 기법을 소개한다. 주요 창조적 아이디어 기법의 특징을 [표 2-4]와 같이 정리해 제시했다.

[표 2-4] 주요 창조적 아이디어 기법의 특징

대분류		발상기법						수렴기법
소분류		자유연상법		강제연상법		유추발상법		공간형법
기법명		브레인스토밍법	브레인라이팅법	체크리스트법	메트릭스법	시네틱스법	NM법	KJ법
대상	일반 직원층					○	○	
	모든 계층	○	○	○	○			○
주체	집 단	○	○		○			
	개인·집단			○			○	○
적용단계	과제 해결 시				○	○		
	전 단계	○	○	○				○
적용분야	연구기술					○		
	전 직종	○	○	○	○		○	○

1) 제임스 W. 영의 아이디어 발상기법

미국의 유명 광고대행사 JW톰슨의 전 상임 최고 고문으로 미국 광고대행업계의 회장 등을 역임한 제임스 W. 영(James W. Young)은 아이디어를 발상하는 방법으로 다음의 5단계를 제시했다.

※ 아이디어를 만드는 5단계

제1단계: 자료 수집 단계. 당면한 과제를 해결하기 위해 관련 자료와 일반적 지식을 끊임없이 축적한다.

제2단계: 자신의 내면에서 수집한 자료와 지식을 소화하는 단계.

제3단계: 부화 단계. 여기에서는 자신의 의식 밖에서 무엇인가를 자기 스스로 조합하는 일을 하는 대로 맡겨 둔다.(문제를 싹 잊어버리는 단계)

제4단계: 아이디어가 실제로 탄생(이거였던가! 알았다! 발견했다)하는 단계.

제5단계: 현실의 유효성에 일치시키기 위해 최종적으로 아이디어를 구체화하여 전개하는 단계.

이 5단계는 좋은 아이디어를 발견하기 위한 중요한 과정이지만, 특히 제3단계의 부화 단계는 머릿속에 주입해야만 한다. 여기에서는 조합이 키워드인데, 일본의 저명한 과학평론가인 도비오카 켄(飛岡健)이 40년 전에 이질적인 것을 조합하는 새로운 기법으로 '하이브리드(hybrid)사고'라고 명칭한 발상법을 공개해서 화제가 되었다.

하이브리드(hybrid)는 영어로 '잡종'이나 '혼성물'을 의미하지만 이 사고법은 이질적인 것의 조합 외에도 두 가지를 분석해 장단점을 밝혀내기도 하고, 장단점을 연결하기도 하며, 단점을 장점으로 바꿀 수 없는가를 생각하는 등 어찌됐든 유기적인 결합을 목표하는 것이라고 말하고 있다. 스마트폰과 드론, 가상현실, IOT, 휴먼로봇, 자율주행 등의 신제품과 과학기술이 계속해서 개발되고 있는데, 이것들도 하이브리드 사고의 산물이라고 할 수 있다.

2) 홀리겔(Holliger)의 브레인라이팅(BW)기법

브레인라이팅기법(Brain Writing, 이하 BW기법)은 독일의 형태분석 기법전문가 홀리겔이 미국에서 개발된 브레인스토밍(BS)기법에서 힌트를 얻어 개발했다. 독일에서는 보급률이 60퍼센트를 넘고 있어 BS에 이어 인기가 높은 기법이다.(다카하시 마코토,《創造力辭典(창조력 사전)》, 1993)

❇ 특징

BW기법은 처음에는 6 · 3 · 5법이라고 불렸다. 이것은 BW법의 특징과 포인트를 잘 정리한 명칭이라 할 수 있다.

6…6명의 참가자가

3…각자 3가지의 아이디어를

5…5분마다 차례차례 생각해 간다라는 것이다.

이 BW기법의 최대 특징은 '침묵의 브레인스토밍'이라는 별명으로 알 수 있듯이 한 사람 한 사람이 침묵하면서 진행하는 데 있다. 집단사고 속에 개인사고의 장점을 최대한 살린 기법이며, 침묵사고와 개인사고의 장점을 살린 집단사고법이다.

3) 매트릭스(Matrix)기법

매트릭스 사고는 요약하면 '복잡한 다차원의 세계로 나타나는 현상을 행과 열을 갖춘 매트릭스라는 네트워크로 파악하고, 그것에 의해 여러 가지 요소의 상호관계를 파악하여

문제를 해결하는 사고법'이다.(다카하시 마코토,《創造力 辭典(창조력 사전)》, 1993)

✼ 특징

매트릭스기법은 가로·세로의 각 변수를 추출하여 그 변수마다 요소를 추출하고 그
것들을 조합하여 현상을 분석하거나 새로운 아이디어를 발상하는 데에 활용한다.

4) 나카야마 마사카즈의 NM기법

NM기법은 (주)창조공학연구소 소장인 나카야마 마사카즈가 1965년경에 개발한 유추기
법으로 개발자 이름의 머리글자가 기법의 명칭이 되었다. 나카야마 마사카즈는 NM기
법 탄생의 배경을 "NM기법은 마카로 피츠의 '뉴론형식 모델'을 근거로 '두뇌의 움직임을
기능적으로 컴퓨터에 옮겨 놓으면 어떻게 될까'라는 의문을 갖고 HBC(Human Brain
Computer)를 생각하여, 거기서부터 직관과 분석의 관계를 가설로 끌어냈다"라고 설명
했다. 창안자는 이 기법을 창안하면서 시네틱스를 힌트로 했다고 하지만, 단계의 완성도
는 NM기법이 높다고 할 수 있다.(다카하시 마코토,《創造力 辭典(창조력 사전)》, 1993)

✼ 특징

NM기법은 이것에 의해 문제를 해결하기보다 이것을 활용함으로써 무의식과 이미지
우선의 기억계인 오른쪽 두뇌를 먼저 기능하게 하기 위한 매뉴얼이라고 인식하는 것이
바람직하다고 창안자는 말한다. 즉, 문제를 해결할 때 NM기법의 순서대로 하는 것이
아니라, NM기법을 실습하고 있으면 자동으로 아이디어가 나오도록 두뇌가 움직인다
는 것이다.

5) 카와기다 지로의 KJ기법

KJ기법은 일본에서 개발된 창조기법 중에서 가장 유명하다. 이 기법은 문화인류학자인
카와기다가 현지조사 결과를 정리하기 위해 개발한 기법이며, KJ기법이라는 명칭은 개
발자의 이름에서 따온 것이다. (다카하시 마코토,《創造力 辭典(창조력 사전)》, 1993)

✼ 특징

KJ기법은 개인, 집단, 조직을 불문하고 인간이 미지의 문제를 해결하기 위해 꾸준히
과정에 대해 질문한다는 관점에서 출발했다. 그 과정은 모델적으로는 ① 판단 ② 결

단 ③ 집행으로 이루어진다. 그것을 좀 더 상세히 한 W형 문제 해결모델(약칭 W해결)을 기본적으로 활용한다. 그것은 문제 해결 과정을 사고수준과 경험수준 사이에서 W형으로 진행하는 것으로 한다. 그런데 과거 문명은 집행 과정의 여러 방법을 고도로 발달시켰지만 판단과정에 대해서는 거의 발전시키지 못했다. 특히 정량적(定量的) 정보 처리보다 정성적(定性的) 정보종합화 방법은 거의 백지상태였다. KJ기법은 그 공백을 메우고자 하는 시도이다.

4. 브레인스토밍(Brain Storming) 방법

브레인스토밍이란

이 기법은 앞에서 서술한 알렉스 오즈본에 의해서 1939년에 개발된 집단사고 기법이다. 이것은 참가자가 상식적인 사고를 떠나서 자유롭게 서로 아이디어를 내는 방법이다. 이 집단사고에는 네 가지의 룰이 있다.

※ **집단사고의 네 가지 룰**

① **비판 엄금:** 참가자의 아이디어가 전부 나오기 전까지 비판은 엄금한다.

② **자유분방:** 기발하고 비현실적인 생각이어도 좋다. 다소의 결점은 된다.

③ **질보다 양:** 아이디어의 양이 많다는 것은 질을 창출한다. 그러므로 질을 생각하기보다 많은 양을 제시하게 한다.

④ **결합 개선:** 타인의 아이디어에 편승하는 것은 대환영. 제시된 제안에 별도의 아이디어를 결합하거나 조금 보완하게 되면 새로운 아이디어가 된다.

브레인스토밍과 퍼스널 브레인스토밍

브레인스토밍의 진행 순서는 다음과 같다.

※ **브레인스토밍의 진행 순서**

① 리더와 기록원(1~2명)을 결정한다.

② 커다란 백지(칠판이나 보드도 좋다)를 준비해 모든 참가자가 잘 보이는 곳에 붙인다. 이 종이에 참가자의 의견을 매직으로 계속 써 나간다.

③ 참가 멤버는 10명 내외가 좋다.

④ 리더는 참가자에게 규칙과 의도, 주제 등을 설명하고 발언할 때는 손을 들도록 지시한다.

⑤ 리더는 손을 든 사람을 지명하고, 기록원은 그것을 계속 종이에 기록해 간다. 이때 비판자는 리더가 주의를 준다. 한 가지 더, 제안 순서에 따라 번호를 붙여 두면 정리하기 쉽다.

⑥ 참가자에게서 아이디어가 더 나오지 않으면 쓰여진 제안을 다시 읽기도 하고 힌트를 내면서 자극을 준다.

⑦ 시간을 많이 들인다고 해서 좋은 아이디어가 나오는 것이 아니므로 리더의 판단에 따라 휴식하거나 종료하도록 한다.

⑧ 제출된 아이디어를 ○, △, × 표시로 실시 가능한 제안을 평가하고, 그것들을 가능한 같은 것끼리 모아서 정리한다.

이 밖에도 같은 주제로 몇 번이고 회의를 하고 천천히 아이디어를 결집해 가는 것과, 같은 참가자만이 아닌 다른 참가자에게도 같은 주제를 토론해 보도록 하는 것도 좋은 결과를 낳을 수 있다.

혼자서 이벤트 기획을 수립해야 할 때는 집단사고와 같은 요령으로 시도해 보면 좋을 것이다. 이것을 퍼스널(또는 솔로) 집단사고라고 한다. 단, 혼자서 할 경우에는 곁에 이벤트 관련 정보와 앞에서 서술한 신문이나 잡지의 정보란 등에서 발췌한 기사 등을 놓아두면 도움이 된다. 또한 머리의 긴장을 풀기 위해서 만화나 잡지 등을 가끔 보면서 쉬는 것도 재충전을 위한 윤활유가 된다. 필자는 머리를 마음껏 해방시키고 싶을 때는 소량의 알코올을 섭취하는 것도 좋다고 권유한다. 이렇게 하면 질이야 어찌 됐든 많은 양의 아이디어가 나오게 된다.

브레인스토밍 사례

어떤 지역 이벤트를 가정해서 생각해 보자. 가령 이 지역에 외국인이 많이 산다고 할 때, 그들과의 교류를 도모할 수 있는 이벤트를 기획하려면 어떻게 해야 할 지 궁리하고 있는 지자체로부터 의뢰를 받았다고 가정하고 집단사고를 해보자.

참가자 수:　**리　더** 1명

　　　　　　기록원 1명

　　　　　　참가자 8명

　　　　　　으로 총 10명이다.

리더가 집단사고에서의 주의사항(네 가지 원칙)을 제시하고 주제의 핵심을 설명한다(기록원, 기록 준비).

리더: "자! 지금부터 브레인스토밍을 실시하도록 하겠습니다. 시간은 20분입니다. 많은 제안 부탁드립니다."

집단사고의 결과 1인 평균 두 가지 이상의 제안이 나왔다. 회의 중에 리더가 참가자들에게 힌트를 제공하여 취합한 결과를 장르별로 정리하면 [표 2-5]와 같다.

[표 2-5] **장르별 추출 아이디어**

아이디어 장르	아이디어	비고
문화교실형	영어회화 교실, 김치 교실, 요리 교실	
스포츠 참가형	마라톤 대회, 각종 스포츠 교류	
파티 참가형	불고기·갈비 파티, 댄스파티·가면무도회 외국 전통무용 파티	
GLOBAL	국제 교류 심포지엄, 어머니 대사(大使), 국제친선 청년의 만남, 자매결연 도시	
기 타	외국인 민속경연대회, 한국어 경연대회	

1단계에서는 이와 같이 분류할 수 있다. 여기에서 조금 독특한 외국 전통무용 파티를 부각하여 스포츠이벤트인 마라톤 대회를 추가하면 지역 주민과 외국인의 교류이벤트가 만들어질 것이다. 그러나 이것만으로는 아직 불충분하다.

2단계로 예를 들어 보자. 막연한 제안인 '스포츠 교류'를 새로운 주제로 하여 좀 더 집단사고를 실시하면 더욱 신선한 아이디어가 나올 것이다. 이처럼 전개한 다음, 기획안으로서 정리하는 것이 집단사고의 요령이다. 표를 만든 다음에 리더가 ○, △, × 표를 붙인다면 참가자 전원이 이해하기 쉬울 것이다.

이 장에서는 다음과 같은 점을 포인트로 정리할 수 있다.

● 이 장에서는 아이디어 발상이란 무엇인가, 우리 선조들은 어떤 곳에서 생각
을 정리했는가, 아이디어 발상 프로세스에서 중요한 것은 무엇인가 등에 대
해 생각해 보았다. 삼상의 교훈을 현대 시점에 맞추어 독자들도 실행해 보기
바란다.

● 아이디어를 내는 경우 머릿속에서 언어가 정리되어 있는가(추리력과 창조력,
지식과 아이디어, 창조와 연상 등). 또한 아이디어 발상 전문가들은 어떤 방
법으로 표현했는가(외국사례 소개).

● 아이디어는 어려운 것이 아니며 누구라도 가벼운 마음으로 제안할 수 있다.
하지만 눈길을 끌 수 있는 뛰어난 아이디어를 내려면 무엇보다도 평소의 노
력(정보의 수집, 경험의 축적 등)이 중요하다.

● 결론적으로 아이디어 발상법의 여러 가지 기법들 중에서 현재 가장 대중적이
며 자주 사용되고 있는 집단사고의 기법에 대해 알아보았다. 집단사고의 4가
지 룰과 진행 순서 등을 실제로 실시해본 뒤 검증해 보기 바란다.

● 집단사고에서 나온 아이디어 중에서 실현 가능한 아이디어를 추출하여 실제
기획으로 실행에 옮기는 작업을 해보길 바란다. 그것이 가능할 때 비로소 집
단사고의 성과가 나오는 것이다.

제3장
이벤트 기획 방법

연구 포인트

이벤트 기획 방법의 기본은 어렵게 모은 정보를 여러 조건에 따라 정리하고, 아이디어를 검토하며, 연출 기법을 연구하여 그것을 조화가 된 하나의 기획으로 완성하는 데 있다. 그것은 마치 작곡가가 작곡하듯이 악센트를 붙이고 리듬감을 느끼게 해야 한다. 그저 장난으로 악보에 음악부호를 그린다고 해서 그것을 음악이라고 하지는 않을 것이다. 거기에는 약속과 원칙이 존재할 것이며, 깊은 지식과 경험에 의한 근거를 제시하며, 아티스트로서의 번뜩이는 감각 등도 첨가되어야 할 것이다. 기획하는 방법도 작곡하는 것과 매우 흡사하다. 경험과 지식이 부족하거나 번뜩이는 감각이 둔해서는 좋은 기획을 할 수 없다.

이 장에서는 이벤트를 기획하는 데 간단한 원칙과 방법을 배우기로 한다. 이벤트의 출발점은 기획에 있다. 독자 여러분이 기획할 수 있는 이벤트는 무한하다. 그러나 아무리 멋진 아이디어를 가지고 있어도 거기에 어떤 의미가 있고, 어떤 목적이 있으며, 어떤 효과가 있는지 정확한 기획으로 완성하여 주최자에게 설명하지 않으면 소용이 없다. 여기서는 주최자를 이해시킬 수 있는 기획을 하는 방법에 대한 전체 윤곽을 익혀 주기 바란다.

1. 이벤트에도 핵심이 있다

이벤트 분야에서 기획이란

이벤트에서 기획이란 집짓기에서 디자인 설계와 마찬가지이다. 여기에는 조사, 분석, 가설, 예측이 필요조건이다. 뜬구름 잡는 아이디어로는 안 된다. 기획이란 어디까지나 실현성을 근거로 한 도상연습(圖上演習)이다.

이벤트의 목적과 대상

이벤트 실무자들이 자기 자신도 잊은 채 일에 몰두하는 것을 보면 이벤트가 어떤 마력을 갖고 있는지 알 수 있다. 정신없이 열중하는 것은 좋다. 단지 너무 몰두하여 이벤트 본래의 목적을 잊어버리는 것은 안타까운 일이다. 이벤트에는 반드시 어떤 목적이 있다. 판매 촉진을 위한 것이든, 지역 주민의 교류를 촉진하기 위한 것이든, 경제의 활성화를 도모하기 위한 것이든 이벤트는 무엇인가를 실현하기 위한 수단이지 목적이 아니다. 그럼 목적이라는 말이 나온 김에 기획서에 자주 사용되는 타깃이라는 용어에 관해서 언급하기로 한다.

타깃이란 사격과 화살의 과녁이다. 이벤트 기획을 수립할 때 이 타깃이 명확하지 않고, 떠오른 아이디어를 나열하는 정도의 기획은 결코 바람직하지 않다. 무엇을 기획의 중심 타깃으로 할 것인가를 먼저 생각해야 한다. 필자는 이것을 이벤트의 핵심이라고 부르고 싶다. 이벤트의 종류가 많은 경우는 우선 메인 이벤트를 설정하고, 그 외의 것은 서브 이벤트로서 위치 설정하는 것이 중요하다. 여러 개의 이벤트를 같은 수준의 비중으로 취급하면 초점이 희석되어 참가자들은 쉽게 지루함을 느낄 것이다.

기획을 정리하기 위한 6W2H 법

기획을 할 경우 이론상으로는 잘 알고 있어도 중요한 항목을 누락해서 당황할 때가 있다. 이와 같은 실수를 하지 않기 위해서 [표 3-1]과 같은 체크 리스트 표를 갖고 있으면 체계적인 계획을 만들 수 있다. 기획에 임해서 기획자가 특히 유의해야 할 것은 표 안에 있는 왜(Why)이다. 이벤트 주최자가 왜 이벤트를 실시하고 싶어하는지 그 이유와 목적을 충분히 듣고 이해한 뒤에 기획을 수립하기로 하자.

[표 3-1] 6W2H 이벤트 기획 체크 리스트

구 분	검토 항목
Why(왜)	목적·목표, 콘셉트
When(언제)	계절 특성(춘, 하, 추, 동) 시간 특성(아침, 낮, 밤) 기간(몇 개월, 일주일, 1회 등)
Where(어디서)	지역 특성(도심, 교외, 바다, 산 등) 행사장 특성(야외, 실내)
Who(누가)	주최자, 후원 단체
Whom(누구에게)	연령대별 특성(청소년 주체, 가족 주체 등), 성별, 학력, 소득 등
What(무엇을)	이벤트의 내용(주제, 프로그램 내용 등)
How(어떻게)	연출 방법
How much(얼마에)	행사 예산
비 고	• 우천과 사고에 대한 대비책의 검토 • 사전, 기간 중, 사후의 홍보 및 광고 방법 • 초청 및 유치 인원수, 매출의 예측, 문의처의 명확화

특성 요인 분석 브리프의 응용

이벤트를 기획할 때 일반적으로 특성 요인을 분석하여 응용하는 기법은 무척 다양하다. 하지만 여기에서는 이벤트 기획 실무에 가장 적합한 기법을 소개한다. 그동안 이벤트 기획 실무를 하면서 여러 가지 분석 기법에 대해 연구하던 중 세계적인 광고회사 사치 앤 사치의 광고 전략 모델인 'The Brief'를 근거로 필자가 고안한 '이벤트 프로듀스 브리프'를 [표 3-2]와 같이 제시한다.

이벤트 기획을 수립할 때 이 브리프를 응용하면 이벤트 특성 요인에 대해 이벤트 주최자와 전문 스태프들에게 명확하고 합리적이며 쉽게 설명할 수 있을 것이다. '이벤트 프로듀스 브리프'를 활용하여 브레인스토밍 기법으로 요점을 기획팀(또는 솔로 브레인스토밍)이 체크해야 한다. 빠진 요소가 없는지 점검하는 것이다.

이처럼 정리된 '이벤트 프로듀스 브리프'로 기획을 검토한다면 서로가 이해하기 쉽고 탁월한 기획 내용이 나올 수 있을 것이다.

[표 3-2] 이벤트 프로듀스 브리프

제작 NO.	광고주 / Client	담당 / PD
이벤트명	보고일 / Review Day	광고주 제시일

• 이벤트의 주요 특성 (물리적, 감성적 특성) / Key Characteristics of The Event

• 시장 상황, 문제점, 기회 / Market Problems & Opportunities

• 목표 집단 / Target Audience Profile (Demographic, Lifestyle, Attitude 등)

• 이벤트의 성취 목표 / What is This Event Intended to Achieve

• 주 소구점 및 근거 / The Single-Minded Proposition

• 바람직한 이벤트 이미지 / Desired Event Personality

• 실시 시기 및 활용 매체 / Suggested Media & Timing

• 필수 요구사항 (참고 · 관련 자료 등) / Mandatory Inclusions	구분	담당	팀장	임원
	기획			
	제작			

2. 기획 구상의 정리 기법

기획의 의외성

이벤트에는 의외성이 필요한데, 핵심 요소와 전개 요소를 어떻게 연결할 것인가를 자기 나름대로 스토리를 조합해 보는 것도 즐거운 두뇌 플레이가 될 것이다. 기획 구상을 정리하는 기법으로 기·승·전·결에 의한 구성 기법을 들 수 있다.

기·승·전·결은 중국의 한시(漢詩)에서 유래된 말로 문장에서 절(絕)과 구(句)를 만드는 방법으로, 일구(一句)에서 말하기 시작한 사항(起)을 이구(二句)에서 전개(承)하고, 삼구(三句)에서 전환(轉)한 다음, 사구(四句)에서 정리하는(結) 구성법이다. 요리와 비교한다면 '입맛이 당기는' 것이 기(起)라고 한다면 '맛있는 요리'는 결(結)이다. 승(承)과 전(轉)은 요리 방법, 즉 맛내기이다. 맛내기에 따라 진미가 되기도 하고 별미가 되기도 하는 것이다.

이벤트도 승·전이 키포인트이다. 이벤트를 기·승·전·결의 구성법으로 만든다는 것은 핵심 요소에 의외성(승, 전)을 첨가하는 것이다. 하지만 그저 해프닝으로 대중을 놀라게 하는 것만으로는 머릿속만 혼란케하고 곤혹스러울 뿐이다. 무엇보다도 거기에는 대중들을 이해시킬 수 있는 스토리성과 정합성이 필요하다.

스토리성과 정합성

스토리성이란 기·승·전·결을 근거로 한 이야기로 되어 있는 것이다. 달리 말하면 이야기의 줄거리가 평탄하게 진행되는 것이 아니고, 드라마틱한 전개로 구성되는 것이다. 사람의 마음을 뒤흔드는 감동과 경이를 구현하는 구성으로 이루어져야 한다. "이것은 스토리성이 있는 이벤트로군요"라고 말할 때는 그런 의미를 포함하고 있는 것이다.

반면 정합성은 '유연성이 있는가'라는 것이다. 이벤트에 아무리 스토리성이 있어도 내용이 중복되거나 무대 배경이 엉터리라면 안 될 것이다. 또 잡탕찌개처럼 생각나는 아이디어를 모두 기획 속에 포함하는 것은 정합성 있는 이벤트라고 할 수 없다. 정합성을 국어사전에서 찾아보면 '앞뒤가 일치하며 정확히 맞아 있는 것 또는 맞추는 것'이라고 쓰여 있다. 다시 말해, 앞뒤가 모순되지 않고 질서정연한 상태를 말한다. 축제나 박람회 등의 행사장 설치 운영과 배치도를 보면 그 행사장에서 개최하는 이벤트의 내용은 물론 공간 배치(Zoning) 등도 질서정연한지 파악할 수 있다. 즉, 정합성이 있는지 알 수 있다. 예를 들어, 먹는다·본다·논다·접촉한다 등의 상황별로 지역이 구분되어 있는 행사의 경우 관람객이 각각 목적을 갖고 참가할 수 있게 되어 있다.

이벤트 기획에서 스토리성과 정합성과의 관계는 자동차의 양쪽 바퀴와 같은 것이다. 상호 이율배반적인 관계가 아니라 그 어느 한 쪽도 모자라서는 안 되는 상호보완적 관계인 것이다. 이처럼 기획은 스토리성과 정합성을 주축으로 수립해야 한다.

[그림 3-1] 2013 순천만국제정원박람회장 배치도

이벤트 기획과 연출

이벤트 기획이 평면적인 것에 비해 이벤트 연출은 입체적, 공간적이라고 표현할수 있다. 또한 이벤트 기획은 무엇을 어떻게 실시하는가를 창출하는 것인데 비해, 이벤트 연출은 그 창출된 안을 어떻게 보여줄 것인가를 고민하는 것이다. 더욱더 간단하게 말하면 기획은 머리로 생각하는 것이고, 연출은 몸을 움직여서 생각하는 것이라고도 할 수 있다.

이벤트 연출은 기획안을 정리하는 과정으로 실제로 행사장에서 연출 아이디어를 검증하는 것이다. 소리(BGM 등), 빛(조명 등), 움직임(퍼포먼스 등)과 더 나아가 영상과 특수효과 등을 연출 시나리오에 근거해 현장에서 여러 테스트를 하기도 하고, 조정하여 실현 가능성을 찾는 것이다.

[사진 3-1] 2012 여수세계박람회의 빅오쇼

기획의 순서는 통상 다음과 같이 시행된다.

❊ 기획의 순서

① 주최자의 요구가 무엇이며 무엇을 의도하고 있는가를 파악한다.

② 모르는 사항은 자료를 수집하며 때에 따라서는 조사도 한다.

③ 문제를 제기한다(예를 들면, 이벤트를 해도 관중이 모이지 않고 매상이 늘지 않을 경우에 그 원인이 어디에 있는지 상기와 같은 순서로 작업을 전개하여 문제점을 찾아낸다).

④ 문제점을 충분히 파악한 뒤에 집단사고를 시행하여 이벤트 아이디어를 도출한다.

⑤ 아이디어를 충분한 시간에 걸쳐 분석한 뒤 주최자의 요구에 적합한 것으로 만들고, 그것에 스토리성과 정합성을 부여하여 기획안으로 정리한다.

장기적인 안목과 필요성

이벤트를 실시해서 실패했기 때문에 이제는 하지 않는다든가 초기의 목적을 달성하지 못 해서 다음 해에는 그만두는 사례가 자주 있다. 비록 이벤트가 일회성 혹은 일과성의 특징이 있다고는 하지만 이러한 인식은 정말이지 유감스럽다.

이벤트를 기획할 때는 지속성을 갖고 장기적인 안목에서 구상해야 한다. 물론 박람회와 같은 빅 이벤트를 같은 장소에서 매년 실시하는 것은 불필요하고 참가자 없이는 불가능한 일이지만, 지역 축제나 사회성이 있는 홍보캠페인 이벤트 등은 계속 개최함으로써 지역사회와 주민들에게 서서히 정착되면서 성과를 올릴 수 있다.

따라서 새롭게 이벤트 기획을 수립할 때는 장래를 내다보고 구상해야만 한다. 예를 들면, 문화관광 축제 등을 기획하는 경우는 10년 앞, 20년 앞을 내다보고 기획해야 한다. 처음 실행할 때는 이벤트의 목표 달성을 5년 앞을 예측하여 확고한 목표를 설정해야 한다. 이렇게 목표를 세우면 이벤트 관계자들의 사기도 높아지고 큰 성과를 달성하는 결과를 낳을 수 있다. 특히 이벤트 기획자는 미래를 생각하는 기획을 만들려는 마음가짐을 가져야 한다.

3. 이벤트 성공을 위해

프리뷰 기획과 데뷔 기획

프리뷰(Preview)란 통상 영화의 시사회, 전시회 등의 특별참관 등을 말한다. 이벤트 기획으로 말한다면 '기본안'이라고 해석해도 좋을 것이다. 이벤트의 규모가 커지면 세부적으로 완성하기까지 굉장한 노력과 시간이 필요하다. 이벤트의 전체적인 구상과 방향에 대해 합의하기 위한 기획이라든가 구상의 알맹이를 상세하게 채우기 위한 기획처럼 각각 단계적으로 좁혀가는 경우가 많다.

프리뷰(Preview) 기획이란 주최 측의 요구와 기획안을 제출하는 측의 의도 간에 차이점이 없는가 알기 위한 2차 체크가 가능한 단계의 기획안이다. 이 단계에서는 기획의 내용도 A안, B안, C안 등과 같이 세 개 정도의 기획안을 제안하는 것이 일반적이다. 이 세 가지 안 중에서 어느 것이든 최상의 안을 채택하는 경우가 많다. 이러한 과정을 거치는 것이 위험과 실패가 적기 때문이다.

데뷔(debut)란 프랑스어로 예능계 등에 신인이 처음 등장하는 것을 말한다. 자동차 면허로 비유한다면 프리뷰(Preview) 기획이 임시면허라면 데뷔(Debut) 기획은 정식 면허증을 겨우 수중에 넣은 단계이다. 기획 콘셉트도 확정되고, 행사 내용도 주요 기획이 결정되어 예산 규모 또한 명확해진 단계이다. 이 데뷔 기획에 근거해서 쓰이는 것이 실행 계획안이다.(제3부 이벤트의 실무편 참조)

이벤트네이밍과 CI

네이밍(Naming)과 CI(Corporate Identity)는 이벤트의 성패를 쥐고 있는 열쇠 중 하나라고 할 수 있다. 대중들은 이벤트 명칭을 보고 그 이벤트의 내용을 짐작하고 상상한다. 예를 들면, 눈축제를 영문으로 스노우 페스티벌로 하여 이벤트를 주제화한다면 이미지는 크게 확대되지 않을 것이다. 이것으로는 지역적인 맛도, 이벤트의 내용도 전달할 수 없다. 정보발신을 하지 않기 때문이다. 대신에 '한국 최대의 눈사람 축제'로 한다면 좀 더 정보발신의 가능성이 있을 것이다. 여기에 서브 캐치프레이즈로 '참가자 전원에게 따끈한 단팥죽 서비스'라고 쓴다면 관광이벤트와 같은 이미지가 느껴진다. 네이밍의 체크 포인트는 아래와 같다.

❇ 네이밍의 체크 포인트

① 내용을 적절하고 분명하게 표현하고 있는가?

② 정보발신의 기능을 하고 있는가?

③ 이해하기 쉬운가?

CI란 'Corporate Identity'의 약자로 기업의 주체성을 이미지화하여 알리는 전략이다. 주로 시각적 수단을 사용해서 경영 이념을 알리고, 더 좋은 기업 이미지를 대중에게 부각하려는 것이다. 이벤트에도 이 CI 전략이 중요하다. 이것을 EI(Event Identity)라고 부르는데 이벤트의 심벌 컬러, 심벌 마크, 심벌 캐릭터 등을 통일된 색채와 디자인으로 대중들에게 알리고자 하는 것이다. 이것은 일종의 조건반사와 같은 것이다. 즉 대중들이 이 심벌 컬러와 마크를 본 것만으로도 이벤트의 전체상을 머릿속에 이미지화할 수 있어야 한다. 예를 들면, 해변 지역의 이벤트를 기획한다고 가정했을 때, 심벌 컬러는 푸른 바다의 색인 라이트 블루, 심벌 마크는 바다거북을 디자인화한 것, 심벌 캐릭터는 큰 거북으로 구상해볼 수 있다. 라이트 블루 바다에 떠 있는 거북의 포스터와 심벌 마크를 본 것만으로 그 지역의 이벤트가 머릿속에 그려진다. 이벤트 기획 수립에서 CI는 중요한 요소이자 불가결한 요소이다.

[그림 3-2] 이벤트 EI(Event Identity) 사례

✻ 이벤트 기획의 체크 포인트

1. 기간(언제)

① 계절, 요일, 기간의 설정은 문제가 없는가?

② 기상(기온, 풍력, 온도) 조건은 이상 없는가?

③ 전문가의 선정은 어떠한가?

④ 대상자의 상태는 양호한가?

⑤ 타 행사와 겹치지 않는가?

⑥ 준비 기간과 홍보 기간은 충분한가?

2. 장소(어디에서)

① 실시 지역은 양호한가?(교통편은 좋은가?)

② 기상 변화에 따른 대응이 가능한 장소인가?(냉 · 난방 시설은 갖춰졌는가?)

③ 전기, 배수구, 화장실, 통신, 음향. 조명, 가스 등의 설비는 가능한가?

④ 행사장의 규모는 충분한가?

⑤ 주차장 확보는 가능한가?

⑥ 공터, 빈 공간, 운영본부는 어디에 설치하는가?

⑦ 안전성은 보장이 되는가?

⑧ 반입 · 반출은 가능한가?

⑨ 경찰, 보건소, 소방서, 세무서 등의 사용 승인은 받았는가?

3. 주최(누가)

① 주최자의 조직(기획 조직, 실행 조직, 본부 조직)은 어떻게 구성되어 있는가?

② 사회자, 게스트, 심사위원, 도우미, 경비, 행사기록 등의 섭외는 되어 있는가?

③ 지원자(후원, 협찬, 협력)는 유치되어 있는가?

4. 대상(누구인가)

① 성별은?

② 연령대는?

③ 거주 지역은?

④ 직업은?

⑤ 학력 수준은?

⑥ 소득 수준은?

⑦ 취미는?

5. 목적, 내용(누구를 위한, 무엇을)

① 목적을 명확히 하고 있는가?

② 내용은 무엇인가?

③ 의미가 있는 이벤트인가?(행정, 기업, 공공단체, 지역, 사회적으로)

④ 재미있고 알기 쉬운가?

⑤ 효과 달성이 가능한가?

⑥ 실패 가능성은 어느 정도인가?

⑦ 실패할 경우의 계약 조건은 어떻게 되는가?

⑧ 예산 범위 내에서 실시 가능한가?

6. 방법(어떤 식으로)

① 실시 순서대로 진행할 수 있는가?

② 인적, 물적 기준은 충족했는가?

　-기획서, 대본, 진행자, 체크 리스트

　-포스터, 전단, 광고, 홍보 활동

　-행사장 디스플레이, 소도구류, 사무용품류

－유니폼, 의상, 우산, 커버

　　－자동차, 자전거, 방화, 구급용품

　　－음향, 조명, 전기 용량, 예비 전원

　　－식사, 음료수, 야채류

7. 예산

　① 언제 추정예산을 수립할 것인가?

　② 실행예산은 얼마인가?

　③ 수정예산은 얼마인가?

8. 효과예측

　① 이벤트 효과의 목표화는 어떻게 할 것인가?

　② 이벤트 효과 예측 방법 설정은 어떻게 할 것인가?

　③ 이벤트 효과 지표의 설정은 어떻게 할 것인가?

　④ 이벤트 효과 측정은 언제 실시할 것인가?

프로그램 연구로 분위기 고조

　이벤트 중에서도 전시회와 같은 비교적 움직임이 정적인 행사는 오프닝 프로그램에 신경을 쓰지만, 전체적인 프로그램 내용이 다양한 지역 축제는 프로그램에 별로 신경을 쓰지 않는다. 프로그램은 주제성 체험 프로그램, 여성 단체의 무용 시연, 줄다리기 대회, 가요열창 대회, 마라톤 등이 있으며, 그 밖에 유사한 참가형 이벤트가 많이 있을 때는 프로그램 편성에 좀 더 고민하는 것이 통상적인 예이다. 그것도 하루에 끝나는가, 이틀에 걸쳐서 하는가, 휴일에 실시하는가, 평일에 실시하는가, 계절은 춘하추동 중 언제 실시하는가, 관광객 유치형인가, 주민 참가형인가 등에 대해 고민해야 한다.

　이벤트의 목적과 의도에 따라서 프로그램의 구성은 달라진다. 예를 들면, 주민참가형 이벤트는 그 지역 주민이 중심이기 때문에 이벤트의 시간 배분도 충분하고 여유 있게 진행할 수 있다. 한여름에 이벤트를 개최하거나 마라톤 등 장시간 달리기나 거친 운동을 할 경우는 오전 중에 경기 시간을 배정하는 것이 참가자의 피로를 줄일 수 있다. 줄다리기 대회와 같은 경기는 오후에 실시해도 경기 시간이 짧으므로 관람객이 더위로 고생할 일은 없다.

관광객 유치형 이벤트라면 외부 관광객이 많이 오는 주말에 주요 이벤트 프로그램을 집중적으로 배정해서 기다리지 않고 이벤트 프로그램을 체험하고 즐길 수 있도록 해야 한다. 그다음에는 지역 관광과 연계하여 관광 수익 증대로 지역의 경제 활성화 효과를 거두어야 한다. 그래서 프로그램을 편성할 때 염두에 두었으면 하는 것이 한 가지 있다. 여행권과 식사권 등의 상품이 당첨되는 추첨 프로그램을 만들어 주었으면 한다. 이와 같은 기회가 있다면 이벤트에 참가하는 사람도 늘어날 것이며 여행권과 식사권을 그 지역의 여행사 또는 식당 등과 교섭하면 협찬 광고 유치 등, 상호 협력이 증가할 수 있다. 이벤트의 기획 제안에 이와 같은 아이디어도 잊지 말고 활용해 주기 바란다.

운영 체크 리스트와 대응

이벤트를 운영하다 보면 예측하지 못한 문제가 많이 발생한다. 특히 이벤트 직전과 진행 중에 장비가 제대로 작동하지 않거나 전기 계통에 문제가 발생해서 당황하는 경우도 많다. 이벤트를 운영할 때 이와 같은 사고가 일어나지 않도록 사전에 체크 리스트를 만들어 점검한다면 안심할 수 있다. 소방서, 경찰서, 보건소 등의 관계 기관 협조 의뢰 확인을 비롯해 우천 시 대책과 출연진 등의 돌발 사태 대비책 검토, 주차장 대책, 비품 리스트 작성, 환자 및 부상자 대책, 행사장 내의 안전 대책, 홍보 및 광고 대책, 관계자 도시락 등의 주문, 주차 위반 체크, 각종 장비의 체크, 인력파견회사(도우미, 통역, 운영 요원), 경비회사 등의 섭외는 기본적인 점검 사항이다.

이처럼 체크 리스트는 이벤트의 종류와 규모에 따라서 다르지만, 가능한 한 상세하게 만들어둘 필요가 있다(제3부에서 상세하게 소개한다). 이와 같은 체크 리스트를 만들어서 각각 담당 분야의 책임자와 전화번호를 기재한 뒤 이벤트 실무자들에게 나누어 주는 것이 좋다. 이렇게 하기 위해서는 행사 기간 중에 업무 분담을 상세하고 명확하게 해야 한다. 또한 전담 스태프도 각각의 섹션에 배치해 두면 안심할 수 있다.

이렇게 이벤트가 무사히 끝나고 회식과 함께 자체 평가 모임을 한다면, 그 시간은 정말 뜻깊은 시간이 될 것이다. 이벤트의 참가 인원과 매출, 개최 기간 중의 해프닝과 에피소드, 각 섹션별 담당 책임자로부터 수집한 보고서, 참가자 설문조사 등을 정리해서 자료집으로 만들어 두면 다음 이벤트를 개최할 때 개선 방안과 귀중한 노하우가 될 수 있다. 그리고 이벤트에 협력해준 관계 기관 및 주요 인사들에게 그 자료집을 근거로 해서 총괄보고서를 만들어 보내는 것이 예의이다. 이처럼 이벤트 개최 후의 마무리를 완벽히 해두면 다음 이벤트는 훨씬 개최하기 쉬울 것이다.

이 장의 핵심 포인트

이 장에서는 다음과 같은 점을 포인트로 정리할 수 있다.

- 이벤트 기획은 그저 막연하게 하는 것이 아니고 이론과 약속이 있으며, 그것을 바탕으로 정확하게 기획하는 방법을 연구해야 한다.

- 사고방식과 정리 방법으로 6W2H법과 이벤트 프로듀스 브리프(특성요인 분석) 응용법이 있다는 것과, 그것들에 근거해서 기획을 정리할 때는 스토리성과 정합성을 중시하고, 더 입체적으로 구상하기 위한 연출 측면을 검증해볼 필요가 있다. 이것이 기·승·전·결을 갖춘 이벤트이다.

- 이벤트의 전개는 일과성으로 끝나는 것이 아니라 미래를 기대하게 하는 연속성을 지닌 것으로 만들어야 한다. 이벤트를 성공시키는 요인으로는 기획을 단계적으로 구상하는 방법과, 네이밍 및 CI 등 이벤트에 일관성을 갖게 하는 2대 요소가 있다.

- 프로그램은 경시되기 쉬운데 시기, 장소, 상황을 고려해서 편성하는 것이 중요하며, 홍보인쇄물 제작에서는 참가 효율성을 높이기 위해 추첨권이 포함된 홍보인쇄물을 제작하는 것도 유익하다.

- 이벤트를 운영할 때는 위험 요소와 여러 가지 마찰이 많으므로 사전 체크 리스트를 만들어서 관리하고, 이벤트 종료 시에는 노하우의 축적과 관련된 실시보고서와 데이터를 자료집으로 정리해 두어야 한다.

제4장
기본 계획과 프레젠테이션

연구 포인트

　기획서는 누가 보더라도 이해하기 쉽고 간결하게 작성해야 한다. 내용이 없는 것을 장황하고 길게 설명하거나 읽어도 머릿속에 이미지가 떠오르지 않는 것은 좋은 기획이라고 할 수 없다. 연극과 영화에 대본이 있는 것처럼 이벤트 기획안에도 정확한 줄거리가 있으며, 연출이 있는 것이 당연하다. 그러나 결코 핵심은 소홀히 한 채 특이함만을 과시해선 안된다. 글은 필자의 인품을 나타낸다고 한다. 이렇듯 사람을 감동시키는 문장은 구성이 정확하고 설득력이 있다.

　이것은 이벤트 기획안에서도 마찬가지이다. 읽는 동안에 자신도 모르게 그 기획안의 세계로 빠져들게 만들어야 한다. 읽고 있다는 것을 잊어버릴 정도의 멋진 기획안을 쓰기 위해서는 어떻게 해야 할까?

　이 장에서는 기획서를 어떻게 구성해야 매력적인 내용이 되는지 그 요령과 포인트를 연구함과 동시에 상대를 직접 설득하는 프레젠테이션 기법을 소개하고자 한다.

1. 기본 계획이란 무엇인가

기본 계획이란

신체를 예로 들면 기본 구상은 '골격'이라 할 수 있다. 그 골격에 살을 붙임으로써 최종 목표로 하는 계획안에 더욱 근접하는 작업이 기본 계획이다. 이벤트가 목표하는 성과를 최대한 도출하기 위해서 이벤트를 어떤 형태로 만드는 것이 가장 좋을지 생각해야 한다. 이 단계를 기본 계획이라 부르는데 이것을 생략하면 '개최하는 것 자체가 목적'이라는 결과가 파생되고 본래의 목적을 상실할 위험이 있다.

목표는 구체적으로

기본 구상의 단계에서 6W2H의 요소가 결정되면 곧바로 행사장 장식은 어떻게 할까, 공연 가수는 누구를 섭외할까, 무대 디자인이나 시공은 어디에 맡길까 등에 대해서 빨리 결정해야 한다고 생각하기 쉽지만, 실은 이것이 큰 함정이다.

기본 계획에서는 '목표'를 더 구체적인 방향으로 접근하는 것이 중요하다. 특히 목적과 시행 내용을 어떻게 관련시키느냐에 유의해야 하는데 '지역산업의 진흥'을 목적으로 한 이벤트를 실시할 경우, 직접 실시 내용을 생각하기에는 어려움이 있다. 따라서 접근 방향으로는 고용 창출, 새로운 지역상품의 개발, 지역 특산품의 지명도 향상, 판매 거점의 강화, 기술 후계자의 확보 등과 같이 더 구체화함으로써 실시 내용을 어떻게 해야 할지 구상할 수 있다.

기본 계획의 요소

[그림 4-1]은 이벤트 계획 단계에서 검토해야 할 요소를 상관관계를 고려하여 배치한 것이다. 즉 기본 계획에서는 원형으로 둘러싼 6W2H 요소를 서로 연결하기 위해 이벤트의 목적을 늘 염두에 두면서 사각형으로 둘러싼 요소에 대해 검토한다. 이 표의 각 요소가 결합하면 추진 조직의 구성이나 규모도 대체로 윤곽이 나오기 때문에 담당팀을 구성하고 실행 계획 단계부터 구체적인 준비 작업 단계로 들어간다.

[그림 4-1] 기본 계획 확정의 흐름

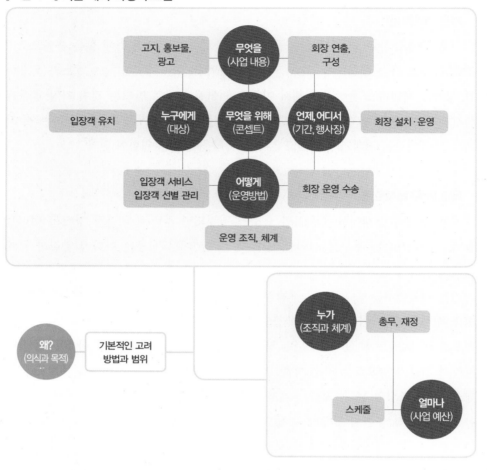

2. 기본 계획에서 결정되는 것

기본 계획의 두 가지 흐름

기본 계획은 크게 이벤트를 실현하기 위한 조건이나 기반을 만드는 것과, 이벤트 자체의 구체적인 구성과 순서를 명확히 하는 것 두 가지로 구분한다.

✽ 조건과 기반 만들기

기본 계획의 한 가지 흐름은 6W2H의 '왜'에 해당하는 이벤트의 의의와 목적에 대한 기본적인 생각을 기본 구상 단계보다 더 깊게 강조하고 구체화하는 것이다. 그 다음 '누가'에 해당하는 조직이나 체제, '얼마나'에 해당하는 재원 확보 방법, 예산 총액의 확인이나 다소의 수정, 경비항목별 배분율 등을 생각한다. 즉 이벤트를 경영의 관점에서 봐야 한다.

❊ 구성과 순서

또 하나는 실시하는 내용 자체를 세부화 하는 것이다. 상정할 수 있는 많은 선택 요소 중에서 목적으로서의 적합성, 실현 가능성, 비용 효율 등을 고려하면서 한정시키고 이벤트의 구성을 확정하여 순서를 생각하는 흐름이다. 물론 이때 가장 중요한 판단 기준은 콘셉트이다. '이 이벤트는 무엇을 위해 하는가'를 늘 염두에 두어야 한다.

기본 계획에 포함해야 하는 항목

기본 구상은 기획서를 처음 읽는 사람도 그 이벤트의 윤곽을 대략 이미지화할 수 있는 수준이어야 하며, 기본 계획은 그것을 받은 실무 담당자가 다음 날부터 곧바로 실행 계획 작업에 착수할 수 있는 수준까지 요구된다. 그러려면 다음 항목에 대한 기본적인 구상을 정리할 필요가 있다. 계획서는 먼저 기본이 되는 이벤트의 기획 배경을 서술하고, 그 이미지 전개를 소개하는 기본 계획을 작성한다.

① 이벤트의 동향 분석
② 주최자의 환경 분석
③ 추진 전략
④ **실시개요:** 명칭, 애칭, 주제, 개최 기간, 개최 장소, 주최자, 후원, 협찬, 입장객 목표, 입장료의 유무 등
⑤ **행사장 개요:** 교통수단 등도 소개
⑥ 주제의 전개
⑦ **공간 계획:** 기본 방침, 조닝 계획, 설치 계획
⑧ **시설 계획:** 기본 방침, 시설 내역
⑨ **행사 계획:** 기본적 사고방식, 구체적 프로그램
⑩ **광고 및 홍보 계획:** 기본 방침, 목표 설정, 광고, 홍보 일정
⑪ **관람객 유치 계획:** 관람객 유치 방안, 입장객 산출
⑫ **교통 · 운송 계획:** 교통 연계, 행사장 운송
⑬ **실시운영 계획:** 연출 계획, 관리 계획, 안전 대책, 경비, 경찰, 소방, 교통 관련 대책
⑭ **사업수지 계획:** 기본 방침, 1차 수지계획안

⑮ **추진 일정**: 기본 계획부터 리허설 및 제작, 설치, 실시까지의 작업 항목과 스케줄

⑯ **사무국 체제**: 업무 분담, 인원수, 조직 확충 시기, 개설, 해산 시기, 설치 장소, 설치 기재

세부 계획은 이것들을 더욱 구체적으로 세분화하여 실시 프로그램 수준으로 기획하며, 실행 매뉴얼은 행사 및 운영계획을 구체적으로 제작·운영하기 위한 시나리오이다.

3. 기획안의 구성

기획안은 이해하기 쉽고 간결하게

기획서는 누가 읽더라도 이해하기 쉽고 간결하게 작성해야 한다. 미사여구를 늘어놓거나 필요 이상으로 형용사를 많이 사용하면 오히려 읽는 사람이 부담을 느낄 수 있다. 또한 같은 표현을 몇 번씩 반복하거나 자기만 아는 어조나 약자를 사용하는 것도 특별한 목적과 의도가 있을 때를 제외하고는 피하는 것이 상식이다. 옛사람들은 부엌에서 맛있는 밥을 만드는 노하우를 다음과 같이 간결하게 표현했다.

"처음은 홀홀(불꽃이 타는 모양), 중간은 활활, 어린아이가 배고프다고 울어도
솥뚜껑은 열지 마라"

젊은 세대들을 위해 약간 설명을 덧붙이면 옛날에는 밥을 지을 때 장작과 솔잎가지 등을 사용했는데, 그때 처음에는 화력을 약하게 하고, 중간에는 활활 화력을 높이고, 어린아이가 울어도 솥뚜껑을 열지 말라는 것이다. 맛있는 밥을 짓는 요령을 불필요한 수식어 없이 이해하기 쉽고 간결하게 표현한 것이 놀랍다. 이처럼 기획서는 이해하기 쉽고 간결하게 작성해야 한다.

기획안의 구성 요소

기획서의 구성 요소를 크게 나누면 다음의 다섯 가지 항목이 된다.

1) 타이틀(표제)

20** ○○ 지역 ○○○ 축제 (○○ 이벤트 기획안) 등의 형태로 타이틀을 기획서 표지 중앙에 쓰는 것이 일반적이다. 제시할 주최 측의 공식 명칭은 생략하지 않는 것이 예의이다(그림 4-2 참조).

[그림 4-2] 기획안의 표지

20**하동야생차문화축제 마스터플랜

20* *. 2. 20
한국지역문화이벤트연구소

2) 취지와 의도

제출하는 기획의 취지(필연성, 배경 등)는 무엇인가, 그 의도(목적성, 실현성, 파급 효과 등)는 어디에 있는가에 대해 내용 설명에 들어가는 전제사항으로 표기한다. 취지와 의도를 대신해서 '전제사항, 기획에 앞서' 등의 항목으로 양자를 겸해서 설명하는 경우도 있다.

3) 내용과 전개(연출 방법 등)

이벤트 내용을 개략적으로 설명하고, 그것을 전개하는 경우에 어떤 연출 방법을 생각할 수 있는지, 출연진과 각종 특수장비 등 이벤트 툴을 어떻게 활용할지, 홍보 활동은 언제부터 시작하는 것이 효과적인지에 대해 가능한 시각적으로 설명한다.

4) 타임 스케줄

이벤트를 성공으로 이끄는 핵심은 인력, 물자, 예산, 내용, 정보라고 이야기하지만, 또한 가지 잊어서는 안 되는 것이 시간이다. 이벤트의 진행 프로세스는 분석 → 기획 → 제작 → 홍보 → 운영 → 종료의 단계가 있는데, 이 일련의 흐름(follow)을 파악해서 추진 일정표를 만들지 않으면 크게 실패할 우려가 있다. 'Time is money'의 개념으로 이야기하면 'Time is event'인 것이다.

5) 예산

예산은 상황과 규모에 따라 상당히 다르다. 대형 이벤트의 경우 예산을 편성한 세부 내역 매수가 50매를 넘어갈 때도 가끔 있다. 주최 측이 이벤트를 개최할 때 기획 수립, 프로듀서 업무, 제작 등을 자체적으로 실시하는 경우와 광고대행사나 이벤트 프로모션 회사에 의뢰하는 경우에는 예산 규모에서 차이가 생길 수 있다. 이것은 단순히 숫자상으로 이야기할 수 있는 것이 아니라, 그 이벤트에 관련된 전문 인력의 양과 질 그리고 프로그램 내용 등에 따라서 종합적으로 판단되는 것이다.

일반적인 예로 예산 항목은 다음과 같은 비용을 들 수 있다.

❋ **이벤트의 예산 항목**

① **제작비:** 디스플레이 관련 비용, 이벤트 장비와 저작물의 사용 · 렌탈비, 음향 · 조명 · 무대 비용, 디자인 관련 비용, 연예인 출연료 등

② **홍보 및 광고 비용:** 광고 및 홍보 비용, 옥외광고 및 온라인 광고 비용, 전단 및 홍보물 배포 비용, 기타 비용 등

③ **행사장 관계 비용:** 행사장 사용료, 부대 설비 비용 등

④ **운영 관계 비용:** 장비, 비품, 보험, 음악저작료 등

⑤ **경비, 정리 관계 비용:** 경비회사, 인력파견회사, 청소회사와의 계약에 관련된 비용

⑥ **인건비:** 아르바이트 비용 등

⑦ **인쇄비:** 포스터, 전단, 리플릿, 프로그램 등

⑧ **영업비:** 관계자 접대비, 사례금, 업무 협의 시 접대비 등

⑨ **통신비:** 전화 · FAX · 우편 요금, 휴대전화 · 인터넷 사용료 등

⑩ **교통비:** 시내 및 지방, 해외 등

⑪ **기타:** 숙박비, 식사비, 예비비(예상 외의 지출에 대비해 총 경비의 5퍼센트 정도), 영업관리비(이익) 등이 있다.

이벤트 예산은 내용에 따라 수없이 발생하기 때문에 예산 항목은 가능한 세분화해서 작성해야 한다. 그리고 광고대행사와 이벤트 전문회사에 일을 의뢰하는 경우에는 기획료와 연출료, 대행수수료 등이 포함된다(표 4-1 이벤트 제작비 명세서 참고).

[표 4-1] 이벤트 제작비 명세서

제작비 명세서 (사업부 보관)

예산작성일자 : 20＊＊년　월　일
아래와 같은 예산으로 제작하고자 합니다.

담당부서	담당	대리	팀장	이사	소장

광고주 :	□□□-□□□
건 명 :	
시 기 :	장 소 :

의뢰일자 :	완료요망일 :
제작담당 :	팀

	제작항목	규격·수량·단가	예산금액	외주확정
정가항목	기획료			
	연출료			
	소　계			
외주항목				
	소　계			
	예산 합계			

견적항목	견적금액	재견적	비고
소　계			
소　계			
대행수수료			
견적 합계			

위와 같은 견적으로 광고주에게 제시합니다.

※ **3부 작성(예산)**
　① 제작비 명세서 → 사업부 보관
　② 제작 완료보고서(보관) → 제작담당 부서 보관
　③ 제작비 정산 보고서 → 관리부 보관

구분	담당	대리	팀장	이사	소장
견적					
재견적					

한국지역문화이벤트연구소

4. 매력적인 기획안

눈길 끄는 타이틀과 제목

신문기사를 읽을 때 가장 먼저 눈에 띄는 것은 헤드라인이다. 신문사에는 헤드라인을 구상하는 부서가 있어서 매일 "독자의 눈에 띌 수 있는 헤드라인이 될 만한 좋은 문구는 없을까" 머리를 짜내고 있다. 헤드라인은 신문의 생명이라고 해도 틀린 말이 아니다. 이것은 기획서의 표지 타이틀과 본문의 제목에도 적용된다. 그렇다면 좋은 타이틀과 본문의 제목은 어떻게 작성해야 하나.

1) 내용에 맞는 타이틀과 제목을 붙여라

제안서 타이틀과 큰 제목은 기획안의 내용과 본문의 뜻을 충분히 담고 있으며, 정확하고 적절하게 집약되어 표현하고 있어야 한다. 큰 제목을 보고 본문을 읽어 보면 쓰여 있는 내용과 큰 제목이 일치되지 않는 경우가 종종 있다. 이러면 고생해서 작성한 기획안이 물거품이 되고 만다.

2) 간결하게 써라

제안서 타이틀과 각 파트의 제목도 장황하게 설명하지 말고 간결하게 써야 한다. 그러나 큰 제목의 경우 아무리 간결하게 쓰려고 해도 길게 쓰지 않으면 뉘앙스가 상대에게 잘 전달되지 않을 때가 있다. 이럴 때는 2단 쓰기나 3단 쓰기로 해서 강조하고 싶은 부분의 글자 크기를 확대하거나 글씨체를 굵게 하는 등 다른 방법을 연구해야 한다.

3) 작은 제목을 넣어라

작음 제목을 능숙하게 사용해야 한다. 문장이 길어지면 읽는 사람도 지친다. 용지 규격이 A4 용지인 경우 3장에 한군데 정도 작은 제목을 넣으면 훨씬 읽기가 쉬워진다.

읽기 쉬운 문장보다 오래 남는 문장

기획안은 소설이나 수필과는 다르다. 따라서 결코 아름다운 문장일 필요는 없다. 중요한 것은 얼마만큼의 임팩트를 가지고 상대방에게 기획안 내용을 전달할 수 있는가에 있다. 바꿔 말하면, 문장력이란 곧 설득력이라고 해도 틀린 말이 아니다. 시냇물 흐름과 같은 문장은 읽기는 쉽다. 하지만 읽은 다음 머릿속에 아무것도 남아 있지 않다면 그것은 좋은 기획안이 아니다.

문장의 구성이 탄탄해야 한다는 점도 중요하다. 읽고 난 뒤 부분적으로는 설득력 있는 문장이라고 인정하더라도, 전체 구성이 엉성하면 가치는 반감된다. 따라서 이벤트 기획안을 쓸 때는 전체의 줄거리를 머릿속에 그려가면서 순서에 따라 써나가야 한다는 것을 명심해야 한다.

❋ 좋은 문장의 조건

① **컬러풀하다**: 문장의 내용이 풍부한 색채를 띠고 있어야 한다.

② **감동이 있다**: 상대의 심금을 울릴 수 있는 표현이 있으면 좋다.

③ **시대에 맞는 언어를 사용한다**: 낡은 표현을 많이 사용하면 모처럼의 기획도 진부해진다.

④ **스토리성이 있다**: 스토리(기·승·전·결)가 확실하다.

⑤ **자료가 갖추어져 있다**: 비교 검토할 때에 편리하다.

⑥ **결의가 있다**: '~일 것이다, ~와 같다, ~라고 사료된다' 등의 표현이 많은 기획안은 무책임해서 믿을 수 없다.

⑦ **밝아야 한다**: 읽고 있으면 기분이 좋아지는 문장을 써야 한다.

군더더기 없이 한눈에 들어오는 내용

문장은 길게 쓰는 것보다 짧게 쓰는 게 좋다. 내용 역시 정황하게 서술하는 것보다 간략하게 정리하는 게 필요하다. 대체로 종합일간지 신문 35면의 상단에 실리는 사설은 각 신문사 공통으로 오랜 기자 연륜을 지닌 부국장급 이상의 논설위원이 쓴다. 불과 600~800자 정도의 공간 속에 전체 진단과 수상(隨想) 등을 논리 있게 정리해야 하고, 독자의 공감을 얻을 수 있는 문체로 써야하기 때문에 대단히 어려운 일이다. 여러분도 연습한다는 생각으로 600~800자 칼럼에 도전해 보면 많은 도움이 될 것이다.

문장을 이해하기 쉽고 간결하게 쓰는 요령은 일종의 소거법(消去法) 응용이다. 불필요한 문구는 사용되지 않았는가, 이중 표현은 없는가, 더 짧은 표현을 사용할 수는 없는가 등을 검토하고 각종 그래프를 사용해서 문장과 숫자를 간략화하면서 내용을 보강하는 것도 기획안을 더욱 간결하게 하기 위한 방법이다.

제안서를 돋보이게 하는 깔끔한 제본

퍼포먼스라는 용어가 일반적으로 사용되고 있는 요즘은 연출 전성시대이다. 기획안도 읽는 사람의 기분을 고려하여 눈에 띄고 읽기 쉽도록 형태와 체제를 구상하는 것도 필요하다. 기획안 용지의 질, 종이 색, 다양한 글씨체, 워드프로세서, 가로 형태, 세로 형태, 종이의 규격, 바인더 철 등 기획안의 형태와 체제는 각양각색이어서 필요와 목적에 따라 다르므로 한마디로 어떤 것이 최고라고 단언할 수는 없다.

박람회 규모의 빅 이벤트나 대형 전시회 등의 기획서는 도면과 시안, 항공사진 등과 같은 자료가 상당한 분량으로 포함되기 때문에 형태는 B4나 A3 규격을 사용하는 경우도 많다. 분량이 너무 많아질 것 같으면 자료집으로 나누는 것이 보기에도 좋고, 읽는 사람도 편할 것이다. 반대로 나누지 않고 한 권으로 제본할 경우 자료집은 색종이를 사용하여 보기 쉽도록 연구하던지, 바인더와 같이 포켓을 만들어 그 속에 자료를 넣는 것도 재미있을 것이다.

이벤트를 기획할 때 첫 단계에서는 아이디어만 많이 요구되는 경우가 있다. 이런 경우에는 A4 규격으로 주최 측에 제출하는 경우가 많은데, 최근에는 OA시스템이 다양해서 파일링 제본기 등이 보급되어 있으므로 기획안을 제시하기 전에 주최 측에 기획안 규격을 확인해 보고 제작하는 섬세함이 필요하다.

5. 기획안 작성 포인트

결론은 앞에 써라

기획안 내용의 중요한 포인트는 처음에 쓰는 것이 상대에게 강한 인상을 준다. 그것도 짧게, 몇 개의 포인트로 나누어서 설명하면 효과적이다.

예를 들면, '결론을 세 가지 든다'라고 쓰고,

1. _____ ~
2. _____ ~
3. _____ ~

위와 같이 3~5행 정도로 정리해서 기술하면 읽는 사람도 빨리 이해하고, 이미지도 강해져 후반의 내용 설명이 자연스럽게 머릿속에 들어온다. 일종의 귀납법적인 기획안 작성법으로 '문장은 역삼각형의 정점에서 써라'는 지침이 있는 것처럼 결론을 앞에 쓰는 것이 상대의 반응도 빨리 알 수 있고 눈앞에서 설명할 때에 그것에 맞추어서 대응하기 쉽다. 만약 서론의 설명에서 시작해 결론에 도달할 때까지 장황하게 기술한다면 읽는 사람의 흥미와 관심이 줄어들어 끝까지 읽지 못할 것이다. 특히 여러 회사가 경쟁 프레젠테이션을 할 때 주최 측의 담당자는 많은 기획안을 읽어야 하므로 지쳐버리기 쉽다. 내용을 지루하게 질질 끌면 도중에서 포기해 버릴 수도 있다. 기획안의 첫머리에서 승부가 결정된다는 것을 명심해야 한다.

차트(도표)를 활용하라

기획안에서 단순하게 나열된 문장과 숫자는 그것이 무엇을 의미하는지 이해하기 어렵다. 기획 내용이 복잡해지고 분량이 많아졌을 때는 더욱 그렇다. 이럴 때는 도표화해서 내용을 알기 쉽게 시각적으로 표현하는 것이 중요하다. 도표에는 그래프형, 데이터 차트형, 플로우 차트형 등 여러 가지가 있는데 목적에 따라 적절하게 사용해야 한다.(표 4-2 참조)

예를 들면, 플로우 차트형은 논리의 흐름을 설명하는데 적절하며, 숫자 등은 그래프화하면 수치를 양적으로 파악하기 쉬워진다.

[표4-2] 각종 도표

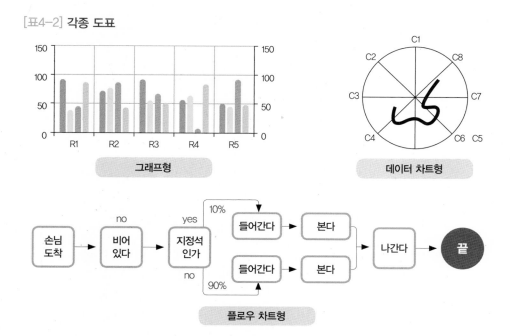

일러스트나 사진 등 비주얼을 활용하라

이벤트는 동적인 것이 많고 평면적이기보다는 입체적이다. 행사장의 움직임에 맞추어 소리와 빛이 약동하고 색채가 넘친다. 이러한 상황을 문장으로 표현하려면 수식어 등이 많아져 장난처럼 되기 쉽다. 이 경우에는 일러스트와 사진을 사용하여 비주얼로 보여 주는 것이 이해하기 쉽다. 사진으로는 사실적인 분위기를 낼 수 있으며, 반대로 일러스트를 삽입해 소프트한 느낌을 주면 효과적이다.(그림 4-3, 그림 4-4 참고)

[그림 4-3] 일러스트를 활용한 기획안

[그림 4-4] 사진을 활용한 기획안

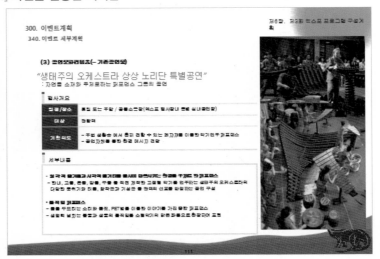

누구나 이해할 수 있는 기획안을 작성하라

당연한 애기지만 기획안은 누가 읽더라도 이해할 수 있어야 한다. 외래어가 너무 많거나 난해한 전문용어를 사용하는 등 자기 만족적인 표현은 피해야 한다. 기획안은 반드시 실무자만 검토한다고는 볼 수 없다. 담당 부서 외에 중역이 읽거나 회사 외부의 심사위원이 참고로 보는 경우도 있다. 대형 이벤트일수록 예산도 많이 들고 그만큼 많은 사람의 검토를 거쳐야 기획이 결정된다는 것을 충분히 고려해야 한다. 만약 번역할 수 없는 외래어를 써야 하거나 난해한 전문용어를 사용해야 할 때에는 공란에 비전문가도 이해할 수 있도록 용어 해설을 수록하면 좋다.

기획자는 자신의 기획안을 몇 번이고 되풀이해서 읽는 노력을 해야 한다. 뜻밖에 문맥이 이상하거나 오탈자가 생긴 것도 모른 채 제출할 수 있기 때문이다. 난해한 문장이나 오탈자로 인해 상대방이 의미를 오해하여 어렵게 만든 기획안이 채택되지 않을 수도 있기 때문에 주의해야 한다.

"플래너는 기획안을 몇 건 정도 써야 제대로 기획 업무를 한다고 볼 수 있는가?"라는 질문을 많이 하는데, 기획을 전문으로 할 경우 입사한 뒤 3년째에 기획 업무를 마스터하는 것이 일반적이다. 그 뒤 5년째에 정확히 한 사람 몫을 할 수 있는 실무 경력자가 된다.

제일선에서 활약하는 시기는 35세 전후로 현장 실무 능력과 기획안 작성 경력을 볼 때 어느 때보다도 왕성하게 활동할 시기이다. 초급 레벨은 한 달에 1건으로 연간 12건, 3년 동안에 36건 정도의 기획안을 쓰며, 중급 레벨은 한 달에 2건 정도로 연간 24건, 5년 동안에 120건 정도, 고급 레벨은 한 달에 3건으로 연간 36건, 5년 동안에 180건 정도를 쓴다고 보는 게 기준이다. 고급 레벨에 들어가는 30대 중반에는 150건 전후의 경험을 쌓고 어느 정도 응용력에 잠재력을 구사할 수 있게 된다. 필자의 경험으로 볼 때, 기획안에 능숙해지는 건수는 100건에서 150건 정도라는 것이 제 몫을 할 수 있는 기획안 작성 건수라고 할 수 있다. 물론 기획 건수만이 아닌 기획안의 질적 수준도 중요하다.

6. 프레젠테이션

프레젠테이션이란

미국의 광고업계에서 광고대행사가 광고주에게 기획을 제안하는 것을 프레젠테이션이라고 부른다. 1980년대 이후 한국에서도 광고대행사들 간에 이 용어를 처음으로 사용하기 시작하여 현재는 각종 업계에서 널리 사용하고 있다. 최근에는 프레젠테이션 기법과 수준도 고도화되어 프레젠테이션에 들어가는 비용도 수천만 원에 이르는 경우도 허다하다. 박람회나 지자체에서 시행하는 대형 이벤트는 광고대행사와 이벤트 프로모션 회사, 전시전문회사 등이 뒤섞여서 수주를 위한 기획 제안에 치열한 경쟁을 벌이고 있는 것이 현실이다. 경쟁 상대가 많아지면 프레젠테이션이 실시되는 회의장, 시간대, 설명 순서 등이 미묘하게 영향을 미친다. 경쟁과 동시에 어떤 의미에서는 심리전도 있을 것이다.

다음은 프레젠테이션 설명에 사용하는 장비에 대한 설명이다. 현재 일반적으로 많이 사용되고 있는 장비는 빔프로젝터와 대형 모니터 등이 있다. 우선 빔프로젝터와 대형 모니터의 장점은 기획 내용을 프레젠테이션 시나리오 순서대로 설명할 수 있으며, 풍부한 색채와 화려한 비주얼로 입체적으로 소구하거나 시각적인 요소와 동영상을 구사하는 데 있다. 단 동영상은 너무 길게 보여 주지 않아야 한다. 기획의 알맹이에 신선미가 없으면 지루해 하는 사람이 나올 수도 있기 때문이다. 또한 실내 조명을 전부 끄지 않아도 스크린과 화면이 충분히 보이기 때문에 화면을 보면서 메모나 토론을 할 수 있다. 어떤 장비라도 프레젠테이션은 연출이 중요하다. 어떤 장비를 사용하면 효과적인가를 고려해서 사용해야 한다.

프레젠테이션의 주제 및 방향이 결정되면 필요한 자료를 수집하고, 이를 바탕으로 전반적인 구성을 기획한 뒤 내용을 알기 쉽게 제작한다. 이때 시각적 보조 자료로 사용하는 대표적인 소프트웨어로 파워포인트가 있다. 파워포인트는 프레젠테이션을 효과적으로 작성·발표할 수 있으며 파워포인트를 사용해 만든 화면을 스크린이나 모니터에 연결해서 사용할 경우 프레젠테이션의 효과를 극대화할 수도 있다. 파워포인트 화면에는 프레젠테이션하려는 내용에 부합되는 사진이나 이미지 등을 사용하며 화려한 이미지보다는 깔끔하고 집중할 수 있는 이미지를 사용하는 것이 좋다.

프레젠테이션 기법

프레젠테이션에서 중요한 것은 설명할 때 발표자의 태도와 어조이다. 상대의 눈을 똑바로 바라보고 목소리에 정확한 억양을 붙여서 자신을 갖고 설명해야 한다. 이를 위해서는 사전에 몇 번이고 리허설을 반복해서 실시할 필요가 있다. 그리고 상대방으로부터 어떤 질문이 나올 것인지 예상 문답을 준비하는 것도 유사시에 당황하지 않고 문제를 해결할 수 있는 방법이다.

의뢰자 요구의 정확한 파악

프레젠테이션에서 중요한 것은 의사 결정권이 있는 의뢰자가 무엇을 알고 싶어 하고 무엇을 원하는지 정확히 파악하는 것이다. 이를 위해서는 사전에 의뢰자의 회사나 제품, 시장 상황, 경쟁업체 등을 충분히 조사·분석해 두어야 한다. 그리고 사전에 의뢰자를 방문해 내용에 관해 설명을 듣거나 자료를 보면 상대에게도 열의가 전해져 호감을 줄 수 있을 것이다. 단 의뢰자를 방문할 경우는 빈손으로 가서는 곤란하다. 의뢰자의 회사와 관련된 '정보'라는 선물을 가지고 가면 틀림없이 기뻐할 것이다. 요즘은 정보 수집도 데이터베이스가 보급되어 있어 급한 경제 정보 등을 알고 싶을 때 굉장한 도움이 된다. 상대와 만날 때 정보를 가지고 있으면 대화가 쉬워지고 커뮤니케이션도 원활해져 상대의 요구를 포착할 기회가 된다.

요점은 간결하게

시시한 기획을 긴 시간 동안 듣고 있는 것만큼 따분하고 고통스러운 일도 없다. 프레젠테이션의 설명도 기획안과 같아서 장황하게 늘어놓으면 실패로 돌아간다.

그와 같은 경우를 교훈으로 삼기 위해 미국 유수의 광고회사인 푸트 콘&벨딩 (FCB)의 부사장인 로널드 홉의 프레젠테이션 성공 비결을 소개한다.

❋ 프레젠테이션 성공 비결
　　① **셀프 이미지**: 자신이 가진 이미지와 성격의 특정한 장점을 잘 파악한 뒤, 그 장점을 활용한 프레젠테이션을 하라.
　　② **상대방**: 듣는 사람을 집중시켜라. 프레젠테이션 하는 동안 상대방의 입장을 자주 거론하라.
　　③ **숫자**: 조사와 미디어의 설명은 따분하다. 더 간단하게 핵심만 설명하라.
　　④ **목표**: 목표는 숫자로 계량화하여 제안하라. 그것이 추상적 예측이어서는 안 된다.
　　⑤ **결론**: 결론에 도달하기까지의 과정보다 그 결론이 의뢰자에게 어떠한 이익을 줄 것인가를 제시하라.
　　⑥ **금물**: 누구나 참고 듣고 있다. 일관성이 없고 제안 내용과도 관련이 없는 자기 이야기 등은 자제하라.

⑦ **리허설:** 정성 어린 리허설 없이는 승리할 수 없다. 그리고 질문에 누가 어떻게 대답할 것인가를 결정하라.

⑧ **보디랭귀지:** 몸짓이 말보다도 본심을 전달할 수 있다. 손동작을 구사하라.

⑨ **칵테일파티:** 칵테일파티 때처럼 두리번거리지 마라.

⑩ **정확한 시간:** 예정 시간을 넘기고도 태연한 사람은 프레젠테이션에 내보내지 마라.

이 장의 핵심 포인트

이 장에서는 다음과 같은 점을 포인트로 정리할 수 있다.

● 기획서의 구성은 미사여구를 늘어놓거나 필요 이상으로 형용사를 많이 사용하면 오히려 읽는 사람이 번거로움을 느껴서 마이너스다. 또 같은 표현을 몇 번이고 반복하거나 독선적인 어조와 자신만이 알고 있는 말을 사용하는 것도 피해야 한다. 중요한 것은 누구라도 이해하기 쉽도록 간결하게 정리해야 한다.

● **기획서의 구성 요소**

① **타이틀:** 표지의 중앙에 내용을 이해하기 쉽도록 쓴다.

제출처 명, 제출자 명은 공식명칭으로 명확히 쓴다.

(주)라고 생략하지 말고 주식회사라고 쓴다.

(대외비) 취급도 상황에 따라 정한다.

② **취지와 의도:** 제출하는 기획의 취지(필연성, 배경 등)나 그 의도(목적성, 실현성, 파급효과 등)에 관해서 전제를 제시한다.

③ **내용과 전개(제작 · 운영):** 프로그램 내용, 연출, 출연진과 이벤트 툴, 홍보, 운영 등은 실행 계획을 근거로 비주얼로 해설한다.

④ **타임 스케줄:** 분석 → 기획 → 제작 → 홍보 → 운영 → 종료 등 각 단계의 흐름 (follow)을 계산해서 일정표를 만든다.

⑤ **예산:** 제작비, 홍보비, 인건비, 인쇄비, 영업경비, 통신비, 운영비 등 가능한 세분화해서 제시한다.

● **매력적인 기획서**

① **눈길 끄는 타이틀과 제목:** 3개 포인트

　가. 기획 내용에 맞는 타이틀과 제목을 붙여라.

　나. 간결하게 써라.

　다. 작은 제목을 넣어라.

② **읽기 쉬운 문장보다 오래 남는 문장:** 내용에 설득력이 있는가 없는가를 결정한다.

③ **군더더기 없이 한눈에 들어오는 내용:** 소거법(消去法)으로 훈련하는 것도 문장력 향상의 요령이다.

④ **제안서를 돋보이게 하는 깔끔한 제본:** 종이의 질, 규격, 글씨체의 크고 작음 등을 목적에 맞게 설정한다.

⑤ **기획서 작성 포인트**

　가. 결론을 앞에 써라: 짧게 몇 개의 포인트로 나누어서 결론을 처음에 쓴다.

　나. 차트를 활용하라: 복잡한 내용은 가능한 도표로 만들고, 시각적으로 보여 주는 것이 효과적이다.

　다. 일러스트나 사진 등의 비주얼을 활용하라: 차트 외에 일러스트와 사진을 사용하여 문장을 간략화할 수 있고, 소프트하고 분위기 있는 표현도 가능하다.

　라. 누구라도 이해할 수 있도록 작성하라: 담당자만 보는 것이 아니므로 용어해설을 첨가하는 것도 친절한 방법이다.

● **프레젠테이션**

① **프레젠테이션이란:** 광고대행사가 수주를 위해 클라이언트에게 기획안을 제안하는 것을 프레젠테이션이라고 한다.

② **프레젠테이션 기법:** 예상 문답을 준비하고 상황을 고려해서 빔프로젝터, 대형 모니터 등 프리젠테이션 설명 장비를 선택한다.

③ **상대의 요구를 정확히 파악:** 사전 정보 수집과 주최 측과의 커뮤니케이션을 충분히 도모하는 것이 중요하다.

④ **요점은 간결하게:** 로널드 홉의 프레젠테이션 성공 비결 10개 항목을 기억하라.

제5장
실행 계획

연구 포인트

자, 그러면 다음과 같은 즐거운 상상을 해보자. 당신이 작성한 기획서가 내용도 뛰어나고 발표자의 자세도 성의가 있었다고 판단되어 채택되었다. 그렇다면 이대로 기획안을 실시해도 될까? 이러한 의문이 떠오른다면 당신도 이벤트의 프로로서 한 발짝 다가서게 된 것이다.

이벤트를 실시한다는 것은 그렇게 간단한 게 아니다. 세밀한, 그리고 구체적인 계획서가 없다면 아무것도 할 수 없다. 실시 운영은 책상 위의 계획과 달라 실행 계획과 시시각각 변하는 상황을 판단해서 명확히 지시할 수 있는 역량을 키울 필요가 있다. 그리고 "몸으로 느꼈다", "경험이 말한다", 즉 직접 몸으로 부딪히며 시행착오를 반복하여 여러 가지 장애요소와 싸워 가면서 독자적인 노하우를 축적하는 것은 이벤트 프로듀서의 기본이다. 실제 준비에 들어가 보자.

1. 실행 계획의 포인트

실행 계획이란?

기본 계획의 수준을 더 높이고 실행을 위한 현실적인 대안을 작성하는 작업이다. 이 작업은 실무 담당자가 중심이 되어 부문별로 상세한 계획을 정리하는 것과 더불어, 한편으로는 전체적으로 모순이나 무리가 없도록 상호 조정하는 단계이다. 각 담당 부문별로 독자적으로 하는 경우도 적지 않지만 전체의 효과를 높이는 관점에서 각 요소를 제어·조정하는 프로듀스 기능을 발휘해야 한다. 말하자면 이벤트를 실제로 실시하기 위한 과제를 하나하나 해결해 가는 작업이자 어떤 의미에서는 현실적의 준비 작업 과정이다. 여기서는 그대로 반영하거나 발주 조건으로 할 수 있는 수준이 요구된다.

실행 계획의 기본적 태도

구체적인 실행 계획 내용은 실시하는 이벤트에 따라 다르지만 대부분의 경우에 적용되는 공통적인 유의점은 다음과 같다.

(1) 늘 비용을 인식한다

실행 계획 단계에서는 다양한 아이디어가 나온다. 물론 유연한 발상이나 아이디어를 부정하는 것은 아니지만, 물리적으로 '가능성의 여부'를 검토할 뿐만 아니라 '비용 지출만큼의 효과를 얻을 수 있느냐'를 고려하는 것이 중요하다.

(2) 남아있는 기간을 의식한다

이벤트를 둘러싼 여러 조건 중에서 절대로 변경할 수 없는 것이 '개최일'이다. 개최일 당일까지 거의 준비를 끝내더라도 일부분을 끝내지 못하면 그 이벤트는 개최할 수 없다. 또한 무리해서 당일까지 끝내려면 많은 노력과 비용이 필요하다. 늘 전체 요소에 관심을 기울이고 남아 있는 기간을 의식하면서 작업을 하는 것이 중요하다.

(3) 일관된 판단 기준을 세운다

기획 업무를 진행하는 데 각 구성 요소의 역할이나 위치, 비용 대비 효과를 충분히 검토하고, 제각기 우선순위를 명확하게 하면서 기법과 사양을 선정해야 한다. 판단 기준이 그때마다 변하는 상황은 어떻게 해서라도 피해야 하는데, 이 국면에서 중요한 것이 이벤트의 '목적'이자 '콘셉트'이다.

(4) 원점에서 다시 검토한다

기획 작업을 진행하다 보면 다양한 아이디어와 발상이 나올 때가 있다. 이때 무심코 본래의 의의와 목적을 잊고 당초의 목표 방향에서 벗어나는 경우가 자주 있는데, 기획이 완성되어가는 중에도 한 번 멈추고 원점에서 다시 검토하는 것이 필요한 시점이다.

(5) 입장을 바꿔서 살펴본다

기획 작업을 진행하다보면 무심코 엉뚱한 방향으로 흘러가버리는 위험성이 있다.

가끔씩 입장을 바꿔서 다음 세 가지의 다른 관점에서 늘 전체를 다시 바라보는 것이 중요하다.

① **주최자의 입장:** 목적과 의도는 달성되었는지, 비용 대비 효과에 문제는 없는지, 전체구성의 균형은 좋은지 등

② **참가자, 방문객의 입장:** 기대나 요구에 대응하고 있는지, 불편한 점이나 불쾌한 점은 없는지, 전체적인 인상은 어떤지 등

③ **실무담당자의 입장:** 구조 · 시설 등의 측면에서 문제점은 없는지, 방재 · 안전대책은 충분히 확보되어 있는지 등

2. 주최 측 내부 공감대 형성과 조직 구성

기획 내용이 결정되면 우선 주최 측 내부에 실행 조직(이벤트 실시를 위한 프로젝트팀)을 구성하여 경영진으로부터 정식으로 이벤트 업무를 위임받아 내부의 사전 교섭이 원활히 이루어질 수 있는 체제와 공감대를 형성한다.

실행 계획과 주최 측 내부 공감대 형성

실행 계획이 착착 진행되어 가는 과정에서 주최 측 프로듀서는 전문 브레인을 포함한 프로젝트팀이 결정한 실행 계획을 세밀하게 검증하여 조직 내부의 승인을 받는다. 결재제도가 있는 조직에서는 품의서를 제출해 해당 계획의 정당성에 대해 조직 내부의 공감을 얻어야 한다. 이것은 조직 내부의 홍보 활동에도 연결되는 중요한 일

이다. 조직 내부의 지지와 해당 이벤트가 일체되지 않으면 성공할 수 없으므로 주최 측 프로듀서의 실력을 발휘할 만한 업무이기도 하다.

통상, 실행 계획서의 원안이 작성된 단계에서 부서장에게 보고하여 의견을 묻는 경우가 많다. 담당팀 외에 조직 내부의 지지자를 확보하는 절호의 기회이기도 하다. 외부 프로듀서에 의해 조직 내 공감대를 얻은 사례를 들어 보자.

'2015 항구 축제(가칭)' 기획에 공감한 이벤트 프로듀서 A씨는 기획회사의 B씨와 함께 주최자를 방문, 총괄프로듀서 수락과 아울러 주최자에게 현장에서 실행에 따른 전권을 위임해 주도록 요청했다. 그리고 총괄프로듀서를 하는 '2015 항구 축제'의 내용에 관해 B씨에게서 받은 오리엔테이션 내용을 확인하고, 주최자의 총괄프로듀서에 대한 의견과 A씨의 의견 차이를 좁힐 수 있도록 합의했다.

특히 A씨는 과거 이벤트 대행 업무에서 고생한 경험이 있었기 때문에 대행 용역비에 관해서는 주최 측과 업무대행계약서를 체결하여 결정하고, A씨의 책임 범위와 주최자의 권한 위임 범위를 명확히 할 것을 제안했다. 주최 측에는 과거의 경험을 참고하여 "현장에 대해서는 참견하지 않을 것, 도중에 변경하지 않을 것, 총괄프로듀서는 이벤트의 총책임자일 것, 주최 측에는 협력 요청을 명확히 할 것, 중간보고는 확실히 할 것" 등의 쌍방이 합의한 근거로 요구한 업무대행계약서를 체결했다.

조직 구성과 조직의 기능화

사무실에 돌아온 A씨는 우선 오랜 관계의 동료들에게 전화 연락을 하여 '2015 항구 축제'의 총괄프로듀서를 의뢰받은 취지를 전달하고 협력을 요청했다. 그리고 B씨로부터 받은 '2015 항구 축제' 기획안을 동료들에게 보냈다. 기획안을 접수한 동료들은 아트디렉터 C씨, 전시프로듀서 D씨, 조명디자이너 E양, 음향프로듀서 F군, 패션디자이너 G씨, 도우미 파견회사 교육담당 H양, 광고대행사 프로모션 담당 I씨, 도시개발전문가 J씨, 마케팅회사의 디렉터 K군, 예능프로덕션 매니저 L군, 신문사의 사회부 담당 M군, 텔레비전 방송국의 제작담당 N군, 잡지사 편집담당 O군, 여행사 상품담당 P씨, 박람회프로듀서 Q선생, 대학 후배 R군과 S양, 이벤트 운영 경험이 풍부한 T군, 은행의 대출계 U씨, 화가 V선생, 사진가 W선생, 만화가 X선생 그리고 역사민속전문가 Z씨였다. A씨의 각 방면에 폭넓은 인간관계가 도움이 될 때가 온 것이다.

일주일 뒤 오후 1시 반에 회의 소집을 당부한 A씨는 기획회사의 B씨에게도 참석을 부탁했다. 참석할 수 없는 동료로부터는 기획의 문제점 지적과 개선 방안을 보고받아 첫 미팅을 가졌다. 우선 B씨에게 기획안에 감추어져 있는 실제 기획 의도와 주최자의 의뢰 사항에 대한 설명을 듣고, A씨가 주최자와 체결한 업무대행계약서를 회람했다. 기획안에 대한 질의 응답 후 이번 이벤트에 전문위원으로서 참여해야 할 요원과 실무 스태프로 프로젝트팀에 참가해야 할 요원을 결정했다. 전문위원은 E양, F군, G씨, J씨, K군, P씨, V선생, W선생, Z씨 실무 스태프는 C씨, D씨, H양, I씨, L군, R군, S양, T군, 나머지는 A씨의 어드바이저가 되기로 했다.

전문 스태프와의 역할 분담

요즘은 기업 측 담당자가 너무 바쁘기 때문에 이벤트 전체를 외부 전문 스태프에게 맡기는 경우가 늘고 있다. 그러나 책임의 소재가 불분명하여 마찰의 원인이 되고 있기 때문에 이 책에서는 주최 측 스태프가 전문 스태프와 함께 추진해 나가는 것을 전제로 설명하려 한다. 주최 측 스태프와 전문 스태프의 관계가 잘 유지되면 이벤트 성공 가능성은 크다. 핵심은 각자의 전문 분야를 담당하는 것이 좋다.

주최 측이 직접 담당하는 업무와 전문 스태프에게 맡기는 업무를 명확히 구분할 필요가 있다. 무리하게 분담하면 중도에 포기하는 경우도 발생하며, 업무 분담이 불확실하면 서로가 "주최 측 스태프가 하고 있을 테니까"라든지 "전문 스태프에게 맡긴 일이니까"라며 서로 미루게 된다. 이벤트의 주요 업무(전시 설치, 도우미 파견, 실시 운영 등)는 전문 스태프에게 맡기고 포스터나 팸플릿 제작 인쇄 등의 이벤트에 관련된 부대 업무는 주최 측 스태프가 진행하는 경우가 많다. 그러나 기획에 관해서는 주최 측과 전문 스태프가 공동 작업하는 형태가 주최 측의 콘셉트를 전달하기 쉬워 많이 채택되고 있다. 또한 전문 스태프 간의 업무 분담도 명확히 규정할 필요가 있다.

실시 운영 조직 구성

앞에서 서술한 계획과 조직 내 공감대 형성, 조직 구성과 조직의 기능화, 외부 스태프와의 역할 분담을 도표화하면 [표 5-1]이 된다.

[표 5-1] ○○축제 실행조직도

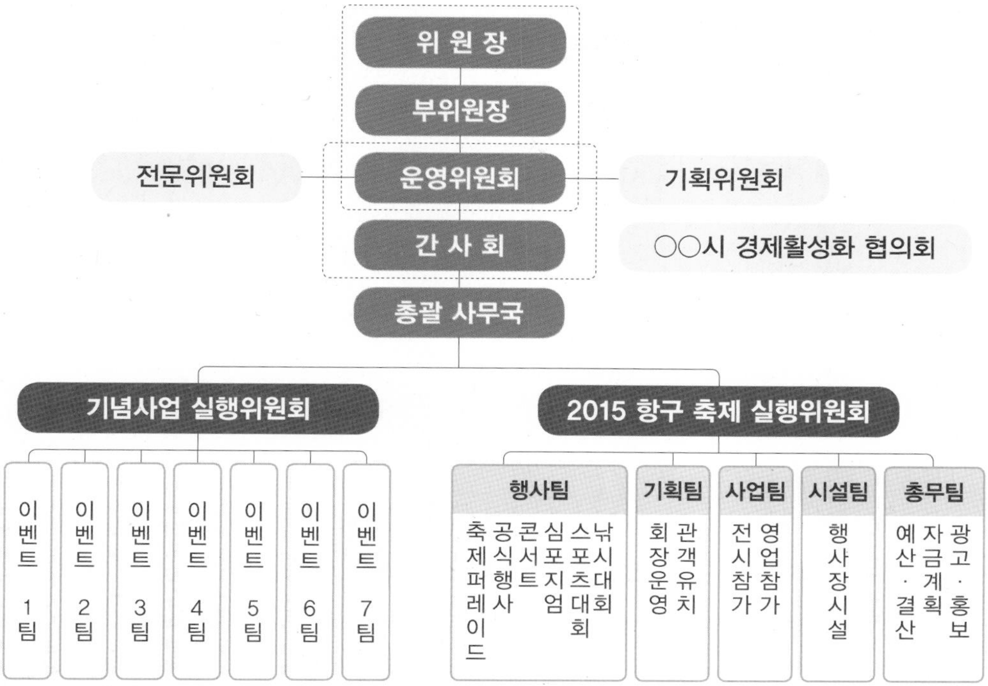

3. 기본계획안을 근거로 한 실행 계획 작성

실행 계획은 기획자가 만든 기본계획안을 현장 상황에 맞게 작성한 것이다. 기본계획안에는 '불가능한 것', '예산이 지나치게 드는 것', '기일까지 되지 않는 것' 등을 포함해서 제안되는 경우가 많다. 따라서 이벤트의 경우 '현장으로부터의 발상'이 중요하며, 현장 전문가에 의해 실행 계획이 작성되는 것은 이러한 이유 때문이다. 다음은 기본계획안이 실행 계획화되는 과정이다

기본계획안의 분석, 검토와 실무

우선 기본계획안의 요소를 분석해 보자

❇ 기본계획안의 요소

① 개최 요소(5W1H): Who, What, Where, When, Why, How

② 준비체제 조직 그리고 실행 운영 조직

③ 행사장 전체 구성 계획(조닝, 레이아웃 등)

④ 행사장 시설 계획

⑤ 건설, 시공, 전시, 장식 계획

⑥ 행사장 주변 상세도

⑦ 동원 계획

⑧ 운영 계획

⑨ 행사 계획

⑩ 광고, 홍보 계획

⑪ 실행 예산(How much)

⑫ 전체 스케줄

개최 요소에는 'How much'를 덧붙여 '5W2H'라고 하는 경우도 있다. 위에서는 ⑪ 실행 예산이 여기에 해당한다. 실행 계획 작성에 참여하여 기본 계획을 검증해 보자. 우선 실행 차원에서 현장 측면의 실현성 문제가 핵심으로 검증된다. 기본 계획은 만들어졌지만 실제로 가능할까라는 기본적인 것부터 주변의 상황, 교통 체계의 검토 등 현장에 몇 번이고 찾아가 프로듀서의 눈으로 직접 확인할 필요가 있다. 예산 체크도 중요한 요소이다. 자금의 계획은 확실히 되어 있는가, 예산 낭비는 없는가, 예비비는 확보되어 있는가(이 예비비가 최종 단계에서 매우 중요하다) 등 자금에 관계된 것은 특히 주의가 필요하다.

실시까지의 각 담당업무별 계획안 작성

다시 '2015 항구 축제' 상황으로 되돌아가 보자.

실무 스태프는 주최자와 B씨로부터 입수한 자료, A씨가 현장에서 촬영한 사진 등과 K군이 조사한 데이터에 근거하여 실행 계획 작성에 착수했다. 데이터나 계획안은 업무 과정에 따라 전문위원에게 확인받는 것으로 하고, 시간적 제약이 있어 기본적 사항에 한해 전원이 각각 동시에 계획안 작성에 몰두했다.

A씨는 전체 진행과 조정, 실행, 예산, 전체 스케줄을, C군은 아트디렉션을, D씨는 행사장 전체 구성과 행사장 시설과 전시 · 장식 계획을, H양은 도우미 모집 요강 · 연수 · 교육 계획 · 유니폼 디자인 · VIP 접대 계획을, I씨는 광고 · 홍보 계획을,

L군은 행사 계획을, R군과 S양은 동원 계획과 전체 스태프의 업무 보조를 담당하고, T군은 실행 계획을 담당하여 2주일 뒤에 파워포인트로 제시하기로 했다.

파워포인트로 실무 스태프 전원이 브레인스토밍을 하여 제1차 안이 완성됐다. 제1차 안을 전문위원에게 제안했으며, 문제점과 개선방안이 제시되어 또 다시 실무 스태프 간에 검토회의가 이루어졌다. 실무 스태프와 전문위원이 공감할 수 있는 실행안이 완성되어 주최 측에 제시되었다.

A씨의 총괄프로듀서 수락부터 2개월 뒤 주최 측에 실행안을 제출하고, 주최 측과 함께 행사장 예정지로 가서 현장에서 검증을 했다. 또한 실행예산안에 관해서는 주최 측의 의견을 반영한 견적서를 제시했다. 주최자와 프로듀서 간의 합의가 성립되어 최종 실행안이 완성되었다. 실행안이 결정되고 A씨는 실무 스태프를 소집하여 각 팀마다의 실행계획안 작성을 지시했다. 실시까지 시간적 여유가 없었기 때문에 개최일로부터 역산해서 스케줄을 결정해 가는 방법으로 각 담당팀별로 작업에 착수했다. 이상이 실행안 작성까지의 대략적인 과정이다.

기본 계획의 실행계획화

가. 실행안 중의 결정된 사항(공간 구성, 행사장 시설, 주차장 등)이 현장에서 실제로 진행될 상황을 예상하여 계획서를 작성한다.

나. 실행 계획의 내용으로는 다음 항목을 생각할 수 있다.

(1) 개최 개요(6W1H)

(2) 실행 운영 조직도

(3) 행사장 전체도

(4) 주차장 안내도

(5) 행사장 주변도

(6) 시설과 참가 단체 및 기업

(7) 입장권, 입퇴장, 차량 등의 기본 지식

(8) 임시 스태프(도우미, 아르바이트 등)의 모집, 채용, 교육, 연수, 실행 훈련

(9) 유니폼 대여 규정, 취업 규칙, 보험 수속 등 인사, 총무

(10) 행사장 운영

　　① 운영본부 구성표

　　② 운영본부 스태프(도우미, 아르바이트 등) 배치표, 배치도

③ 운영본부 스태프 업무 내용(역할과 일일 스케줄)

④ 경비, 정리요원 배치표, 배치도

⑤ 경비, 정리요원 업무 내용(역할과 일일 스케줄)

⑥ 청소

⑦ 기록

(11) 행사장 정리

① 입·퇴장 정리

② 순회 정리

③ 미아 보호

④ 유실물, 습득물 보관

⑤ 구급환자 보호

⑥ 장애인에 대한 배려

(12) 재해 대책

① 자율 소방 조직과 자율 소방대 편성표

② 화재 예방 조직표

③ 야간 경비, 자율 소방

④ 긴급방송 요령

⑤ 일제 점검 연락도

⑥ 긴급연락망

(13) 외부 기관과의 연계(경찰, 소방서, 보건소 등)

(14) 타 부서와의 연계(전단 배포, 캠페인팀 구성 등)

① 예산 관리

② 전체 스케줄

4. 실행계획안 작성

실행 계획의 작업 순서

(1) 실행계획안은 크게 하드와 소프트로 나눌 수 있다.

① **하드 측면에 필요한 계획안:** 건축, 전시, 음향, 조명, 영상 등의 설계도 또는 시스템도, 오퍼레이션 매뉴얼 등

② **소프트 측면에 필요한 계획안:** 행사장의 운영 계획

위의 소프트 및 하드 측면의 요소가 실행계획안에는 반드시 필요하다.
작성의 순서를 설명하면

① 예산서의 제출 의뢰

프로듀서가 각 실무 스태프 소집을 요청, 실행계획안 작성을 위한 오리엔테이션 및 각 부문별 실행 계획과 예산서 제출을 의뢰한다. 의뢰하는 항목 사례를 [표 5-2]에 제시한다.

② 조정 작업

프로듀서는 각 실무 스태프와 긴밀히 연락을 취하면서 동시에 이벤트 주최 측과 협의 및 조정 작업을 진행해야 한다. 여기서 주의해야 할 것은 실무 스태프 측이 제출한 예산이 기획 단계에서 제시한 추정예산을 초과할 수도 있다.(이 같은 경우가 자주 있다) 추정예산의 삭감에 냉정하지 못한 것이 최대 원인이지만 양자가 잘 협의하여 최상의 방법을 검토하고 해결해야 된다. 동시에 관련 법규의 체크도 필요하다. 경우에 따라서는 관계 관청에 상담, 허가를 받아야만 한다.(표 5-3 참조)

③ 완성

각 실무스태프로부터 의뢰한 자료가 취합되면 이것을 점검·보완하여 일정한 포맷으로 정리하여 실행계획안을 완성한다.

[표 5-2] 각 부문별 실행 계획 및 예산서의 의뢰 항목 사례

담당	계획 내용
전시 스태프	실시설계, 예산서 등
영상하드 스태프	시스템도, 기기의 사양, 예산서
연출 스태프	연출 플랜 작성, 예산서
영상소프트 스태프	시나리오, 예산서 등
음향, 조명, 특수효과 스태프	시스템도, 레이아웃도, 기기의 사양, 예산서 등
홍보 관련 스태프	홍보계획서, 예산서 등
광고 관련 스태프	광고계획서, 포스터, 전단 등의 디자인 제작, 예산서
운영 스태프	실시운영 계획, 예산서 등

[표 5-3] 주요 관청과 역할

주요 관청	역할
소방서	행사장 레이아웃 체크
보건소	식품 등을 판매하는 경우 체크
세무서	주류 등을 판매하는 경우 체크
경찰서	도로 사용, 교통 통제하는 경우 체크
공정거래위원회	경품 규정의 체크 등

그 외 상황에 따라 여러 관청을 방문해야 한다.

(2) 내용, 전개, 구성, 연출 계획

실행계획안 포맷의 예를 아래에 제시한다.

❊ 실행계획안 포맷의 예

① **실시 개요:** 명칭, 장소, 일시, 시간 등을 명기

② **실행조직도:** 실행팀 구성 및 실행팀의 업무 분담 내용, 팀장 · 팀원 등을 명기

③ **실시 내용:** 구체적 내용(연출 계획을 포함)의 설명(전체 각 코너, 주제 코너) 평면조닝 그리고 전체 각 코너의 투시도

④ **각종 이벤트 계획:** 내용, 스케줄 명기

⑤ **실시운영 계획:** 3절의 기획 내용의 실행계획화에서 언급한 내용을 망라하고 있는지 체크

⑥ **광고 · 홍보 계획:** 활용 매체와 일시, 기자설명회 스케줄 등을 명기한다.

⑦ **실시 스케줄:** 실시까지의 스케줄을 가능한 세밀하게 명기한다.

⑧ **실시 예산:** 이벤트에 소요되는 비용을 열거한다.

이상 포맷의 예를 들었지만 이것은 극히 일부에 지나지 않기 때문에 경우에 따라 최상의 포맷을 생각할 필요가 있다. 경우에 따라서는 실시 운영 매뉴얼이 실행계획안이 되는 경우도 있다.

행사장 디자인

행사장 디자인은 기본적으로 스페이스 디자이너와 아트디렉터의 업무이지만, 경우

에 따라 그래픽 디자이너에게 의뢰하는 경우도 가끔 있다. 그들에게 기본 콘셉트를 정확히 이해시키고, 동시에 그들이 지닌 창조적인 능력을 최대한으로 끌어내야 한다.

프로듀서는 단순한 조정력만이 아니라 창조적인 감각을 지녀야 한다. 그들과 대등하게 의견을 교환하고 공감하지 않는다면 좋은 계획이 나올 수 없다.

행사장 디자인을 할 때 주요 사항은 다음과 같다.

❋ 행사장 디자인의 주요 사항

① **컬러링**: 기업 및 자치단체의 이미지를 손상시키는 것은 아닐까?

CI는 컬러를 사용해야만 할까?

행사장 이미지와 조화를 이루고 있는가 등을 검증한다.

② **동선**: 예상 입장객 인원을 고려하여 관객이 행사장 내를 편리하게 이동하도록 동선 계획을 수립한다.

③ **각 코너의 디자인**: 출전 참가자의 전시물 성격을 잘 이해하고 디자인한다.

다음은 행사장 디자인 요소 중에서 동선과 각 코너의 디자인과 관련하여 [그림 5-1] '2013 오송화장품뷰티세계박람회' 동선 계획과, [그림 5-2] '2013 산청세계전통의약엑스포 게이트디자인'을 사례로 제시했으니 참고하기 바란다.

[그림 5-1] 2013 오송화장품뷰티세계박람회 동선 계획

[그림 5-2] 2013 산청세계전통의약엑스포 게이트디자인

장식 · 전시 계획

행사장의 장식이나 전시는 이벤트 중 관람객에게 직접 시각적으로 다가가는 분야이기 때문에 매우 중요하다. 신뢰할 수 있는 전시회사 또는 전문디자이너에게 의뢰하는 것이 바람직하다. 계획을 수립할 경우의 주요사항을 아래에 제시한다.

✽ 장식 · 전시 계획의 주요사항

① 컬러링, 동선 등 각각의 전시 계획을 충분히 검토하여 추진해 나간다. 특히 동선관계는 여유를 가지고 확보해야 한다.

② 행사장 조건을 충분히 조사한다. 반입 · 출 경로, 순서, 중량 제한, 천정 높이 작업시간, 스프링클러의 위치, 화재 방지의 유무(실내 이벤트의 경우는 불가결하다) 등을 꼭 확인해야 한다. 충분히 확인하지 않아서 전시물, 제작물이 당일 엘리베이터에 들어가지 못하는 웃지 못 하는 상황이 초래될 수도 있다.

③ 장식의 완성은 계획을 시작하는 단계에서 충분히 검토해야 한다. '보이는 부분은 최대한 아름답게, 보이지 않는 부분은 좋은 의미에서의 생략을'이 장식의 철칙이다. 예산 관계를 고려하면서 마감재를 결정해 계획을 추진해 간다. 행사장의 전기 용량 확인도 중요하다. 전기 용량이 부족하여 계획대로 전시 연출이 불가능한 경우가 있기 때문에 주의해야 한다.

[그림 5-3] 2013 오송화장품뷰티세계박람회 주제관 전시 계획

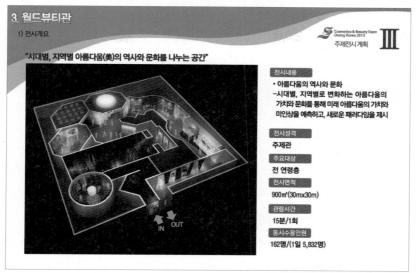

장비시스템 계획

이벤트 연출·제작 중에서 가장 일렉트로닉스 기술이 요구되는 분야가 음향과 조명, 영상, 특수효과이다. 그러나 배선 착오에 의한 화재의 발생이나 전기사고도 많아 전문기술을 지닌 유자격자에게 관리를 의뢰해야 한다. 또한 전문 분야이기 때문에 주최자는 전문회사에 일괄적으로 업무를 맡겨야 한다.

[그림 5-4] 2013 오송화장품뷰티세계박람회 개막식 장비시스템 계획

4. 공식행사

3) 개막식
3-4) 시스템 계획

Cosmetics & Beauty Expo
Osong Korea 2013
이벤트 계획 VI

※ 개막식 공중파 중계로 필요한 추가시스템은 주관방송사와 협의하여 보강 진행

구분	수량	내용	비고
무대	1식	• 주공연장 무대 활용	주관방송사 협의진행
음향	1식	• 주공연장 음향 시스템 활용	주관방송사 협의진행
조명	1식	• 주공연장 조명 시스템 추가	주관방송사 협의진행
영상	2식	• 현장 중계 송출용 전광판 • LED 200인치	2일 사용 (리허설, 행사)
중계	1식	• 현장 중계 • ENG 카메라(3), 지미집(1), 자막기 및 현장 중계 시스템	1일 사용 (행사)
특수효과	1식	• 개막식 터치버튼 (플라즈마 버튼) • 무대 연출 특수효과 – Co2, 불기둥, fog, 타이거데일, 특수효과 컨트롤러	불꽃놀이 제외
트러스	1식	• 조명 트러스 (11자 + 보강 ㄷ 자형)	주관방송사 협의진행
발전차	2ea	• 무소음 발전차량 • 리허설(2), 행사(2)	방송중계로 추가전력발생 시 협의 진행

5. 실시예산 작성

예산 수립에서 가장 중요한 것은 비용 대비 효과이다. 예를 들면, 1명 유치 시에 얼마의 경비가 소요되는가이다. 이같이 이벤트에서는 유치 계획이 예산 수립과 밀접한 관계가 있다. 리스크 부담을 어디까지 하느냐에 따라 예산 규모가 변한다. 즉, 중점 항목을 정한 다음에 예산을 추정해야 한다.

추정예산 수립

추정예산은 실제로 견적을 산출하기 전에 '어디에 얼마나 들까'라는 궁금증을 해소하기 위해 작성된 예산이다. 당연히 이벤트 프로듀서가 과거의 경험에서 추출한 것인데다 추정 금액이기 때문에 일반적으로 천원 단위로 작성된다.

최근 사례로 볼 때 박람회는 통상 시설비 45퍼센트, 전시비 16퍼센트, 이벤트 18퍼센트, 광고홍보비 8퍼센트, 운영비 13퍼센트와 같은 비중으로 편성된다는 것을 알 수 있다. 그러나 박람회의 경우 전시 중심, 영상 중심, 행사 중심 또는 복합형 등 제작 방식에 따라 비용 내역이 다르기 때문에 세심한 주의가 필요하다. 또한 더 간편하게 추정예산을 수립할 때는 통상 입장객 예측 수에 10,000원을 곱한 숫자 이내에서 총액을 설정하기도 한다.

실행예산 수립

실행예산은 실행 계획을 세우는 과정에서 각 부문의 견적을 취합한 비용과 주최자의 전체예산을 포함한 것이기 때문에 주최자의 의견이 반영되어 산출된다.

[표 5-4]에서는 '2013 산청세계전통의약엑스포' 실행예산 중 총예산과 세부예산의 일부를 사례로 제시하였다.

[표 5-4] 2013 산청세계전통의약엑스포 실행예산

1. 총 예산

(단위: 천 원)

구분	항목	세부 내용	총소요예산	비고(%)
행사비	회장 기반 조성 및 회장 조성·관리 부문	기반시설 조성, 게이트, 상징물, 펜스, 푸드코트	9,360,000	14
	전시 부문	전시관 연출비 (상설, 비상설, 유치) 전시관 조성비 (상설, 비상설, 유치)	29,641,833	43
	컨벤션 부문	연사 초청, 영접·영송, 인건비, 기타 제작물 제작 등	4,800,000	7
	행사 부문	사전붐업 행사, 시설, 공연, 전야제, 개막식, 폐막식 등	7,937,000	12
	홍보 부문	언론 홍보, 홍보제작물, 사전 홍보이벤트 등	4,000,000	6
	유치 부문	유치 전담반 운영비, 유치활동비, 해외참가자 유치	1,650,000	2
	운영 부문	인건비, 관리비, 물자비, 셔틀버스 등	5,132,500	8
	행사경비	행사 준비 기간 중 지출 경비	1,900,000	3
조직위운영비		조직위 구성비, 기획, 설계, 사후 관리 비용	3,570,000	5
① 행사·운영비 합계		행사비 + 조직운영비	67,991,333	—
② 예비비		①의 약 7%	4,735,940	—
③ 합 계		① + ②	72,727,273	91
④ V A T		③×10%	7,272,727	9
⑤ 총 계		④ + VAT	80,000,000	100

※ 170만 명 / 40일 기준 전시관 면적 및 관련 운영경비 선출

※ 행정안전부 예규 제 182호 '지방자치단체 원가계산 및 예정가격 작성 요령'에 의거 산출되는 일반관리비 및 이윤 부문 포함되어 있지 않음.

－전체 행사비에 일반관리비 5~6%, 이윤 10~15% 계상

※ 예비비 7%는 행사 진행시 돌발 상황 및 일부 부족할 수 있는 행사비용을 대비하기 위해 책정한 것이며, 이에 관한 기준은 상황에 따라 변동될 수 있음.

2. 세부예산

(단위: 천 원)

구 분	항 목		내 역	예상소요금액	비 고
1. 회 장 기 반 조 성	기반시설 조성비		조경 및 부대시설 조성(주행사장 115만㎡×10%×20,000원/㎡당)	2,300,000	
	주차장		임시(절성토, 석분 깔기 등) 10만㎡×6,000원 = 600,000,000원	600,000	
			장애인 및 VIP(아스콘) 5만㎡×10,000원 = 500,000,000원	500,000	
	기타 기반 조성		전기 및 조명 공사 1식(주·부행사장)	400,000	
			통신 공사(인터넷 및 전화) 1식(주·부 행사장)	100,000	
			주행사장 광장 시설 공사(휴게, 분수, 바닥, 구조물 등) 1식	900,000	
			부 행사장 광장 시설 공사(휴게, 분수, 바닥, 구조물 등) 1식	600,000	
소 계 ①				5,400,000	
2. 회 장 조 성· 관 리	게이트 (주출입구, 부출입구)		주·부 행사장 입구 아치 보강 및 게이트 조성 비용	300,000	
	사인 및 환경 장식		현수막, 배너기 등 제작물 일체	400,000	
	상징물 및 조경공사		정원수 및 잔디 식재, 회장 내 광장(2개소) 조성, 꽃조형물 설치 등	1,500,000	
	전관방송시스템		행사장 전관방송 시스템 설치 비용	200,000	
	펜스 비용		행사장 지역펜스 설치 비용 (2.7km 기준)	150,000	
	서비스/편의시설		매표소 및 종합운영본부, 각종 편의시설 설치 비용(알루홀 텐트 및 MQ 텐트 설치)	400,000	
	이동식 화장실		모바일 이동식 화장실(30개 ×700만 원/40일 기준)	210,000	
	푸드코트		TFS텐트(2,000㎡+1,500㎡) / 두 군데 조성 및 기반 공사(전기, 급배수 등)	200,000	오·폐수처리 지자체 협조
	관 리 비	경비관리	경비 인력 및 운영비 등	100,000	주방시설 및 집기류 내용 별도(식음사 업자 부담)
		환경관리	청소 인력, 쓰레기 처리, 운영비 등	100,000	지자체 협조
		보건/위생관리	방재 및 위생 관리 운영비	50,000	지자체 협조
		주차관리	주차 관리 인력 및 운영비	150,000	
		관람객 서비스	서비스 물재(유모차, 휠체어, 의자, 테이블 등)	200,000	
소 계 ②				3,960,000	

수정예산 수립

이벤트는 기획에서 실시까지 변경의 연속이다. 특히 협찬이 예정대로 유치되지 않아 지출을 억제할 필요가 생기는 경우가 많다. 특히 내용 보완에 의한 추가나 실행 견적에 의한 추가 요인도 있다. 때문에 예산 수정은 불가피하다. 또한 최악의 경우 주최 측의 내부 사정에 의해 예산이 대폭 삭감될 경우에는 기획의 근본부터 수정해야하기 때문에 여기서는 다룰 수가 없다.

수정예산을 수립하기 위해서는 우선 전체 예산을 파악하여 수정해야 될 예산항목과 실행예산의 차이를 조정하는 작업이 필요하다. 최소한의 비용은 인정하고 여유 있는 예산항목의 비용을 조정하는 순서로 작업하여 전체적으로 균형 있는 예산서를 만든다.

6. 일정 작성

실행계획안은 그것을 실행하기 위한 일정이 필요하다. 어떤 업무를 몇 시까지 완료할 것인지 이벤트 실행 프로그램까지의 공정이 필요하다. 이벤트 프로듀서의 실력을 보여줄 만한 업무의 하나가 이 공정관리이다. 아무리 훌륭한 기획이라도 제시간에 맞추지 않으면 소용이 없다. 이벤트에도 납기가 필요하며 납기도 품질인 까닭이다.

각 단계별 일정

실무 스태프가 각 업무를 추진하면서 '기본 구상 → 기본 계획 → 실행 계획 → 실행 매뉴얼 → 제작 → 운영 → 철거' 순으로 공정표를 작성한다. 각 업무의 일정 작성에서 주의할 점은 다음과 같다.

❋ 일정 작성의 유의점

① 무리한 공정은 다른 관련 업무에 부담을 주기 때문에 충분히 고려할 것

② 무엇을 우선이으로 할 것인가 결정할 것

③ 사후 공정이 있는지 검토할 것(사후 공정을 생각해서 작업을 진행할 것)

④ 관련 업무와의 상호 연락을 긴밀히 할 것

⑤ 프로듀서의 사고방식을 반영할 것

전체 일정

각 섹션의 일정을 모아 전체 공정으로서 이벤트 실시까지의 과정을 스태프 전원이 알기 쉽게 하고, 매일 작업에 반영하는 일정이 전체 일정이다. 이렇게 하면 다른 섹션과의 관계와 자신의 위치도 한눈에 들어올 것이다. 특히 다른 섹션과 조정이 필요한 시점을 알 수 있는 일정이 바람직하다. [표 5-5] 전시회 일정과 [표 5-6] 지방 박람회 일정을 사례로 제시한다.

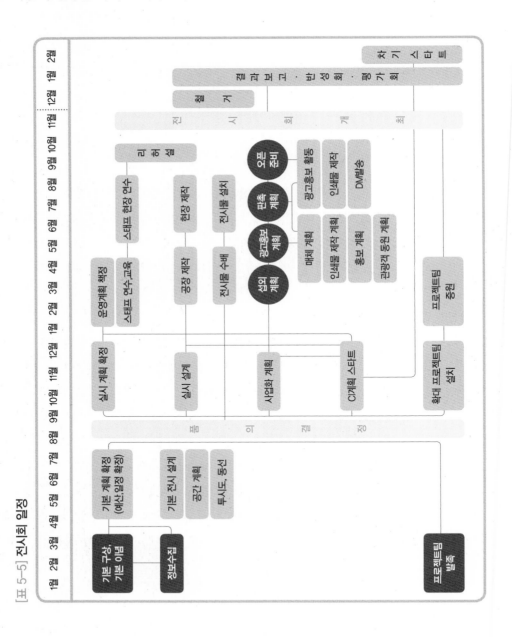

[표 5-5] 전시회 일정

[표 5-6] ○○지방박람회 전체 일정

사업 항목	일정	2010년 7월	2011년 9월	2012년 4월	2013년 1~3월	2014년 5월	2015년 5/1~6/30
주제 기본 구상	주제(이념) 구상	주제 구상					
	기본 구상		기본 구상				
행사장 용지	행사장 부지 확보		부지 선정				
행사장 계획	관련조사		관련 조사				
	기본 계획		기본 기획				
	기본 설계			기본 설계			
행사장 건설	행사장 조성	기본 계획	기본 설계	실시 설계	조성 공사		
	행사장 시설	기본 구성	기본 계획	기본 설계	실시 설계	시공	전시, 시운전
	조경		기본 계획	기본 설계	실시 설계	시공	
	관리 시설		기본 계획	기본 설계	시공, 설계	시공	
	교통 시설		기본 설계	개발, 설계	시공	시운전	
출전 유치	주제 출전	기본 구성	기본 계획	기본 설계	실시 설계	시공	전시
	민간 출전	조사	기본 계획 (참가 초청)	기본 설계, 실시 설계, 시공 (참가 계약, 조정)			전시
	외국 출전	조사	기본 계획 / 참가 초청	기본 설계	실시 설계	시공 (참가 예약, 조정)	전시
	영업 출전	조사	기본 계획 / 참가 유치	기본 설계	실시 설계	시공 (참가 예약, 조정)	전시
행사	행사	조사	기본 계획	참가 섭외, 계약	실시 계획	준비	리허설
운영	행사장 운영	기본 계획(운영설비)		실시 계획	실시 요령	요원 채용, 훈련	
관람객 유치대책	관객수 예측		제1차		제2차	제3차	
	운송 대책	문제점 기본 계획 정리 요강	계획 조정		계획 조정		
	숙박 대책	조정	기본 계획	실시 계획 추진		계획 조정, 실시	부족 설비 대책
	유치 대책		조사 / 기본 설계	계획 실시 추진		예약 활동, 단체 스케줄 조달 안내서비스 준비	
광고 · 홍보	광고 · 홍보		기본 계획	실시 계획	캠페인 캠페인 캠페인	직전 캠페인	프레스 센터
예산 확보	자금 대책	제1차 자금 계획		조달	조달, 제2차 계획	조달	조달

이 장에서는 다음과 같은 점을 포인트로 정리할 수 있다.

● 제2부 이벤트 기획에서 작성한 기획안을 현장 측면에서 본 것이 실행 계획이라 할 수 있다. 현장으로부터의 발상이야말로 이벤트의 원점이라고 필자는 믿는다. 현장을 모른 채 이벤트를 말할 수는 없다. 이벤트의 실무 스태프는 빌딩의 건축현장처럼 각 부문별로 전문지식을 갖추고 전문 분야에서 활약하고 있다.

● 연구 도중이라도 이벤트 현장을 방문할 것을 권한다. 이벤트 기획자의 안목으로, 이벤트 실시 운영담당자의 안목으로, 그리고 이벤트에 참가하는 관객의 입장에서 현장을 관찰해야 한다.

① 기본 구상 → 기본 계획 → 실행 계획 (각 과정에서의 역할)
② 실행계획안의 내용
③ 프로듀서의 작업 내용에 관해 실행 계획 단계의 체크 포인트를 충분히 이해했을 것이다.

이 장에서 배운 실행 계획의 좋고 나쁨이 이벤트를 실시하는 데 막대한 영향을 미칠 수 있다. 이벤트 성공의 포인트는 실행 계획에 있다고 해도 틀린 말이 아니다.

3부 이벤트 실무

CREATING
SUCCESSFUL
EVENTS

이벤트 실무의 기본 지식

연구 포인트

이벤트에 관한 기초적인 지식을 이해하지 않고 이벤트를 실시할 경우, 주최자로서 해야 할 역할을 완수할 수 없는 경우가 생길 수 있다. 따라서 이벤트를 실시하기 위해서 최소한의 기본 지식은 습득해야 한다. '훌륭한 기획+주의 깊은 실시=효과 있는 성공'이 바로 이벤트이다. 여기서는 이벤트 실무에 필요한 기초 지식에 관하여 학습한다. 이미 제1부와 제2부에서 연구한 내용과 중복되는 것도 있지만, 제3부에서는 이벤트 실무의 핵심 포인트를 제시했기 때문에 충분히 연구해 주었으면 한다.

1. 이벤트 실시의 기본 사항

성공적인 이벤트를 위해서는 다음 3가지 요소를 확실히 인식해야 한다.

① 이벤트 지식을 습득할 것
② 이벤트 기획 의도를 충분히 파악할 것
③ 이벤트 실시에 따른 판단력, 결단력, 행동력, 유연성을 지닌
　전문스태프들의 협력을 얻을 것

이상 3가지 요소가 어떻게 체크되고 있는지 구체적인 사례를 통해 고찰해 보자

실무자 측면의 이벤트

우선 기업의 이벤트 실무자는 이벤트가 종합 커뮤니케이션 계획 중 하나의 방법이란 것을 인식해야 한다. 이벤트는 마케팅력을 배경으로 기업의 광고와 홍보, 판촉 수단으로 실시되고 있다. 따라서 전체의 종합 커뮤니케이션 계획을 파악하고, 이벤트를 개최하는 이유를 충분히 이해해야 한다. 따라서 우선 '개최 목적'을 정확히 인식하는 것이 필요하다. 기업이 주최하는 이벤트의 '개최 목적'은 3가지로 구분할 수 있다.

① 소비자와 양방향 커뮤니케이션을 통한 판매 촉진
② 기업의 인지도 향상
③ 사회 환원 등 사내 임직원 및 유통망의 인센티브 확대

이벤트 현장에서는 소비자에게 직접 상품을 판매하는 것뿐만 아니라, 이벤트를 통해 기업의 콘셉트(기업의 사고방식)를 소비자에게 전달해야 한다. 즉 기업의 이미지를 팔아야 한는데 이 점을 잊어버리면 판매만 되는 단순한 이벤트가 되기 쉬우므로 기업 커뮤니케이션 측면에서 이벤트를 실시해야만 한다. 또한 실시 내용만 볼 때 아무리 아이디어나 기획이 탁월했더라도 실시 단계에서 제대로 실행되지 않는다면 '돼지 목의 진주목걸이'가 되어 버린다. 하지만 반대의 경우 진부한 내용의 기획이라도 이벤트만의 독특한 매력과 효과적인 연출, 동원 대책 등이 조합되면 의외로 빛을 발할 수 있다. 따라서 실시 단계에서의 이벤트 효율성이 중요하다.

이벤트의 특성

'전쟁에서 잃은 것은 회의석상에서 되돌릴 수 없다'는 말이 있다. 이는 유비무환의 자세를 강조한 말인데 이벤트 또한 유비무환의 자세가 필요하다. 이벤트 개최를 준비할 때 개최 당일의 날씨 하나만으로도 불확실한 요소를 내포하고 있기 때문에 유연하게 대응할 수 있는 판단력과 협력이 다각도로 요구된다.

이벤트의 많은 특성 중 중요한 것은 이벤트가 도상 계획(Paper Plan)의 단계를 떠난 순간부터 확실한 '형태'가 되어 움직인다는 것이다. 때문에 많은 인력이 '하나의 것을 향해, 많은 노하우와 시간을 투입한다'는 사실 관계를 파악하는 게 중요하다.

주최 측은 이벤트가 끝난 뒤 성과가 나타날 것이라는 '기대감'을 가진다. 이벤트는 인재(모든 분야의 개성 있고 유능한 사람), 조건(장소, 환경, 연출, 장비 등), 자금(예산), 시간(적시성, 개최까지의 시간), 정보(마케팅, 날씨, 개최 장소)를 조합하고 기업의 메시지(기업 이미지, 상품 등)를 전달하여 감동적인 연출로 참가자를 체감시키는 미디어라고 할 수 있다.

하나의 이벤트를 실시하는 것은 하나의 회사를 만드는 것과 같다. 사장(프로듀서)을 중심으로 부장(디렉터)과 과장(치프), 담당(스태프)이 회사의 목적(이벤트의 목적)을 달성하기 위해 기획안을 수립하여, 참가자(대상)에 대해 업무(이벤트의 내용)를 수행(연출)한다.

이벤트 실시의 유의점

기업이벤트는 통상 업무와 겸하며 광고, 기획, 판촉 등의 부서들이 중심이 되어 업무를 하는 경우가 많기 때문에 다음에 제시하는 유의사항을 체크 포인트로 검토해야 한다.

[표 1-1] 이벤트 실시를 위한 체크 포인트

- 해결할 과제를 명확히 한다
  (홍보, 광고, 마케팅, 판촉 등 모든 계획 중에서 이벤트의 위치 설정).
- 과제 해결의 포인트를 명확히 정립한다.
- 누가 리더가 되고 어느 업무를 담당할 것인가를 명확히 한다.
- 각 부서와의 연계를 긴밀히 한다.

- 사내 담당과 외부 브레인의 업무를 명확히 분담한다.
- 외부 브레인에게 충분한 오리엔테이션을 한다.
- 효과 목표를 설정한다.
- 우수한 스태프로 구성한다.
- 이벤트 내용이 주제를 잘 표현하고 있는지 사전에 검증한다.
- 전체 계획을 잘 이해한다.
- 조직 내부의 공감대를 얻는다.
- 함부로 아는 척하지 않는다.
- 연예인과의 교류에는 일정한 선을 긋는다.
- 예산 내에서 해결할 수 있는지 검증한다.
- 예산을 충분히 확보한다.
- 관계 기관에 허가 및 신고는 여유를 가지고 사전에 신청한다.

마이너스 효과와 리스크 흡수 대비

모든 이벤트가 계획처럼 성공하면 좋겠지만 안타깝게도 모두 성공하는 것은 아니다.

"예측한대로 동원이 되지 않았다", "우천 때문에 중지됐다", "출연하기로 한 연예인이 비행기 연착으로 제시간에 오지 않았다", "예측할 수 없는 상황이 발생하여 개최할 수 없었다", "개최했지만 애초 기획하고는 전혀 다른 내용이 되어서 이벤트를 하지 않는 게 오히려 나았다", "연출의 문제로 참가자에게 기획 내용이 어필되지 않았을 뿐만 아니라, 기업 이미지를 실추시켰다", "사고가 발생해서 소송 사태가 발생했다", "신문에 혹평기사가 실렸다" 등 마이너스 측면이 부각된 이벤트는 부정적인 측면만 주목받아, 이벤트를 포함해 전체 계획에서 상응한 성과를 거두었다 해도 실패했다는 평가를 받는 경우가 많다. 하지만 실패를 되돌릴 수 없는 것이 이벤트이다.

여기서 리스크를 최소화하기 위한 대책을 고려할 필요가 있다. 상해보험, 행사 종합보험 등의 보험에 드는 것도 하나의 방법이지만 그보다 사전에 여유 있는 일정과 전문스태프를 구성하여 명확한 계획을 세우고, 그것을 경험이 풍부한 전문가들이 시뮬레이션을 반복하여 실행 계획대로 실시하는 것이 리스크를 최소화하는 방법이다.

2. 기업이벤트의 분류

앞에서 이벤트를 실시할 때 꼭 알아 두어야 하는 기본 사항에 관하여 서술했다. 여기서는 기업이 주최하는 이벤트를 실무 차원에서 분류한 사례를 가지고 검토해 보자. [표 1-2]는 기업의 내·외부를 막론하고 관련 있는 이벤트 종류를 제시한 것이다.

[표 1-2] 기업이벤트의 종류

- **문화행사:** 강연회, 심포지엄, 세미나, 포럼
- **전시회:** 신기술전시, 해외 전문전시, 특별 주제전시 등
- **스포츠이벤트:** 골프, 테니스, 마라톤, 농구, 축구, 길거리 농구 등
- **음악이벤트:** 콘서트, 페스티벌, 뮤지컬, 노래자랑
- **문화강좌:** 대상별(지역별, 성별, 연령별, 속성별, 프로그램별) 강좌
- **콘테스트:** 사진, 아이디어, 그림, 수기공모, 소장품 등
- **국제문화 교류:** 심포지엄, 교류회, 장비전시, 사진전 등
- **각종 공모:** 관련 논문, 사가, 심벌 캐릭터, 제품명, 디자인, 작품 등
- **사회 캠페인:** 환경운동, 교통안전, 불우이웃돕기, 재활용품 수집 등
- **박람회 참가 전시:** 세계박람회, 지방박람회 등
- **판촉에 가까운 행사:** 요리, 컴퓨터, 음악 등의 강좌 개설, 토크콘서트, 파티 등
- **판촉행사:** 신제품 발표회 (캠페인과 병행), 오피니언 그룹 초대행사(호텔 디너, 주제공원 또는 특정 장소, 오픈 하우스 등)
- **일반행사:** 공식행사(세리머니, 파티)

사내 및 사외이벤트 구분

[표 1-2]의 기업이벤트 종류를 보면, 참가대상을 사내로 할 것인가 사외로 할 것인가에 따라 사내이벤트와 사외이벤트로 결정된다는 걸 알 수 있다. 참가대상이 다르기 때문에 목적 또한 다르다. 사내를 대상으로 한 이벤트는 사원의 활성화, 사원 및 가족에 대한 보상, 사원 자긍심 고취 등이 중요한 목적이 된다. 담당부서는 총무 및 기획부서인 경우가 대부분이다.

사외이벤트는 기업 홍보, 기업 이미지 제고, 판매 촉진, 협력 기업 인센티브 효과, 유통의 활성화 등이 중요한 목적이 된다. 담당부서는 상황에 따라 광고, 홍보, 기획, 판촉, 영업, 개발 등의 부서가 주관하며 타부서와 협력해서 진행하는 경우가 많다.

사내이벤트와 사외이벤트 사례

기업이 개최하는 사내이벤트와 사외이벤트의 사례는 다음과 같다.

❋ **사내대상 이벤트**

① 업무 유공자의 표창 등 사내 세리머니

② 사원 위로를 위한 운동회

③ 사원기숙사나 연수원의 오프닝이벤트, 기념파티 등

④ 사원과 그 가족을 대상으로 한 행사와 세일

⑤ 사가(社歌) 및 제안 공모

⑥ 기타 사내 심포지엄, 기념식수, 보상 여행 등이 있다.

❋ **사외대상 이벤트**

① 비즈니스 가게와 모터쇼 등 시제품전시, 전시회, 설명회

② 뮤지컬과 축구 등의 이벤트가 많은 공연, 스포츠

③ 기념식전, 파티 등의 세리머니, 리셉션

④ CF, 이미지 걸 모집의 모델 콘테스트 등

⑤ 판촉이벤트 등

상설 이벤트와 단발 이벤트의 주요 포인트

이벤트에는 정기적으로 실시하는 '상설 이벤트'와 필요에 따라 실시하는 '단발 이벤트'가 있다. 각 이벤트의 주요 포인트는 다음과 같다.

❋ **상설 이벤트의 주요 포인트**

① 회를 거듭할 때마다 지난 회 실시 결과에 대해 반성한다.

② 지난 회에 참여한 스태프를 몇 명 정도라도 실행위원회에 포함한다.

③ 똑같은 실수를 반복하지 않는다.

④ 회를 거듭할수록 내용에 더욱 충실토록 한다(매너리즘 탈피).

⑤ 핵심 이벤트의 체크를 놓치지 않는다(미니이벤트를 너무 늘리지 않는다).

❋ 단발 이벤트의 주요 포인트

① 실패는 돌이킬 수 없다는 것을 스태프 전원이 인식한다.

② 사전홍보와 프리이벤트를 충분히 한다.

③ 실시된 이벤트를 계기로 '무엇을 할 것인가'라는 목적의식을 갖는다.

④ 한 번에 너무 많은 기대를 하지 않는다.

⑤ 한 번뿐이라고 해서 인재, 조건, 예산, 시간, 정보를 낭비하지 않는다.

3. 프로듀스에 관하여

하나의 이벤트를 실시하는 것을 '이벤트를 프로듀스 한다'라고 하는데 단순히 이벤트의 현장만 한정해서 프로듀스라고 하지는 않는다. 이벤트를 프로듀스 한다는 것은 이벤트 기획의 구상부터 기획, 실시에 이르기까지, 관련된 업무 전체를 실행하는 것이다. 그러면 이벤트 프로듀스가 무엇인지 살펴보자.

프로듀스 업무와 프로듀서

영화를 제작하기 위해서는 프로듀서, 영화감독, 조감독, 배우, 카메라맨, 미술, 대도구, 소도구, 시나리오작가, 음악, 녹음, 진행 등의 스태프를 구성해 제작 예산의 확정, 흥행 수입을 예상하여 수립하고 종합적으로 인원, 경비, 스케줄을 진행 관리하여 공전의 히트작을 만들어 낸다.

이벤트 프로듀스 업무도 이처럼 인재, 시스템, 예산, 시간, 정보를 구사하여 이벤트의 전반적인 진행 과정을 종합적으로 관리하는 것이다. 그래서 '이벤트 프로듀스' 시스템은 영화제작 시스템과 유사하며, 현재 이벤트 분야에도 이런 시스템이 정착되고 있다.

여기에서는 현재 상황을 근거로 일본이벤트프로듀스협회 기획개발위원회의 제언을 인용해 이벤트 프로듀서의 특징을 정리해 보고자 한다(제1부 제4장 참조).

이벤트 프로듀서가 갖추어야 할 자질, 기능, 역할로는 다음과 같은 점을 들 수 있다.

❋ 이벤트 프로듀서의 기본적 자질과 능력

① 폭넓은 발상으로 창조성이 높고 감성이 풍부한 비전을 제시해야 한다.

② 명확한 기획능력이 있으며 설득력과 행동력이 있어야 한다.

③ 내·외부의 사람들을 감동시킬 흥미로운 감각과 구체적 실행력을 갖추어야 한다.

④ 정보력(노하우를 포함한)이 있고 지식과 식견이 풍부하며, 한편으로는 풍부한 인적네
트워크를 가져야 한다(리더로서의 자질).

⑤ 사업, 경영 능력을 갖추어야 한다.(시간, 인재, 자금 등의 비즈니스 조건을 충분히 고
려하여 매니지먼트의 입장에서 실행할 수 있는 능력)

✽ 이벤트 프로듀서의 기능과 역할

① 이벤트 전반의 총책임자로서 임무 수행

② 주최자와 동일한 이념에 따라 임무 수행

③ 수지 계획, 운영 계획에 대한 명확한 판단과 실행

④ 제작자이면서 문제해결사의 역할 수행

이벤트 프로듀스 업무에 관련하여 [그림 1-1] 이벤트 프로듀스 프로세스를 참조
하기 바란다.

[그림 1-1] 이벤트 프로듀스 프로세스

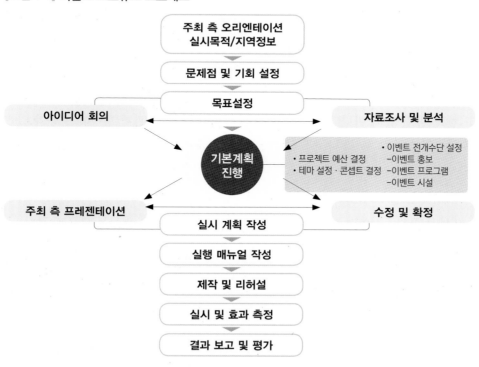

주최 측 담당과 외부 전문스태프와의 관계 설정

기업 측 담당자와 외부 전문스태프는 기획 프레젠테이션 때부터 얼굴을 익히는 경우가 많다. 외부 전문스태프는 기업 측으로부터

① 이벤트의 성격, 방향성

② 행사장, 공간, 일정

③ 연출 콘셉트

④ 개최 행사의 운영, 전개의 방향성

⑤ 예산

등에 대한 오리엔테이션을 받으면 곧바로 전문스태프를 구성하고, 기획 상황에 따라 밤을 새워 검토하기 때문에 마음은 하나가 되기 쉽지만 기획이 확정되고 나서 기업 측 담당자와 외부 스태프가 하나의 이벤트를 실시하기 위해 공동 협력하여 진행하는 데에는 어려움이 많다. 주최자와 제작자의 관계이기 때문이다.

기획을 결정하고 외부 전문스태프 구성이 확정되면 기업 측 담당자는 외부 스태프 또한 '한솥밥을 먹는 식구'라고 인식해야 한다. 게다가 외부 전문스태프는 전문 분야에서 프로에 속한다. 따라서 전문지식과 경험이 적은 기업 측 담당자는 노련한 외부 스태프를 활용하는 것이 이득이다. 의뢰하는 기업 측에서도 두세 배로 도움이 된다. 또한 외부 전문스태프도 주최 측 담당자와 잘 조화하려는 마음가짐을 가져야 한다. 조직 운영에서 인간 관계를 잘 유지하는 이벤트는 80퍼센트 정도 성공했다고 해도 틀린 말이 아니다. 결국 파트너로서 원만한 인간 관계 형성이 성공의 열쇠가 된다.

주최 측 팀장과 이벤트 프로듀서의 업무

이벤트 프로듀서에게 협력, 의뢰하는 주최 측 팀장의 주요 업무는 다음과 같다.

❋ 주최 측 팀장의 주요 업무

① 주최 측의 해당 이벤트에 관한 추진 콘셉트를 이벤트 프로듀서에게 정확히 전달한다.

② 이벤트 프로듀서와 외부 스태프가 업무하기 쉬운 환경을 조성할 것.

특히 이벤트 프로듀서에게는 상당한 권한을 위임한다.

③ 이벤트 프로듀서를 포함한 이벤트 프로젝트팀이 결정한 사항의 사내 공감대를 형성한다.

④ 결정 사항을 사내에 홍보한다.

⑤ 관계 기관에 허가 신청 작업과 섭외를 진행한다.

이벤트 프로듀서의 주된 일은 다음과 같다.

✻ 이벤트 프로듀서의 주요 업무

① 주최 측의 이벤트 개최 목적, 개최 의도를 이해하고 목적 달성을 위한 방안을 제시한다.

② 전문스태프를 선정, 프로젝트팀을 구성한다.

③ 프로젝트팀이 기획한 내용이 개최 목적 및 의도와 부합되는지 검증한다.

④ 적절한 예산 계획으로 실행되고 있는지 검증한다.

⑤ 기획 수정 등 작업 도중의 진행 관리를 한다.

이벤트 프로듀서에게 의뢰하지 않은 주최 측 팀장은 당연히 이벤트 프로듀서의 업무를 해야만 한다.

4. 이벤트 업계의 특징

현재 이벤트 산업은 업종분류표에는 정확히 명시되어 있지 않다. 기본적으로는 서비스업으로 분류되어 있지만, 대규모 이벤트의 경우는 건설업이나 제조업도 제작에 참여하고 있다. 이벤트 업계의 특징을 기본 지식으로 습득하여 실행 계획 수립에 도움이 됐으면 한다.

이벤트의 유통 경로

기업이 주최하는 이벤트를 실시하는 경우 대부분 기획, 제작, 운영의 3단계를 거친다. 이벤트의 유통 경로는 돈의 흐름을 보면 어떠한 구조로 되어 있는지 이해할 수 있다. 전시회를 예로 들 때 각 이벤트 단계와 담당 회사를 골자로 한 유통 경로는 대개 [표 1-3]과 같다.

[표 1-3] 이벤트의 유통 경로(전시회의 예)

[표 1-3] 이벤트의 유통 경로(전시회의 예)

이벤트 단계	담당 회사
오리엔테이션	주최자=기업, 광고대행사, 기획사
기획 회의	광고대행사, 이벤트전문회사, 조사회사, 전시회사, 그래픽 디자이너, 카피라이터, 홍보대행사
기획안 작성	광고대행사, 이벤트전문회사, 전시회사, 언론사, 영상, 음향, 조명회사 등
준비 작업	광고대행사, 이벤트전문회사, 전시회사, 언론사, 디자이너, 카피라이터, 사진가, 일러스트레이터, 홍보물제작회사, 운송회사
실시 운영	광고대행사, 이벤트전문회사, 전시회사, 인력파견회사, 손해보험 회사
결과 보고	광고대행사, 기획사

이벤트 관련 업종

이벤트의 대표적인 예로 박람회를 들 수 있다. 기업이 박람회에 출전하는 경우 [표1-4]의 업종이 관련된다.

이벤트 관련 기업

업종 분류에서 알 수 있듯이 이벤트 제작에 참가하는 업종은 상당히 다양하다. 구체적으로 파악해볼 경우, 다음과 같이 약 20개 업종의 기업을 들 수 있다.

① 광고대행사

② 신문사, 방송국, 잡지사, 인터넷신문사 및 방송사 등 매스컴 계열

③ 이벤트전문회사

④ 정보서비스회사, 조사회사

⑤ 디자이너, 카피라이터, 카메라맨, 일러스트레이터 등

⑥ 인쇄관련회사(CG, 제판, 제본, 인쇄 등)

⑦ 인력파견회사(도우미, 나레이터, MC, 아르바이트 등)

⑧ 영상제작회사(비디오, 슬라이드 등)

⑨ 음향·조명회사(사운드 엔지니어, 라이팅 엔지니어 등)

⑩ 흥행회사(프로모터, 연예인 프로덕션 등)

⑪ 경비회사

[표 1-4] 박람회에 직접 관련있는 업종

담당업종 \ 기획단계	기획조정 기본구상 계획	실시계획 설계	행사장 계획실시 조사예측	유치계획 실시	교통계획 실시	전시연출 계획실시 (사인,장식)	운영계획 실시	홍보광고 계획 실시	행사개최 계획 실시
종합공사업 (건축, 토목, 조경 등)		○							
설비공사업 (전기, 급·배수)	○	○							
출판 인쇄업			○			○		○	○
철도업					○				
도로여객 운송업					○				
도로화물 운송업					○				
수운업					○				
선박 항공업					○				
창고업					○				
여행업					○				
통신업, IT업							○		
상품 소매업							○		
일반 음식점							○		
손해 보험업							○		
각종물품 대여업						○	○	○	
영상제작						○			○
영상장비 렌탈						○			○
오락사업(놀이시설)				○					
방송업	○					○		○	○
정보 서비스업			○						
광고업	○					○		○	○
건물관리업							○		
경비업							○		
전시업						○		○	○
이벤트업						○		○	○
인력 파견업							○		
디자인업						○		○	○
폐기물 처리업							○		

⑫ 손해보험회사(이벤트 종합보험)

⑬ 운송관련회사(철도, 자동차 운송, 항공, 선박, 창고 등)

⑭ 여행사

⑮ 렌털회사

⑯ 설계사무소

⑰ 건설회사

⑱ 전시회사

⑲ 통신회사(한국통신, 기타통신회사 등)

⑳ 기타 사인물, 판촉물제작회사 등

연예계와 계약시 주의점

① 계약서는 반드시 문서로 체결한다

② 계약조건은 명확하게 한다

③ 계약조건을 변경하지 않는다

④ 지불조건은 상호 합의하여 결정한다

⑤ 지불확인증(표1-5)을 발행한다

⑥ 주최자의 사정으로 PA 및 조명을 직접 준비할 경우 출연 연예인과 관련된 오퍼레이
터를 써달라는 요구도 받고 비용도 청구당할 수 있다.

⑦ 현지 조달, 현지 음향의 경우 필요한 기재가 갖춰지지 않았다면 연예인프로덕션에
미리 연락해 공급받는다. 당일에도 준비되지 않으면 연예인은 무대에 오르지 않으려
할 수 있다.

⑧ 악기의 운송비용을 예산에 포함시킨다.

⑨ 연예계의 공연은 회당으로 계산한다. 동일 행사장에서 밤 2회 스테이지=2회 공연,
동일 행사장에서 낮 1회, 밤 1회 스테이지=2회 공연

그 밖에도 많은 주의사항이 있지만 그때마다 연예인 기획사 측과 성의를 가지고
교섭하는 것이 바람직하다. 계약조건을 설정하기에 따라 앙코르와 사인회 등 모든
것을 주최자의 마음에 들도록 해주는 연예인도 있다는 걸 덧붙이고 싶다.

[표1-5] 지불확인증

건 명				
영수인	주소 또는 소재지 :			
	성명 또는 상호 :		(인)	
항 목	내 역	지 급 액		원천징수액
(적 요)				
지불인	주소 또는 소재지 :			
	성명 또는 상호 :		(인)	

＊이 지불확인증은 2부를 제출하여 주십시오.

5. 이벤트 실무자의 기본 지식

이 장의 마지막은 이벤트 실무자로서 최소한 알아야 될 사항을 다루고자 한다. 이벤트를 실시하는 데 반드시 도움이 될 기본 지식이 될 것이다.

자주 사용되는 이벤트 용어

일반적인 업계 용어는 여기서 다루지 않고, 이벤트를 기획하고 실시하는 데 사용하는 용어만을 설명하기로 한다(표 1-6 참조). 물론 음향이나 조명 등 전문적으로 연구하는 사람들은 관련된 전문 서적이 있으므로 서점에서 찾아보기 바란다.

[표 1-6] **주요 이벤트 용어**

용 어	의 미
콘셉트	개념과 정의 부여. 기업이나 상품의 본질을 명확히 나타낸 것 기업이나 상품에 새로운 가치관을 부여하는 것
PA	Public Address System의 약자. 대중 전달 장치. 음향 장치를 통칭함
디렉터	현장 책임자. 전시 디렉터, 음향 디렉터, 조명 디렉터, 영상 디렉터, 운영 디렉터 등이 필요
MC	Master of Ceremonies, Message Commentator의 약자. 사회자 또는 진행자 텔레비전이나 라디오의 실황 방송 전문 해설자
내레이터	내레이션을 하는 여성. 남성은 보통 캐스터라고 함. 내레이터는 도우미와는 역할이 다르다는 사실을 고려할 것
도우미	이벤트 행사장에서 안내, 접수, 의전, 영접을 하는 여성
오퍼레이터	① 전시회 등에서 OA기기를 조작하는 인원 ② 음향, 조명, 영상장비 등을 큐시트에 따라 조작하는 사람
큐시트	각 장면마다의 세부적인 연출 내용
진행표	이벤트 전체의 스케줄을 한눈에 알 수 있도록 작성된 타임 스케줄
시나리오	이벤트에서 출연자나 MC의 대사가 기록되어 있는 서류
인토레	조립식 철재 트라스 1.8M × 높이 1.5M로 유니트화 되어 있음 건축에 사용되고 있는 비티(높이 1.8M)와는 용도가 다름

각종 계약서 사례

이벤트를 실시할 때 계약서는 상호 간에 조건을 명확히 하는 의미에서 필요한 서류이다. 여기서는 주최 측이 직접 계약할 가능성이 있는 2개의 계약 사례를 제시한다. [표 1-7]의 공연계약서와 [표 1-8]의 출연계약서, [표 1-9]의 지불명세표를 참고하기 바란다.

[표 1-7] 공연계약서

○○○○○(이하 갑이라고 함)는 ○○○○○(이하 을이라고 함)와의 사이에 다음과 같이 공연계약을 체결한다.

목적과 명칭		
출연자		
일시 장소	년 월 일( ) 시 분	
	년 월 일( ) 시 분	
	년 월 일( ) 시 분	
	년 월 일( ) 시 분	
연주곡목		
출연료 및 기타 경비	(1) 출연료 ₩ 악기 운반비, 난방비, 지휘자 출연료	(5) 출연자에 대한 원천징수세에 관해서는 (갑, 을)이 부담한다.
	(2) 숙박비 (명) 총액 ₩	(6) 현지 교통비는 (갑, 을)이 부담한다.
	(3) 여 비 (명) 총액 ₩	
	(4) 기 타 ₩	
	상기 금액 중 갑은 을에게 다음과 같이 일금 ₩ 을 지불한다.	
지불 방법	상기금액 ₩ 을 갑은 을에게 다음과 같이 지불한다.	
	제1회 년 월 일( ) ₩ 제2회 년 월 일( ) ₩ 제3회 년 월 일( ) ₩	
	적요 : 은행송금의 경우는, ○○은행, ○○지점, [ ]의 보통예금 계좌 NO. 에 불입할 것	
특기사항		

상기 계약이 갑, 을 어느 쪽이든지 일방적인 이유에 의해 이행되지 않을 때, 쌍방은 즉시 본 계약 해제시 위약금으로서 계약금에 상당하는 금액을 청구할 수 있다.
그러나 갑 또는 을이 불가항력(천재지변 등의 자연재해, 행사장의 재해, 전염병의 유행, 전쟁, 동란, 행정기관의 명령에 의한 행사장의 폐쇄, 교통의 금지 등) 상황 때문에 부득이하게 본 계약 실시가 불가능하게 됐을 경우는 갑, 을이 협의하여 계약을 개정 또는 연장할 수 있다.

본 계약은 갑과 을이 서명 날인했을 때 그 효력이 발생되며, 연주 및 출연을 완료하고 이것에 관한 경비정산 완료 후 그 효력이 소멸된다.

본 계약을 증명하기 위해 본서 2통을 작성, 갑과 을이 서명·날인하여 각 1통씩 보관한다.

[표 1-8] 출연계약서

출 연 계 약 서

○○○○(이하 갑이라 명칭함)과 ○○○○(이하 을이라 명칭함)는 갑이 주최하는 행사에 을이 지정한 연예인이 출연하는 건에 따른 계약을 다음과 같이 체결한다.

제1조: 갑이 주최하는 행사의 내용과 을이 지정한 출연자는 다음과 같다
    1. 행사의 명칭: _____   2. 출연자 : _____
    3. 출연 일시 : _____   4. 행사장명: _____

제2조: 갑은 제1조 규정의 출연이 이루어진 경우 아래 금액을 을에게 지불한다.
    출연료: ₩   , 기타 제작비: ₩   , 합계: ₩   (부가세 포함)
    내역은 첨부한 지불명세서 참고

제3조: 전조 규정의 금액에 관해 갑은 을에게 다음과 같은 방법에 의해 지불하는 것으로 한다.
    1. 제2조 규정 합계액의 ○% 상당액을 출연일 2주일 전까지 현금으로 지불한다.
    2. 잔금은 출연 당일 현금으로 지불한다
    3. 은행입금은 다음 계좌로 보내는 것으로 한다
      ○○은행 보통예금 계좌번호○○ 계좌 명의○○

제4조: 본 계약 체결 후 별도 이유에 의한 계약 또는 계약 내용을 변경하는 경우는 다음과 같이 처리한다.
    1. 갑의 사유에 의한 해약
      ① 출연일 2주 전까지 갑의 요청에 의해 해약할 경우 을은 해약 시점에서 입은 손해를 갑에게 청구할 수 있으며, 갑은 이것을 즉시 지불해야 한다.
        또한 전조 제1항의 지불이 이루어지지 않는 경우에는 본 조항에 해당하는 해약 사유로 간주한다.
      ② 출연일 13일 이전까지 갑에 의한 요청이 있을 경우 을은 갑에 대하여, 제3조 제1항에 근거, 지불된 금액 또는 해약 시점에서 입은 손해의 어느 쪽이든 높은 쪽을 청구할 수 있으며, 갑은 즉시 이것을 지불해야 한다.

    2. 을의 사유에 의한 해약
      ① 출연일 2개월 전까지 을에 의해 해약할 경우 갑은 을에 대해 행사장의 예약 취소를 청구할 수 있으며, 을은 이것을 즉시 지불해야 한다.
      ② 출연일 1개월 전까지 을에 의한 요청이 있을 경우, 갑은 을에 대해 행사장의 예약 취소료 그리고 홍보를 위한 포스터, 팸플릿 인쇄비를 청구할 수 있으며, 을은 이것을 즉시 지불해야 한다.
      ③ 출연일 29일 전까지 을에 의해 해약이 된 경우 ②에 덧붙여 업무비로 제2조 규정 합계액의 ○%를 청구할 수 있으며, 을은 이것을 즉시 지불해야 한다.

    3. 갑 또는 을은 을의 사유에 의해 일시를 변경할 경우에는 대체일을 제시하여 쌍방이 성의를 가지고 협의 결정을 하며 변경으로 인한 손해는 변경한 측이 부담하기로 한다.

제5조: 천재지변 등의 불가항력으로 인해 본 계약의 이행이 불가능하게 된 경우는 갑과 을이 협의하여, 사태의 해결을 도모한다.

제6조: 본 계약에 정하지 않은 사항에 관해서는 그때마다 갑, 을이 성의를 가지고 협의하여 결정하기로 한다.

이상의 내용을 증명하기 위해 계약서 2통을 작성해 갑, 을이 서명 날인하여, 각 1통씩 보관한다.

           년   월   일
      갑:

      을:

[표 1-9] 지불명세표

출연료	출연료 : ₩	(세금 포함)
	출연료(밴드): ₩	(세금 포함)
	무대 감독료 : ₩	(세금 포함)
소 계	₩	
제 작 비	조명비 : ₩ 음향비 : ₩ 무대 미술비 : ₩ 소도구 : ₩ 악기 렌탈 : ₩ 운반비 : ₩ 일당 : ₩ 숙박비 : ₩ 교통비 : ₩ 시내 교통비 : ₩ 잡비 : ₩ 예비비 : ₩	
소 계	₩	(부가세 포함)
합 계	₩	(부가세 포함)

각종 신청서류 작성

이벤트를 실시할 때 법적인 허가를 받지 않으면 실시할 수 없는 경우도 많이 있다. 예를 들면, 경찰 관련의 도로사용 허가신청, 공유수면(강이나 바다) 사용 허가신청, 통행금지도로 통행 허가신청, 한국음악저작권협회 음악저작물 사용 허가신청 등이 있지만 상황에 따라 다르므로 관계 기관에 직접 상담할 것을 권한다.

각종 의뢰서 작성

주최자가 외부에 의뢰하는 사항은 광고 및 홍보, 개최, 운영에 관련된 사항이 주된 요소이다. 광고 및 홍보 관련해서는 기사 게재 의뢰, 취재 의뢰, 캠페인 협력 의뢰 등이 있으며, 개최 관련해서는 테이프 커팅 의뢰, 오프닝 파티 참가 의뢰 등이 있고, 운영 관련해서는 협찬 의뢰, 개막식 참석 의뢰 등이 있다.

이 장에서는 다음과 같은 점을 포인트로 정리할 수 있다.

- 이벤트를 실시할 때 외부 브레인(이벤트 프로듀서나 전문스태프)과 협의한다든지 현장에서 체험할 때 필요한 지식이기 때문에 반드시 몇 번이고 확인해야 한다. 섣부른 지식으로 현장에 임하면 전문 분야의 프로들과 일해야 하기 때문에 업무 진행이 잘 안 된다든지 인간관계가 원만히 이루어지지 않는 경우가 있다. 초보자일 때만 용납될 수 있는 '모르는 것은 질문한다'는 자세가 중요하다. 두세 번 똑같은 것을 질문하지 않도록 기초를 확실히 할 필요가 있다.

- **1) 프로듀서의 역할**
  - ① 기본적 자질, 능력
  - ② 기능, 역할

  2) 이벤트 업계의 특징
  - ① 다른 업종과 교류의 장
  - ② 연예계는 전문 능력자의 집단

  3) 이벤트 실시에 관한 유의점
  - 인력, 물자, 예산, 시간, 정보 등의 체크

이상에 관해서는 앞으로 실제 현장에서 경험하면서 천천히 깨닫게 될 것이다.

- 이벤트에서는 똑같은 것이 존재하지 않는다. 내용이 같더라도 사람과 상황이 바뀌면 과거에 성공한 이벤트도 실패할 수 있다. 어떠한 이벤트라도 첫 마음가짐을 잊지 말고 하나하나 체크하여 확실히 추진해 나아가야 한다.

제2장

홍보마케팅

연구 포인트

이벤트에서 홍보마케팅은 사전 홍보부터 관람객 유치까지 포함한 활동을 말한다. 홍보 활동에만 치중한다면 해당 이벤트의 인지도나 관심도는 제고할 수 있다. 하지만 이벤트가 갖는 특성상 이벤트 현장으로 관람객을 유치하는 일이 중요하다. 따라서 이 장에서는 인지·관심도 제고를 위한 홍보는 물론 관람객 유치에 대한 마케팅 방안을 제시한다.

1. 이벤트 홍보

이벤트 기획과 홍보

PR(Public Relations)은 '조직이나 개인이 대중의 이해와 호감을 얻고자 행하는 제반 활동'으로 정의할 수 있다. PR은 이처럼 다양한 홍보활동으로 나타난다. 그중에서도 언론의 노출을 목표로하는 퍼블리시티는 매우 중요시된다.

❊ 퍼블리시티

'기사 홍보'라고 일컬기도 하지만 간단히 말하면 신문과 텔레비전, 인터넷 언론에 뉴스로 보도하는 홍보활동을 말한다. 광고와는 달라 보도 가치가 있다면 매스컴은 기업의 신제품과 이벤트 정보를 뉴스와 각종 프로그램에 소개해 준다.

이벤트를 기획하는 경우에도 기획자는 어떻게 하면 매스컴이 그 이벤트를 뉴스로 취급해줄 것인지 생각해야만 한다. 이를 위해 매스컴에 제공하는 보도자료 배포의 타이밍도 중요하다. 일반적으로 매스컴에 정보를 제공(사전 고지)하는 경우에는 광고보다 선행되는 것이 상식이다. 광고가 선행되면 뉴스 가치가 상실돼 퍼블리시티가 되지 않을 수 있기 때문이다. 따라서 이벤트의 기획 단계에서는 광고 계획과 홍보 계획을 명확하게 구분하여 기획에 포함시켜 양쪽 모두 타이밍을 놓치지 않도록 해야 한다.

홍보 활동과 함께 이벤트를 성공시키는 핵심은 사전의 화제 창출이다. 메인이벤트의 명칭을 전국적으로 공모하기도 하고, 자원봉사자와 홍보사절을 지역에서 선발하는 등 사전에 화제를 조성할 수 있는 요소를 연구해야 한다. 그렇게 하면 매스컴에 보도되는 퍼블리시티의 횟수도 증가하고 이벤트 참가율도 높아지는 요인이 될 수 있다.

전략 홍보시대의 홍보

홍보 업종에 종사하려고 생각하는 사람은 기존의 홍보 개념에서 탈피해야 한다. 이벤트 홍보도 마찬가지이다. 단순하게 이벤트 정보를 매스컴에 제공하는 것만으로 만족할 것이 아니라 더 적극적으로 파고들어야 한다. 필자는 그런 홍보 전문가를 '홍보전략이벤터'라고 부른다. 매스컴에 대한 퍼블리시티 테크닉뿐만 아니라 폭넓은 지식과 정보수집력을 갖춘 전문가를 말하는 것이다. 홍보전략이벤터는 일반적인 이벤트 정보와 지식은 물론 이벤트를 개최하는 지역의 특성, 주민 의식, 그 지역에서 육성하는 산업의 상황, 인접한 지역과의 경쟁 관계, 지역마케팅 전략(경쟁상 필요한 수단의 유무) 등에 관해 정통해야 한다.

조금 쉽게 이야기하면 그 지역에 어떤 관광명소와 유적이 있는지, 역사적인 배경은 무엇인지, 지명(地名)에 유래된 전설과 설화와 전통민속은 어떠한지 등 폭넓고 심층적인 지식이 있어야 한다는 뜻이다. 지역 주민은 어떤 사람들인지, 홍보로 소재화하기 쉬운 문화예술인과 인간문화재는 있는지 등은 물론이고 경우에 따라서는 90살 이상 장수자의 리스트까지 폭넓은 분야에 걸쳐서 인물 정보를 축적하고 있어야 한다. 또한 과거에는 어떤 농·수산물이 있었고 현재의 농·수산물과 특산물에는 무엇이 있는지 등 이른바 하늘과 땅 그리고 인간의 이치에 관한 종합적인 이해력과 정보력을 갖추어야 한다. 이벤트 홍보 기획을 수립할 때 이처럼 깊은 지식의 토양이 있으면 좋은 기획이 탄생되리라 확신한다.

홍보 포인트

앞에서 홍보는 타이밍이 중요하다고 했는데 좀 더 세부적으로 살펴보자. 우선 하나의 이벤트를 개최할 때 퍼블리시티 기회는 적어도 세 번은 있다. 사전, 개최 기간 중, 사후가 그것이다. 사전이란 말 그대로 이벤트 개최 전의 홍보이다.

화제 조성과 고지를 위해서는 매체별로 보도자료의 전달 시기를 달리 해야한다. 텔레비전·라디오·잡지·신문·온라인·SNS 등 매체의 성격에 따라 타이밍이 달라진다. 한마디로 정리하면 월간지에는 이벤트 개최 3개월 전, 주간지에는 45일 전, 텔레비전이나 라디오나 신문에는 2주일에서 경우에 따라서는 1개월 전에 담당 기자와 데스크에 정보가 전해지는 게 바람직하다.

기자 단체의 존재도 잊어서는 안 된다. 중앙부처, 광역시도, 시·군·구 등의 행정단위별로 각각 기자 단체가 있다. 예를 들면, 정부의 각 부처를 비롯 광역·기초자치단체에는 기자실이 설치되어 있기 때문에 이벤트를 홍보하려고 할 때 그곳에 보도자료를 보내고 기자설명회와 현장 취재 일정 및 발표 방법을 협의하는 것이 일반적이다. 이것이 사전 퍼블리시티 업무이다.

기다리던 이벤트 개막식 당일에는 타이밍이 중요하다. 오프닝 세리머니 등 주요 이벤트는 오전 중에 종료하는 것이 상책이다. 오후 시간에 가까워지면 조간신문의 경우 일반적으로 오후 4~6시로 정해진 기사 마감시간을 맞출 수 없기 때문이다. 이벤트 현장에 기사 취재를 위한 프레스센터를 설치하는 것도 잊어서는 안 된다.

사후 홍보에서 필히 진행해야 하는 것은 각 매스컴에 대한 대응이다. 이벤트의 내용(목적, 주제, 핵심 프로그램, 사회문화적 효과, 관람객 유치 수, 지역경제 효과 등)

을 정리해서 자료로 만들고 이벤트의 스냅사진 등도 첨부해서 각 언론사에 뉴스 자료로 제공해 주는 게 좋다. 특히 문화관광전문지 등은 뉴스거리를 원하고 있기 때문에 반드시 보내 주어야 한다. 이벤트 기획 안에 사전, 개최 기간 중, 사후의 홍보 계획을 잊지 말도록 하자.

2. 홍보 활동

고지·홍보의 목적

이벤트가 성공하려면 무엇보다 이벤트의 내용이 중요하지만, 아무리 좋은 이벤트라 하더라도 참가자가 모이지 않으면 성공한 이벤트라 할 수 없다. 그래서 대외적으로 사전에 이벤트 개최 고지 및 홍보 활동이 필요하다. 이벤트의 의도와 내용 등에 대한 홍보를 시도함으로써 참가자 유치 이외에도 여러 가지 효과를 낼 수 있다. 단기간의 이벤트 경우에는 '소문'으로 평판이 나는 것도 기대할 수 없기 때문에 실시 계획 속에 고지·홍보에 관한 계획을 명확하게 수립해야 한다.

홍보 수단

실시하는 이벤트의 종류와 목적, 대상, 예산에 따라 고지 방법은 크게 다르다. 예를 들면, 지역 주민 서비스형의 이벤트인지, 타 지역에서 많은 관광객의 유입을 기대하는 이벤트인지에 따라 활용하는 매체의 종류나 방법이 달라진다. 홍보 방법으로는 다음과 같은 것이 있다.

① 광고를 위한 표현 매뉴얼과 소재 (마크, 로고타입, 일러스트레이션, 사진, 샘플 복사 등) 의 활용
② 포스터, 홍보탑, 육교 현판
③ 팸플릿, 리플릿, 전단, DM 등 인쇄물의 활용
④ 스티커, 배지, 부채 등의 활용
⑤ 필기도구, 봉투, 종이백 등 사무용품의 활용
⑥ 보도관계자 대상 홍보 활동
⑦ 신문, 잡지, 정보지 등의 광고
⑧ 텔레비전, 라디오 등의 광고

⑨ CATV, 온라인, SNS 등의 활용

⑩ 사전의 미니이벤트

⑪ 기타 매체에 광고

고지 · 홍보의 포인트

고지 · 홍보를 실시할 때에는 무엇을, 언제, 누구에게, 어떤 방법으로 전달할 것인가를 구체적으로 정하는 것이 중요하다. 여기서는 다양한 방법 중에서도 특히 퍼블리시티와 신문, 잡지, 정보지 등의 광고 게재를 중점으로 다루고자 한다.

❊ 퍼블리시티(보도관계자에 대한 홍보 활동)

잎에서 설명한 퍼블리시티를 조금 더 부연하면 다음과 같다. 퍼블리시티란 신문사나 텔레비전, 라디오방송국 등에 의뢰해서 기사나 뉴스로 보도함으로써 대중에게 홍보하는 방법이다. 이 경우에는 언론 홍보 담당창구로 어느 부서에 홍보물을 전달하는 것이 좋을지 판단하는 것이 중요하다. 또한 언론을 대하는 매너를 익혀야 하며 홍보하고자 하는 내용을 담은 자료의 준비에도 만전을 기해야 한다. 특히 적당한 직책에 있는 실무자가 상대방을 방문하여 상황이나 배경을 충분히 설명하는 예의도 필요할 수 있다. 이때 기사를 위한 자료가 필요한데, 그 자료를 정리한 것을 '보도자료'라고 하며 보도자료를 배포하는 것을 '뉴스릴리스'라고 한다. 성공적인 홍보를 위해서는 보도자료들을 전달할 뿐 아니라, 적극적인 질문이나 취재를 유도하는 것도 중요하다.

❊ 신문, 잡지, 정보지 등에 광고 게재

게재나 보도의 확실성을 고려하면 '유료로 광고하는 방법'이 있다. 광고 게제는 어느 정도의 광고 예산을 쓰고 어떤 계층을 대상으로 하느냐에 따라 특성이나 내용, 시기를 충분히 검토해서 신중히 결정해야 한다.

❊ 취재 언론의 대응과 VIP 대책

행사장 운영 가운데 요즘 중요시되는 것이 언론 취재에 대한 대응책이다. 지역 축제에 대한 평가는 그곳을 방문한 관광객의 입소문이 큰 영향을 미치지만, 취재를 하는 매스컴이 미치는 영향도 크기 때문에 이에 대한 대응 역시 중요하다. 그에 대한 주의점은 다음과 같다.

① **취재기자를 위한 프레스센터 설치**: 광고 및 홍보팀의 사무실 또는 별도로 준비된 언론사 기자실을 마련한다.

② **취재 대응 전담자 배치**: 광고 및 홍보팀원, 섭외팀이 담당한다.

③ **취재기자의 활동 편의 제공**: 취재기자를 미리 섭외하여 전담 스태프가 취재에 협력하는 체제를 구축한다.

④ **홍보내용 명확히 전달**: 취재기자를 위한 보도자료, 물품 등을 준비하고, 무엇을 취재하여 알리기를 원하는지 명확하게 전달되게 한다.

⑤ **오프닝 이벤트 적극 활용**: 특히 오프닝이벤트에 초청하거나 취재를 요청할 때는 주최측의 의도를 충분히 전달할 수 있도록 준비해야 한다.

VIP에 대한 대책도 이벤트 운영의 중요한 업무이다. 특히 국제 교류시대에 대외적 평가는 이벤트의 이미지를 크게 좌우하기 때문에 이러한 대응을 간과해서는 안 된다.

① VIP를 위한 공간을 별도로 준비한다.

② 전담 책임자와 전담 접대요원을 배치한다.

③ 가능한 VIP를 위한 공간은 운영본부와 가깝게 설치한다.

④ 테이프커팅과 메시지를 낭독할 경우는 VIP 1인당 별도의 전담자를 배치한다.

⑤ 행사장 안내는 미리 코스를 정하고, 행사의 각종 프로그램을 잘 파악한 요원이 안내하도록 한다.

⑥ 영접하는 매너만이 아니라 환송 매너도 잊어서는 안 된다.

각종 홍보 매체의 특성과 고지 능력

이벤트의 성패는 참가자의 공감대 형성과 행동력에 크게 좌우되지만, 그것을 환기시키는 것은 홍보 및 광고의 힘이다. 그중에서도 홍보 매체가 이벤트에 미치는 영향은 매우 크며, 매스컴의 협력 없이는 성공하기 어렵다고 말해도 좋을 것이다.

다양한 계층에 화제를 전달하기 위해 전국으로 보도되는 주요 신문 및 방송(텔레비전, 라디오) 외에 지역 언론매체, 정보지, 여행사 자체 홍보물, 인터넷 홈페이지, SNS, 각 단체들이 발행하는 홍보물 등 다양한 홍보 매체를 적극적으로 활용해야 한다. 또한 뉴스 소재에 따라서는 화제를 독차지하는 것도 있고 외부에서 역으로 유입되는 것도 있다. 이러한 뉴스가 지역에 주는 홍보 능력은 기선을 제압하는 힘이 있다.

홍보 화제 만들기

홍보의 화제를 만들기 위해 여러 가지 이슈를 개발하는 것도 이벤트 홍보를 위한 중요한 작업이다. 그중에는 기획공모와 심포지엄이 있다. 일반적으로 실시되는 관련 내용을 참고로 제시하면 다음과 같다.

① **심벌마크, 주제가 공모:** 이벤트 참가를 높이기 위한 목적으로 발표회를 화려하게 개최할 수 있다.
② **현상논문, 슬로건 공모:** 주로 신문 관련 기획이지만, 시상식을 개최일의 세리머니로 실시할 수 있다.
③ **기념 심포지엄:** 지적 이미지의 상승과 높은 뉴스성으로 인해 이벤트의 주제가 지역 주민에게 인지되는 방안으로 고려할 수 있다.
④ **기타 이슈 개발:** 자원봉사요원 모집, 사진 콘테스트, 퍼레이드 참가자 및 단체 모집, 공연 출연단체 모집, 캐릭터 티셔츠 제작과 판매 활동, 홍보캠페인팀의 가두 데몬스트레이션, 카운트다운 야외 전광판 설치, 몇 번째 입장객 기념품 증정과 발표 등.

3. 스폰서 시스템의 장단점

공공예산을 기본 자금으로 하고, 그 몇 배의 예산 편성으로 지역이벤트를 제작하는 것이 최근의 경향이다. 당연히 스폰서 시스템을 채택하고 있지만 이것도 어디까지나 이벤트의 주제에 공감해야 가능한 일이다.

그러나 이벤트의 주제와 일치하는 기업 이미지 전개에는 한계가 있다. 때문에 스폰서를 유치하지 않고 자체 노력으로 추진하는 방법이 최근 실행되고 있다. 이벤트의 기본이 되는 기획 개발은 스폰서의 협력을 얻지 않고 주최 측 자체 예산으로 실행하고, 행사장의 분위기를 고조시키기 위한 주제 어필의 협찬 기획은 가능한 범위에서 스폰서 시스템을 채택하여 더 규모가 큰 이벤트로 키우는 두 가지 방식을 병행한다.

전자는 주로 세리머니(오프닝, 피날레, 공식행사 발표 등)의 연출 진행에 채택된다. 퍼레이드에서는 퍼레이드 카, 주최 측 행렬, 주제 메시지 등의 운영 제작이 여기에 해당된다. 후자는 각종 상설이벤트의 운영과 시설물 설치와 관련하여 특설무대, 입구 아치, 상징조형물 등이 해당되며, 출연진 그리고 홍보매체와 인쇄물에 이르기까지 스폰서의 도움을 받는다.

그러나 이러한 방식에 의해 이벤트의 주제가 왜곡되고 주민 협력이 미약해진다면 지역이벤트의 참된 목적은 달성되지 않는다. 최근에는 사회규범의 가치 변화에 따라 스폰서와 주최자가 함께 장점을 공유하는 사례가 많아지고 있다. 이 같은 새로운 방식은 이벤트의 개념이 지역 주민의 새로운 생활환경의 개발에 있는 한, 한층 더 기대되고 강화될 것이다.

타이업(협업)의 조건과 주의점

기존의 방식을 탈피하여 스폰서 타이업에 의해 이벤트의 각 부문을 운영하는 것이 시대적 추세이다. 다만 여기서도 스폰서는 어디까지나 이벤트가 지향하는 주제 및 방향을 좀더 보완하는 정도여야 하며, 색다르게 연출하여 스폰서만 부각되는 결과가 되어서는 안 된다. 때문에 스폰서는 제품 판촉 및 브랜드 이미지 제고를 위한 광고레벨을 조절하지 않으면 안 된다.

보도자료 작성과 배포

이벤트의 기자설명회 시기를 잘 선정하는 것도 홍보 활동의 중요한 부분이다. 따라서 배포할 보도자료를 준비하는 것은 상당히 가치 있는 작업이며, 언론의 욕구를 충족시킬 수 있는 소재로 작성하는 것이 중요하다. 취지, 실행 조직, 규모, 일정 등의 기본 정보 외에, 심벌마크, 포스터, 출연자 사진, 행사장 배치도, 주제가 악보, 사진 등 공개할 수 있는 것은 전부 준비해야 한다.

4. 관람객 유치

불특정 다수를 대상으로 한 이벤트의 경우, 관람객 유치 수단이 반드시 홍보 활동만 있는 것은 아니다. 경우에 따라서는 특정 대상에게 직접 관람을 권장하거나 관광업계와 협력해 관람객 유치에 기여하는 것도 가능하다.

이처럼 기업과 단체 등을 대상으로 조직적인 관람을 권유하거나 관광업계에 모객을 요청하는 등 관람객 유치 성과의 향상을 위해 다양한 수단을 강구하는 것을 '관람객 유치'라고 한다. 홍보 활동이 불특정 다수의 일반인을 대상으로 동일한 정보를 발신하는 것에 비해 관람객 유치는 구체적인 관람 대상에 대해 개별적으로 절충을 거듭해 가는 것, 말하자면 '영업'에 가까운 개념이라고 할 수 있다.

즉, 이벤트의 내용과 매력을 전달하고 관람 의욕을 높인다는 점은 모두 일치하지만 구체적인 업무 내용은 크게 다르다. 입장권의 루트 판매, 단체 유치, 관광업계와 제휴 등 관람객 유치 수단은 여러 가지가 있지만, 단순히 '협조 요청'만으로는 효과를 기대할 수 없다. 이벤트의 내용과 매력을 성실하고 정확하게 전달하는 것과 동시에 입장료 가격 우대는 물론이며, 관람객 유치로 얻을 수 있는 효과와 메리트 등을 알기 쉽게 제시하는 것이 매우 중요하다. 게다가 단체 이용을 배려한 시설 정비와 치밀한 운영 대응을 하는 등 현장의 수용 태세를 갖추고 높은 환대 수준을 알리는 것도 중요하다. 예를 들면, '관광상품화'를 결정하기 위한 동기를 제대로 준비해야 한다.

구체적이며 확실한 인센티브가 없으면 실질적인 관람객 유치를 기대할 수 없다. 관람객 유치를 위한 전략적인 대책 수립과 실시가 요구된다. 덧붙여 관람객 유치는 '관광상품 계약'이나 특별한 편의 제공 등 통상의 원칙과는 다른 특례적인 취급을 전제로 한 거래 형태를 실시하는 것이 적지 않다. 관련 부서와 충분한 협의로 명확하고 일관성이 있는 판단이 요구된다.

관람객 유치 계획

이벤트 성패 기준의 하나는 관람객 수다. 또한 이벤트 경영에서 매우 큰 영향을 미치는 것은 입장 수입이다. 따라서 처음부터 전략적으로 관람객 유치에 각종 수단을 동원해야 한다. 관람객 유치를 위해 가장 먼저 할 일은 유치 목표의 설정과 활동 내용의 확정이다. 가령 100만 명 유치를 목표로 한다면 어디에서 몇 명을 유치할 것인가라는 목표를 설정해야 한다. 이에 따라 유치하기 위한 방안과 홍보 활동이 결정된다.

관람객 유치에서 가장 중요한 것은 예매권의 판촉 활동이다. 예매권 판매야말로 이벤트 성공의 열쇠라고 할 수 있다. 따라서 예매권 판매를 위한 연구와 방안을 여러 가지로 세워 놓아야 한다. 일반적으로 실시되는 방법은 요금차등제로 단체 관람객에게 메리트를 주거나 예매권에 경품을 제공하는 것 등의 방법이다. 또한 전담팀을 만들어 학교, 기업, 공공기관, 지역 단체, 상가번영회 등을 대상으로 설명회를 개최함과 동시에 예매권의 대량 구입을 의뢰하는 것도 좋은 방법이다. 특정 지역에서 활동할 순회홍보팀을 조직하여 이벤트 홍보 활동을 겸한 예매권 판촉 활동을 실시하는 방법도 있다. 관람객 유치를 위한 계획 진행 과정은 다음과 같다.

❋ **관람객 유치 목표 설정**
- 국내외 관람객 ○○○만 명 유치: 국내 관람객 ○○○만 명, 해외 관람객 ○○만 명

❋ **활동 내용 확정**
① **교통접근성 관련:** 전국 주요 공항, 역, 버스터미널에 이벤트 홍보부스 운영, 포스터 게시, 이벤트 입장 세트 승차권, 기념 승차권과 입장권 발매, 택시 및 버스 이벤트 홍보스티커 부착, 직행버스 운행 등
② **관광업계:** 이벤트 관광설명회 개최, 현장 팸투어 실시, 인센티브 제공, 이벤트 뉴스 등 시의적절한 정보 제공, 포스터 부착
③ **학교, 기업, 각종 단체 :** 이벤트 안내, 순회 홍보행사팀 활동, 기업체 외 각종 단체 신청 섭외 등

❋ **입장권 판매**
① **입장권 발매 계획 수립:** 입장권 판매 시기와 종류, 판매 수수료와 판매 루트, 배포, 집계, 정산 수단과 루트 및 모든 티켓 리스트 검토, 홍보 판촉을 위한 수단 방법의 검토
② **입장권 제작:** 입장권의 일련번호 검토, 디자인 및 제작, 입장권 발매 고지 및 포스터 제작, 입장권 매표소용 사인물 제작
③ **입장권 판매 루트 확보 및 개척:** 판로 확장, 배포 횟수, 정산 사무 처리 규정과 서식통일
④ **입장권 판매회 개최 및 경품 제공:** 경품 구입 및 제공 장소 확보, 제공 행사 검토, 매스컴 제휴에 대한 홍보
⑤ **직접 루트 판매:** 주최 단체, 시, 군, 각종 단체, 지역 단체를 통한 직접 루트 판매

5. 예매권 판매

장점과 판촉 수단

관람객 유치 활동은 이벤트 개최 기간 전부터 개최 기간까지 모든 기회를 통해 전개되는데, 박람회의 경우에는 무엇보다도 예매권의 판매가 상당한 비중을 차지한다. 발매 기간에 따라 입장료의 할인율을 차등하여 1기, 2기로 나누어 판매하는 방법과 발매 기간을 1기에만 실시하는 경우도 있다. 어쨌든 예매권 판매의 장점으로 다음의 몇 가지 포인트를 들 수 있다.

① 개최 기간까지 일정량의 예매권 판매는 관람객 확보가 보증되며,

　이벤트의 인기도 예측 가능

② 조기에 현금이 들어와 재정 측면에서 자금 운용에 유리

③ 개최 기간 중 입장권 매표소의 혼잡을 완화

④ 예매권의 판매를 통한 간접적인 광고·홍보

예매권 판촉 수단은 여러 가지가 있으며, 그중에서도 일반적이며 효율적인 방법이 입장료 할인제도다. 박람회의 경우 예매는 대량 일괄 구입과 루트 판매에 많이 의존하기 때문에 입장료 할인제도가 큰 영향을 미친다. 그 이유는 주최자 조직이 관련 단체를 통해 판매 전략을 전개하기 때문이다.

이런 점을 고려해서 이 제도를 도입할 경우, 수량 기준과 할인율을 검토해야 하며 운용을 잘하면 조기에 안정된 관람객 수 확보가 보증되는 동시에 현금 수입이 확정된다. 게다가 주최자의 판매 노력이 직접적으로 판매 수량에 반영되는 등 다양한 장점이 있으며, 할인율에 대해서도 종래의 세계이벤트 전례에 구애받지 않고 자유로운 발상으로 검토할 필요가 있다.

그러나 이 입장료 할인제도는 예매 기간에 한정해야 하며 적용할 수량 기준도 단체 구입 등의 할인과는 상당히 차별된 요율을 설정해야 한다. 또한 판매대금 회수도 현금 지불을 전제로 개회일까지 대금 회수가 완료될 수 있도록 계약을 확정해야 한다. 입장료 할인제도는 출전참가자와 이벤트 관련 업계 등이 내부 배포용으로 일괄 매입하는 것도 포함되므로 그러한 측면도 배려해야 한다.

예매권의 루트 판매

'루트 판매'란 판매 대행을 통한 일반용의 예매 루트와는 별도로 특정 조직과 각종 단체의 구성원을 대상으로 직접 판매를 실시하는 것을 말한다. 통상은 조직의 중앙에서 하부조직으로, 말단의 구성원까지 표가 배포되며 그 반대 루트로 수금된다. 개최 지역의 경제 단체와 업계 단체, 혹은 문화 단체와 지역 단체 등을 대상으로 이벤트와 관련이 깊은 조직에 협력을 요청하여 예매권을 조직 내부에서 배포, 판매해 주도록 교섭을 진행한다. 거래 형태는 '구입(계약 수량의 전량 구입), 위탁 판매(실제로 팔린 분량만 정산하며 남은 것은 반납), 양자의 절충(일정 수량까지는 매입을 보증하고, 그것을 초과한 수량부터 위탁 판매)등 3가지가 있으며, 당연히 적용되는 할인율(판매수수료와 장려금 등을 포함)은 각각 다르다.

전량 구입의 경우는 원칙적으로는 단체의 담당 창구에서 일괄 배포하는 것으로 끝나지만, 위탁 판매의 경우에는 반납 방법과 절차, 결제 방법 등 일반의 예매권 판매대행회사와의 계약과 동일한 조건으로 계약해야 한다. 리스크를 수반한 루트 판매를 단체 측이 받아들이면 할인율을 포함한 명쾌하고 구체적인 메리트를 덧붙여 이벤트에 대한 공감을 불러일으켜야 한다. 초기 단계부터 설명회와 의견 교환 기회를 마련하는 등 우호관계를 축적하는 지속적인 노력이 중요하다.

캠페인 · 순회 홍보

관람객 유치를 측면에서 지원하거나 입장권 판매를 촉진하기 위한 캠페인과 순회 홍보 등의 대책을 검토한다. 관람객 유치를 위한 사전방문과 순회 홍보, 개최 지역의 각종 대회나 행사 참가, 언론 홍보, 개막전 사전 홍보캠페인 등이 자주 볼 수 있는 사례이다.

6. 단체 유치

구체적인 관람 대상을 좁혀 단체 유치를 추진한다. 기본적으로 이벤트의 소재 영역과 관련이 깊은 집단 및 단체 혹은 주최자와 친밀한 조직 등이 중심이 되지만, 이벤트의 규모와 형태에 따라서 그 대상은 한층 더 넓어진다. 예를 들면, 학교 단체(체험학습 등, 학교행사로 채택), 복지행정 정책(복지프로그램에 채택), 일반 기업 · 단체 등(직장 여행, 시찰 연수 여행, 포상 여행 등의 채택), 인접 지역에서 개최되는 각종 회의·대회 등(토론프로그램의 채택) 등 폭넓은 채널을 개척하여 판촉에 노력해야 한다.

앞의 루트 판매와 같이 단체 유치에 성공하기 위해서는 이벤트의 내용과 매력에 관해 성실하고 열성적인 설명과 아울러 관람 동기를 부여하는 설득력 있는 메리트를 준비해야 한다. 관람 의욕과 방문 효과를 높이기 위해 반드시 요금 할인만이 아닌 다양한 지원과 단체 이용이 가능한 쾌적한 운영시스템 등도 좋은 메리트가 된다. 예를 들면, 사전 안내용 교재의 작성·배부와 근교를 포함한 관광 코스 제안(전자의 예), 단체 버스 수용과 숙박장소 알선, 식사 장소와 약속 장소의 제공(후자의 예) 등 단체 이용에 대한 환대와 철저한 수용 체제를 갖추고 그것을 효과적으로 홍보하는 것이 중요하다.

단체 관람객 유치는 관람객 수의 향상에 기여할 뿐만 아니라 관람객 수의 평준화에 공헌하는 요소라는 것을 잊어서는 안 된다. 일반적으로 장기간에 개최되는 박람회의 경우 토·일요일에 관람객이 집중되지만, 사전에 방문 일시가 확정되는 단체 관람객은 혼잡이 예상되는 일시를 피할 수 있도록 유도·조정하는 것도 경우에 따라서는 필요하다. 반대로 말하면 예약을 접수하는 단계에서 단체의 합리적인 일정이 단체 관람객을 유치하는 데 있어 하나의 과제이다.

관광업계와의 협력

규모가 큰 대형 박람회의 경우 관광업계와 협력 관계를 구축하고, 박람회와 제휴나 모객을 요청하는 것도 큰 집객 전략이 된다. 박람회를 포함한 여행상품의 기획·판매를 비롯하여 관광 코스의 개발과 홍보, 주변 관광시설과 숙박시설 등과의 타이업(상호 안내·홍보, 순회버스 등의 도입, 공통 입장권의 발행 등) 등 관광 분야의 힘을 빌려 집객력을 높이기 위한 다양한 정책을 검토한다.

관련 업계와 공동 사업을 현실화하기 위해서는 '제휴를 담당하는 체제와 구조를 만드는 것'과 '제휴를 물리적으로 유지하는 인프라 구축' 등 두 가지 측면을 고려해야 한다. 전자는 '관계자가 정보 교환과 방침을 결정하기 위한 협의기관 설립', '박람회를 여행상품에 포함하기 위한 관광권 계약의 실시', '혼잡상황, 예약상황 등의 상호 연락 시스템의 확립' 등 후자는 '교통 안내, 숙박 안내, 명소 안내 등을 포함한 가이드맵의 제작', '각 관광 스폿이나 숙박 지역과 박람회장을 연결하는 셔틀버스 운행', '공통 입장권과 상호 할인 조치' 등이 대표적인 사례이다. 덧붙여 이 경우도 앞에 기술한 것과 마찬가지로, 관계자에 대한 설명 노력과 명확한 메리트 제시가 실현을 위한 최저 조건인 것은 말할 필요조차 없다.

업무 실행 체제와 업무 위탁

관람객 유치는 오랜 시간을 공들여 지속적인 접촉과 함께 기획 조정력과 정책적인 판단을 필요로 하는 가장 난이도가 높은 업무 중 하나이다. 게다가 외부 관계자와 다방면에 걸치는 조정 업무와 함께 박람회장 시설과 박람회 운영을 비롯해 주최자 조직 내부의 많은 부서와도 면밀한 연락 조정이 매우 중요하다.

관람객 유치 업무를 순조롭게 진행하기 위해서는 조직 내부의 연락 조정 원칙을 명확하게 하고 항상 명쾌하고 일관성이 있는 판단을 할 수 있는 체제를 확립해야 한다. 또한 업무의 핵심을 담당하는 것은 주최자 조직인 경우가 일반적이지만, 다방면으로 미치는 여러 가지 업무 중에는 전문회사에 위탁하는 업무도 적지 않다.

관람객 유치 활동에 대해서는 상대방과의 절충 과정에서 내용과 조건이 빈번하게 변경되는 경우도 적지 않기 때문에 업무를 위탁할 때 업무 내용과 위탁 조건의 변화에도 유연하게 대응할 수 있는 업무 실행 체제를 충분히 검토해야 한다.

이 장에서는 다음과 같은 점을 포인트로 정리할 수 있다.

● 아무리 훌륭한 이벤트 기획이 완성되어도 대중들이 모른다면 무의미하다. 전략홍보시대의 테크닉을 구사해서 홍보에 주력할 때 이벤트는 비로소 성공을 거둘 수 있다.

● 홍보는 타이밍이 중요하다. 우선 하나의 이벤트를 개최할 때 퍼블리시티 기회는 적어도 세 번은 있을 것이다. 사전, 개최 기간 중, 사후가 그것이다. 사전은 말 그대로 이벤트 개최 전의 홍보를 뜻한다.

● 실시하는 이벤트의 종류와 목적, 대상, 예산에 따라 홍보 방법은 크게 다르다. 예를 들면, 지역 주민 서비스형의 이벤트인지, 타 지역에서 많은 관광객 유입을 기대하는 이벤트인지에 따라 활용하는 매체의 종류나 방법이 달라진다.

● 불특정 다수를 대상으로 한 이벤트의 경우, 채택할 수 있는 관람객 유치 수단이 반드시 홍보 활동만 있는 것은 아니다. 경우에 따라서는 특정 대상에게 직접 관람을 권장하거나 관광업계와 협력해 관람객 유치에 크게 기여하는 것도 가능하다.

● 관람객 유치 활동은 이벤트 개최 기간 전부터 개최 기간까지 모든 기회를 통해 전개되지만, 박람회의 경우에는 무엇보다 예매권 판매가 상당한 비중을 차지한다.

● 규모가 큰 대형 박람회의 경우 관광업계와 협력 관계를 구축하고, 박람회와 제휴하거나 모객을 요청하는 것도 큰 집객 전략이 된다.

제3장

행사장 구성과 시설

연구 포인트

이벤트에서 행사장 확보는 매우 중요하다. 일상에서 벗어나는 즐거움과 독특함, 그곳에서 실시되는 전시와 이벤트 전체가 행사장 조성의 아이디어로 집약된다고 해도 틀린 말이 아니다. 행사장 예정지의 지형, 자연환경, 사용 부지 면적을 고려하여 주제관, 독립관, 전시관, 극장, 중앙광장, 공연장, 휴게소, 산책로, 게이트, 소형광장 등을 배치해야 한다. 어떠한 것을 시설에 포함시킬 것인지는 예상 관람객 유치 목표와 이벤트 목적 등에서 산출하게 된다.

한편 행사장에 찾아온 관람객을 어떻게 이동시킬 것인가에 대해서는 조닝 플랜이 필요하다. 게다가 행사장의 분위기를 고조시키기 위한 심벌 사인, 심벌 조형물 등을 어떻게 배치할 것인가, 관람객의 편중을 피하기 위해 행사장을 어떻게 분산시킬 것인가, 참가 출전 기업의 형평성을 어떻게 고려할 것인가 등 행사장 건설의 계획 구상에서 검토해야 할 사항은 매우 많다. 하지만 행사장 배치의 기본은 '관람객이 우선'이라는 사실을 잊어서는 안 된다.

1. 행사장 선정

이벤트를 개최할 때 행사장 선정과 부지 확보에 많은 고민을 한다. 특히 현재처럼 도시화가 급격히 이루어지는 상황에서는 중심 시가지에 가깝고 관람객의 편의가 보장되며 주차장까지 포함된 상당한 면적을 확보하기란 매우 어려운 일이다. 따라서 향후의 이벤트는 부지 확보가 용이한 도시 변두리로 확산될 것이며, 이 경우 교통망의 현황과 관람객 수송 및 주차장 대책 등을 충분히 검토해야 한다. 현재와 같은 상황 속에서 모든 여건이 충족된 행사장 예정지를 기대하는 것은 무리이므로 종합적인 예산과 사업비에 미치는 영향을 종합적으로 검토하여 그중에서 최선의 행사장을 선정할 수밖에 없다.

행사장을 선정하는 단계에서는 이벤트의 내용 중 결정되지 않은 요소가 많기 때문에 선정 조건이 반드시 명확한 것은 아니다. 그래서 향후 실시될 프로그램의 내용과 전개 방식, 소요 공간의 규모와 형태, 상정되는 설비의 개요, 필요한 기능과 서비스 등을 고려하면서 행사장의 소요 조건을 정리해 나간다. 아울러 그러한 조건 속에서 '무엇을 중시할 것인가', '우선순위를 어떻게 할 것인가'에 대해서도 검토한다. 이 양자가 행사장 선정에서 기본적인 지표가 되는 것이다.

행사장 선정 시 고려해야 할 요소

행사장 선정은 세 가지 관점에서 검토해야 한다. 앞에서 설명한 것처럼 행사장이 제공할 수 있는 기능, 즉 행사장 선정 시에 고려해야 할 요소는 물리적 기능, 서비스 기능, 이미지 기능 등 세 가지가 있다.

① **물리적 기능:** 행사장 장소와 행사장 시설이 가지는 물리적인 조건으로 '공간 형태'(면적·형태·하중 조건 등), '공급 설비'(전기·물·가스·통신설비 등의 공급 조건 등), '접근성'(교통 조건·주차장·반입 루트 등) 등 세 가지가 중심적인 과제이다. 이것은 계획하는 이벤트가 말 그대로 물리적으로 실현될지 아닐지를 결정하는 가장 기본적인 조건이므로 신중한 검토가 요구된다.

② **서비스 기능:** 이벤트 운영을 지원하는 여러 가지 서비스의 공급 조건으로 경비와 청소, 케이터링 서비스와 통역 섭외 등 각종 서비스를 받을 수 있는지, 의료시설과 비즈니스 지원시설 등의 부대시설·설비가 이용가능한지 등이 검토 과제가 된다. 이벤트의 종류에 따라서는 서비스 기능이 무엇보다 행사장을 결정하는 중요한 요소가 되기도 한다. 이

개념은 기존 시설을 행사장으로 쓸 경우에는 세심하게 신경써야 할 게 많아 더욱 중요하다. 또한 서비스 기능은 가설 행사장 장소를 선정할 때에도 중요하다. 부지 주변의 식음료시설과 공공 서비스기관, 운영서비스 관련 업체의 결집 상황 등을 파악해야 하기 때문이다.

③ **이미지 기능**: 시설(혹은 부지)이 갖추고 있는 이미지로 일반적으로 연상되는 인상이나 성격, 수준 등이 해당된다. 예를 들면, 물리적인 조건에는 큰 차이가 없더라도 일류 호텔과 마을회관에서 참가자가 받는 이미지는 크게 달라진다. 또한 국립중앙박물관에서 한복 패션쇼를 했을 경우 마을회관이나 일류호텔에서 하는 것과는 다른 시설 고유의 이미지를 이벤트의 구성에 살리는 것이 가능하다.

어떤 행사장 시설과 행사장 예정지도 이 3개의 기능을 각각 고유의 것으로 갖추고 있다. 행사장의 '필요조건'과 '우선순위'를 가능한 높은 정밀도로 상정하여 각 후보 장소의 장점과 단점을 신중하게 판단하는 것이 계획 단계에서 중요하다. 실제로는 여기에 비용이 추가되는데 이 경우의 비용이란 단지 임대료의 많고 적음만이 아니고, 그곳에서 이벤트를 개최할 경우에 발생하는(행사장 조건에 기인하는) 모든 비용을 의미한다. 이런 의미에서 비용을 정확하게 산정하는 데 반드시 정밀도가 높은 조건 예측이 필요하다. 행사장 선정 기준이 되는 조건을 제시하면 다음과 같다.

① 중심 시가지에서 비교적 근거리에 위치하며, 기간 중에 발생하는 교통량을 통제할 수 있는 도로망이 정비되어 있을 것
② 피크일에 동시 체류 인원(㏊당 2,500명 정도)을 충분히 수용할 수 있는 주행사장 부지와 거기에 상응하는 주차장 부지를 확보할 수 있을 것
③ 전기, 상수도, 하수도, 가스 등 도시설비가 용이할 것
④ 행사장 부지 주변에 주택가가 밀집되어 있지 않을 것
⑤ 가능한 현 상태로 사용 가능하며, 조경이나 건설공사, 복구공사에 낭비가 없을 것
⑥ 같은 조건이면 강이나 바다, 숲에 둘러싸인 자연 환경을 우선으로 할 것

이런 측면에서 행사장 예정지를 검토해야 한다. 또, 그중에서 어떤 조건을 중시하는가는 이벤트 경영상 어떤 장점이 가장 많을 것인가를 기준으로 판단해야 한다. 즉, 이벤트를 개최하고 운영할 때 가장 장점이 많은 곳이 행사장의 입지 조건으로

우수하다고 할 수 있다.

행사장의 면적 또한 충분해야 한다. 그런데 행사장 면적에서 큰 부분을 차지하는 주차장을 충분히 확보할 수 있어 다행이라고 여길 때도 이면에는 단점이 존재할 수 있다. 대개의 경우 산업공단 등의 예정지이거나 부지 조성 직후인 경우가 많아 경관이 좋지 않은 살벌한 분위기가 될 가능성이 많기 때문이다. 따라서 행사장 부지 선정에 각별한 주의를 요한다.

유의사항

대부분의 경우 행사장으로서 적합성을 판단하는 데 가장 기본적인 조건이 되는 것은 역시 규모(면적, 형상 등의 물리적 조건)와 설비(전기, 급·배수의 공급 조건)이다. 그런데 현실적으로 이벤트 개최 조건에 맞지 않을 경우 내용의 대폭적인 변경이나 고액의 비용 상승, 행사장 변경이라는 상황에 처할 수도 있다.

행사장 선정 단계에서는 아직 행사장 운영 계획 내용이 확정되지 않은 상황이기 때문에 자칫하다간 예상하지 못한 비용 상승, 행사장 변경 등에 직면할 수 있다. 이러한 사태를 방지하기 위해서는 사전에 개략적인 규모 산정을 해두는 것이 중요하다. 여러 가지 가설이 전제가 되는 대략적인 계산도 합리적인 판단을 내리기 위한 근거가 된다. 또한 사전의 규모 산정은 이러한 치명적인 판단의 실수를 방지할 뿐만 아니라 행사장 계획과 예산 편성 시 근거가 된다. 구체적인 실시 조건이 거의 아무것도 결정되지 않은 단계에서의 규모 산정은 높은 수준의 기획 노하우가 필요하지만 반드시 실시해야 할 중요한 과제이다. 한 가지 사례를 들어보자.

어느 대형 이벤트의 경우 (주택 지역에 인접한) 부지의 조건과 소요 규모의 산정 결과를 비교·검토했는데 상수도 본관의 용량이 이벤트에 필요한 수량을 취수하면 주변 주택의 상수도 공급에 영향을 줄 우려가 있는 것으로 판단되었다. 해결책으로 몇 개의 후보지를 검토한 결과, 1일분의 소요 수량을 저장하는 가설 급수탱크를 설치해 영향이 적은 야간에 저수하는 것과, 필요에 따라서 급수차를 활용하는 것이 가장 합리적이라는 결론을 얻었다. 따라서 그 방침으로 구체적인 계획을 추진했다.

이벤트에서는 결정한 행사장 예정지에 대해 대규모로 광범위한 사전조사를 실시한다. 부지의 측량과 보링조사(boring survey: 지중(地中)의 지질 등을 조사하는 방법 중의 하나. 즉 보링기계를 사용하여 지름 50밀리미터 정도의 구멍을 뚫어서 흙이나 암석을 채취하여 지질(地質)과 지하수(地下水)의 상태(狀態) 등을 조사한다) 등은 물론이고, 주변의 교통 발생량부터 기존 수리권(水利權: 특정인이 하천의 물을 계속적·배타적으로 사용하는 권리)이 미치는 영향까지 행사장을 둘러싼 주변 환경에 대한 조사와 시뮬레이션에 많은 시간과 에너지가 할애된다. 말할 필요도 없이 입지 조건이 이벤트의 사업구조를 좌우하는 매우 중요한 요소이며 입지 조건 그 자체가 일종의 '성능'이다.

2. 행사장 계획의 조건 설정

행사장 계획은 소요 시설의 윤곽이나 운영상의 기본 조건을 비롯해 계획의 전제가 되는 다양한 조건을 열거, 정리하는 것부터 시작한다. 즉 행사장 구성 시에 '어떠한 조건을 충족하면 좋을 것인가'를 가능한 구체적으로 시뮬레이션하는 것이다. 검토 과제는 크게 세 가지가 있다.

① **물리적 조건:** 행사장 내에 설치하는 시설과 배치해야 할 설비 등이 어떠한 규모와 성능을 충족해야 하는가를 말한다. 행사장을 구성하는 개개의 시설·설비의 윤곽을 상정하지 않으면 행사장 계획을 검토할 수 없다. 소요 시설의 개요는 행사장 계획을 위한 지표가 된다. 물론 이 단계에서는 많은 조건이 미확정이므로 가정적 예측을 피할 수 없다. 쉬운 작업은 아니지만 이 단계에서 정밀도가 높은 검토를 하는 것이 중요하다.

② **운영상 조건:** 행사장 내에서 전개되는 여러 가지 활동과 그것에 대응하는 운영 체제 시스템에 따라 시설에 요구되는 기능은 크게 달라진다. 요구되는 시설 조건을 운영 측면에서 고려하는 것이다. 그리고 개개의 시설 기능에 덧붙여 '시설 상호의 관계' 검증도 중요하다. 예를 들면, 각 시설은 각각 어떠한 위치 관계에 놓여야 할 것인가, 그것들은 동선상 어떠한 장소에 배치되어야 할 것인가라는 요소가 중요한 검토 과제이다.

③ **행사장의 사용 조건:** 기존의 시설을 행사장으로 사용할 경우와, 공터에 가설시설을 설치하는 경우 어느 쪽이라도 행사장이 되는 건물과 부지에는 사용시 전제가 되는 고유의 조건(기상 조건, 설비 공급 조건, 접근성 관련 조건 등)이 있다. 그것들은 모두 행사장 계획의 전제가 되는 여건이므로 미리 조사 정리를 해두어야 한다.

계획 조건의 정밀도가 높을수록 행사장 계획, 행사장 설계의 합리성과 신뢰성도 높아진다. 여기에서 검토할 계획 조건은 구체적인 행사장 계획안을 작성할 때 기초가 될 뿐만 아니라 행사장과 시설의 설계 작업을 실제로 진행할 때 귀중한 근거가 된다. 다만 앞에서 설명한 것처럼 검토의 전제가 되는 조건의 대부분은 이 단계에서는 아직 확정되지 않은 상태이다. 따라서 조건이 확정될 때까지 기다리고 있으면 기획 작업이 추진되지 않으므로 미확정인 요소에 대해서는 가설(假設)을 구성한 대략적인 전체상을 그려 보아야 한다.

이렇게 설정된 계획 조건은 물론 불변의 지표가 아니다. 기획 진행과 여러 가지 조건의 추이에 따라 유연하게 변동해야 하므로 기획자는 항상 그러한 관점에서 자신의 계획을 계속 재검토하지 않으면 안 된다.

소요 기능 추출과 기능 검토

우선 행사장 내에 도입해야 할 기능을 검토하여 이상적인 상황을 상정한다. 이 작업은 각각의 시설에 대한 개별 검토에 앞서 실시하는 것으로 검토 대상은 '시설'이 아니고 '기능'이다. 예를 들면, 행사장 내에서 음식을 제공할지 안할지는 행사장 계획을 좌우하는 큰 요인이다. 개개의 시설 계획을 하기 전에 이벤트에 '음식 기능'을 도입해야 하는지 아닌지 생각하는 것은 당연하다. 또한 필요하다고 해도 갑자기 음식점을 설치할 수는 없다. 왜냐하면 식수 공급도 음식 제공을 도시락 판매로 처리하는 경우와 행사장 내에서 조리를 하는 경우는 요구되는 시설의 규모와 설비가 완전히 달라지고, 조리를 하는 경우에도 테이크아웃과 세팅은 조건이 크게 달라지기 때문이다. 또한 음식점을 행사장 곳곳에 배치할 것인가, 혹은 한곳에 모을 것인가라는 배치상의 문제도 일률적으로 결정되는 것이 아니다.

이벤트의 내용과 사업 구조, 둘러싼 환경과 조건 등에 따라 다른 상황이 벌어진다. 즉 행사장에 어떠한 형태의 음식 기능이 바람직한 것인지 사전에 검토하지 않고 시설을 개별적으로 계획·설계하는 일은 있을 수 없다. 마찬가지로 '전시 기능'이 필요한지, '공연 기능'은 필요한지 등 다양한 검토와 검증을 실시해야 한다. 물론 어떤 기능을 검토할 것인가 그리고 실제로 어떤 기능이 필요할 것인가는 이벤트마다 다르다.

소요 시설·설비의 검토와 조건 설정

앞항의 검토를 토대로 소요 기능을 충족하기 위해서 준비해야 할 시설·설비의 기본적인 구상과 그것에 따른 계획 조건을 설정한다. 실제로 행사장의 기초 여건을 구축하는 것이다. 이 단계에서 중요한 것은 시설 규모의 추계와 파악이다. 시설마다 본격적인 규모 산정은 행사장시설 기본 계획 단계에서 하지만, 여기에서는 그 전 단계로서 행사장 계획의 검토를 하는 데 필요한 수준의 자료를 준비한다.

이 작업의 목적은 개별 시설 규모의 상세한 검증보다 행사장 전체에 필요한 시설과 설비 규모의 전체를 파악하는 것이다. 앞의 예를 들면, 우선 관람객 수와 입장 상황(입장객 수의 변동)을 예측하여 입지 조건과 행사장 주변의 음식점 수용 능력 등을 감안하고 이를 근거로 행사장 전체에 어느 정도의 식수를 공급해야 하는지 계산한다. 또한 그것을 어떠한 형태로 제공하는 것이 합리적인가를 검토해 음식점 종류별 설치 규모를 산출·설정한다.

이 과정에서 (레스토랑, 테이크아웃점, 도시락 판매점 등)음식점 종류별로 이용자 수 대비 공급량을 추계하는데, 이것은 시설 계획의 기초가 될 뿐만 아니라 영업계획과 운영계획의 기본 자료도 되고, 더 나아가서는 소요 수량과 오수량 발생의 산출 근거도 된다.(객석 수 및 이용률·회전율 등을 변수로 하면서 하루 평균 이용자 수와 피크 시간대의 이용자 수를 계산하여, 음식점 종류별의 이용자 일인당 필요 수량을 예측함으로써 1일당 혹은 피크 시 1시간당의 소요 수량을 계산할 수 있기 때문이다)

이와 같은 계산이 필요한 시설 전체에 대해 실시한다. 기간시설, 서비스시설, 전시시설, 행사시설, 영업시설, 공급처리시설, 교통액세스 관련시설 등 검토 대상은 다방면에 걸친다. 여기에서 설정된 시설의 기능과 규모가 후에 계속되는 행사장 계획과 행사장 시설 계획의 전제가 된다.

각종 운영 여건의 검토와 조건 설정

운영 측면에서 계획 수립 조건을 살펴보자. 비록 같은 용도를 상정하는 경우라도 운영 방법에 따라 운영 여건이 크게 달라지기 때문이다. 어떤 방식을 채택하느냐에 따라 필요한 공간의 수용 능력이 달라지는 것은 물론이며, 행사장 계획의 주요 조건인 관람 동선의 구성과 부대 시설에 관한 기능의 조건도 달라진다.

운영과 연출의 기본 방향도 행사장 계획의 중요한 구성 요소이다. 행사장 서비스의 내용과 전개 방법, 행사전과 행사 중의 전개 방법, 여러 가지 반출·반입물의 규모나 빈도 등 검토해야 할 과제가 많다. 단적으로 말하면, 행사장 운영의 기본이 되는 '사람, 물자, 정보의 원활한 흐름'을 실현하기 위한 행사장 구성 본연의 자세를 고려해야 한다. 더구나 이러한 시설 기능의 문제와 병행하여 입장 관리의 기본 방침,

유료 구역과 무료 구역의 범위와 구획 방법 등 행사장 계획에 큰 영향을 주는 입장 제도에 관련되는 여러 가지 조건에 대해서도 기본적인 구상을 고려해야 한다.

유의사항

실제로 행사장 계획을 기획하는 데 필요한 다양한 지표의 추계와 시뮬레이션을 실시하는 것도 이 단계에서 해야 할 중요한 일이다. '관람객의 방문 동태와 행사장 내의 체류 상황', 교통 액세스의 분포, '공급처리설비의 수요' 등 행사장 계획을 수립할 때 중요한 근거가 되는 조건을 스스로 규정해야 한다.

이 작업은 행사장의 시설 규모 차원을 넘어 예상되는 상황에 대해서 행사장 자체가 기능할 수 있는지 없는지를 판단하기 위한 것으로 과제가 발견되었을 경우에는 행사장 계획에서 그 대응책을 구체화하게 된다. 계산·검토해야 할 내용과 각각의 중요도는 이벤트마다 다르다. 여기에서는 일반적으로 이벤트에 공통되는 지표를 몇 개 예시한다.

① **관람객 수 관련**: 관람객 수의 기준 수치(→관람객 예측), 평균/피크일 등 관람객 수 변동, 소요 시간, 평균 체류 시간, 단면 체류 인원, 동시 체류율 등
② **액세스 관련**: 현장 주차용량, 교통기관별 수송 능력, 교통기관 분담률 등
③ **설비용량 관련**: 소요 전기용량, 소요 급수량, 소요 정보통신설비 등

[표 3-1] **지방박람회 음식 시설(조리식당)의 규모와 소요 수량**

구분	면적	점포 수	좌석 수	연석 수	회전율	이용자 수
레스토랑(A)	130㎡	5	90	450	2.0/h	900명/h
레스토랑(B)	65㎡	5	40	200	2.5/h	500명/h
간편식 스탠드	65㎡	7	20	140	4.5/h	630명/h

피크 시 1시간당 이용자 수 합계 = 2,030명/h

① **이용자 수**

행사장 운영 시간 9:30~17:30 중 11:30~14:30까지의 3시간은 만석으로 100% 가동하며, 그 외의 5시간은 70%의 이용률로 한다면 이용자 수는

레스토랑(A) 피크 시 900명×3h=2,700명

피크 외 900명/h×0.7×5h=3,150명(합계=5,850명)

레스토랑(B) 피크 시 500명×3h=1,500명

피크 외 500명/h×0.7×5h=1,750명(합계=3,250명)

간편식 스탠드 피크 시 630명×3h=1,890명

피크 외 630명/h×0.7×5h=2,205명(합계=4,095명)

따라서 이용자 합계는 13,195명/일이 된다.

② 물 사용량

이용자 일인당 평균 물 사용량을 레스토랑에서 20리터, 간편식 스탠드에서 10리터로 하면 (9,100명×20리터)+(4,095명×10리터)=222,950리터/일(220톤/일)이고, 피크 시간대의 1시간당 사용량은 (1,400명×20리터)+(630명×10리터)=34,300리터/h(34톤/h)이다.

❊ 용어 설명

- 실제의 물 사용량은 조리 형태(준비부터 모두 식당내에서 조리하는지, 미리 조리된 식재료를 사용하는 것인지), 요리 종류별(한식인지 중식인지 등), 테이블 웨어(식기 세척이 필요한지, 일회용인지 등) 등의 조건을 가정한 수치를 기본으로 계산한다.
- **소요 시간:** 모든 연출 요소를 전 행사 실시 시간에 걸쳐서 체험하는 것을 전제로 행사장과 시설을 빠짐없이 순회했을 경우 필요한 시간. 관람객의 체류 시간을 검토할 때 기초 자료가 된다. 단 전체의 개요와 '볼 만한 행사'를 대충 둘러볼 경우에 필요한 시간이라는 의미로 사용되는 경우도 있으므로 유의할 필요가 있다. 어느 쪽을 가리키는지는 문맥으로 판단할 수밖에 없다.
- **평균 체류 시간:** 관람객이 행사장 내에 체류하는 시간의 평균치를 말한다.
- **단면 체류 인원:** 어느 순간에 행사장 내에 존재하고 있는 관람객 수. 시간의 흐름을 어느 단면에서 잘랐을 때 행사장 내부가 어떤 상황인지 예측한다. 이 평균치를 '평균 단면 체류 인원'이라고 한다. 단 검토 목적에 따라서는 이것에 관계자의 수를 더해 지표로 이용하는 경우도 있다.
- **동시 체류율:** 1일 평균 관람객 수와 평균 단면 체류 인원의 비율. 어느 순간에 1일 관람객의 몇 퍼센트가 동시에 행사장 내에 체류하고 있는지 나타내는 지표이다.
- **피크일 집중률:** 총관람객 수에 대한 피크일 관람객 수의 비율. 피크일 하루에 얼마나

입장이 집중되는지 나타내는 지표로 총관람객 수의 몇 퍼센트가 피크일 하루에 입장하는지 나타낸다. '평균 관람객 수'와 함께 관람 동태를 검토할 때 이용된다. 또 '제0∞제0 피크 평균' 등 필요에 따라서 다양한 변화의 자료가 사용된다.

- **피크 시 집중률:** 1일 총관람객 수에 대해 피크 시간대 1시간당 관람객 수의 비율을 의미한다. 피크 1시간에 1일 관람객의 몇 퍼센트가 집중되는지 나타내는 지표로 사용된다.

3. 행사장 구성

행사장은 기존 시설, 가설(假設) 시설, 조립 등으로 구성된다. 이벤트를 개최하려면 그 이벤트가 제공하는 프로그램과 연출, 운영, 서비스 등을 실현하기 위한 '독자적인 공간'을 마련해야 한다. 행사장 구성 방법도 다양하다. 그러나 어떤 경우든 이벤트의 개최 내용과 개최 조건에 맞는 독자적인 행사장 공간이 필요하고, 그것을 지탱하는 행사장 계획이 수립되어야 한다.

행사장 계획은 행사장을 구성하는 데 필요한 물리적 조건을 파악하고 그 전제가 되는 운영·연출, 여건 등을 검토·추출해 하나의 체계로 조립하는 작업이다. 행사장을 구성하는 다양한 시설, 조립, 조형, 설비, 장치, 수경(修景) 등의 기능, 규모, 사양, 형상의 기본적인 최상의 모습을 개최 내용, 개최 조건, 운영 방법을 감안하면서 검토해야 한다. 그러한 집합체로서 시설 배치의 방침을 결정해 기능 측면, 디자인 측면, 방재 측면, 운영 효율 측면 등 어느 측면에서도 문제가 없는 행사장 구성의 전체상을 구성하는 것이다.

지역 발전을 위해 개최되는 지방박람회는 개최 장소의 특징을 살리면서 본 행사장만이 아니라 광역의 행사장 구성과 운영을 함께 고려해야 한다. 이런 관점에서 향후의 행사장은 종래의 개념을 탈피한 광의의 행사장으로 주차장 이외에 두 개의 행사장을 합친 분산된 행사장 구성을 채택해야 한다. 분산형 행사장 구성은 다음과 같다.

분산형 행사장 구성

① 개최 지역 전체를 행사장으로

넓은 의미로 개최지의 전역을 행사장이라 생각한다. 시민의 일상생활과 업무 수행에 지장이 없도록 충분히 배려하면서 모임과 행사가 전 지역으로 확산되도록 기획한다. 또 도심부에는 주행사장과 직결하여 이벤트를 종합적으로 소개하는 전시장이나 각종 모임과 행사를 안내하는 안내센터를 만들어 각종 회의와 학회 등을 유치하고, 이벤트 주제에 관한 심포지엄과 회의, 세미나를 개최하는 등 다채로운 이벤트를 이 기간에 중점적으로 개최할 수 있도록 적극적으로 활용한다.

② 지역 전체를 네트워크 행사장으로

지역 발전을 위해 개최되는 이벤트는 단순히 개최 지역만의 이벤트로 한정할 것이 아니라 좁게는 시·군 넓게는 광역지자체의 이벤트로 자리매김할 수 있도록 계획되어야 한다. 그러기 위해서는 이벤트 기간 중에 각지에서 개최되는 여러 가지 모임과 행사의 연계로 이벤트 네트워크를 형성하여, 이벤트를 계기로 지역 전역의 화합과 발전에 초점을 맞추어야 한다. 이렇게 지역 활성화를 촉진하는 데 기여하고 동시에 타 지역에서 오는 관람객을 대량 유치하는 데도 도움이 될 수 있도록 광역 행사장을 구상해야 한다. 따라서 주행사장은 이런 구상에 따라 설계되어야 한다.

행사장의 시간적 구성

행사장의 기본 구성은 분산형 행사장 구성과 같이 공간적 측면과 함께 시간적 측면이 중요하다. 이벤트 개최 기간 전후를 포함해 시간적 구성을 명확히 해야 한다.

① 이벤트 기간 전에 이미 시작되는 이벤트

앞으로의 이벤트 개최는 종래처럼 개최기간 2~3개월이나 6개월 정도로 대응하는 것이 아니라 심포지엄, 세미나, 각종 회의 개최 등 이벤트 기간 전부터 이벤트와 관련된 모든 활동을 전략적으로 실시하도록 계획해야 한다. 그것이 이벤트를 널리 알리는 데 도움이 되며, 지역의 관심도를 높이는 작용을 하는 동시에 이벤트의 목적을 실현하는 데 매우 유효하다. 따라서 이벤트 주제와 관련된 심포지엄과 세미나 개최는 개최 1년 전부터 연속적이며 체계적으로 실시하면서 그 결과를 이벤트에 결집시킨다.

한편 이벤트의 내용을 충실히 다지는 계획적인 노력이 이상적이다. 또한 환경과 조건이 비슷한 지역의 시장·군수회의 개최나 그것을 중심으로 전통예술제, 전통예술 전시, 스포츠 대회와 교류 사업 개최 등 정기적인 계속 실시 사업 역시 기간 전의 활동으로 고려해야 한다.

이러한 병행 행사는 협찬을 유치하여 실시하겠지만 그 성과는 주최 측에서 정리하여 출판한다. 이는 단순히 그 자리에 참석한 사람들뿐만 아니라 대외적으로 결과를 알리는 한편 자료를 보존하는 것도 가능하므로, 이벤트를 일과성으로 끝내지 않기 위한 주최 측의 의무이기도 하다.

② 주행사장은 낮에, 시내 행사장은 밤까지

주행사장의 효율적인 개장 시간은 주간이다. 여름철에 한해 야간개장을 실시하는 구상도 있으나 그러기 위해서는 행사장 내의 모든 조명시설을 야간개장에 맞춰 증강할 필요가 있다. 운영요원 역시 2교대가 불가피하며 경비나 청소 등 모든 비용이 증가하기 때문에 야간개장에 대해서는 수지 측면을 고려해 충분히 검토할 필요가 있다. 그러나 참가형 축제나 공연 혹은 예술적인 행사 중 일부는 한정된 시간만으로는 연출하기 어려운 점도 있고, 반드시 야간에만 가능한 이벤트도 있으니 함께 고려해야 한다. 비용과 환경상의 문제를 고려하면서 시내의 적당한 공간을 활용하는 등의 대책이 강구되어야 한다.

③ 단기와 임시형 참가에 대한 고려

기존의 지방박람회는 전시관 내의 전시를 중심으로 전 기간을 통해 참가하는 것이 당연시되었다. 하지만 향후의 박람회는 이런 관습을 벗어나 단기간의 참가와 임시형 참가를 가능케 하는 연구가 필요하다. 예를 들면, 다른 목적의 전시 시설 일부를 단기간 빌려 독특한 제작 실연이나 즉석 판매를 한다거나 다목적 광장을 사용하여 3일간만 벼룩시장을 개최하는 등의 참가 방법이 그것이다. 이런 연구로 대기업과 단체는 물론 지금까지 이벤트 참여가 불가능했던 각지의 지역산업과 그룹 등의 사람들이 박람회에 폭넓게 참여하는 기회를 만들 수 있다.

④ 이벤트 종료 뒤 사후 활용도 검토

주행사장의 여러 시설은 원칙적으로 가설물 건축을 하고 있으나, 박람회 개최지의 장기 발전을 위해 시설 중 일부를 박람회 종료 후에도 남겨 상설시설로 이용할 수 있도록 계획하는 것이 바람직하다. 따라서 박람회의 시설은 기간 중에만 이용하고 기간 후에는 그 시설을 전용할 수 있는 특별한 아이디어가 요망된다. 이 경우 해당 시설의 관리 운영 형태는 관계자의 적극적인 대응이 요망되며, 박람회장의 조경시설 등에 대해서도 기간 후 이용 계획과 조정을 모색하면서 가능한 남겨 놓고 활용할 수 있도록 한다.

[그림 3-1] 2013 순천만국제정원박람회장 배치도

행사장 구성 업무

행사장을 구성하는데 필요한 물리적인 조건을 파악하고 그 전제가 되는 운영, 연출, 여건 등을 검토·추출해 하나의 체계로 조립하는 업무이다.

행사장의 기본 조건

이벤트 행사장에 요구되는 기본적인 조건은 '기능성, 안전성, 디자인성' 등 세 가지 요소다. 즉 행사장 전체 및 행사장 내의 임의 구역이 이 세 가지 요소에 대해 일정 수준을 충족하는 것이 행사장의 최소한의 조건이다.

① **기능성:** 행사장이 이벤트 무대에 적합한 합리적인 공간 구성을 실현하고 있는지를 검토한다. 상정되는 체류 인원과 그 움직임에 대응 가능한 규모와 형상을 확보하고 있는지, 예정된 프로그램과 연출에 적합한 공간 기능·공간 구조를 갖추고 있는지, 필요한 곳에 필요한 설비를 공급할 수 있는지, 행사장 운영을 저해하는 요인이 혼재하지는 않는지 등이 주된 검토 과제이다.

② **안전성:** 행사장이 갖춰야 하는 방재와 안전 측면의 성능으로 비상시 대피에 지장은 없는지, 임의의 지점에서 두 방향으로 대피가 가능한지, 모든 구역에 즉시 긴급 차량이 접근할 수 있는지, 관람객이 집중했을 때 혼란이 발생되는 구조로 되어 있지 않은지, 장내의 소방·방재 기능은 필요 충분한 조건을 충족할 수 있는지 등을 검증한다.

③ **디자인성:** 행사장이 창출하는 경관과 공간 환경의 디자인성과 메시지성을 파악한다. 공간이 주는 이미지와 메시지가 이벤트의 이념과 일치되는지, 경관과 공간 디자인은 만족할 만한 수준인지, 쾌적하고 안전한 공간 구성이 되는지 등을 고려해야 한다.

계획 이념과 행사장 구성의 기본 방침

우선 '계획 이념'과 그것에서 도출된 '행사장 구성의 기본 방침'을 명확히 한다. 계획 이념은 행사장을 어떠한 원리와 콘셉트를 기본으로 구성하여 결정할 것인가, 행사장을 구성할 때 무엇을 중시하고 우선할 것인가, 행사장 계획의 성과로 실현되어야 할 것은 무엇인가 등 행사장 전체를 통제하는 기본 원칙과 전제가 되는 가치관과 철학이다. 그 원칙에 입각해 구체적인 대응 방침을 정리한 것이 행사장 구성의 기본 방침이다. 예를 들면, 도쿄 디즈니랜드는 야외 풍경이 관람객의 눈에 보이지 않게 만들어져 있는 것으로 유명하다. 관람객에게 주는 비일상적인 감각을 망치지 않도록 야외 경관을 차단한다는 발상이 계획 이념이며, 그 실현은 부지를 둘러싸듯이 시설을 배치해 시선을 차단함과 동시에 시선이 닿을 우려가 있는 곳은 조각, 조형, 수경, 재배 등으로 막는다는 전술이 행사장 구성의 기본 방침이다.

디즈니랜드의 행사장 공간이 독특한 매력을 갖고 있는 것은 이외에도 수없이 많이 세워졌던 독창적이며 탁월한 계획 이념과 그것을 현실화한 뛰어난 계획 기술의 성과이다.

이벤트의 행사장 구성에서 계획 이념과 계획 기술이 하는 역할도 마찬가지이다. 예를 들면, 변화가 풍부한 광경과 그곳을 돌아다니는 즐거움을 실현한다는 이념 아래 직선도로의 양측에 전시관을 연속 배치하는 '상가형' 배치가 아닌, 몇 개관이 소광장을 둘러싸는 형태로 전시관을 연속시키는 것이다. 이처럼 사전에 수립한 계획 이념을 현실의 행사장 계획에 반영한 사례는 많다.

계획 이념은 실제의 행사장 계획, 행사장 설계의 기본 방향을 규정하는 중요한 조건인 동시에 이벤트의 이미지와 메시지성을 크게 좌우하는 요인이 되기도 한다. 바꿔 말하면 뛰어난 행사장 계획 이념을 가진 이벤트는 그것만으로 강한 인상을 줄 수 있는 데 비해, 시설을 단순히 산만하게 배치하는 것은 효과와 소구력을 확보하는 데 행사장 공간이 어떤 공헌도 하지 않는다.

구역설정계획 · 토지 이용

다음은 행사장을 어떠한 형태로 이용할 것인지, 즉 구역설정계획과 배치의 기본적인 사고방식을 정리한다. 유료 구역과 무료 구역을 어디에서 어떻게 구분할 것인가, 관람객을 어디서 맞이하여 어디서 환송할 것인가, '행사장 내의 존(zone) 구성을 어떻게 할 것인가', 관람객의 접근 구역과 관리 구역을 어떻게 분류할 것인가, 기본 설비의 공급 루트를 어떻게 할 것인가 등 행사장 계획의 근간을 이루는 배치의 기본 형식을 검토한다.

현실적인 작업에서 연구를 거듭한 성과를 구역설정계획도와 배치개념도, 기능연관도 등의 형태로 집약해 나간다. 여건이 정해졌다고 해서 행사장 구성의 전개 방법이 자동적으로 하나의 형태로 수렴되는 것은 아니다. 이 과정의 작업은 무수한 가능성을 하나의 내용으로 좁혀가는 것으로 행사장 계획 업무 중에서 가장 기본이 되는 작업이다. 그림으로 말하면 디테일의 표현이나 채색하기 전의 밑그림 단계라고 할 수 있다. 그리고 이 단계에서 장단점이 실제로 만들어지는 행사장의 합리성과 매력도를 거의 결정한다.

주요시설 배치

이어서 행사장 구성의 이념과 방침에 따라 주요시설의 배치를 하나하나 구체적으로 검토해야 한다. 물론 설계 전의 기본 계획 단계에서는 각 시설의 정확한 치수나 형상이 결정되어 있는 것은 아니기 때문에 계획 조건의 일환으로 검토된 규모 산정을 기본으로 대략적인 배치도를 작성한다.

행사장 배치에 요구되는 것을 한 마디로 정리하면 사람의 흐름, 물건의 흐름, 정보의 흐름이 서로 모순 없이 순조롭게 처리되는 기능적인 구조를 찾아내는 것, 더 나아가 이벤트의 매력을 높이는 환경의 창출에 기여하는 것이라고 할 수 있다. 행사장에는 관람객 외에도 각종 참가자, 출연자, 초대자, VIP, 주최자, 운영관계자, 영업관계자, 납품업체 등 목적과 입장이 다른 수많은 사람들이 출입해 한 사람 한 사람이 각자의 입장에서 움직인다. 이런 '사람의 움직임'과 '사람의 흐름'을 가능한 기능적, 효율적으로 처리할 수 있는 배치 구조를 찾아내야 한다.

또한 행사장 내에는 다양한 물건이 반입·반출되므로 이런 '물건의 흐름'을 원활하게 하는 것도 중요한 조건이며, 비상시 순조로운 의사 전달과 지휘 통제 등의 '정보의 흐름'을 물리적으로 저해하지 않는 효율적인 배치를 하는 것도 소홀히 해서는 안 될 요인이다. 시설 배치는 현실의 이벤트 운영의 무대가 되는 행사장의 물리적인 구조를 거의 결정하는 매우 중요한 조건이다. 시설 배치 여하에 따라, 행사장 서비스와 행사장 운영을 효과적, 효율적으로 실시할 수 있는 경우도 있으며, 반대로 제약과 저해의 요인이 되기 때문에 여러 가지 운영 조건을 충분히 검토한 뒤 계획하는 것이 중요하다. 예를 들면, 계획하는 행사장 서비스의 프로그램과 전개 방침을 이해하고 있지 않으면 서비스 시설을 어디에 두는 것이 합리적인가를 판단할 수 없고, 장내에서 발생하는 '물건의 흐름'을 파악하지 않고 계획을 진행시키면 순조로운 반출입이 물리적으로 불가능한 행사장이 될 수도 있다. 운영에 대한 기본적인 구상과 실시 내용이 행사장 계획의 조건이 된다.

한편 행사장 배치에 대한 구상이 구체화됨에 따라 행사장 조건에 따른 경비와 청소 등의 운영시스템 검토가 본격적으로 시작된다. 행사장의 기본적인 구성이 확실치 않은 단계에서는 구체적인 운영 방법과 운영 체제를 파악할 수가 없기 때문이다. 이런 의미에서는 반대로 행사장 계획이 운영시스템 구축의 조건이 된다. 이와 같이 행사장 계획과 운영 계획은 말하자면 닭과 달걀이며 서로 상대를 규정하는 관계에 있다. 실제 작업도 서로 추진 상황을 파악하여 완성도를 높여 가는 프로세스로 추진한다.

행사장 전체를 어떤 이미지 공간으로 할 것인가, 어떤 콘셉트로 주변 환경을 연출할 것인가를 구상하는 것도 행사장 계획에 부과된 중요한 사명이다. 앞에서 예시한 도쿄 디즈니랜드가 계기가 되어 공간 환경을 어떻게 할 것인가가 불특정 다수의 관람객을 모으는 것을 목적으로 하는 시설에서 중요한 과제로 인식되었다.

박람회도 예외가 아니다. 전시관 내에 있을 때는 즐겁지만 더운 날씨 속에 대기하는 시간은 즐거움과는 거리가 멀다. 따라서 박람회장을 돌아다니는 것만으로도 충분히 만족할 수 있는 체험 공간 조성에 신경을 써야한다. 즉 박람회장의 매력 그 자체가 관람 동기가 되는 구조를 확보하려는 구상이 이미 일반화되어 있다. 물론 물리적인 행사장 구성만으로는 어렵다. 매력적인 행사장을 만들려면 운영과 이벤트를 포함한 다양한 요인을 조합한 종합적인 연출이 필요하다.

행사장 계획은 필요조건으로서 가장 기본적인 역할을 하는 것만은 확실하다. 이런 의미로 말하면, 행사장 계획에는 소요 기능을 충족시킬 뿐만 아니라 이벤트의 콘셉트와 특색을 공간과 환경에서 표현하려면 어떻게 해야 하는가라는 관점에서 제안해야 한다. 게다가 행사장 계획에서는 이러한 기능 측면과 연출 측면 외에 설비 측면이나 방재 측면에서의 검토도 불가결하다. 전기와 급배수 등 공급처리 설비에 대해서 아무 개념 없이 산만하게 시설 배치를 하면, 설비 공급 인프라가 비효율적이 되어 공사비와 유지비에 쓸데없이 예산만 낭비할 수 있다. 실제로 동일한 시설이더라도 배치를 조금 바꾸는 것만으로 공사비가 크게 변동되는 일이 발생한다. 특히 야외에서 실시하는 대규모 이벤트의 경우에는 미치는 영향이 크기 때문에 충분히 유의할 필요가 있다.

또한 다수의 관람객을 맞이하는 박람회장에서 최우선의 과제는 안전성의 확보다. 그중에서도 비상시의 대피에 지장은 없는가, 대피 동선은 두 방향으로 확보되어 있는가, 긴급 차량이 모든 구역에 즉시 진입할 수 있는가 등 긴급 시 안전성을 확보하는 것이 최소한의 요건이다.

장내 동선

시설 배치 검토와 함께 행사장 내의 각종 동선의 검증을 실시한다. 관람객의 접근 구역과 관리 구역이 명쾌하게 분리되어 있는가, 관람객 동선과 관리 동선·차량 동선이 부주의하게 교착되고 있지는 않는가, 관람객 동선이 혼란 없이 순조롭게 관람객의 흐름을 실현하는가, 관리 동선이 운영 실무의 비효율 요인이 되지는 않은가 등 앞에서 정리한 구역설정계획과 시설 배치의 사고방식을 기본으로 주로 안전상, 운영관리상의 관점에서 동선 계획의 합리성을 검증해야 한다.

이 과정에서 적합하지 않은 점이 발견되면 배치 계획 자체를 다시 수립해야 한다. 동선 계획에서 중요한 것은 관람객 동선과 관리 동선 등 여러 가지 동선의 상황을 개별적으로 검토하는 것에 더해 그것들 상호의 관계가 합리성과 정합성을 가지도록 조정하는 것이다. 행사장에서 동선상 문제의 대부분은 동선이 서로 뒤얽혀서 발생한 것이다. 이벤트의 규모가 커질수록 동선 계획의 중요성이 높아진다. 기능 측면, 관리 측면, 안전 측면, 경관 측면 등 여러 관점에서 검증과 시스템화가 필요하다.

공급처리시설 계획 · 정보통신시설

필요한 설비를 문제없이 공급할 수 있을지, 설비 공급 측면에서 볼 때 주요 시설의 배치가 합리성을 가지고 있는지를 검증의 기본으로 규모·배치를 전제로 한 공급 처리시설의 기본 체계를 검토한다.

처음에 해야 하는 것은 계획의 기초가 되는 공급 규모의 산정이다. 설치 시설 개개의 수요를 예측·집계한 뒤 행사장 전체로 소요 공급량을 추계한다. 박람회처럼 모든 것을 가설공급에 의존할 수밖에 없는 경우에는 소요 용량을 산정하지 않는 한 작업은 일절 진행되지 않는다. 게다가 공급 규모에 의해 공급 방식과 공급 루트가 바뀌고 그것에 따라 공사 규모가 크게 변동되므로 공급 용량 설정은 기술상의 과제인 동시에 경영상의 과제라고 할 수 있다.

전기설비를 예로 들면, 공급 규모에 따라 수전(受電)방식과 수변전(受變電)설비가 바뀌어 그것에 따라 가설전력 공사부담금과 공사비가 변동된다. 상세한 내용이 확정되기 전에 수요를 예측하는 것은 매우 곤란하다는 것은 말할 필요조차 없지만, 예측의 정밀도가 계획의 질을 높여 리스크를 경감하는 것 또한 틀림없는 사실이다.

이어서 행사장 전체에 대한 공급 계획을 검토해야 한다. 박람회라면 급수는 어디에서 끌어들여 어떠한 루트로 분배·공급할 것인가, 오·폐수관은 어디를 어느 정도의 경사로 배관하여 어디에 연결할 것인가, 전기는 어디에서 끌어들여 어떠한 계통으로 나누어 어떠한 루트와 방법으로 나눌 것인가 등 각 설비를 공급하기 위한 기본적인 구상을 정리해 나간다. 이때 공급설비 측면에서 효율성을 고려하지 않고 시설 배치를 하면 비용을 낭비하는 결과가 되는 것은 위에서 말한 대로다. 계획 단계에서부터 설비 측면의 합리성을 항상 의식하면서 검토하는 것이 중요하다.

주행사장의 구성 포인트

주행사장은 종래의 행사장이다. 그러므로 부지의 자연환경이 주는 장점을 살리면서 행사장 건설 계획을 수립할 필요가 있다. 주행사장의 계획은 이벤트 주제에 공감한 여러 단체나 기업, 지역과 그룹의 참여를 기대하면서 모인 모든 사람들의 '만남'과 '접촉'에 대한 새로운 체험을 통해 향후의 지역 이미지를 예상하며 함께 즐거운 한때를 보낼 수 있는 광장으로서의 공간을 제공할 수 있어야 한다.

해당 이벤트의 주제에 맞게 다양한 형태로 각 방면의 참여가 가능하도록 배려해야 한다. 전 기간 동안 고정적인 전시만이 참가라고 생각하지 말고, 1주일이나 10일 단위의 출품과 공예품과 특산품의 제조과정 실연, 즉석 판매 등을 비롯해 노점과 새벽장에 이르기까지 참가 기간과 형태에 대한 다양한 욕구에 대응할 수 있는 장을 마련하는 것이 바람직하다. 또한 지역 외부의 참여가 대기업만이 아닌 도시와 단체, 때에 따라서는 개인까지를 포함한 폭넓은 참여의 장을 만드는 것도 필요하다.

한편 정부의 공식적인 외교 루트와는 별도로 지역과 민간 차원에서 해외 참가자에게 참가 기회를 제공할 수 있다. 주최자의 출전은 그 박람회의 대표적 출전이 되므로 기본 이념과 주제를 구현하는 선도적인 의미를 지닌다. 또한 주최 측을 구성하는 각 단체 역시 가능한 출전하여 그 지역의 특수성을 기반으로 주제를 전개하고 주제관을 보완, 상승시키는 효과를 가져 오게 되면 더욱 효과적이다.

민간 출품에 대해서는 기업들이 자유롭게 참가해 행사의 기본 이념을 도모할 수 있도록 주최 측의 의도를 충분히 설명하면서, 그 방향으로 유도하여 각자의 입장에서 주제를 전개하도록 하는 계획적인 진행이 바람직하다. 이를 실현하기 위해 주최 측이 기획을 추진한 집합관이나 공동관을 준비하여 거기에 찬동해 출전하는 기업과 단체를 모집하는 등의 방법도 하나의 수단이다. 이들 출전을 전시관(임시 건축물)군과 야외전시·다목적 광장군으로 분류하면서 박람회 광장, 무대, 만남의 광장, 레스토랑, 쇼핑 지대, 조경녹지, 관리시설, 공급처리시설 등의 모든 시설을 각각 그 기능에 따른 흐름과 상호 연관을 가지면서 합리적으로 배치하는 것이다. 행사장 배치의 기본적인 구성으로 특히 다음 사항을 중시해야 한다.

① 박람회장 시설은 내용과 성격, 기능에 따라 몇 개로 구분하며 행사장 중앙부에 설치한 광장을 중심으로 둘러싸는 형태로 배치한다. 따라서 중앙광장에서는 어느 장소라도 비교적 단거리로 이동이 가능하며, 가족과 단체는 광장을 거점으로 모이며 분산할 수 있고, 연령과 취향에 따라 다양한 활동이 가능하다. 또한 관람객이 선택을 자유롭게 할 수 있고 피로를 줄일 수 있다.(박람회장은 피곤하다, 다리가 아프다, 자신이 있는 위치를 알 수 없다, 일행과 한번 헤어지면 다시 만나기가 힘들다 등의 불편을 해소해야 한다)

② 전시관을 주 동선상에 연속으로 나란히 설치하는 방식은 피한다. 전시 주제와 내용별로 4~5개로 구분하여 각각 소광장을 둘러싸는 형식으로 배치하여 주제 공간별로 특징을 살리는 동시에 변화를 준다.

③ 각 주제 공간의 주위는 조경녹지로 둘러싸 박람회장 특유의 딱딱한 분위기를 완화시킨다.

④ 기간 중에 우천과 한여름 직사광선을 고려하여 중앙광장과 소광장에는 반드시 대규모의 휴게소를 설치하여 휴식공간으로 이용하는 동시에 조경 효과도 함께 고려한다.

⑤ 기존 박람회에서는 볼 수 없었던 다목적 광장(전시관과 야외 전시장도 아니며, 이벤트

광장이나 공원도 아닌 다양한 참가의 장으로서의 광장)을 전시관군과 함께 중요 시설의 일환으로 설치할 것을 검토한다.

⑥ 박람회의 중요한 기둥의 하나인 이벤트를 중시하여 메인이벤트 광장 이외에 각 주제공간 중앙부에 소형 무대를 설치한다. 또 단기 전시나 야외 전시와 유기적인 관계를 유지하면서 각 지역의 전통적인 민속공연과 공예품의 생생한 모습을 전달할 수 있는 구성을 고려한다. 이와 같은 행사장 내의 여러 가지 요소를 주무대와 연계하면서 박람회장 전체에 박람회의 주제를 반영할 수 있는 구성을 고려한다.

유의사항

행사장 구성 계획의 일반적인 순서는 다음과 같다.

① 계획 여건의 검토: 소요 기능의 추출, 소요시설의 리스트업과 규모 산정 등
② 행사장 기본 계획
③ 시설 기본 계획: 운영 형태, 사용 조건의 상정, 시설 기능·기본 사양의 검토 등
④ 행사장 기본 설계
⑤ 시설 기본 설계
⑥ 행사장 실시 설계
⑦ 시설 실시 설계

이 중 ①~③이 계획 단계, 이어지는 ④ 이후가 설계 단계이다. 다만 기본 계획과 기본 설계의 작업이 사실상 연속되고 있어서 ②와 ④, ③과 ⑤를 한꺼번에 추진하는 경우도 많다. 또 실제로는 ②와 ③, ④와 ⑤, ⑥과 ⑦을 각각 병행하여 진행해 상호 조정하면서 작업을 진행한다. 단 이벤트의 규모와 내용에 따라서는 이 중 몇 개의 프로세스가 생략되는 경우도 있다.

일반적으로 박람회장에는 '쾌적한 환경 유지'와 '돌아다니며 구경'이라는 다소 모순되는 2개의 성격이 존재한다. 박람회의 상당수는 행사장 내를 둘러보면서 다양한 체험과 만남이 매력의 하나이므로 다음 만남에 대한 기대감을 키우는 장치, 즉 어떤 종류의 '미로성'을 갖추는 것이 연출 효과를 높인다. 그러나 많은 관람객들로 넘치는 박람회장이 진짜 미로가 되면 방재상·운영상 치명적인 문제가 된다. 이런 의미에서 행사장 구성은 가능한 한 질서정연한 기능적인 구조로 구성하되 돌아다니며 관람하

는 즐거움이 있는 행사장 구성을 목표로 해야 한다.

행사장 구성에서는 앞과 뒤를 명확하게 구분하는 것이 중요하다. 행사장에 설치되는 시설은 다양하지만 모두 '뒤의 얼굴'을 가지고 있어 그것을 물리적, 시각적으로 관람객 동선에서 분리하는 것이 계획상의 중요한 과제이다. 예를 들면, 음식점 뒤에는 쓰레기나 맥주 상자가 쌓이는 것을 피할 수 없어 앞과 뒤가 명쾌하게 분리되어 있지 않으면 산더미같이 쌓인 쓰레기를 보면서 식사를 하거나 통로에 빈 가스통이 굴러다니는 상황이 벌어질 수 있다. '앞과 뒤의 분리'는 단지 경관상의 문제일 뿐 아니라 기능상, 안전상의 문제이기도 하다.

행사장에서는 의도적으로 '볼 만한 장면'을 만드는 것도 중요하다. 사진보도와 텔레비전 중계, 관람객의 기념촬영 등 특정 배경의 역할을 할 수 있는 포인트를 미리 계획적으로 포함시켜 두어야 한다. 특히 넓은 행사장 내에 시각적인 리듬을 창출하기 위해서라도 몇 개의 볼 만한 장면을 분산 배치하면 효과적이다.

❋ 용어 설명

구역설정계획(zoning)

도시 계획의 개념을 부여한 것으로 목적, 역할, 용도, 형태, 실시 주체 등에 의해 행사장 공간을 몇 개의 구역으로 구분하는 것을 말한다. 성격이 유사한 것을 집적(集積)함으로서 공급처리 설비나 관리 운영 측면의 효율을 높임과 동시에 각각 특징 있는 독자적인 기능과 이미지를 줄 수 있다. 이렇게 함으로써 관람객이 목표로 하는 곳에 쉽게 접근할 수 있을 뿐만 아니라 행사장 전체적으로 유람성이나 선택성도 높아진다. 음식이나 물건 판매 구역, 주제 전시 구역 등이 여기에 속한다.

수경(修景)

야외 공간을 인공적인 요소로 연출하는 것을 의미한다. 정원, 가로수, 화단 등 풍경을 꾸며 주는 가두시설이나 조형물, 건축물의 외관과 그래픽 사인물 등을 구사해 행사장 전체의 경관 조화와 아름다움, 의외성이나 표정 등을 만들어 낸다. 이렇게 만들어지는 시설을 수경시설이라고 한다.

동선

사람이나 차량 등의 움직임을 관리하고 제어할 목적으로 대상별로 미리 설정하거나, 혹은 상정된 이동 경로이다. 단 통로와 도로라는 물리적인 시설 그 자체를 가리키는 것은 아니며, 이동 방법과 접근의 허용 범위 등을 포함한 관리·계획상의 추상적인 개념이다. 다음을 참고하라.(①~⑦은 관리대상별로 본 주된 구분, ⑧⑨는 관람형태별로 본 구분)

① **관람객 동선:** 일반 관람객의 이동 경로와 출입 가능한 범위

② **관리 동선:** 운영관계자의 이동 경로. 일반적으로 그 일부에는 관객의 출입금지 구역이 포함

③ **VIP 동선:** 내빈의 이동 경로와 안내 범위

④ **장애인 동선:** 휠체어 이용자 등의 이동 경로

⑤ **피난 동선:** 긴급 시 대피 경로

⑥ **반입 동선:** 자재나 물품 등의 반출입 경로

⑦ **차량 동선:** 차량의 이동 경로. 일반적으로 공개 시간 외에 허용되는 이동 경로와 공개 중의 이동 경로가 있다.

⑧ **자유 동선:** 행사장 내에서 관람객이 자유롭게 돌아다니며 관람하는 이동 형식

⑨ **강제 동선:** 미리 정해진 관람 순서에 따라 일방통행으로 순서대로 관람시키는 이동 형식

⑩ **주 동선:** 허용된 경로가 다수 있을 때의 주된 경로

⑪ **서브 동선:** 주 동선 이외의 경로

공급처리시설

전기·가스·상수도 등의 공급시설, 하수도·오수처리 등의 처리시설, 전화·방송 등의 정보관련 시설 등 생활 환경을 지지하는 인프라 시설을 총칭한다.

수전(受電)방식

전력회사의 배전선으로부터 전력을 공급받는 방식. 배전선에는 가공과 매설이 있으며, 전압에는 저압, 고압, 특별 고압 등이 있다.

수변전(受變電)설비

전력회사에서 전력을 받아 그것을 필요한 전압으로 바꾸어 각 기기 등에 공급하기 위한 설비의 총칭. 가설로 자주 이용되는 큐비클(cubicle)도 그중 하나이다.

가설 전력(임시 전력)

계약 사용 기간 1년 미만을 전제로 공급되는 전력. 공사용 전력 외 박람회 등 이벤트용의 가설 전력도 포함된다. 정확하게는 임시 전력이라고 하며, 사용 기간이 1년을 넘는 경우는 용도가 가설이라도 임시 전력이 되지 않는다. 박람회 등의 계약 전력은 업무용으로 계약 전력이 2,000KW 미만의 경우에는 수전전압 6,000V, 2,000~10,000KW 미만에서는 20,000V가 된다. 단 일반적으로 임시 전력의 사용료는 통상의 20퍼센트 할증이 된다.

가설 전력 공사부담금(임시 공사비)

임시 전력을 공급받을 때 공급설비를 위해 전력회사가 시설하는 공사비로 사용자 부담이다. 정확하게는 '임시 공사비'라고 하며 전력회사 측이 현지 상황을 감안해서 실시한 설계에 근거해 산출된다.

4. 행사장 시설

행사장을 구성하는 여러 시설에 대해 기본적인 틀을 각각 검토해 보자. 행사장 시설 계획은 행사장 계획 조건을 설정할 때 검토한 대략적인 시설 조건의 계획 정밀도를 한층 더 높여 필요한 시설 하나하나에 대해서 규모, 기능, 사양, 예산 등을 고려하는 것이다. 시설 단위의 기본 계획은 행사장 계획은 물론 운영 계획과 예산 계획을 수립·검증하는 데 매우 중요한 역할을 한다. 시설 계획의 정밀도가 높으면 높을수록 행사장 계획의 정밀도가 높아지는 것은 물론이고, 운영 방법과 운영 체제도 더 구체적이며 상세한 검증이 가능하기 때문이다. 또한 높은 정밀도를 가진 계획안에 근거해 빠른 단계에서 공사비 예산 조정을 할 수가 있으면 비용 측면에서 리스크가 크게 감소하기도 한다. 시설 계획의 정밀도는 이벤트 전체 계획의 정밀도를 좌우하는 중요한 요소이다.

한편 시설 기본 계획에는 또 하나의 중요한 역할이 있다. 그것은 이후에 이어지는 설계 단계에서 준수해야 할 기본 조건, 즉 '설계 여건'을 확정하는 것이다. 소요 시설을 어떻게 준비하는가는 이벤트마다 다르기 때문에 설계 작업을 진행하기 위해서는 근거가 되는 가이드라인을 준비하는 것이 필요하다. 즉 이벤트의 개최 조건, 개최 내용에 맞게 시설이 갖추어야 할 이상적인 기능을 자체적으로 찾아내는 것이 필요하며, 그 첫 번째 단계가 시설 기본 계획이다. 여기에서 기본적인 구상과 시설 구성의 방침을 명확하게 함으로써 비로소 구체적인 설계 작업이 가능해진다. 이렇게 만들어진 가이드라인은 설계 내용을 규정할 뿐만 아니라 실제로 완성되는 시설의 공헌도와 효율성도 결정한다.

이런 의미에서 시설 기본 계획은 이벤트 전체에 큰 영향을 미치는 작업이라고 할 수 있다. 또한 시설 계획에서는 물리적인 소요 조건에 관심을 가져야할 뿐만 아니라 운영 조건과 행사장 배치와의 정합성에 대해서도 충분히 고려해야 하는 것은 말할 필요도 없다. 시설 계획에서는 예상되는 작업부터 해당 시설이 갖추어야 할 기능과 규모를 설정하지만, 그때에는 운영 측면의 검증도 함께 해야 한다. 예를 들면, 면밀한 검토를 거듭하여 어떤 서비스 시설 규모가 산출되었다고 해도, 여러 가지 제약 조건으로 그 규모에 대응하는 운영 요원을 배치할 수 없다면 그 계획은 현실성이 없다. 기능상의 조건과 운영상의 조건 양자를 항상 염두에 두고 작업을 추진하는 것이 중요하다.

또한 각 시설은 '어디까지나 행사장을 구성하는 요소에 지나지 않는다'는 관점을 갖는 것도 필요하다. 시설을 개별적으로 검토하는 것은 자칫하면 그 시설만을 별도의 개체로 생각하기 쉽다. 조화롭고 통일감있는 행사장은 전체를 조감하는 관점에서만 탄생한다는 당연한 이치를 잊어서는 안 된다. 이벤트의 시설 계획이 일반적인 영구 시설의 계획과 크게 다른 점은 '가설'을 전제로 한다는 것이다.

가설물과 영구 시설은 '단 기간에 철거하는지 아닌지'라는 현상에서 뿐만 아니라 공법과 재료, 설계 등 많은 면에서 다르다. 영구 시설과 똑같이 만들어서는 공사 기간과 비용 면에서 이벤트가 성립되지 않는다. 단적으로 말하면, 가설물과 영구 시설은 각각 다른 기술 체계로 양쪽에 요구되는 계획, 기술, 설계 노하우는 크게 다르다. 이것은 건축, 설비부터 전시와 조원(造園)에 이르기까지 모든 것에 공통적으로 통용된다고 할 수 있으며 한마디로 말하면 '가설은 가설의 합리성이 있다'고 할 수 있다.

최근 환경 의식이 높아져 이벤트 시설도 리사이클이 요구되고 있다. 향후에는 이벤트도 환경 문제에 대한 대책을 실천해야 하는 것이 불가피하다. 시설 계획에도 이러한 관점의 검토와 제안이 필요하다는 것도 생각해야 한다. 실제의 기획 작업에서는 행사장 전체의 구성과 개별시설 검토는 서로 피드백하면서 병행하여 진행된다.

소요 시설의 리스트업과 규모 산정
박람회장은 다수의 관람객을 맞이한다. 단 이를 원활히 운영하기 위해 다양한 시설이 필요하다. 그것들을 '사람의 흐름', '물건의 흐름', '정보의 흐름' 등 3개의 관점으로 검토하여 필요한 기능을 추출해 행사장 전체를 1개의 시스템으로 구성하는 작업을 행사장 구성이라 한다.

행사장을 구성하려면 각 시설의 규모를 산정하지 않으면 안 된다. 시설의 규모는 박람회의 성격과 구조, 운영 방법 등에 따라 다르다. 행사장의 구성과 운영에 필요한 시설을 하나하나 구체적으로 리스트업하는 것과 동시에 시설 규모를 산정한다. 박람회장 전체의 시설 규모를 파악하기 위해 실시한 '박람회장 계획 조건의 설정' 시 리스트화와 규모 산정의 정밀도를 높이고 개별 시설마다 조건을 명확히 해야 한다. 물론 그러기 위해 시설 운영의 방법과 관람객 수 변동 등의 관련 요인을 포함한 종합적인 검증이 필요하다. 예를 들면, 박람회의 게이트를 계획할 경우 아무리 상징적인 시설이라고 해도 갑자기 디자인부터 시작할 수는 없다. 계획의 첫 걸음은 설치해야 할 '출입구 게이트' 수의 산출이며, 근거도 없이 합리적인 시설물의 규모를 판단할 수 없다. 즉, 이러한 점을 검토하지 않고 디자인과 공법을 생각한다면 의미가 없다.

출입구 게이트의 소요 수량은 기본적으로 게이트 1개소·단위시간당 입장 처리 능력과 관람객 수의 관계로 결정되지만, 단위시간당 처리 수는 입장권의 확인 방식(수동입장식인지, 광학판독식인지)으로 달라지고, 관람객 수도 언제나 일정한 것은 아니다. 이들 요소 중에서도 변동이 가장 큰 관람객 수에 대해서는 평균치에만 의존하여 계획을 수립하면 최대 입장 일에 혼란이 발생될 우려가 있으므로 관람객 수의 분포 상황 추계를 근거로 적정 규모를 산정해야 한다. 즉 출입구 게이트의 소요 설치 수량을 산출할 때에도 입장방식과 관람객 수 변동이라는 2개의 변수를 관리·추계해야 하며, 그것 없이는 설치해야 할 게이트의 규모를 알 수 없다. 그리고 행사장 내에 배치하는 화장실의 규모를 검토해 보면 그 박람회장의 면적과 규모, 관람객 수와 피크일의 집중률 예측, 체류 시간의 상정, 영구시설이 있는 경우는 그 시설에 있는 화장실의 규모 등 다양한 조건에 의해서 변화되기 때문이다.

음식기능만 해도 각각의 메뉴와 영업 방침에 따라 요구되는 시설의 규모와 구조, 설비의 용량 등이 크게 다르다. 이러한 점을 감안해 방침을 결정한 뒤 규모를 산정하고 행사장 구성에 반영하는데 행사장 배치 설계와 조정이 그것도 한 번에 완료되는 것은 아니다. 출전 참가 및 영업 참가 유치 과정에서 상황의 변화가 일어났을 경우에는 개별적으로 내용의 변경과 거기에 따른 수정 작업을 하고, 행사장 시설의 설계·시공 측과 조정을 반복하게 된다.

행사장 시설

행사장 예정지의 지역적 결점을 건물 배치로 보완하고 장점을 살려서 행사장을 구성한다. 그러나 경우에 따라서는 인프라 정비에 무리한 예산이 투입되어 결과적으로 이벤트 재정이 부족할 수 있으므로 주의를 요한다. 일반적으로 요구되는 시설의 종류를 보면 대체로 다음과 같다. 필요한 구체적인 시설군은 이벤트마다 다르므로 여기서는 대표적인 시설 종류만 예시한다.

① 행사장 계획의 확정

예정지의 조건 조사, 행사장 배치 및 설계

－수차례에 걸쳐 수정 검토

② 행사장 주변 정비

부지 정지, 조성, 포장, 펜스, 입구

③ 기간시설

이벤트의 관리 운영을 위해 필요 불가결한 시설. 게이트, 매표소, 안내센터, 수하물보관소, 유모차대여소, 화장실, 경비센터, 식수대, 휴게소, 구호센터, 행사장 내 경찰본부, 행사장 내 소방본부, 파출소, 업무용 게이트, 경비 박스, 쓰레기 수집소, 쓰레기 분리소, 응급차, 소방차 차고, 이벤트 운영본부 등

④ 전시·이벤트 연출용 시설

박람회 관람 목적의 핵심을 담당하는 시설. 독립전시관, 특설관, 공동관, 집합관, 중앙광장, 공연장, 소형 무대, 야외전시광장, 회의장, 소형광장, 퍼레이드용 플로트 차량 등

⑤ 영업시설

음식이나 물건 판매 등 수익을 목적으로 한 시설. 레스트랑, 간식 스탠드, 음식매점, 도시락매점, 임시매점, 기념품점, 바자르, 국제 바자르, 택배취급소, 기념사진촬영소, 놀이공원, 자판기, 은행, 우체국 등 부수적인 것으로 경시되기 쉽지만, 음식과 쇼핑도 이벤트의 매력을 지탱하는 중요한 요소이다. 관람객 수가 수요(매상)에 연계되기 때문에 관람객 수 변동이 큰 박람회에서는 적정 규모를 찾아내는 것이 매우 어렵다. 규모 산정을 잘

못하면 큰 적자가 나거나 반대인 경우 만성적인 공급 부족이 발생한다.

⑥ 안내 · 수경(修景)시설

야외 공간을 채색하여 변화가 풍부한 풍광을 연출하기 위한 연출 장치. 식재, 화단, 입체화단, 연못, 분수, 하천, 프라그 홀, 배너, 모뉴먼트, 환경조형, 라이트업, 일루미네이션 등. 그러나 마구잡이로 수량을 늘린다 해도 효과가 없기 때문에 행사장 전체를 종합적으로 조감한 연출 계획을 수립하는 것이 중요하다.

⑦ 사인물

불특정 다수의 관람객을 혼란 없이 유도 · 제어하기 위한 표시물. 행사장 안내판, 안내사인, 유도사인, 시설사인, 규제사인, 정보사인 등. 많은 정보를 전달하려고 욕심을 부리면 오히려 소구력(訴求力)을 잃게 되므로 엄선된 정보를 강한 임펙트로 표현하는 것이 중요하다.

⑧ 교통 · 수송관련 시설

일반 주차장, 단체버스 주차장, 버스승강장, 택시승강장, 버스 · 택시안내소, 장애인용 주차장, 보도관계자 주차장, 내빈 주차장, 긴급차량 주차장, 업무용 주차장, 주변도로 차량유도 표시판, 주차장 유도표시판, 주차장 안내판, 셔틀버스 승강장, 주차권 판매기, 주차장 관리사무소 등

⑨ 각종 공급처리시설

수변전설비, 장내 배전설비, 동력조명설비, 급수설비, 배수설비, 위생설비, 공조설비, 오수처리시설, 가스설비, 장내방송시설, 비상용 방송설비, 전화설비, 휴대용 무선설비, 입장객 관리용 설비, 각종 정보전달용 설비, 소방용 취수설비 등

⑩ 정보통신시설

전화 · 정보통신설비, 방송설비 등

⑪ 기타

놀이시설, 도로포장 등

소요 기능과 운영 형태, 사용 조건 등

다음은 해당 시설에서 상정되는 활동과 그것에 대응하는 운영 방법을 상정하면서 시설로서 갖추어야 할 기능과 조건에 대해 검토한다. 예를 들면, 안내센터를 계획할 경우 어떠한 기능과 규모를 가지는 공간이 준비되어야 하는지, 그것들을 어떠한 배치 관계에 놓아야 할 것인지 등이 명확해야 한다. 앞에서 서술한 것처럼 이러한 여건이 명확하지 않으면 구체적인 설계를 시작할 수 없다.

'카운터 안에서 몇 사람 정도의 스태프가 관람객을 맞이할 것인가', '전원이 동일 업무를 하는가 혹은 담당이 나누어지는 것인가', '배포물의 종류와 상비 수량은 어느 정도인가', '스태프의 휴게·탈의를 위한 공간을 안내센터 내에 마련할 필요가 있는가 없는가', '창고는 필요한가' 등 일반적인 안내 업무에 관한 것만으로도 검토해야 할 것은 적지 않다. 게다가 안내센터에서 처리하는 업무 내용이 증가함에 따라 준비해야 할 기능과 공간도 확대된다. 예를 들면, ①미아 임시 보호(미아보호실), ②장내 방송(방송실), ③습득물 임시보관(보관창고), ④자원봉사 통역 등의 접수(자원봉사 대기실) 등 독립된 공간의 유무는 별도로 하더라도 업무 내용에 대응한 공간과 기능을 시설에 갖추어야 한다.

'각각의 업무를 어느 포스트의 스태프가 담당하는 것인가'라는 업무 수행의 기본 방침에 따라 '어느 공간과 어느 공간이 연속하고 있는 것이 효율적인가'도 달라진다. 즉 운영 내용, 운영 방법, 운영 체제에 의해 설치해야 할 시설의 내용이 바뀐다. 설계 전의 이러한 기획은 건축 분야에서는 '건축 계획'이라고 불리며, 구체적인 시설 건설에서는 피할 수 없는 프로세스다. 시설을 생각할 때에는 실제로 운영되고 있는 상황을 항상 머릿속에 상상하면서 작업을 진행하는 것이 중요하다. 물론 기본 계획 단계에서 상세한 운영 내용이 결정되어 있을 리 없고, 다른 계획 분야와 마찬가지로 대부분 예측과 추산에 의존하면서 작업을 진행해야 한다. 결코 용이한 작업은 아니지만 이 단계에서 계획의 정밀도를 높이는 것이 그 후의 준비 프로세스의 합리성과 효율성을 크게 높일 수 있는 길이다.

기본 구성(공간, 구조, 설비, 사양, 등급, 공사비 예산 등)

시설 규모와 운영 여건을 토대로 구체적인 시설 구성의 기본 방침을 확정한다. 설계 단계가 아니기 때문에 상세한 도면 작업을 하지 않지만 공간 구성, 구조와 설비에 대한 사고방식, 기본적인 사양과 등급 등 시설로서의 성립을 대체로 규정하는 수준의 내용을 확정한다. 또한 그것을 기본으로 대략적인 공사비를 산출해 예산 조정의 기본 자료로 삼는다.

각각의 시설이 갖추어야 할 내용은 조건에 따라 다르지만 공통점은 '가설'이라는 것, 그리고 대부분의 경우 '불특정 다수'가 이용한다는 것이다. 따라서 가설 시설에 요구되는 것은 '빨리', '저렴하게'이다. '빨리'는 단지 시공 기간뿐만이 아니라 재료 가공과 공장 제작의 단계부터 철거에 이르는 모든 프로세스에서 짧은 공사 기간이 실현되는 것이 조건이다. 반면 '저렴하게'를 충족하기 위해서는 재료의 가공법을 연구하거나 제품을 렌털하여 활용하는 것도 필요하다.

가설의 큰 특성은 기본적으로 내구성이 문제가 되지 않는다는 점이다. 극단적으로 말하면 이벤트 기간 종료일까지 유지되면 되는 것이며, 이 의미는 일반적인 건축 방법으로부터 탈피도 어느 정도 허용이 가능하다는 뜻이다.

가설 시설 계획은 영구 시설과는 다른 논리와 상식으로 임해야 한다. 그러나 아무리 가설이라고 해도 시설에 요구되는 기본 성능은 내구성을 제외하면 영구 시설과 아무것도 달라지는 것이 없다. 그중에서도 안전성에 대해서는 불특정 다수가 이용하기 때문에 세심한 주의가 필요하다. 박람회 시설의 상당수는 원래 법적으로는 '특수 건축물' 혹은 '공연장'이라는 범주에 속하는 것으로, 안전성에 관해서 특히 엄격한 제약을 받는 시설 유형에 속한다. '가건물'로서 여러 가지 규제 완화를 받을 수 있다고 해도, 건축법은 안전성을 최우선으로 한다는 점에서는 일관된다. 아무리 예산과 공사 기간이 힘든 조건이라고 해도 안전성을 도외시하는 것만은 절대로 용납되지 않는다고 생각해야 한다.

유의사항

평상시뿐만 아니라 피크 시의 상황을 상정해 규모를 산정한다고 해도 '모든 것을 피크 시에 맞추어 계획하면 좋다'는 식으로 생각이 치우쳐서는 안 된다. 예를 들면, 피크 시에도 줄을 서지 않고 들어갈 수 있을 만큼 화장실을 많이 만들면 행사장 안은 화장실 투성이가 되어 버린다. 매우 적은 사용 빈도를 위해 귀중한 공간과 예산을 할애하는 것은 공간상으로나 비용 대비 효과의 측면에서 문제가 된다. 평상시와 피크 시의 상황을 모두 고려해 어디서 그 타협점을 찾아내는가를 종합적으로 판단해야 한다. 균형 있는 좋은 판단을 할 수 있는지 아닌지가 기획자로서의 기술력의 시금석이라고 할 수 있다.

✤ 용어 설명

규모 산정

시설의 적절한 규모를 산출하는 것. 그 시설에 기대되는 기능과 처리 능력 등을 추산하여 그것들을 충족하기 위해서 필요한 시설 규모(소요 면적·형상, 수용 인원, 객석 수 등)를 계산한다. 박람회장 계획의 기본 요건이 되는 동시에 시설 설계의 여건이 된다. 규모 산정을 소홀이 한 채 시설 계획을 진행하면 시설 규모에 과부족이 생겨서 현장을 혼란시킨다.

가설건축물

일반적으로 박람회의 가설건축물은 건축 기준법상의 가건물에 해당한다. 가설건축물(재해시의 임시주택과 공사 현장의 임시 사무실 등)은 존치(存置) 기간이 일정 기간으로 한정되는 시설 중 특정 조건을 충족한 것이다. 박람회 시설에 관한 건축기준법상의 정의는 '행정기관이 허가한 것으로 가설 공연장, 박람회 건축물, 가설 점포 등의 시설'을 말한다. 가설건축물은 사용 기간이 끝나면 해체되므로 구조와 설비 등의 건축 규정이 크게 완화된다. 이 규정이 없으면 박람회 등 가설건축물을 수반하는 박람회는 성립되지 않는다고 해도 틀린 말이 아니다.

특수건축물

건축기준법에는 불특정 다수가 이용하는 시설 등 일부 건물을 '특수건축물'이라고 하여 일반 건물보다 방화·피난 측면을 중심으로 강한 규정을 적용하고 있다. 극장, 공연장, 전시장 등 박람회와 관련된 시설 대부분도 이에 해당한다. 다만 가설 허가를 받은 가설건축물의 경우는 규정 일부의 적용이 제외된다.

이 장에서는 다음과 같은 점을 포인트로 정리할 수 있다.

- 행사장 선정의 원칙으로 세 가지 관점에서 검토하는 것이 필요하다. 앞에서 설명한 것처럼 행사장이 제공할 수 있는 기능, 즉 행사장 선정 시에 고려해야 할 요소는 물리적 기능, 서비스 기능, 이미지 기능 세 가지가 있다.

- 사전의 행사장 규모 산정은 이러한 치명적인 판단의 실수를 방지할 뿐만 아니라 행사장 계획과 예산편성 시에 근거가 된다.

- 행사장 계획은 소요 시설의 윤곽과 운영상의 기본 조건을 비롯해 계획의 전제가 되는 다양한 조건을 열거, 정리하는 것부터 시작한다. 즉 행사장 구성 시에 '어떠한 조건을 충족하면 좋은 것인가'를 가능한 한 구체적으로 시뮬레이션하는 것이다. 검토 과제는 크게 물리적인 조건, 운영상의 조건, 사용 조건 세 가지가 있다.

- 행사장 계획을 기획하는 데 필요한 다양한 지표의 추계와 시뮬레이션을 실시하는 것도 이 단계에서 해야 할 중요한 일이다. '관람객의 방문 동태와 행사장 내의 체류 상황', 교통 액세스의 분포, '공급처리설비의 수요' 등 행사장 계획을 수립할 때 중요한 근거가 되는 여건을 스스로 규정해야 한다.

- 행사장의 구성 방법은 다양하다. 그러나 어떤 경우든 이벤트의 개최 내용과 개최 조건에 맞는 독자적인 행사장 공간이 필요 불가결하고, 그것을 지탱하는 행사장 계획을 수립해야 한다.

- 지역 발전을 위해 개최되는 지방박람회는 개최 장소의 특징을 살리면서 행사장 내로만 장소를 한정할 것이 아니라 광역의 행사장 구성과 운영을 고려해야 한다.

- 이벤트 행사장에 요구되는 기본적인 조건은 '기능성, 안전성, 디자인성' 등 세 가지이다. 행사장 전체 및 행사장 내의 임의 구역에 대해 이 세 가지 요소가 일정 수준을 충족하는 것, 즉 일정 수준을 넘는 성능을 갖추는 것이 행사장으로 최소한의 조건이다.

- 행사장 구성은 가능한 질서정연한 기능적인 구조가 요구된다. 즉 '기능적이면서 유람하는 즐거움이 있는' 행사장 구성을 목표로 해야 한다.

- 행사장 시설 계획의 정밀도가 높으면 높을수록 행사장 계획의 정밀도가 높아지는 것은 물론이다. 운영 방법과 운영 체제에 대해 더 구체적이며 상세한 검증이 가능하기 때문이다.

- 시설 계획에서는 예상되는 작업부터 해당 시설이 갖추어야 할 기능과 규모를 설정하지만, 그때에는 운영 측면의 검증도 함께해야 한다.

제4장

이벤트 실시

연구 포인트

제2부 5장에서 공부한 이벤트 실행 계획이 형태를 갖추어 드디어 실시된다. 계획된 이벤트를 어떻게 실시할지를 연구해 보자. 이 장에서는 이벤트를 실시할 때 가장 중요한 프로듀스 업무의 실제부터 사전 체크 포인트, 연출 구성, 이벤트 디자인, 행사장 세팅과 준비, 법적규제와 협력요청 등을 다루고자 한다. 한 손에 계획서를 들고 현장에서 입장객이 즐겁게 웃는 얼굴로 오가는 모습을 떠올려 보자. 현장에서 직접 입장객과 상대하면 입장객의 반응을 바로 알 수 있는데 이 반응이 이벤트를 실시하는 사람으로서는 즐거움을 주는 동시에 고민이 되는 측면이기도 하다.

이 장에서는 행사장 연출과 실시에서 어떻게 입장객을 즐겁게 해줄 것인지, 기획한 이벤트의 주제를 어떻게 전달할 것인지, 의도한 목적을 어떻게 달성할 것인지 등 이벤트를 실시할 때 체크할 사항을 중점적으로 연구한다.

1. 프로듀스 업무의 실제

제1부 4장 5절에서 이벤트 프로듀서의 자질, 기능, 역할에 대해 이미 공부했다. 이 장에서는 실제 현장에서 어떻게 업무가 이뤄지는지를 배우며 이벤트 프로듀서의 위대함을 새롭게 인식하기를 바란다.

절대적 권한자 역할

이벤트 프로듀서의 역할을 요약하면 다음과 같다.

① 이벤트 총괄 책임자로서의 임무 수행
② 주최자와 동일 이념에 입각한 임무 수행
③ 수지계획, 운영계획에 대한 명확한 판단과 실행
④ 배후 조정자이며 표면에 나서지 않고 뒤에서 준비와 운영을 돕는 전문가

이벤트 프로듀서는 기업에서는 경영자다. 임무를 수행하기 위해 스태프(사원)의 개성과 창조성을 노련하게 끌어내고 그들이 각자의 능력을 발휘할 수 있게 하며 방향성을 끊임없이 체크하고, 창조적이고 실천적인 비즈니스 감각을 지니는 것이 중요하다. 이처럼 경영의 모든 책임을 지고 있다는 것은 절대적인 권한을 가지고 있는 것이라고 할 수 있다.

주최, 후원, 협력, 협찬 의뢰

이 장에서는 기업이 주최하는 이벤트에 대해 설명하고 있기 때문에 주최자는 주로 기업을 말한다. 기업이 해당 이벤트의 비중을 높이기 위해 매스컴이나 공공기관에 주최를 의뢰하는 경우도 있다. 주최료를 지불하고 간단하게 주최자가 되는 스폰서십과 기업과 함께 행사를 추진하는 공동개최가 있다. 또한 실행위원회를 기업의 영향력이 없는 주최 단체로 만드는 경우도 있다.

이벤트 프로듀서와 기업의 대표자(이벤트 담당 책임자)가 주최를 의뢰할 필요가 있는 후원, 협력에 관해서는 행정기관, 상공회의소, 각종 단체, 매스컴이 주요 의뢰처이다.

주최자나 후원, 협력 모두 ①이벤트의 우위성 어필, ②관객 유치 협력, ③협찬사의 확보를 목적으로 하기 때문에 기업 단독으로 모든 것을 추진할 수 있다면 기업

단독 주최도 무방하다.

기업 단독 주최의 경우는 협찬을 생각할 필요가 없지만, 매스컴이나 행정기관이 주최에 관여하거나 한 회사에서 전체 예산을 감당할 수 없는 경우에는 협찬을 의뢰한다. 주최, 후원, 협력, 협찬의 의뢰는 개최 취지를 작성하여 그 취지를 잘 이해시키고 협력 범위를 구축할 필요가 있다.

❉ 후원, 협력, 협찬의 차이점
　　후원: 상업적인 목적이나 금액을 매개로 하지 않고 도움을 주는 것
　　협력: 힘을 합하여 서로 도움을 주는 것
　　협찬: 재정적인 측면에서 도움을 주는 것

고지 및 홍보

이벤트는 대내적으로 스태프를 모아 실시를 준비하면서 대외적으로 이러한 이벤트를 실시할 예정이라고 고지하는 것이 필요하다. 제3부 2장 2절에서 배운 것처럼 당일의 관람객 유치로 연결하기 위한 사전 홍보가 필요한 것이다. 사전 홍보의 수단은 다음과 같다.

① 포스터 게시
② 전단 배포
③ TV, 라디오, 신문, 잡지, 온라인 매체에 광고 게재
④ 매스컴에 사전 취지에 대한 보도 및 기사 노출
⑤ 사전 미니이벤트 개최

고지를 위한 도구(포스터, 전단, 기념품 등)의 제작에 관해서는 생략하지만, 이것도 이벤트 프로듀서의 관리 항목이라는 것을 인식해야 한다.

이제 사전 미니이벤트의 개최에 관하여 서술하고 사전 이벤트의 필요성을 생각해 보자. 매스컴의 취재는 통상 메인 이벤트 위주로 하기 때문에, TV나 신문에 보도될 때에는 결과에 관한 고지이며 이벤트 당일 관람객 유치 수단은 되지 않는다. 따라서 고지를 포함, 메인 이벤트를 향해 고조되어가는 분위기를 사전 취재하여 이벤트 당일의 관람객 유치를 겨냥하는 것이 중요하다. 사전 미니이벤트의 사례는 다음과 같다.

① ○○공모

② 사전 심포지엄

③ 콘테스트

④ 퀴즈

⑤ 대리점 대상 세일 콘테스트

⑥ 기념품의 예약 접수

미니이벤트는 무엇보다 메인 이벤트의 방향과 일치해야 한다. 또한 홍보에 필요한 중요한 자료로 '보도 자료'(프레스 키트)가 있는데, 보도 소재로 '이런 멋진 내용이 있다'고 어필할 목적으로 작성된 것이다. 작성하는 내용은 이벤트의 개요, 화제성, 의외성, 감동성, 현실성을 어필하는 내용 등이다. 보도 자료를 매스컴에 배포하는 것이 가장 좋은 방법이지만 시간의 제약이 있다면 기자 클럽에 제출한다든지, 담당 데스크로 발송(직접 담당자가 받을 수 있도록 담당자를 명기할 것)해야 한다.

예산 관리

제2부 5장 5절에서 작성한 실행예산을 바탕으로 작업의 진행 상황에 따라 예산 명세서와 견적서의 체크, 지출 관리를 해야 한다. 원가 관리라고 이해하면 된다. 월별 관리표를 작성하여 발생한 비용과 향후 발생할 비용을 파악하고 공정표와 작업의 진행 상황에 따라 판단하는 능력이 필요하다.

당연히 수입 예산의 변경, 지출 예정 외의 항목 추가 등 전 스태프의 움직임을 파악하면서 계속 관리해야 한다. 그리고 최종적으로는 실행예산서대로 흑자를 내야 한다.

[표 4-1]은 필자가 현재 사용하고 있는 예산 관리표이다. 업무에 참조하기 바란다.

[표 4-1] 예산 관리표 사례

예 산 관 리 표

(단위: 원)

항 목	실행 예산(A)	확정 상황		지불 내역			분 석		대 책
		진행 상황(%)	금액(B)	선급금(C)	잔 금(D)	합 계(E)	(A~E)	(B~E)	

일정 관리

이벤트의 실시 결정부터 개최까지 전 일정을 관리하는 것이 일정 관리이다. 항목마다 상세한 일정을 작성, 매일 작업의 진행 상황을 일정표에 그려가며 지연되는 항목을 담당하고 있는 스태프와 원인을 분석하고 대책을 수립하여 다음 공정과의 균형을 생각하면서 일정을 조정해야 한다.

이벤트 개최 일정이 결정되면 그 일정을 포스터, 초대장, 메일, 홈페이지, SNS 등으로 고지한다. 이벤트를 연기하는 것은 천재지변 외에는 생각할 수 없다. 또한 개최 당일까지 모든 것이 준비되어 있지 않으면 실시할 수 없는 것이 이벤트이다. '사전 준비 작업'에 모든 것이 결정되기 때문이다.

[표 4-2]~[표 4-4]는 이벤트 관련 일정표 사례이다. 실제 이벤트 상황에 맞게 작성하여 활용하기 바란다.

[표 4-2] 이벤트 프로젝트 전체 일정표 사례

구분	4월	5월	6월	7월	실시 기간	실시 이후
총괄 기획	실행 계획 ⟶		실행 매뉴얼 (1차)	실행 매뉴얼 (2차)		평가회
인쇄물	디자인 시안 확정	국내 인쇄물 제작	배포 ⟶			
홍보 활동	실행 계획	준비	실시 ⟶			
이벤트	실행 계획	섭외	실행 매뉴얼	준비	실시	
관광객 유치	실행 계획		캠프 유치 ⟶		운영	
전시 제작	실행 계획		최종 시안 확정	제작 설치	운영	철거
운영	실행 계획		실행 매뉴얼	인원 선발 교육	실시	
재원 확보	실행 계획	협찬 유치 ⟶		입장권 발매 ⟶		결산

[표 4-3] 특별전시 일정표 사례

일자	세부 업무	비고
8/11	• 전시 추진 일정 및 추가 자료 입수, 판넬 시안 확정	
8/16~9/5	• 전시 판넬 원고 디자인 작업 및 완료	
8/23~9/16	• 전시 판넬 및 부분 설치물 제작 완료	
9/4~5	• 대여 유물 보험 가입 계약 체결	
9/5	• 전시장 운영 요원 교육 및 전시장 공간 확보	
9/6~7	• 전시 자재 운송 및 반입	
9/14~19	• 전시장 공사 및 설치 완료	
9/20~21	• 전시 유물 반입 및 진열	
9/22	• 전시 최종 점검 및 운영 시뮬레이션	
9/23	• 전시장 오픈	
9/23~10/12	• 전시장 운영	
10/13~14	• 전시장 철거 및 전시물 반납	

[표 4-4] 홍보 활동 일정표 사례

구분	일자	세부 내용	비고
사전 홍보 활동	~8. 16	월간 잡지 미디어 리스트 작성 및 접촉	
	~8. 17	월간 잡지 대상 보도 자료 작성	
		사진 자료 선택	
		보도 자료 및 사진 자료 제공	축제 기획단
	~8. 18	보도 자료 릴리즈	월간지
	~8. 23	2차 기사 앵글 개발 및 자료 수집	일간지 대상
	~8. 24	기사 앵글 리뷰	축제 기획단
	~8. 28	방송국 접촉을 위한 사전 계획 수립	
	~8. 29	대상 TV 프로그램 선정	적절한 TV 프로그램 발굴
	9. 1~9. 5	단신 및 알림 기사 릴리즈	일간지 대상
	~9. 5	대상 TV 프로그램 접촉	홍보팀
		기자 간담회를 위한 관광공사 출입 기자단 접촉	
	~9. 8	기자 리절트 클리핑 및 리포팅	
	~9. 14	기자 간담회 장소 섭외 및 예약	
	~9. 15	비주얼 자료 작성	축제 기획단
		기자 간담회 참석 기자 선정	
	~9. 18	기자 간담회 진행(일간지 기자 대상)	시장 참석
	~9. 19	현지 방문 취재진 리스트 작성 및 확인	
		주간지에 보도 자료 및 사진 자료 릴리즈	월간지 내용과 동일
	~9. 20	최종 참석 기자 재확인 리스트 작성, 초청장 발송	방송국 포함
	~9. 27	참가단체 리허설 일정 입수	사전 취재 희망 보도진에게 전달
		방송국 현장 촬영 가이드 및 협조	축제 기획단, 홍보팀
축제 기간	9. 28~10. 3	국내, 외신 기자 가이드	축제 기획단, 홍보팀
축제 종료 후	9. 28~10. 10	미디어 커버리지 모니터링 및 발송	축제 기획단, 홍보팀
	10. 10~16	평가회	축제 기획단, 홍보팀

현장 스태프의 관리

사전 준비 작업 시에는 각 계획을 근거로 하여 담당 스태프가 작업하므로 야근 및 철야작업 등에 대비한 건강 관리가 필요하다. 또한 각 부문의 횡적 연결을 배려하면 자연스럽게 팀워크가 이루어진다. 이벤트에 익숙해져 있는 스태프는 자신의 일도 이벤트화하기 때문이다.

또한 이벤트 당일, 현장의 스태프 관리 역시 중요하다. 이벤트 현장에는 MC, 도우미, 진행요원, 아르바이트 등 많은 스태프들이 참여하게 된다. 당연히 사전에 연수 교육은 실시하지만, 충분한 연수를 하더라도 현장에서는 예상치 않은 상황이 발생하므로 순발력 있는 대응이 필요하다. 이는 이벤트 프로듀서가 충분히 고려해야 할 사항이기도 하다.

[표 4-5]는 지방박람회 도우미의 연수 커리큘럼(4일 연수 기준) 사례이다.

[표 4-5] 지방박람회 도우미의 연수 커리큘럼

시간	1일차	2일차	3일차	4일차
09:00		• **집합**: 접대 훈련의 주지와 진행 방법에 관하여 • **자기소개**: 자신을 알리기 위해 (목소리 크기, 자세)	• 집합 • 발성훈련(야외) • 도우미 기본동작 　-바른 자세 　-인사법(목례) 　-걷는 법 　-앉는 법 　-정렬 　-사진의 경우 동일한 포즈	• 집합 • 발성훈련(야외) • 관내 용어 의뢰, 금지 사항 • 마이크에 의한 어나운스 요령과 실습 • 접수대응 요령과 실습 • VIP 안내 요령
10:00		• **발성 훈련**: 큰 목소리, 구강 체조, 빠른 말투(야외)		
11:00		• **도우미 업무**: 마음가짐, 접대, 일반 소양, 단정한 몸가짐, 에티켓 • ○○박람회 개요와 안내 서비스 요령		
12:00		점심 및 휴식	점심 및 휴식	점심 및 휴식
13:00	• 집합 • 박람회의 개요 설명	• **언어 사용법-1** 존댓말에 관해서, 존댓말의 종류, 존댓말의 사용, 분류, 틀리기 쉬운 존댓말	이 동 • 미용 강습 유니폼에 적합한 화장과 머리 유형	• 박람회 도우미로서 본연의 자세는? 이상적인 도우미는 무엇이 필요한가? • 그룹 토의 • 결의문 작성 • 결의문 발표
14:00				
15:00	• 주최 측의 도우미에 대한 요청	• **언어 사용법-2** 　-응대 용어 　-인토네이션(어조) 　-완곡 어법	• 애로 사항 처리법 관람객이 갖는 공통 심리, 예상되는 애로 사항과 대응	
16:00	• 참가 취지 설명 (기업 측면)			
17:00				업무 연락

❖ 행사 중 배려할 사항

① 행사장에 탈의실과 휴게실은 별도로 설치한다.

② 행사장에서 점심은 전 스태프가 먹을 도시락으로 미리 주문하여 준비한다.

③ 도우미의 대기실(휴게실)에는 누울 수 있는 공간이 필요하다. 모포나 베개가 있으면 더욱 좋다.

④ 스태프용의 커피나 음료 등을 준비한다.

⑤ 장기간 이벤트일 경우는 유니폼 세탁, 숙소, 식사, 통근이 문제이다. 지역마다 나타나는 차이점에 주의해야 한다.

2. 사전 체크 포인트

이벤트의 성패는 '사전 준비 작업'에 있다. 당일에는 행사장 운영, 전시물 진열, 행사 운영 체제 등이 완료된 상태에서 입장객을 맞이한다. 모든 것이 오픈 전에 완료되어 입장객에게 즐거운 장소를 제공해야 한다. 지금까지 배운 것을 이벤트를 실시하는 담당자 입장에서 체크했으면 한다.

실시까지 각 프로세스 체크

[표 4-6] 2000 이천도자기축제 기획·구상에서 개최까지의 플로우 차트처럼 나름대로 프로세스를 한눈에 볼 수 있도록 만들어 각 단계별 항목들을 체크하며 잊고 있었던 항목을 찾아내어 더 나은 이벤트를 제작하는 것이 이벤트 프로듀서의 임무이다.

[4-6] 「2000 이천도자기축제」기획 · 구성에서 개최까지 블로우 차트

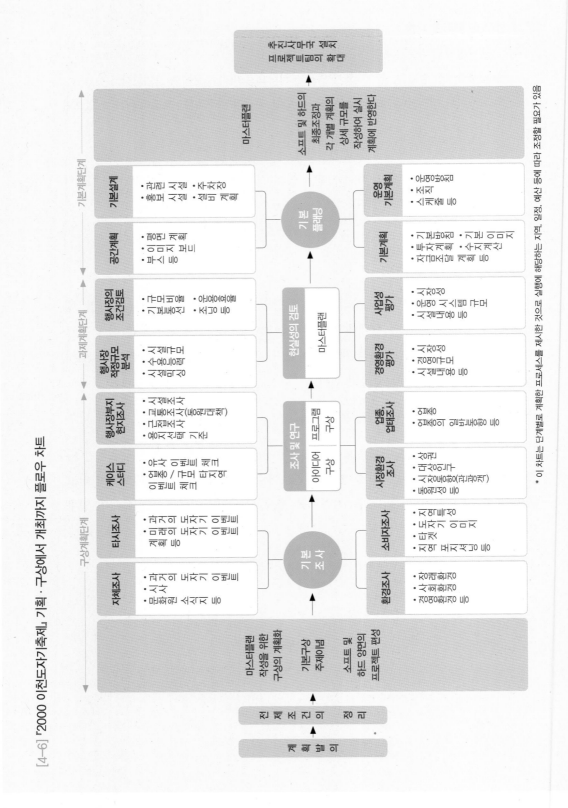

* 이 차트는 단계별로 계획한 프로세스를 제시로 실행에 해당하는 지역, 일정, 예산 등에 따라 조정할 필요가 있음

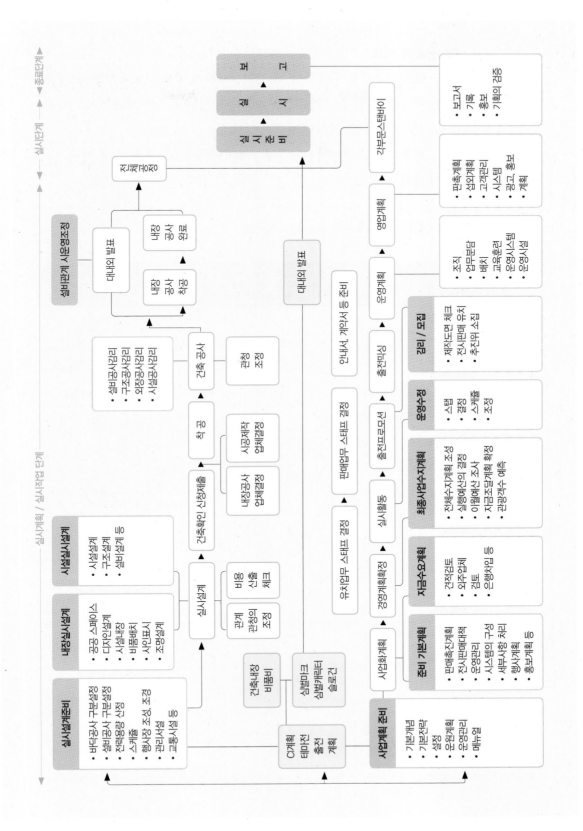

실시 세부 항목의 체크

이벤트마다 체크 리스트를 작성하여 하나라도 빠지지 않게 하고 각각의 세부 항목을 결정하여 준비해야 한다. 이벤트 상황에 따라 체크 리스트 내용이 다르므로, 그때마다 따로 체크 리스트를 작성할 필요가 있다.

[표 4-7]은 필자가 총괄 프로듀스한 '2000 충주세계무술축제'의 실행 체크 리스트로 참고하기 바란다.

[표 4-7] **2000 충주세계무술축제의 실행 체크 리스트**

1) 출연진

구분	항목	세부 내용	인원수	담당 충주시청	담당 연구소	비고
퍼레이드	충주농고 밴드	퍼레이드 밴드	40	○		충주농고
	축제 피켓단	축제명(1), 축제 슬로건(1), 축제 주제(1)	3	○		충주여상
	천년의 소리단	고수(1), 7선녀(7), 김윤후(1), 피켓(1)	10	○		충주농고/여상/고수
	만장단	신·심·기·체 (4)	4	○		충주농고
	화랑무사	무사(2), 만장(1)	3	○		"
	을지문덕 장군	만장(1), 장군(1), 무사(1)	3	○		"
	김유신 장군	장군(1), 무사(1), 만장(1)	3	○		"
	계백 장군	장군(1), 장군 부인(1), 만장(1)	3	○		충주농고/여상
	임경엽 장군	장군(1), 무사(1), 만장(1)	3	○		충주농고
	참가국 기수단	피켓(1), 참가국 기수(50)	51	○		충주농고/여상
	국내무술단체	피켓(1), 참가단체(36)	37	○		충주여상/참가무술단체
	길놀이패	충주국악협회(다수)		○		
개막식	사회자	개막식 공식 MC	1		○	
	성화봉송 최종 주자	성화봉송 최종 주자(남, 여 각 1명)	2	○		
	사물놀이패	식전 행사 사물놀이	5	○		놀이패 몰개
	도우미	VIP 의전 및 영접, 동선 안내 및 유도	5	○		충주여상
	밴드	식전행사 밴드 카니발	40	○		충주농고/여상
	대북 입장자	공식 행사 대북 입장 시	20,000	○		한국전통택견회

2) 제작 및 설치물

구분	항목		세부 내용	인원수	담당		비고
					충주시청	연구소	
퍼레이드	피켓		축제명(1), 슬로건(1), 주제(1), 천년의 소리(1), 참가국 기수단(1), 국대무술단체(1)	6		○	80x120, 60x120, 100x120
	대형용고		대형용고(1), 북채(1), 받침대(1식)	3	○		2.7x2.4
	퍼레이드카		퍼레이드카(외장 설치 및 도색): 2.5t 화물차	1	○		
	만장		김윤후, 신·심·기·체, 화랑무사, 을지문덕, 김유신, 계백, 임경엽	10		○	고유의 색 (오방색) 사용
	마차/말		마차(1대), 말(2필)	3	○		
	칼		김유신, 계백, 임경엽, 무사(1)	4	○		
	창		김윤후, 을지문덕, 무사(2)	4	○		
	활/화살		화랑 무사(2식)	2	○		
	시대의상		장군복: 삼국시대(3), 조선시대(2) 무사복: 삼국시대(2), 청나라 무사복(1) 화랑도복: 2벌 백제귀족 부인복: 1벌 7선녀복: 7벌 의병복(만장단): 10벌	28	○	○	축제피켓단(6명): 한복이용 참가국 기수단(50명): 한복이용
개막식	캐터링		다과 및 음료	150인분	○		네임텍 및 어깨띠
	영접 용품		방명록(3), 코사지(30), 기념품(150), 쟁반(5), 장갑(50)		○		
	단상/연단		사회자/공식행사용	2	○		
	성화점화	대형국궁	길이: 30 (도색)	1		○	
		화살봉	길이: 150 (화살촉부분 점화봉으로 제작)	1		○	
		점화대	길이: 600x120 (점화버튼 설치)	1		○	
		성화대	기존 실내체육관 보유성화대 활용	1	○		
		기타	스피드롤러장치, 와이어선(50M), 점화장치	3식		○	
	꽃다발		무술단체장 증정	55	○		
	PA-System		최대 출력: 18k (Amp, Speaker, effect, MIC등)	1식		○	
	성화봉		성화봉송주자용 (남, 여 각 1개)	2	○		
	영화상영 기기		영사기 / 필름 / 스크린	1식	○		한국자동차 영화사
	불꽃놀이 효과		각종 폭죽 Set (다수)		○		
	특수 효과		Fog, 에어샷, 꽃대포, 드라이아이스, GP(10M), 나이아가라, 라이깡, TNT, 분수불꽃 등			○	

총괄 체크

세부 항목의 체크가 모두 완료되면, 또다시 전체적인 수정이 필요하다. 세부 항목을 체크하여 수정되었던 부분을 조정할 필요가 있다. 이때 가장 우선해야 할 것은 이벤트 당일 입장객을 어떠한 연출로 즐겁게 하느냐이다.

각 부문의 의견 충돌은 자신의 담당 업무를 돋보이기 위해 일어나지만, 입장객을 고려하여 수정할 수 있는 상황을 솔직히 받아들이는 자세가 중요하다. 예를 들면 후원이 예정된 모 기관이 마감일까지 확답을 주지 않는데다 담당자도 찾을 수 없을 경우에 발생하는 문제는 다음과 같다.

① 포스터의 인쇄 필름 제작 수정
② 사인보드의 디자인 수정
③ 보도 자료의 후원명을 결정 못 함
④ TV-CF의 자막 수정, SNS의 후원 내용 등 수정 및 변경

그러나 담당 스태프는 냉철하게 생각하여 이벤트 프로듀서의 판단에 따를 필요가 있다. 이벤트 프로듀서는 비용과 공정에 모든 책임을 갖고 관리하고 진행하기 때문이다. 전체적으로 체크할 포인트는 6개 항목으로 다음과 같다.

① 여러 가지 계획이 실행안으로 확정되면 서로 관련이 있기 때문에 역할 분담한 업무뿐 아니라 현재의 진행 사항을 종합적으로 이해해야 한다. 특히 매우 바쁜 팀은 적극적으로 지원할 필요가 있다.
② 실행 운영 체제가 실제 현장 운영에 중요하다. 사람이 가장 중요한 과제이다. 지휘, 명령, 전달 계통의 확립, 스태프의 배치, 인원수가 이벤트 성공의 열쇠라고 해도 과언이 아니다. 특히 지휘하는 사람이 많으면, 지휘 내용이 다르거나 오해가 발생하는 등 현장이 혼란스러워질 가능성이 많다.
③ 주최 측에서 스태프(도우미, 아르바이트 등)의 교육 및 실시 훈련이 철저히 되어 있으면 입장객에게 만족과 좋은 인상의 서비스를 제공할 수 있다. 정성을 다하는 마음으로 입장객을 대하는 것이 이벤트 성공의 첫 번째 비결이다.
④ 실행 운영의 업무 내용으로는 안내, 설명, 홍보, 광고, 행사 협력, VIP 접대, 정리 기록, 청소, 서무 등이 있는데 이벤트 규모에 따라 혼자서 겸임해야 하는 업무도 있다.

⑤ 도우미를 쓸 경우는 접대의 마음가짐뿐만 아니라 근무 자세, 업무 규칙, 몸가짐, 팀워크 등에 대해서도 지도할 필요가 있다.

⑥ 입장객은 이벤트에 즐거운 시간과 쾌적한 공간을 기대하며 찾아온다. 또한 돈으로 살 수 없는 '일탈감'을 기대하고 온다. 이벤트는 영접하는 측의 서비스에 따라 고액 상품을 구입한 것과 똑같은 효과를 갖고 있다. 그래서 만족이 크면 당연히 재방문으로 연결되고 오피니언 리더로서 이웃이나 친한 사람에게 소개하게 된다.

효과 목표의 달성

제1부 3장에서 배운 '이벤트의 효과적 전개'를 기억하기 바란다. 이벤트는 처음부터 효과 목표를 설정한다는 것을 배웠다. 따라서 기획 단계에서 세운 효과 목표가 사전 준비 작업 단계에서 어느 정도 달성되었는지를 체크할 필요가 있다.

예를 들면 다이렉트 효과, 특히 입장객의 동원 수를 목표로 한다면 준비 단계에서는 ①예매 입장권의 매출 상황 ②사전 홍보의 매스컴 노출 빈도 ③사전 미니이벤트의 동원과 홍보 효과 ④매스컴의 취재 반응 ⑤오피니언 리더의 반응 등을 검토해서 어느 정도 유치할 수 있는지를 계산한다.

이 시점에서 이벤트 프로듀서는 성공할 것 같은지, 무리인지 판단할 수 있다. 목표를 달성하지 못할 경우에는, 즉시 대책을 검토하여 조치를 취할 필요가 있다. 모든 수단을 동원하여 목표 달성에 매진해야 한다.

3. 연출 구성

참신한 기획으로 실행 계획, 사전 준비 작업도 완벽히 예정대로 진행되었다. 이것으로 이벤트가 반드시 성공할 수 있다고 말할 수 있을까? 절대 아니다. 참가한 입장객이 행사장에서 이벤트를 통해 감동을 느낄 수 없다면 그 이벤트는 아무 의미가 없다. 입장객에게 감동을 불러일으키는 것이 연출력이다.

이벤트의 연출은 주제와 콘셉트를 표현하는 것에 주력해야 한다. 사전 캠페인부터 오프닝, 본 프로그램의 진행에서 피날레 과정까지 전체 흐름에 맞게 주제 및 콘셉트를 정하는 것이 그 핵심이다.

주제와 콘셉트의 표현 테크닉을 생각하면 이벤트의 연출 방향이 보일 것이다. 이러한 요소를 자유롭게 조합하고 응용하여 멋있는 연출을 시도하기 바란다.

연출 구성이란?

행사장에 입장한 사람들에게 기쁨과 감동을 갖고 기획 의도를 전달하는 수단이 연출이다. '오감(五感)에 어필한다' 혹은 '보고 듣는 즐거움+참여하는 즐거움+쉬는 (휴식, 식사) 즐거움+기다리는 즐거움+걷는 즐거움을 고려한다' 혹은 '비일상적인 체험'이라고 이야기하는 연출에 많이 사용되는 표현은 다음과 같다.

① 색다른 차원에서의 대리 만족
② 엔터테인먼트(즐거운 것, 즐겁게 하는 것: 보는 즐거움, 자기 자신도 참여하는 즐거움)
③ 환상적인 다른 차원의 공간
④ 참가성, 퍼포먼스성
⑤ 긴장감
⑥ 공간 일체감
⑦ '의도된 우연성'을 지님
⑧ 불가사의한 감각
⑨ 결과만이 아닌 그 과정에서 느끼는 재미
⑩ 입장부터 퇴장까지 전 과정이 이벤트가 되는 것

연출 구성의 요소

① 감동: 흥분의 구조

연출은 참가자에게 감동을 주는 표현 기법이다. 감동에는 강렬한 감동과 내적인 조용한 감동이 있다. 육체적 체험이 있으면 정신적 체험도 있다. 이벤트가 어떤 주제이든 감동을 주지 못하면 결실이 없고 실시한 보람도 없다. 어떻게 하면 감동을 불러일으킬 수 있을지, 무엇을 언제 어떻게 전개하면 좋을지를 진지하게 연구하고 구상하면 연출은 저절로 충실해진다.

② 기대: 기다리는 즐거움 만들기

'며칠이나 남았지?'라며 기다리는 것만큼 가슴 설레는 일은 없다. 이벤트도 개최 전 기다리는 즐거움이 있다. 기대하면서 오픈하는 것도 감동 창출의 중요한 기법이다. 이를 위해 기대를 불러일으키는 여러 가지 연구와 준비를 많이 해야 한다. 그것도 될 수 있는 한 빨리 진행해야 한다. 이벤트 10일 전이 되어도 준비한 노력이 하나도 눈에 띄지 않는다면, 사전 붐 조성이 안 되며 주최자의 노력까지 의심받게 된다. 이벤트 고지 전단과 포스터도 이러한 효과를 노린 것이다.

'앞으로 ○일'이라고 명기한 사인보드를 역 광장과 번화가에 대형 규모로 설치하는 것도 그 기대를 불러일으키기 위함이다. 사전 홍보캠페인도 '기대'의 연출이다. 데몬스트레이션 이벤트가 나날이 늘어나고 깃발과 포스터가 거리에 넘치고 시작을 알리는 브라스밴드가 거리에서 소리 높여 행진하기 시작하면 이벤트에 대한 기대는 높아진다. 신문, TV, 라디오, 잡지, SNS가 기대감 조성에 커다란 역할을 해주는 것은 말할 필요도 없다.

이벤트 첫날에 오프닝 세리머니를 실시하는 것도 기대감 조성에 크게 기여하며 주제와 내용을 더욱더 충실히 표현할 수 있는 시점이기도 하다. 또한 메시지를 발표하는 오프닝 세리머니는 이벤트의 주제를 표출하는 시간이다.

③ 화제: 보는 것, 부르는 것 만들기

이벤트는 화제가 빈약하면 매력이 없다. 개성 있는 주제와 훌륭하게 완성된 이미지라도 불발로 끝날지도 모른다. 화제 만들기는 그런 관점에서 이벤트의 핵심이라 할 수 있다. 그러나 주제에 맞지 않는 이벤트는 주목을 받지 못한다는 사실을 주의해야 한다. 화제 조성만 열중해 주제성에 접근하지 못한 사례도 상당히 많다.

④ 여흥: 극적인 체험, 경이감 만들기

연출에서 군중심리를 읽는 것도 중요한 기법의 하나이다. 극적인 기법인 흥분의 장을 만들고 핵심 부분을 준비하여 전력투구한다. 참가자가 드라마틱한 체험을 하면 그 당사자뿐 아니라 주변까지 끌어들일 수 있다. 참가자의 흥분은 대중의 놀라움이 되어 파도같이 확산된다. 이 효과를 충분히 계산하여 여흥의 장을 잘 만드는 것을 고려해야 한다.

전체를 일정한 레벨로 균등하게 안배하는 것보다 어느 한 부분에 농축된 여흥을 연출하는 것이 전체의 밀도를 훨씬 진하게 느낄 수 있다. 이것이 연극에서 말하는 '보이는 장'이며 노래에서 말하는 '감흥'이다. 이벤트 참가자는 이런 흥미로운 장면과의 만남을 가장 기대하고 있다.

⑤ 유락: 일상을 벗어난 즐거움 만들기

이벤트의 본질은 놀이이다. 즐거움이 축제의 본질일 것이다. 인간은 목적 없이 단지 노는 것만으로는 놀 기분이 나지 않는 본성을 가지고 있다. 걱정 없이, 자유롭게 혼신을 다해 놀기 위한 대의명분이 준비되기를 원하고 있다. 이런 환경이라면 상상의 날개를 펼칠 수 있다. 행사장에 와 있는 것만으로도 자신에게 만족을 느끼며, 그런 위치에서 자기 일탈을 할 수 있는 것이다. 즉, 일상에서 해방된 자신을 돌아보며, 새로운 자신을 재창조하게 된다. 이러한 발견은 정말로 즐거운 일이자 최고의 놀이이다.

⑥ 공감: 함께 느끼며, 함께 기뻐하는 것 만들기

연출에서 좋은 음악은 필수 불가결이므로 이를 어떻게 활용할 것인지 신중히 고민해야 한다. 빛과 색에 대해서도 마찬가지이다. 기존의 개념을 답습하거나 고수하는 것이 아니라 의외성을 가지고 자유롭게 발상해야 한다. 그러한 관점에서 '공감'의 연출을 생각한다면, 공감의 첫 걸음은 주제에 대한 합의이다.

그리고 공감의 체득은 주제의 구체적인 표현이다. 예를 들면 '음'(音), 이미지 사운드, 주제가, 주제 음악, 쇼 등은 축제의 주제를 연출하는 수단이라는 것을 이해해야 한다. '빛', '색', '형태', '문자', '언어', '행위' 등 모든 연출 소재가 조합하여 참가자의 공감을 낳는 축제장 분위기가 연출되는 것이다.

⑦ 교류

연출에서 범하기 쉬운 실수로 '일방통행적인 강요'가 있다. 아무리 복잡하고 손이 많이 가는 연출을 시도해도 이벤트의 참가성이 상실되면 분위기를 고조시킬 수 없다. 특히 이벤트의 연출은 반드시 관객의 참여를 권유하거나 참여하고 있다는 의식을 갖게 할 필요가 있다. 최근 도우미, 진행 코디네이터, 안내 요원, 사회자, 퍼포머들의 역할이 중요해지기 시작했다. 이벤트의 참가는 참가자들 간의 교류를 낳고 관객들간의 교류를 넓힌다. 함께 즐길 수 있는 축제장의 형성이야말로 최상의 연출이다.

⑧ 여운 만들기

감동이 크면 당연히 여운이 남는다. 이 여운의 크기가 축제의 크기이며 향후까지 연결되는 가치라고 할 수 있다. 축제 연출은 여운 만들기의 연출이기도 하다. 필자는 마지막 프로그램 실시 후, 다음과 같은 피날레를 구상하고 싶다.

황혼 직전, 산 끝자락에 잠기는 석양을 보며 조용하게 축제의 막을 내리는 폐회식이 시작된다. 강렬했던 감동의 나날을 회상하며 고별의 시가 낭독된다. 또 만나자는 약속이 무대와 객석 사이에서 오간다. 이윽고 해가 지고 펜 라이트를 흔들며 손을 마주잡은 가운데 주최자와 참가자 사이에서 공감대가 형성된다. "내년에는 더 좋은 축제를 하자", "힘을 서로 합하자", "열기가 올랐다" 등의 말들을 남기며 삼삼오오 축제장을 떠나는 관람객의 마음속에 여러 감정이 교차한다. 관계자들도 서로 격려하며 벅찬 마음을 느낀다. 이런 여운이 모두의 가슴에 새겨지면 그 축제는 탄탄하게 정착해 갈 것이다. 여운의 크기를 이벤트 연출 평가의 척도라고 해도 좋을 것이다.

연출 구성

기업이 주최하는 신제품 발표회를 사례로 설명하겠다. [표 4-8] 진행 프로그램과 [표 4-9] 연출 시나리오를 참조하길 바란다.

[표 4-8] 진행 프로그램 사례 (밀러맥주 런칭 컨벤션)

구분	실시 내용	소요 시간	비고
Miller Time	사전 도착 초청객 대상으로 밀러 맥주를 제공하여 Waiting Time 운영		
오프닝	사회자의 오프닝 멘트	3분	사회자: 한선교
Intro Show	각종 하드웨어를 활용한 종합 멀티 A/V쇼 진행	1분	
Welcome To Miller Time	• 멀티 슬라이드를 활용한 영상 프레젠테이션(3분) • Miller Commercial Visual(1분 30초) • Interview 영상 (2분 30초): 소비자 인터뷰+유명인사 인터뷰	7분	
Miller Splash	• Welcome To Miller Night: 섹소폰 연주자의 독주 • Miller Dance! Dance!: 밀러 댄싱팀 퍼포먼스 • To The Miller World: 하이라이트 부분에서 김원준 등장 및 댄싱팀이 마카레나를 추며 흥겨운 피날레 • Miller 상징물 등장: 효과음과 함께 Miller 상징물 등장	16분	• 김원용 • T & S • 김원준
공식 행사	• 밀러 인터내셔널 아시아담당 부사장의 환영사 • 필립모리스코리아 대표이사 및 주식회사 SM 대표이사 축사	7분	
Standing Buffet	• 초청외빈의 축배 제의 • Standing Buffet/재즈밴드 공연	26분	
Congratulations	• 행사에 참가한 초청객을 대상으로 현장 즉석 인터뷰 진행	5분	
Miller Dance Contest	• 밀러 댄싱팀 시범 및 초청객 대상 즉석 밀러 댄스 경연대회	10분	
Lucky Raffle	행운권 추첨 및 시상/초청객 퇴장	10분	
총 소요 시간		85분	

[표 4-9] 연출 시나리오 사례

항목	시간	연출 내용	출연진	무대	음향	조명	영상	레이저	특수효과	비고
Openning	18:00 ~ 18:01 (1/1)	*Openning • 1 조명 Dim Out • 2 긴장을 고조시키는 B.G.M이 점점 커지다 일시에 현란한 특수 조명들이 일제히 무대를 향해 라이팅되고 멀티큐브에는 빠른 컷이 멀티 이미지 영상이 방영되며 행사 시작을 암시 • 3 강한 충격음과 함께 무대 상단의 행사 타이틀 네온 점등과 동시에 멀티큐브에 타이틀영상 방영 • 4 성우의 웅장한 무대 등장 소개 내레이션 「여러분을 멀티의 세계로 안내할 사회자를 소개합니다.」 쌩쌩한 초겨울 감성으로 다가서는 남자 한선교,	—	—	B.G.M 내레이션	PIN/PAR NAT	멀티큐브 (타이틀)		벌룬뱅크	네온 점등
Comments For Guests	18:01 ~ 18:03 (2/3)	*Introduction Comments by MC 「안녕하세요. 한선교입니다.(인사) 먼저 오늘 이 자리를 빛내 주시기 위해 참석해 주신 여러분에게 멀티 인타테서 널 한국자사를 대신해 진성으로 감사드립니다. 오늘 여러분들은 저희 멀티 인타내셔널 한국자사에서 마련한 다양한 프로그램에 의해 환상적인 체험을 하시게 될 것입니다. (간략한 프로그램 안내) 그럼 첫 번째 멀티 환상 체험입니다. 편안하게 즐겨 주시기 바랍니다.」	한선교	중앙	MIC (사회자)	PIN	LIVE			

행목	시간	연출 내용	출연진	무대	음향	조명	영상	레이저	특수 효과	비고
Intro Show	18:03 ~ 18:04 (1/4')	*Intro Show • 1 조명 Dim out 되면 멀티큐브에 빠른 이미지 컷이 방영됨 • 2 멀티큐브의 영상이 임펙트른 효과음과 함께 멀티 병모양의 영상이 정지되고 정자진 화면위로 레이저가 사람모양을 그리며 투사됨 • 3 멀티큐브에 상영됐던 병모양의 이미지를 레이저로 그린진 사람이 듣고 중앙스크린으로 이동한 뒤 스크린을 향해 엄지손가락을 이용하여 효과음과 함께 병마개를 오픈하며 행사 시작을 의미하는 모션을 취함 • 4 신버스런 분위기의 음향효과와 NAT를 이용하여 무대 전면과 스크린에 현란한 이미지 영상이나 'Welcome To Miller Time'이라는 카피를 투사하여 새로운 만남을 표현	—		B.G.M	PIN/PAR NAT	멀티큐브	사람모양 그래픽 빔,웨이브 팬 등	FOG 드라이 아이스 CO2	
Welcome To Miller Time	18:04 ~ 18:11 (7/11')	*Visual Presentation (3min) • Multi Slide를 이용한 영상 프레젠테이션 실시 • Miller 인데내셔널 한국지사의 메시지를 임체적인 영상으로 전달 *Miller Commercial Visual (1min 30sec) • 영상 프레젠테이션이 종묘와 동시에 멀티큐브를 이용하여 밀러의 Commercial Film 중 중요 부분을 편집하여 집중적으로 멀티 메시지 전달 *Video Presentation of Street Interviews and Famous Characters (2min 30sec) • 다양한 고객층을 대상으로 밀러에 대한 여러 가지 의견을 사전 인터뷰하여 방영 • 고객 인터뷰 후 유명인사 인터뷰 영상 방영(이훈, 임백천, 김연주, 김재박, 김완선)	—	—	영상음향	A.O	멀티 슬라이드 / 멀티큐브 / 멀티큐브			

항목	시간	연출 내용	출연진	무대	음향	조명	영상	레이저	특수 효과	비고
Miller, Miller Splash!	18:11 ~ 18:27 (16'27)	**＊Welcome To Miller Night!** •1 인터뷰 영상이 이웃되면 드라이아이스와 함께 무대 위해 등장했던 색소폰 연주자에게 PIN LIGHT 되며 데이빗 셀뷰의 'ROSE'연주 •2 연주가 끝나면 밀러 댄스 코너를 소개하는 성우의 내레이션	김원웅	좌측 ↓ 중앙	LIVE 내레 이션	PIN			FOG 드라이 아이스	
		＊Miller Dance! Dance! (Togoneo) •1 무대의 좌우측에서 외국인으로 구성된 Miller Dancing Team 등장. 밀러 인터내셔널 한국지사의 새로운 출발을 축하하고 아메리칸 오리지널리티를 표출할 수 있는 Miller Dance 공연 - 공연 시 스크린과 무대 백드롭에 매니비전을 투사하여 환상적인 분위기 연출 •2 Miller Dancing Team의 공연이 하이라이트에 이르면 김원준의 등장을 알리는 성우 내레이션 「이지적인 마스크의 소유자 김원준」 - 내레이션 후 김원준 등장 및 공연 (Dancing Team은 백댄싱 보조) - '상상', '쇼' 등 3곡 공연	댄싱팀 김원준 댄싱팀	좌우측 ↓ 중앙 우측 ↓ 중앙	T/R 내레 이션	PIN/PAR NAT BANK LIGHT PAN PIN/PAR NAT BANK	E.N.G (LIVE)	빔, 웨이브 팬, 광막등		
		＊To The Miller World! •1 기수 공연이 Ending되면 Miller Dancing Team이 다시 전면으로 등장하여 마거레나 Dance를 주며 피날레 장식	댄싱팀	중앙	A/R M/R	PIN/PAR NAT BANK LIGHT	E.N.G (LIVE)	밀러 자막	FOG 드라이 아이스 CO2 NH3 G/F	
		＊Stage Presentation Of Miller Products •강한 효과음과 함께 무대 좌우측의 서브 스크린이 Turning 되며 밀러의 상징물 등장 •Turning 시 각종 특수효과와 특수조명을 이용하여 분위기 연출(상징물에 TOP PIN)			T/R B.GM					

프로그램이 연출되는 중에 대형 디스플레이 모니터와 멀티슬라이드 프로젝터를 활용하여, 제품과 관련된 주제 및 프로모션 영상을 방영하고, 현대무용으로 주제 퍼포먼스를 연출하여 제품의 고급스런 이미지를 초청객들에게 전달하였다. 그리고 시나리오에는 생략되었지만 전시 관람 및 기자 설명회도 실시하여 제품의 판매 촉진과 이벤트의 대외 홍보 효과도 겨냥하였다.

[사진 4-1] 밀러 런칭 컨벤션

1. 행사장 데코레이션	2. 밀러 댄싱팀 공연	3. 가수 김원준 공연
4. 밀러 상징물 등장	5. 즉석 밀러 댄스경연대회	6. 행운권 추첨

[사진 4-2] 밀러 런칭 컨벤션에서 밀러 댄싱팀의 리더를 따라 댄싱을 배우는 초청 고객들

초청 고객은 중요한 연출 소재

위의 내용을 보면 초청 고객은 연출자이기도 하다. 음향 효과와 조명으로 행사장과 일체가 된 초청 고객은 사회자의 안내에 따라 제품을 시연하는 등 프로그램에 참가해 완전히 다른 세상에 있는 것 같은 기분을 느낀다. 그들은 때로는 감탄의 탄성을 지르고, 때로는 박수를 치며 음향 효과를 담당하고 있는 것 같다.

이처럼 고객을 연출의 소재로 생각하는 것은, 고객이 참가하고 있는 이벤트라고 할 수 있다. 고객이 감동을 갖고 돌아가는 것이 최대의 연출이다.

종합연출에 관하여

[표 4-8]~[표 4-9]에 나온 구체적인 사례를 근거로 설명했는데, 이 신제품 발표회를 실시하기 전에 명확한 기획서가 있었고 신제품 발표회 후의 명확한 계획이 있었으므로, 이 발표회는 전체 프로모션 계획의 일부에 지나지 않는다. '신제품 런칭 프로모션'에 관한 전체 콘셉트와 정책을 앞으로 어떻게 전개할지가 결정되어 있기 때문이다.

이러한 의도를 충분히 파악하고 이벤트를 연출하는 것이 중요하다. 연출은 기획 의도를 표현하는 방법이다. 그것을 이해하고 안내에서 환송까지 각 파트의 역할을 전체적으로 총괄 조정하는 데에 종합 연출의 어려움이 있다. 최후의 연출자인 고객을 초대하기 위한 작업 과정은 [그림4-1]과 같다.

[그림 4-1] 초청 고객에 관한 작업 과정

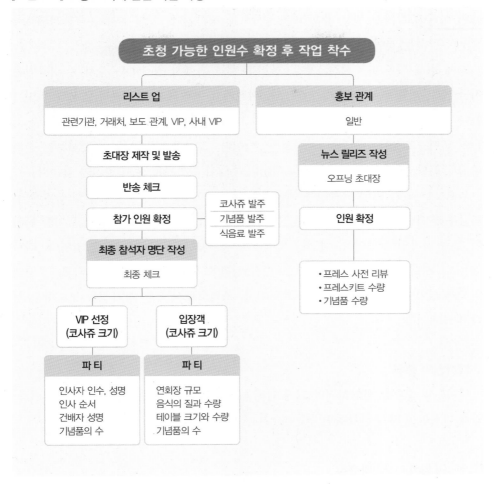

4. 이벤트 디자인

디자인과 아트의 차이점

디자인이란 무엇인가? 현재 다양한 종류의 디자인이 우리 사회에 존재하며 명칭과 종류를 살펴보면 끝이 없다. 그래서 디자인과 아트에 대해 간단하게 서술한다.

이 분야는 학자나 전문가마다 해석이 매우 다양하여 차이를 명확하게 선을 긋는 것은 불가능하다. 여기서는 아트와 디자인의 차이에 대한 필자 개인적인 견해를 적었다.

첫째, 아트 이른바 예술 작업은 시간이나 공간 또는 물리적인 제약이 없이 창작하는 것을 말한다. 둘째, 아트는 현 시점에서는 이해되지 않지만 어느 정도 시간이 지나면 이해되고 각광 받는 문화적인 창작으로 평가된다. 셋째, 아트는 그 자체로서 홀로 추구하는 것이다. 이상 세 가지가 아트의 단적인 특징이다.

그에 비해 디자인은 시간, 공간, 물리적 제약 속에서 창작하는 것이다. 디자인은 지금 바로 이해할 수 있어야 한다. 현 시점에서 이해하고 활용되지 않으면 의미가 없다. 예를 들면, 획기적인 의상디자인이 10년 먼저 나와도 이해가 되지 않으면 소용이 없다. 그것이 아트와 디자인의 큰 차이다. 그리고 디자인은 그 자체로는 존재하지 않는다. 극단적으로 말하면 조역이며 주역이 있으므로 존재 가치를 갖는다.

의상 디자인과 공업 디자인은 예술적인 부분도 많고 그 자체의 독창성도 있지만, 지금부터 기술하는 이벤트 디자인은 전혀 그렇지 않다. 항상 주역이 있고 어떤 목적이 있는 디자인 작업이다. 목적을 벗어난 독자 행보는 금지된 창작 작업이다. 디자인은 그 시대 인간 감성의 표현으로 인간 생활 표현의 시각화이다. 그리고 그 자체의 독창성이 주체가 되는 시각적 표현이며, 조역으로서 기본 창작성을 보조하는 시각적 표현이다.

디자인의 종류

디자인의 종류는 다양하지만 크게 입체 디자인과 평면 디자인 두 가지로 구분된다. 입체 디자인을 다시 분류하면 다음과 같다.

[표 4-10] **입체 디자인의 분류**

① 개발 디자인(도시 개발, 지역 개발)	② 건축 디자인	③ 실내 디자인
④ 전시 디자인	⑤ 공업 디자인	⑥ 패션 디자인
⑦ 무대 디자인	⑧ TV 프로그램 세트 디자인	⑨ POP 디자인
⑩ 사인물 디자인	⑪ 패키지 디자인	⑫ 조명 디자인

평면 디자인은 우리 주변에 있는 팸플릿, 리플릿, 전단, 신문, 포스터와 같은 모든 인쇄매체 디자인이다. 이외에도 여러 가지가 있지만 이벤트와 관련된 디자인은 [표 4-10]과 같다.

이벤트 디자인

이벤트 디자인의 개념은 '이벤트와 관련된 시설물, 홍보물, EI(Event Identity), 공연물, 운영 비품, 장식물, 기록물 등의 디자인'이라고 하지만 현재까지는 명확하게 확립되어 있지 않다. 이벤트 디자인 자체가 앞에서 서술한 바와 같이 건축과 전시 디자인처럼 명확하게 분류할 수 없기 때문에 모든 요소를 포함하여 다양한 장르를 포괄한다.

따라서 이벤트 디자인을 할 경우 풍부한 경험과 융합적인 성격이 요구된다. 장인 기질의 전문직 분야도 필요하고 모든 시각화에 대한 감각과 그와 관련된 작업 경험도 필요하다.

다시 말하면 아트프로듀서나 아트디렉터적인 성격이 이벤트 디자이너에게 요구된다. 한정된 시간과 예산으로 주어진 공간을 꿈의 세계로 표현하는 것이 이벤트 디자인의 목적이며 묘미이다. 다시말해 이러한 한정된 여건에서 시각 표현물을 연구·기획하고 만드는 것이 이벤트 디자인의 본질이다. 참가자 한 사람 한 사람에게 감동을 주는 비일상적인 공간을 창조하는 시각적 행위를 하는 것에 이벤트 디자인의 성공의 열쇠가 있다.

❖ 이벤트 디자인 대상

① **시설물**: 게이트, 아치, 담장, 운영본부, 전시관, 깃발, 행거, 편의시설, 각종 사인물

② **홍보물**: 홍보탑, 현판, 현수막, 배너, 포스터, 팸플릿, 리플릿, 전단, 종이백, 기념품

③ **EI(Event Identity)**: 심벌 컬러, 마크, 로고, 캐릭터, 패턴, 차량 도색, 유니폼, 각종 서식

④ **공연물**: 무대, 각종 소품 및 의상, 퍼레이드카, 특수 효과

⑤ **운영 비품**: 초청장, 등록 카드, 비표, 승차 입장, 주차권, 식권, 기념품 교환권 등

⑥ **장식물**: 상징 조형물, 오브제, 테이블, 꽃 장식

⑦ **기록물**: 결과 보고서, 사진 도록, DVD 영상

이벤트의 효과를 표현하기 위한 디자인 기법

이벤트의 효과를 표현하기 위한 디자인 기법은 다음과 같다.

① **고유 색상:** 기획이 가지고 있는 색채와 형태를 찾아낸다. 기획 속에는 반드시 기본이 되는 색상이 있기 때문에 그것을 감지하는 것과 동시에 형태를 찾을 수 있다.

② **설치 장소 선정 우선:** 가장 먼저 설치되는 장소를 선정하고 그 다음에 디자인을 생각한다. 너무 탁상공론만 하면 기획대로 안 될 수도 있다.

③ **의외성:** 비일상적인 조형성과 의외성을 항상 생각한다.

④ **규모성:** 규모를 벗어나면 비현실적인 치수가 된다. 너무 작은 치수는 어디에 어떻게 장식할 것인지 알 수 없게 된다. 규모가 좀 커야 효과적이다.

⑤ **움직임:** 가능하면 움직임을 넣을 것. 그 시각 안에 움직임을 넣는다.

⑥ **단순성:** 단순하게 함축하는 행위가 디자인이다. 엉성하게 하는 것은 결코 디자인이 아니다.

⑦ **높고 낮은 요소:** 행사장의 전망대와 식당과의 관계 등 높거나 낮은 요소가 필요하다.

⑧ **동선 계획의 중요성:** 넓은 것만 좋은 것이 아니라 강제 동선과 자유 동선 중 하나가 반드시 필요하다.

⑨ **색채의 중요성, 색채의 사용법:** 색채심리학에서는 100명 중 70~80%가 정상적인 색채심리에 좌우된다고 한다. 이것은 장소에 따라 전혀 다르기에 장소를 고려하고 조명도 고려해야 한다. 노란색에 파란색 불빛을 맞추면 녹색이 되고 빨간색에 녹색을 맞추면 탁색이 된다. 항상 상황에 맞는 새로운 것을 생각해 두지 않으면 효과가 없다.

특히 야외 이벤트에서는 빨강, 오렌지, 블루, 그린을 어떻게 사용하느냐에 따라 효과가 달라진다. 너무 중간색은 좋지 않다. 이것은 주간일 경우이다. 또한 보색으로 흰색, 금색, 은색, 검은색, 보라색을 너무 많이 사용하면 공간 연출이 어렵게 될 수 있다. 이러한 색상의 사용법은 나라에 따라 상당한 차이가 있기 때문에 신경을 쓰지 않으면 난감할 수도 있다.

[사진 4-3] 이집트 기자 피라미드 Light & Sound Show

⑩ **조명의 중요성과 연출 방법:** 축제는 타오르는 불에 대한 집착이 매우 강하기 때문에 조명 연출이 가장 효과적이다. 낮보다는 특히 밤이 효과적이며 그 외에 제등, 전등, 레이저 광선, 네온 등을 잘 사용할수록 효과가 높다. 전시 · 컨벤션에서는 조명의 명암이 필요하다. 조명 명암 계획을 미리 하지 않으면 아무리 밝고 화려해도 효과가 반감된다. 항상 밝은 것의 뒤에는 그림자가 있다는 것을 고려해서 계획을 세우는 것이 중요하다. 어디에 집중하느냐에 따라 효과도 달라진다.

최근 '빛과 소리 쇼'(Light & Sound Show)가 전 세계적으로 매우 유행하고 있는데 대표적으로 56년 전통을 가진 이집트 기자 피라미드의 '라이트 앤 사운드 쇼'(Light and Sound show)는 규모도 크고 세계적이다. 그 외에 뉴욕 자유의 여신상, 파리 에펠탑 등의 조명을 살펴보면 조명이 이벤트의 중요한 요소 중 하나인 것은 분명하다.

디자인 요소

디자이너가 제작하는 그림이나 도면은 디자인 요소에 따라 달라진다. 디자인 요소는 개념 요소, 시각 요소, 상관 요소, 실제 요소 등 네 가지로 구분된다. 각 디자인 요소의 특징을 살펴보자.

❇ 개념 요소

눈으로 볼 수 없고 실재하지 않지만 지각되는 요소로 그 종류는 다음과 같다.

① **점:** 형태의 최소 단위로 위치만 가지고 있을 뿐 길이, 깊이, 무게가 없다.

② **선:** 수많은 점들의 집합으로 점이 이동한 자취로 생성된다. 움직임의 성격, 속도감, 강약, 방향을 표현한다.

- **수평선:** 안정감, 평온, 너비감, 정지감
- **수직선:** 높이감, 상승, 엄숙, 숭고함
- **사선:** 운동감, 속도감, 불안정함
- **곡선:** 부드러움, 우아함, 섬세함
- **유기적인 선:** 자연적인 선
- **무기적인 선:** 기계적으로 생성된 기하학적인 선

③ **면:** 수많은 선들의 집합으로 선이 이동한 자취로 생성된다. 2차원 공간, 원근감, 질감, 공간감 등을 표현한다.

- **평면:** 신뢰감과 안정감의 느낌
- **곡면:** 부드러움, 동적인 느낌
- **불규칙한 면:** 자유로움, 흥미, 불확실함, 무질서한 느낌
- **유기적인 면:** 물체 외면에서 나타나는 자연적인 면
- **무기적인 면:** 기계적으로 생성된 기하학적인 면

④ **입체:** 면의 집합으로 면이 이동한 자취로 생성된다. 평면 조형에서도 착시에 의해

입체감이 느껴진다. 3차원 공간으로 형태와 깊이가 표현된다.

- **순수 입체:** 구, 원기둥, 육면체 등
- **소극적 입체:** 시각을 통해 지각되는 것으로 물체가 점유하는 공간

❇ **시각 요소**

형태를 눈으로 지각할 수 있는 실제적 요소이다. 그 종류는 다음과 같다.

① **형:** 단순히 우리 눈에 보이는 모양이다. 대상물의 윤곽을 따라 지각되는 2차원적인 모습이다.

② **형태:** 형보다는 조금 더 넓은 의미의 일반적인 형과 모형을 의미한다. 눈으로 파악한 대상물의 기본적인 특성을 제시한다. 일정한 크기, 색채, 원근감 등이 포함된 조형물 전체의 3차원적인 모습이다. 자연형태, 인공형태, 추상형태 등

③ **크기:** 기준 척도에 의해 측량되는 개념이다. 크기, 길이, 폭, 깊이, 높이 등

④ **색채:** 빛이 물체에 닿을 때 반사, 투과되어 보이는 물체의 색이다. 색의 3속성: 색상, 명도, 채도

⑤ **질감:** 물체의 표면적인 느낌(매끄러움, 광택, 울퉁불퉁, 거침 등)이다. 시각적 질감 (눈에 보이는 질감, 장식적 질감, 자연적 질감, 기계적 질감)과 촉각적 질감(눈으로도 볼 수 있고 손으로 만져서 느낄 수 있는 질감)으로 나뉜다.

⑥ **빛:** 비추는 형태에 따라 직사광(직광)과 분산된 분광으로 구분된다. 가시광선, 자외선, 적외선, 감마선, X선 등이 있으며 밝은 조명원에 따라서 고유한 색을 갖는다.

⑦ **명암:** 빛의 밝고 어두운 것을 의미하며 명암에 의해 실제감(입체감, 양감 등) 표현이 중요하다.

❇ **상관 요소**

디자인 요소들이 결합되었을 때 연관되어 느껴지는 요소이다. 위치, 방향, 공간, 중량감 등이 해당한다.

❇ **실제 요소**

형태가 가진 내면의 의미로 디자인의 목적이 충족되었을 때 나타나는 요소이다. 표현하려는 주제에 맞는 소재와 목적에 맞는 기능성을 고려해야 한다.

이벤트 디자인의 미래상

이벤트 디자인 자체가 아직 확립되어 있지 않지만, 앞으로 10년, 20년 후에는 반드시 확립될 것이라고 생각한다. 미국, 유럽, 일본에서 이벤트를 대단하게 인식하고 그에 대한 소프트의 노하우, 디자인에 대한 이해와 전문적인 활동을 인정하고 있는 것은 부럽다. 우리나라도 머잖아 반드시 이벤트 디자인의 시대가 오리라 확신한다.

또한 세계적인 디자이너 미국의 레이몬드 로위(Raymond Loewy)는 "디자인은 립스틱에서 기관차까지"라는 말을 남겼다. 나는 이 말을 항상 이벤트 디자인의 목표로 삼고 있는데 이것은 소프트에서 하드까지 디자인의 필요성을 의미하는 말이다. 여러 가지 일에 안테나를 넓게 세워 소프트를 포착하여 집약한 것을 조형 및 기획에 반영하는 것이 향후 이벤트 디자인의 기본이라고 할 수 있다.

5. 행사장 세팅과 준비

여기서는 실제 이벤트 행사장을 세팅할 때 주의할 사항에 대해 다루고자 한다.

각 섹션의 책임 분담과 확인

행사장 세팅의 스태프 구성과 역할은 다음과 같다.

❊ 스태프 구성과 역할

① **프로듀서:** 이벤트 전체의 관리 및 진행에 관한 권한을 가진다.

② **연출 디렉터:** 관련 스태프에게 연출 지시를 하며 연출 권한을 가진다. 이벤트의 시각적 표현인 연출에 관한 중요한 전문가이기 때문에, 프로듀서도 현장에서는 무시할 수 없는 존재이다.

③ **전시 디렉터:** 전시제작에 관한 권한을 가진다. 전체 시공의 흐름을 잘 파악하여 스태프에게 적절한 지시를 한다. 또한 긴급 사태에도 유연하게 대응한다.

④ **음향, 조명 디렉터:** 음향과 조명 디렉터는 별개이지만 경우에 따라 겸할 수도 있다.(담당 디렉터의 능력에 따라) 음향, 조명 관계의 현장 책임자로서 조명과 음향 스태프에게 지시를 한다.

⑤ **영상 디렉터:** 영상에 관한 현장책임자로서 영상 관련 스태프에게 지시를 한다.

⑥ **특수 효과 디렉터:** 특수 효과에 관한 현장책임자로서 이벤트 연출의 흐름을 잘 파악

하여 특수 효과 관련 스태프에게 지시를 한다.

⑦ **운영 디렉터:** 이벤트 실시 운영의 관리에 관한 권한을 가진다. 또한 운영 스태프(도우미 등)의 교육을 담당한다. 운영 전체를 파악하는 능력은 물론, 친화력도 요구된다.

세팅 때는 많은 인원이 출입하여, 마치 시장터 같은 분위기라서 마찰도 일어나기 쉽다. 프로듀서는 이런 일이 일어나지 않도록 전체 흐름을 잘 파악하여 각 스태프들이 기분 좋고 원활하게 일을 할 수 있도록 세심하게 배려해야 하며 사고가 일어날 경우 적절한 대처를 해야 한다.

또한 각 디렉터는 자신의 분야에서 전문가이기 때문에, 전문 분야는 그들에게 맡겨 불필요한 참견은 삼가는 것이 좋다. 앞서 설명한 대로 주의하여 효율적으로 일을 할 수 있게 했으면 한다. 또한 상황에 따라 휴식을 취하도록 하는 것도 중요하다. 피곤하면 집중력이 저하되고 자신도 모르게 사고가 날 수도 있기 때문에 특히 주의해야 한다.

스태프 회의

세팅 때 시간적 여유를 갖고 결정하기 위해 각 디렉터(또는 스태프 전원)에게 회의를 공지하여 스태프 회의를 하는 것이 필요하다. 참고할 협의 내용은 다음과 같다.

① **세팅의 진행 상황 확인:** 세팅이 일정대로 진행되고 있는지, 문제점은 없는지 여러 가지 상황을 서로 확인하고 협의한다. 각 디렉터(또는 스태프 전원)에게 전체 진행 상황을 인식시켜 자신들의 담당 섹션은 언제까지 무엇을 해야 하는지를 파악하게 한다.
② **스태프의 의식 고양:** 현장 스태프는 과로나 스트레스에 초조해하는 경우가 많다. 프로듀서는 스태프의 의견을 잘 듣고 최상의 해결 방법을 제시함과 동시에 남은 시간도 열심히 잘하자며 격려해 주어야 한다.
③ **향후 일정 확인:** 각 섹션의 종료 시간을 확인하고 파악한다.

리허설

전체 세팅이 완성에 가까운 시점에서 본 프로그램을 상정한 리허설을 실시한다. 리허설은 두 종류가 있다.

① **테크니컬 리허설(테크리허라고 약칭):** 영상, 음향, 조명 등 하드웨어의 세팅이 종료된 시점에서 실시한다. 장비가 정상적으로 작동하는가, 오퍼레이션상 문제점은 없는가 등을 체크한다. 테크리허는 전체가 완료되지 않아도 가능하므로 여유를 두고 할 필요가 있다 (마찰에 대응하는 시간이 필요하다).

② **전체 리허설:** 전체가 완성된 후 실시하며 본 프로그램과 동일한 조건에서 진행한다. 소프트(출연자, MC, 내레이터, 그 외 스태프)와 하드(음향, 조명, 영상, 특수 효과, 전시물 등의 장비)가 잘 조합되어 있는지, 진행의 문제점은 없는지 등을 유념해서 체크한다.

리허설 때는 프로듀서와 연출 디렉터의 권한이 막중하고 동시에 이 부분이 실력을 제대로 보여줄 수 있는 부분이다. 상황에 따라 리허설 때에는 진행 시나리오(일단 전체 진행을 이해할 수 있는 시나리오를 작성한다)의 내용을 변경하는 경우도 있다. 리허설이 완벽하면 본 프로그램을 기다리면서 마음의 자세를 가다듬는 것이 중요하다.

6. 법적 규제와 협력 요청

관련 관청에 신고

이벤트의 개요가 결정되면 우선 행정적인 법적 규제에 관련되는 각 부서와 상의해야 한다. 어떤 이벤트라도 각 관계 기관의 협력 없이는 성공할 수 없고 상황에 따라서는 각종 신고가 필요하다. 그중에서도 경찰서, 소방서, 보건소에 대한 신고는 3대 필수 포인트이다.

① **경찰서:** 도로 교통과 도로 점유 및 음란물 진열 등의 이벤트 내용 규제가 있다. 후자는 표현의 자유와 관련하여 논란이 있으며 이벤트 주최자의 자율 규정에 맡기는 것이 현실이다.

② **소방서:** 소방법, 화재 예방 조례에 근거한 건축 및 위험물 규제가 있다. 이벤트 연출에서 불꽃이나 스모그 등 특수 효과를 사용하는 경우가 많기 때문에 기본적으로 소방서에 협조 요청을 해야 한다.

③ **보건소:** 식품을 다룰 경우(판매 외에도 시식, 시음, 무료 배포를 포함)에, 행사장의 설비 및 위생 기준에 관한 규제가 있다.

사전 협의에 의한 조정

실행 계획 단계에서는 행정 기관의 신고 외에 지역의 관계 기관과 관련 단체에 공문으로 협조를 요청하는 것이 중요하다. 지역의 관계 기관 담당자가 전혀 모르는 상황에서 이벤트를 계속 진행할 경우 큰 문제가 될 수도 있다. 자치회, 상가, 청년회, 부인회, 자율 소방단, 토지 소유자, 농협, 수협, 의료기관, 교통기관, 학교, 기업 등에는 미리 협의나 조정을 해야 한다.

관계 법령 일람표

이벤트의 종류는 매우 다양하며 그것과 관련된 법률과 법령은 매우 복잡하여 주의가 필요하다. 여기서는 그중 중요한 것만 발췌했다.

[표 4-11] 관계 법령 일람표

법률 및 법령	관계법
저작권에 관한 법령	저작권법
의장권에 관한 법령	의장권, 상표법, 실용신안법, 특허법
문화재에 관한 법령	문화재 보호법, 박물관법
환경 보전에 관한 법령	자연환경보전법, 국립공원법, 하천법, 항만법
계약에 관한 법령	민법, 상법, 건설업법
수출입, 관세에 관한 법령	무역진흥법, 수출입단속법
건설에 관한 법령	건설기준법, 건축안전조례, 도시계획법
공해 방지에 관한 법령	소음규제법, 진동규제법, 대기오염방지법
화재 예방에 관한 법령	소방법, 화재예방조례, 화약단속법, 위험물규제에 관한 법령
위생에 관한 법령	식품위생법, 보건소법, 악취방지법
설비, 장치에 관한 법령	전기용품 단속법, 전기설비 기술기준, 전기사업법
기타, 관계 법령	도로법, 도로교통법, 흥행장법, 옥외광고물조례

7. 비상 상황에 대한 대응

리스크 매니지먼트

이벤트를 안전하게 실시하기 위한 요소의 하나로 리스크 매니지먼트(안전 관리)

가 있다. 리스크 매니지먼트란 일반적으로 사업을 하는 데 잠재적인 다양한 리스크 (위험)에 대해 합리적으로 대처하고 최선으로 관리하기 위한 방법을 말한다. 이벤트도 각 과정에서 다양한 위험 요소를 포함하고 있기에 리스크 요인이나 예측하지 못한 사태에 잘 대응하는 것이 필요하다.

리스크 요인

이벤트 중에 잠재된 무수한 리스크 요인은 이벤트의 종류에 따라 다르며 같은 이벤트라도 진행 상황에 따라 변한다. 원인별로 정리하면 ▲지진, 홍수 등에 의한 천재지변 ▲화재나 위험물 또는 식중독 등 환경·위생의 문제에 의한 인재 사고 ▲기타 특수 사고 이렇게 세 가지로 분류된다. 이벤트의 내용과 진행 단계에 맞춰서 '언제', '어디서', '누가', '어떤' 리스크 요인이 있는지를 분석하고 파악해 두는 것이 사고를 예방하는 데 매우 중요하다.

리스크 매니지먼트의 내용

리스크 매니지먼트는 재해를 방지하는 것이 목적이며, 그 내용은 예방, 관리, 보상 등 세 가지로 나뉜다. 이러한 관점에서 리스크 요인에 대응한 대책을 검토하고 매뉴얼과 훈련 계획을 작성하거나 대응 조직을 편성해야 한다.

① **예방:** 사고를 미리 방지하기 위해 사고의 원인이 될 수 있는 조건과 환경을 검토하고 대책을 강구한다. 예를 들면 여름에 개최되는 야외 이벤트에서는 폭염 아래 행렬이 생길 것을 예상하여 휴게소를 설치하고 의료반을 대기시키는 등의 조치를 취하고 몰려올 관객에 대비하여 정리 요원을 증원하는 등 예방 대책이 필요하다.

② **관리:** 사고가 발생하지 않도록 리스크 요인을 점검하는 것과 실제로 사고가 발생한 경우에 대처하고 피해를 최소한으로 막는 업무가 있다. 가장 중요한 것은 사전에 책임자를 정하고 어떻게 대응하고 행동할지 명확하게 하는 것이다.

구체적인 조직과 행동 계획을 갖고 있는지 여부가 사고 대책의 초기 대응뿐만 아니라 향후의 원활한 대응에 영향을 미친다. 리스크 대응 매뉴얼 및 점검 리스트 작성은 남에게 맡기지 않고 실시 담당자나 주요 스태프가 관여하여 충분한 검토가 이루어져야 한다. 또 정보를 일원화하여 명령 계통을 명확히 하고 관계자 모두 혼란 없이 신속하고 명확하게 행동할 수 있게 해야 한다.

③ **보상:** 사고로 인해 발생한 손실이나 손해를 보험 등으로 보상받는 제도를 말한다. 사고의 내용에 따라 이벤트의 주최자와 담당자가 형사 책임을 추궁받거나 사회적인 책임과 제재를 면하지 못할 때가 있음을 명심해야한다.

비상 상황 발생

불행하게도 사고가 발생한 경우, 안전 요원을 파견하고 일단 냉정하게 상황을 정확히 파악해야 한다. 그때 현장이 혼란하지 않도록 미리 일원화하였던 지휘명령 계통에 의한 지시를 따른다. 그리고 가능한 빨리 소방, 경찰, 보건소 등 각 관계 기관에 연락하고 그들과 협력해야 한다. 특히 인명 사고는 책임자의 신속하고 성실한 대응이 필요하다.

이 장의 핵심 포인트

이 장에서는 이벤트의 사전 준비 작업부터 실시까지 각 섹션에 관한 주의 사항을 중심으로 설명했다.

● 시설과 전시물도 중요하지만 이벤트 실시에서는 사전 준비가 중요하다.

● 구성 연출은 이벤트에서 가장 인기 있는 업무이다.

● 진행과 운영 관리는 입장객과의 만남이다.

● 이벤트를 실시하는 데 체크할 사항이 많다.

● 이 장을 충분히 이해했다면 규모가 작더라도 이벤트 현장을 경험해 볼 것을 제안하고 싶다. 보는 것도 좋고 스태프로 일하는 것도 좋다. 이 장에서 제시한 사항을 현장에서 체크하기 바란다. 이것이 이벤트를 이해하는 가장 빠른 방법이라고 생각한다. 여러 명의 전문 스태프가 일정 기간 동일한 목적을 위해 개미처럼 열심히 일하는 모습을 현장에서 느껴 보기 바란다.

제5장

이벤트 운영

연구 포인트

　아무리 훌륭한 기획이나 탁월한 실행 계획서를 작성해도 행사장 운영을 원활하게 하지 못한 이벤트는 성공했다고 할 수 없다. 운영은 '성공의 절반이다'라는 말이 있다. 운영이 제대로 이루어지지 않는다면 이벤트가 실패할 수 있다는 말이다. 이벤트가 시작되는 순간부터 운영은 모든 이벤트의 중심이 된다. 이벤트 계획과 준비 단계에서는 프로그램 위주로 진행되지만, 이벤트 실행 단계에서는 운영이 전부라 해도 과언이 아니다. 간혹 운영에 대한 중요성을 간과하는 경우가 있으나 운영은 이벤트의 성패를 좌우하는 매우 중요한 부분이다. 이벤트를 개최하기 위한 준비 단계로 계획 수립이 선행되고 이후 세부적이고 실행 가능한 구체적인 실행 계획이 마련된다. 실행 계획을 토대로 최종적으로 운영 매뉴얼이 완성된다. 이 운영 매뉴얼은 현장에서의 지침서이자 안내서이다.

　이 장에서는 이벤트 운영에서 어떻게 입장객을 즐겁게 해줄 것인지 이벤트를 운영하는데 체크할 사항을 중점적으로 연구한다.

1. 운영 계획

운영의 기본 개념

❋ 일반적 개념

운영이란 행사장에서 안전성, 편의성, 쾌적성 등 관람객의 관람 환경을 최적화하기 위한 제반 업무와 서비스의 종합적인 활동을 의미한다(예: 관람객 서비스, 참가자 서비스, 운영자 서비스, 회장 관리, 인력 및 물자 등). 또한 이러한 서비스와 관리 주체인 운영자와 참가자의 체계적이며 원활한 운영 환경 제공을 의미한다.

① 관람객을 위한 세심하고 배려 깊은 서비스로 더 쾌적하고 안전한 관람 환경 마련
② 참가자를 위한 운영 절차 간소화 및 신속한 운영지원 체계 마련
③ 운영자를 위한 합리적인 의사결정 체계와 빠른 정보 공유 체계 마련

❋ 광의의 개념

운영은 관람객들과 가장 밀접한 공간에서 직접적인 경험을 제공하기 때문에 이벤트의 주제와 추진 전략을 효과적으로 전달하기 위한 커뮤니케이션으로 매개체 역할을 한다. 또한 새로운 유무형의 서비스 모델을 창출해 관람객의 만족도를 높이고 자연스럽게 이벤트 가치를 실현하는 선순환 구조의 핵심을 의미한다.

운영의 목표와 콘셉트

❋ 운영 목표

세심한 배려를 통해 관람객이 감동을 느낄 수 있는 관람 환경 조성과 서비스 제공은 물론, 이벤트의 가치 실현을 위한 운영 시스템을 구축해 기존 이벤트와 차별화된, 운영의 새로운 모델을 실현한다.

❋ 운영 콘셉트

차별화된 운영 콘셉트는 행사장 운영을 위한 큰 틀로 전략적인 운영 계획을 수립하여 이벤트를 성공적으로 이끈다. 관람객, 참가자, 운영자 모두 공감하고 실천할 수 있는 콘셉트는 운영 목표를 달성하는 구심점이 되고 성공적인 운영을 달성하는 원동력이 된다.

※ 행사장 운영 및 콘셉트 도출

① 운영 콘셉트는 운영이 갖는 다양한 속성을 통합적으로 고려하여 누구에게나 친숙하고 쉬운 표현으로 공감할 수 있어야 한다.

② 키워드 분석을 통해 운영 콘셉트를 도출한다.

2. 운영의 여건 분석

인문 환경 분석

인문 환경 분석은 인구 사회 및 문화 사회 지표 분석 등을 포함하며 이러한 분석 자료들은 개최 지역과 이벤트 관람객 특성에 대한 정보를 제공하고 개최 지역과 관람객 특성에 따라 효과적 대응을 위한 기본 계획 수립의 기초가 된다.

(1) 인구 사회 지표

① 개최 도시의 인구 추이인 최근 5년간 인구 및 가구 추이와 연령별 인구 분포, 인접권역 인구 수 등을 분석한다.

② 전국 지역별 인구 분포와 역대 세계 박람회 개최지와 비교한 인구수도 분석한다.

(2) 문화 사회 지표

① 국민 관광 여행 동향(시도별 관광객 수와 국내 여행 경험 비율)을 분석한다.

② 국내 여행 시 개선이 필요한 사항을 분석한다.

자연 환경 분석

이벤트 개최 도시의 지리적, 기후적 조건을 분석하는 자연 환경 분석은 관람객 수송과 관련된 교통 문제, 이상 기후 발생에 따른 대응책 마련, 이벤트 운영 시간의 설정 등 운영업무 제반 문제를 위한 기초 자료를 제공한다.

(1) 지리 조건

① 개최 도시의 지리 조건을 분석한다.

(2) 기후 조건

개최 도시의 기후 조건은 박람회장을 방문하는 관람객에게 직접적인 영향을 미치므로 상세한 분석을 통해 운영 계획에 반영해야 한다. 특히 행사장 운영 시간 및 관람객 서비스에서 기후 조건의 고려는 필수적이다.

① 개최 기간을 기준으로 10년간의 기후, 기온, 강우량, 풍속 및 풍향, 천기일수 등을 분석한다.
② 개최 기간을 기준으로 10년간의 태풍 발생 빈도와 태풍 피해를 분석한다.

교통 여건 분석

개최 도시의 교통 현황표와 교통수단별 접근 시간 및 분담률을 분석한다. 교통수단은 철도, 버스, 항공, 해운(항구 도시일 경우) 등을 분석한다.

관람객 분석(대국민 설문 조사)

(1) 배경 및 목적

관람객 중심의 운영 계획을 수립하기 위해 운영의 주요 분야를 중점으로 대국민 설문 조사를 실시한다.

(2) 기본 방향

이벤트의 인지도 및 방문 의향, 행사장 혼잡도, 서비스 선호도, 행사장 시설 수용도, 행사장 인근 지역에 대한 국민들의 성향을 분석하여 행사장 운영의 분야별 운영 계획 수립을 위한 참고 지표로 활용한다.

(3) 설문 조사 개요

① **설문 조사 시기**: 개최 2년 전 1월 중 일주일간
② **조사 대상**: 14~60세 남·여 800명(최근 1년 내 박람회나 지역축제 방문 경험자 또는 향후 3년 이내 박람회 방문 의향자)
③ **조사 지역**: 전국(17개 광역시·도)
④ **설문 조사 방법**: 온라인(이메일)
⑤ **표본 오차**: ±3.5%p, 신뢰 수준 95%

⑥ **조사 기관**: 조사 전문 회사

(4) 활용 방안

① 관람객들의 특성을 분석하여 운영 시설물의 수요 산출 시 참고한다.

② 관람객들의 요구 및 성향을 이해하여 운영 계획의 문제점을 예측하고 이에 대한 대응 방안을 수립한다.

③ 관람객의 선호도를 파악하여 관람객 서비스 계획 시에 참고 자료로 활용한다.

3. 운영 매뉴얼

운영 매뉴얼은 현장에서 실제로 운영 실무를 담당하는 스태프에게 이벤트 운영 시스템의 개요와 업무 수행의 순서를 제시한 설명서로, 업무 분야마다 업무의 기본적인 흐름과 비상시의 대응 방안 등을 구체적으로 해설한 교과서에 해당한다. 안전하고 효율적인 운영을 하는 데 필요한 최소한의 정보를 정리한 운영 매뉴얼은 관계자가 사전에 운영 업무를 학습할 때 도움이 될 뿐만 아니라 매일 현장에서 활동 지침서로 사용된다.

또한 운영 매뉴얼은 각 담당자가 자신의 업무 내용을 올바르게 이해하기 위해 필요할 뿐만 아니라 각각의 담당 범위를 초월해 이벤트 운영 업무의 전체 틀을 이해하기 위한 교과서로서의 역할도 한다. 임시로 구성된 조직으로 운영하는 경우가 많은 박람회에서 종사하는 관계자가 공통의 이해와 인식에 입각해서 활동할 수 있는지 아닌지는 매우 중요한 포인트다.

운영 매뉴얼은 그것을 위한 중요한 무기가 된다. 회장 서비스, 회장 관리, 시설 관리, 영업 관리, 회장 외 관리, 인력 관리, 물자 관리 등 각 분야에서 개별적으로 확정된 요령 중에서 현장 운영에 필요한 최소한의 정보를 엄선하여 전체적으로 모순이 없도록 확인하고 조정하면서 하나의 체계로 편집한다.

반대로 이러한 편집 작업을 통해서 부문 간의 모순과 미조정 부분이 발견되는 경우도 적지 않다. 어떻게든 수중에 놓고 활용하는 이상 너무 방대한 양이 되면 의미가 없으며 개요만 있고 구체적인 대응 방법이 수록되지 않으면 실무에 도움이 되지 않기 때문에 형식주의에 빠지지 않도록 현장에서의 활용을 고려해서 작성하는 것이 중요하다.

덧붙여 이벤트의 규모가 커지면 '운영 매뉴얼'도 세분화해 만들어야 한다. 예를 들어 박람회는 주최자의 입장에서 회장 운영을 취급한 '회장 운영 매뉴얼'이 있으며 개개의 독립관 운영을 위한 '독립관 운영 매뉴얼'도 있다. 또 그 안의 전시 운영과 유지 관리를 취급한 '전시 운영 매뉴얼' 등 목적과 역할에 따라 다양한 형태로 제작된다.

물론 수록되는 내용은 다르지만 운영 매뉴얼로서의 기본적인 구조와 편집 구상은 기본적으로 모두 동일하다. 운영 매뉴얼은 실무 내용의 구체적이고 상세한 과정을 적는 것이므로 준비 과정의 최종 단계(개막 직전)에서 작성한다. 계획 단계에서 만드는 것이 아니며 만들 수 있는 것도 아니다.

회장 · 시설의 개요

운영의 무대가 되는 행사장의 개요를 설명한다. 여러 가지 시설의 배치, 동선, 관람객의 접근 범위, 대피 경로와 비상구의 위치 등의 사항을 알기 쉽게 배치도를 제시한다.

운영 업무와 조직 체제

일상적으로 실시하는 운영 업무의 기본 내용과 그것을 어떠한 조직과 체제로 실행하는지를 간결하게 해설한다. 가장 먼저 '운영 조직의 구성과 조직도', '각각의 업무 역할과 책임 범위', '연락 루트와 지휘 계통' 등 업무를 수행하는 조직의 구성과 운용의 기본 틀을 분명하게 제시한다.

반복해서 말하지만 이벤트 운영의 현장에서는 '주최자 조직에 속하는 사람'뿐만이 아니라 '주최자에게 임시 고용된 사람', '주최자로부터 업무를 수주한 기업에 속하는 사람', '그 기업에 임시 고용된 사람', '자원봉사자' 등 입장이 다른 사람들이 임시로 조직을 구성하여 업무에 임하는 경우가 대부분이다. 그 모든 스태프가 헤매지 않고 활동을 하기 위한 가이드라인을 제시하는 것이 운영 매뉴얼의 첫 번째 기능이다.

다음은 실시 업무의 개요와 각 작업의 구체적인 흐름을 정리한다. '담당 업무나 서비스 제공의 일람', '각각의 직제별 배치 포스트와 업무 내용', '하루 시간대별 일정과 근무 교대 방식' 등이 기본 요소다. 또한 관람객이 최고로 몰리는 피크 시간이나 특별한 VIP의 방문 등 평상시와는 다른 상황에 처했을 때의 업무 진행 방법과 운영 체제의 변경 등에 대해서도 알기 쉽게 설명하는 것이 필요하다.

긴급 시의 대응

다양한 긴급 상황에 대한 대응 방법을 기술한다. 이것은 운영 매뉴얼에서 빠지면 안 될 가장 중요한 요소이다. 박람회장에서는 '미아와 분실물', '싸움이나 환자의 발생' 등 일상적인 사건부터 '화재나 태풍' 또는 '폭탄 예고나 수상한 물건의 발견'에 이르기까지 여러 가지 긴급 상황이 발생한다. 그러한 상황에 부딪혔을 때에 취해야 할 태도와 응급처치 방법, 대피를 필요로 하는 경우의 대피유도의 방법과 루트 등 운영 요원으로서 파악해 두어야 할 행동규범을 매뉴얼화해 둔다. 비상시에 중요한 것은 이러한 '긴급사태에 부딪혔을 때에 어떻게 대응해야 하는가'와 함께, 긴급조치의 발동(일부 폐쇄, 폐장, 대피 개시 등)에 대해서 '누가 무엇을 어떤 의사를 결정하여, 어떠한 루트로 그 지시가 전달되는가'라는 지휘통제의 틀이 명쾌하게 확정되어 있는 것이다.

4. 원활한 운영관리

스태프의 장내 이동

실시간 중에 다음과 같은 연계플레이는 진행 스태프 간의 기본 원칙으로 한다.

① 스태프가 행사장을 이탈할 때는 반드시 업무인계자를 결정한 뒤 보고 하고 나간다.
② 눈에 잘 띄는 책상, 또는 전화기 옆, 행선지 판에 메모를 해둔다. (행선지, 도착시간, 업무인계자의 이름)
③ 장기간의 이벤트일 경우는 휴식공간이 준비되어야 한다. 장소 이동이 많아 때때로 연락 불통이 되는 경우가 자주 있으므로, 휴게소에서 이동할 때도 행사장을 떠날 때와 동일하게 행동지침을 실시토록 한다.

돌발상항의 대응과 처리

만반의 대책을 세우고 있어도, 언제 무엇이 발생할지 모르는 것이 이벤트이다. 따라서 프로그램 실시 중에는 항상 긴장을 놓아서는 안 된다. 긴급 상황이나 돌발 상항이 일어나지 않으면 가장 좋겠지만 예측을 불허한다. 다만 경험상 돌발상황을 어느 정도 예측할 수 있으므로 다음과 같은 때는 주의한다. 사전에 대비하는 것이 무엇보다 중요하다.

① **매우 잘 진행되어 안심하며 여유를 가질 때:** 5일간의 축제라면 3~4일째, 장기간의 경우는 중간과 마지막 날

② **계속되는 동일 행사에 익숙해질 때:** 2회 때나 최종회의 행사

③ **누군가가 당연히 할 것이라고 모두가 생각해 버릴 때:** 중요한 체크의 망각, 주의의 환기 부족, 사전 재확인의 소홀, 연계된 운영의 지나친 방심 등

④ **발생한 사고를 작은 문제라고 무시했을 때:** 보고 방치, 일방 처리 후의 보고 미비, 일방적인 결정에 의한 독단 처리 등

⑤ **연락, 보고가 원만하지 않을 때:** 프로그램 변경이 즉각 운영본부로 보고가 되지 않을 때, 혹은 보고를 했지만 제대로 전달되지 못할 때

⑥ **기타:** 그 밖에 기상변화의 대응, 사고발생의 처리, 설비고장의 보수 등 그 대응 시점이 늦었을 때

이상과 같이 문제와 돌발상항에 대한 대응과 처리는 사전 관리의 문제이며, 예측되는 것을 하나하나 처리해 가는 것이 최선의 대응책이다. 총괄조직의 기강은 그다음 서서히 기능한이다.

관람객의 유도, 정리, 입 · 퇴장

관람객 유도문제도 행사장 연출의 중요한 요소이다. 관람객은 계획된 동선에 따라 움직이는 것이 아니라, 자신의 취향대로 움직인다. 흥미를 느낄 수 있는 곳에 관람객이 모이고, 흥미가 이동하는 곳으로 관람객이 이동한다. 동선이란 흥미의 길이라고 이해해도 좋다. 따라서 관람객의 유도는 이 흥미를 적절하게 분산하는 것으로, 관람객을 모이게도 하고 또 불러들이기도 한다.

그러나 예상외의 인파가 모이거나 일시적으로 밀집할 때에는 계획대로 운영되기 어려운 경우도 있으며, 관람객 정리, 긴급 시의 구호대책, 출입구에서의 혼잡대책 등은, 사전계획을 세심하게 세워야 한다. 특히 주의해야할 점은 다음과 같다.

① 입장게이트 부근에 광장이 준비되어 있을 것: 교통편 등의 이유로 한꺼번에 입장객이 몰려올 때나, 혹은 행사장이 만원일 경우 입장제한을 위해 필요하다.

② 행사규모에 맞춰 행사장 내에 몇 개의 광장이 준비되어 있을 것 : 관람객의 자유스런 휴식공간도 되고 긴급 시에 대피장소도 된다.

③ 출구게이트 부근에도 광장 또는 유도로가 준비되어 있을 것 : 버스와 택시 승차장이 출구에 인접해 있으면 생각지도 못한 혼란을 초래하여 문제발생의 원인이 되는 일이 많다.

④ 유도정리에는 사인보드 등의 사인물도 중요하지만, 운영요원에 의한 유도정리도 중요하다. 한편 유도정리는 운영인력, 유니폼 등에 따라 이벤트의 주제를 표현하고, 이미지를 높이는 연출소재가 되기도 한다.

미아, 부랑자, 환자 대책

주차장, 화장실은 필요성이 예측되기 때문에 대부분 준비되어 있지만, 미아, 부랑자, 환자대책은 의외로 간과되고 있다. 미아, 부랑자 대책이 반드시 필요한 이유는 다음과 같다.

① 하루 입장객이 5만 명 이상일 때 200~300명의 미아가 발생하는 경우도 있다. 이런 일이 연속된다고 예상되면, 미아 전용시설을 별도로 준비하는 것도 필요하다.

② 부랑자, 환자대책으로 구호원이 대기 중인 구호소를 준비하고 응급상황을 위해 병원과 연계를 해 두는 것은 이벤트 실행의 필수요건이다.

클레임의 처리

이벤트 실시 중의 클레임에 대비하여 클레임 전담팀을 배치해야 한다. 그것이 운영의 문제이든 연출의 문제이든 직접 담당자나 프로듀서에게 알리기 전에, 클레임 담당자에게 먼저 연락해야 하며, 클레임 담당자의 판단으로 조직내부의 누구에게 맡기고, 어떻게 처리할까를 결정해야 한다. 어떤 클레임이라도 직접 운영연출의 상부조직에 보고되면 진행상의 혼란을 야기하므로, 신속하고 정확한 판단을 내리는 전담팀을 반드시 구성해야 한다.

5. 진행, 운영관리

여기서는 실제 이벤트의 본 프로그램에서 필요한 것과 주의해야 할 것 등 실제 사례를 이해하고 기록하면서 생각해야 한다. 이것을 마스터한다면, 당신도 이벤트 프로듀서가 될 수 있다.

안전대책

이벤트에는 화재, 지진 그 밖의 재난, 부상, 질병 등의 인재(人災)와 사고가 날 수 있다. 사전에 사고가 일어나지 않도록 관리하는 것은 거의 불가능하다. 때문에 사전 운영 매뉴얼에 긴급 사태의 처리 방법, 연락망, 각 담당자 등을 표기해 두고 관계자 전원에게 매뉴얼을 숙지시켜 최선의 처리가 가능한 체제를 구축해야 한다. 또한 사고가 일어나더라도 관계자는 당황하지 말고 침착하고 냉정하게 대응할 수 있도록 사전 마음가짐을 가질 필요가 있다.

[표5-1]은 2011 경주세계문화엑스포의 경비 및 소방 · 방재 안전관리 대책이다. 기업이나 지자체에서 실시하는 이벤트에도 적용할 수 있으므로 참고하기 바란다.

[표 5-1] **2011 경주세계문화엑스포의 경비 및 소방 · 방재 안전관리 대책**

1) 경비관리

(1) 개요

완벽한 경비를 위해 경비용역 업체가 행사장 전역을 24시간 순찰하고, 경찰경비대, 자율방범대가 수시로 행사장 내 · 외를 순찰하는 경비체제를 유지하였다. 용역은 도난예방 및 질서유지를 위한 잡상인 단속과 범죄 예방을 위한 기동경비반을 편성하였고, 특별행사나 개 · 폐막식 등 VIP방문이 있을 시에는 경찰특별 경비대와 합동으로 운영하였다. 관별마다 자체 방범시스템을 설치 · 운영하고 행사장 전체 상황을 파악할 수 있는 종합상황실에서 CCTV 감시체계를 상시 운영하며 경비에 힘썼다. 주간경비와 야간경비로 나누어 주간에는 용역경비, 경찰, 현장종사자를 배치하거나 CCTV를 가동하였으며 야간에는 용역경비, 경찰, 방범(SECOM) 장치, 자율 방범대를 배치하거나 CCTV를 가동하였다.

(2) 운영

경비기간은 2011년 1월 1일부터 12월 31일까지 1년간이었으며, 인원은 총 50명이 동원되었다. 행사 전 · 행사 중 · 행사 후로 구분하여 기간에 맞춰 용역인원을 배치하였고, 배치장소는 다음과 같이 4개 부분이다.
① 회장 내부(정문, 동문, 서문, 천마의 궁전, 화랑극장, 기념품 판매장, 약반가, 원화극장, 경주타워, 문화센터, 백결공연장, 조각공원, 영업시설 등 엑스포공원 내 전체 시설물)
② 회장 외부(동 · 서편 주차장, 매표소, 국기광장, 종합안내소)
③ 정문 담장(400m), 산림지역(1,650m)
④ 조각공원 및 태영건설 경계지역(1,350m)

일반 경비반은 35명으로 회장 전 지역을 맡았으며 임무는 다음과 같다.

① 관람객 및 행사운영요원 신변보호

② 시설물과 전시물 보호 및 도난방지

③ 출입자, 반출·입 물자 통제, 노점상·잡상인 퇴치와 암표행위, 회장내 음주 및 난동자 제지

④ 소매치기, 절도 등 범법행위자 발견 시 경찰과 공조체포

⑤ 폐장 후 잔류자 퇴장조치와 관할구역 방화 및 방재업무 등

기동 경비반은 15명으로 구성하였고 임무는 다음과 같다.

① 회장전역 기동순찰, 잡상인 단속 및 소매치기, 암표행위 등 범죄행위 예방

② VIP, 관람객 및 행사운영요원 등 신변보호

③ 타 경비반 지원 및 회장 내 잔류자 퇴장조치 등

경찰 경비반은 15명으로 임무는 다음과 같다.

① 회장 내외 치안 및 방범활동과 회장주변 교통정리.

② 혼잡지역 관람객 정리 지원 및 정문 질서유지 지원 등

자율 방범대는 적정 요원을 투입하여 회장 외부 야간순찰과 교통질서 안내 및 질서유지를 담당하였다. 특별 경비반은 경찰, 용역경비대 구성, VIP 방문 시 경호, 긴급상황 발생 시 지원역할을 수행하였다.

또한 자율 방범대는 인근 마을 자율 방범대원 지원을 1일 3명씩 실시하였고 회장 외부 야간순찰, 교통질서 안내와 질서유지 임무를 수행하였다.

2) 소방·방재 안전관리

(1) 개요

화재예방을 위한 소방훈련과 정밀 소방안전 점검을 실시하고, CCTV 24시간 가동 담당자와 시설별 방화 관리책임자를 지정하여 운영하였다. 회장 내 소방안전을 위해 모든 시설을 점검하고 소화기를 배치하였으며, 종사자 및 행사운영요원을 주축으로 소방대를 편성, 소방과 구급교육 및 훈련을 실시하였다. 방화관리 책임제를 운영하여 위험시설물 관리와 화재예방을 위한 순찰업무도 실시하였다.

(2) 운영

조직위 직원, 파견공무원, 행사운영요원 등으로 조직위 자위 소방대를 구성, 4개의 반(상황

관리반, 구호대책반, 응급복구반, 지원반)으로 나누어 소방업무를 실시하였다. 50명으로 구성된 용역경비대원은 회장 내 위험물 반입 감시·통제 및 흡연관리, 화재 조기발견, 조기진화, 사고현장 및 주변 행사장 정리 등을 지원하였다. 행사운영요원의 소화기 등 사용 및 교육시행은 운영팀에서 주관하였고, 가스 및 유류 등은 관계자에 의한 관리로 첨성대 영상관, 무대기술자, 음식점, 홍보팀에서 주관하였다.

① **상황관리반(운영팀)**: 소방·방재센터·종합상황실을 총괄하는 곳으로 각종 상황관리·분석 및 보고 역할 수행

② **구호대책반(총무팀, 기획팀)**: 구호물자·장비 확보, 의약품 보급과 초기진화, 부상자 응급조치 및 후송대책 역할 수행

③ **응급복구반(시설팀)**: 건축물·시설물·기계설비 응급복구, 전기감전 사고·통신선 응급 복구 등의 역할 수행

④ **지원반(홍보팀, 공연팀, 영상팀)**: 관람객이 신속히 안전한 장소로 대피할 수 있도록 도와주고, 언론사 보도자료와 사진·영상물 기록관리 역할 수행

소화기는 회장내 모든 건물과 공연장, 막구조 시설에 341개를 배치하였다. 분말 소화기는 311개, CO_2소화기 2.3kg 15개, 4.6kg 15개로 전시관·영상관·공연장 등 관람시설과 음식점, 서비스센터 등에 비치하였다.

〈단계별 비상근무 체계〉

구 분	기상(피해)상황	인 원	근무상황
준비체계	• 호우 또는 태풍주의보 발령 시 • 폭풍 또는 기타 자연재난으로 피해의 발생이 예상되는 경우 • 관람자 최대 체류로 혼잡하여 사고 우려 시	12명	• 각 행사장별 경계 강화 　- 상황반: 상황실 근무 　- 직원: 각 부서별 3명 이상 근무
경계체계	• 호우 또는 태풍경보 발생 시 • 홍수주의보 발표 시 • 자연재난으로 막대한 피해발생이 예상되는 경우 • 관람자의 혼잡으로 부상자 등 발생 시 • 폭파예고 등의 협박전화를 받은 경우 • 화재 발생시	40명	- 상황실 가동 - 필요 시 관련 기관 파견 요청 - 각 행사장 및 부실별 총 인원의 1/2 이상 근무
비상체계	• 홍수 경보 발표 시 • 회장 내 재해가 발생한 경우 • 태풍 또는 폭풍으로 임시건물 등이 바람에 날아간 경우 • 관람의 혼잡으로 사상자 등 발생 시 • 대규모 화재 발생 시 • 건물 폭발사고 시　　• 건물 붕괴 시	전 직원	• 관람기관 지원요청 　(경북도 재해대책본부, 　경주시 등)

〈비상 사태 시 대책〉

우발사태	대 책
우천 시 공식행사	• 전일부터 지속되는 강우 시 　―실내행사장으로 이동 개최 • 당일 행사 전 강우 시: 실내행사장으로 이동 • 행사 전 세우, 도중 강우 시 　―행사 강행(우산, 우의 배포) ※ 무대장치, 장비의 방수처리 및 철저한 주의를 　통한 전기사고 예방
입장 시 관중과다 집결로 혼잡	• 경찰 및 경비대원 조기 집중 배치 • 출입구 및 매표소 경비인력 추가 배치
입장지연으로 인한 일반인의 항의	• 신속한 입장을 위해 운영인력 증원 • 입장 전 관람 대기자에게 안내방송 실시
담뱃불 부주의로 인한 화재발생	• 장내 입장객에게 금연 공지(경비요원) • 소방차 및 소방공무원 비상대기, 초기진화, 119신고
행사장 정전 통신시설 고장	• 정전에 따른 안내방송 및 예비발전기 가동 • 행사장 통신요원 고정 배치
저수지 주위에 관중 과다 집결	• 저수지 주위에 경비요원 증강 배치 • 관중 접근금지 유도
안전사고 및 식중독 발생	• 행사운영요원 및 경비대원에게 사전 질서유도 교육 • 영업종사자 위생교육 • 의료진 및 구조차 비상대기
업무방해 및 도난사고 발생	• 경비원이 퇴장 조치 • 거동수상자 감시감독 철저 • 경찰과 경비요원의 협조로 문제 해결
잡상인 자리다툼 등	• 노점상 단속공무원 배치 • 경찰, 경비대 업무협조 체제구축으로 문제 해결

입장객의 유도

입장에서 퇴장까지 입장객을 원활하게 유도하는 시스템을 만드는 것은 매우 중요하며 노하우가 필요한 부분이다. 그리고 유도시스템도 하드웨어적 요소와 소프트웨어적 요소로 나눠진다. 체크 항목을 다음에 제시하였다.

❋ **하드웨어적 요소**
  1) **입 · 퇴장**
     ① **주차장:** 차량 주차 대수, 행사장까지의 거리, 동선 등
     ② **입구:** 입구의 형태, 유료인가 무료인가, 입장권에 체크를 할 것인가, 초청객인가, 일반 관람객인가(또는 양쪽 모두인가) 등의 조건에 따라 입장시스템도 달라진다. 최대 어느 정도 입장객을 수용할 수 있는지 등 수용 능력의 검증도 사전에 할 필요가 있다.

  2) **행사장 내**
     유도사인의 크기, 수량, 색상 등을 비롯 유도동선이 확실히 확보되어 있는지 등 기본 사항도 중요하기 때문에 검증해 두었으면 한다.

❋ **소프트웨어적 요소**
  1) **입 · 퇴장**
     안내요원, 경비원의 인원수, 위치, 교대근무 등의 검증
  2) **행사장 내**
     안내요원, 청소요원, 도우미의 인원수, 위치, 교대근무 등의 검증.

또한 입장객에 대한 안내요원의 마음가짐도 중요하다. 입장객에게 결례가 없이 응대하도록 사전에 교육을 실시해야 한다. 행사장 내 안내요원의 태도가 불쾌감을 주는 이벤트는, 이벤트의 질적인 수준 자체에 의문을 갖게 된다는 것을 명심해야 한다.
[표 5-2]는 2011 경주세계문화엑스포의 관람객 입 · 퇴장 관리를 실제 사례로 제시하였다. 기업 주최 이벤트에도 참고 했으면 좋겠다.

[표 5-2] 2011 경주세계문화엑스포 관람객 입·퇴장 관리

1. 기본방향

관람객이 한꺼번에 몰리는 것을 방지하기 위해 관람객별로 별도의 입구를 만들어 놓음으로써 시간대별로 유동적인 운영을 실시하였다. 관람객이 적을 시에는 적정 입구만 운영함으로써 근무 인력을 최소화하였고, 정문 밖에서 빠른 안내를 통해 혼잡을 방지하였다. 부정으로 입장한 무료 관람객이 없도록 철저한 통제를 통해 수익 감소 요인을 차단하였다.

관람 대상자별로 입장시키며 시간대별로 조정 운영하였다. 오전은 단체 관람객이 우선으로 입장하고 오후에는 일반인 우선입장으로 조정하였으며, 출입구 밖에서 미리 구분하여 입장할 수 있도록 유도하였다. 그리고 과도한 혼잡으로 관람객 안전에 위험 발생이 예상될 경우에는 관람객의 입장을 일시 중단시켰다.

무료 입장객 대상자는 방문 VIP 및 수행자와 초청자, 제복을 착용하거나 신분증명서를 제시하는 직무수행 경찰관, 언론 보도관련 기자, 방송 및 일간지 취재 기자, 기타 조직위원회에서 인정하는 사람들로 신분증을 확인하거나 종합상황실의 지시에 따라 입장하였다. 재입장객 대상자는 퇴장 후 1시간 이내 입장하는 사람들로 재입장 도장을 손등에 마킹하거나 당일에 한하여 재입장을 허용하였다.

2. 출입구 배치

행사장 입구는 8개소로 일반인 관람객 출입구(3개소), 단체 관람객 출입구(4개소), 장애인 관람객 및 관계자 출입구(1개소)로 구분하였다. 행사장 출구는 1개소로 지정·운영하였고 상황에 따라 활용하였으며, 행사장 입구는 시간대별, 평일 및 주말 등 현장 상황에 따라 탄력적으로 운영하였다.

3. 출입구 운영시간

행사장 입·퇴장 시간은 오전 9시부터 오후 8시까지로, 최종 입장은 오후 7시까지 이루어졌다. 입·퇴장시간은 멀티 미디어쇼 운영시간과 맞추어 탄력적으로 운영하였다.

4. 관계자 출입증 발급 실적

관계자 출입증은 일반과 임시출입증의 두 종류이며 발급대상은 조직위직원, 행사운영요원, 행사진행자, 공연자, 지원공무원, 영업자, 보도진, 자원봉사자 등이다. 발급대상자별로 구분하여 제작하였고, 모양은 직사각형의 목걸이형 ID카드이다.

행사장 내 1주 이상 출입자에 대해서는 일반출입증을 발급하였으며, 6일 미만의 출입이 필요한 경우에는 임시출입증을 발급해 주었다. 임시출입증을 제외한 모든 일반출입증에는 사진을 부착했다. 행사기간 중 출입증은 총 2,809개가 발급되었다. 이 중 운영관계자 330개, 행사관계자 993개, 영업관계자 515개, 지원관계자 217개, 자원봉사자 154개, 관련기관 300개, 기타 300개 등이었다.

5. 차량 출입증 발급 실적

차량 출입증의 종류도 일반출입증과 임시출입증 두 종류였고, 차량 출입증은 조직위 관계자 및 보도차량, 영업시설 납품차량 등으로 발급을 제한하였다. 일반출입증은 1주 이상 출입자에게 발급하고, 임시출입증은 긴급 또는 임시 출입자에게 발급하였다. 출입증 모양은 일반출입증의 경우 둥근 모양이고 임시출입증의 경우 직사각형 모양이며, 차량 출입은 행사장 운영시간 전·후에 출입하도록 하여 혼잡하지 않도록 운영하였다. 행사기간 동안 차량용 출입증은 총 1,067개가 발급되었다.

타임 스케줄과 진행 체크

운영 책임자는 사전에 진행 시나리오(구성대본이라고도 함)를 작성해 타임 스케줄대로 진행하며, 스태프에게 파악시킨다. 이점이 우선 가장 필요하지만, 이벤트의 경우 예측불허의 상황이 발생될 수도 있어 반드시 정해진 스케줄대로 진행되지 않는 경우도 있다.

예를 들면 장비의 고장, 스태프나 연출자의 결석, 부상, 소란 입장객의 방해 등 열거할 수 없을 정도이다. 운영 책임자는 이러한 사고에 최선의 대응을 할 수 있고, 가능한 한 진행 일정을 늦추지 않는 노련하고 경험이 풍부한 인물이 바람직하다.

진행 및 운영 관리의 주요 사항

앞에서 설명했던 내용과 중복될지 모르지만, 진행 및 운영 관리상에서 고려해야 할 체크 포인트를 제시하면 다음과 같다.

❋ 진행, 운영 관리의 체크 포인트

① 진행 및 운영 스태프의 인원수는 충분한가?

② 스태프의 포지션은 적절한가? 무리는 없는가?

③ 스태프의 교대는 원활하게 진행되고 있는가?

(사전에 스태프의 교대 근무표를 작성하여 배포한다. 그리고 실제 운영될 때는 보다 원활하게 운영할 수 있는 교대 근무 방식으로 개선해도 좋다)

④ 하드웨어 장비는 무난히 작동되고 있는가? 이상은 없는가?

⑤ 전기용량은 괜찮은가? 부분적으로 이상하게 부하가 걸려있는 경우는 필히 주의해야 한다. 전기업체에 의뢰하여 점검을 받고, 회로계통을 고려해야 한다.

⑥ 행사장의 입·퇴장은 원활하게 되고 있는가? 입장 제한이 필요한가?

⑦ 시간 계획대로 진행되고 있는가? 지연되지 않는가?

(앞의 시간계획과 진행 체크를 참조할 것)

⑧ 스태프 및 출연자의 건강상태는 어떤가? 이것은 의외로 지나쳐 버릴 수 있는 포인트지만 매우 중요하다. 인간이기 때문에 아무래도 질병과 피로, 생리현상 등에 좌우되는 경우가 많다. 또한, 스트레스·노이로제 등 정신적인 문제로 건강을 해칠 수도 있다. 그 외에 여성 스태프들은 여성 특유의 생리현상으로 건강을 해치는 경우도 있다.

운영 책임자는 각 스태프 및 출연자의 건강 상태를 잘 관리하여, 이상이 있는 사람은 휴가를 줄 수 있는 배려가 필요하다. 또한 사전에 질병성 결석자가 나올 것을 예상하여 여유 있는 스태프의 포지션과 교대 근무표를 작성해야 한다. 그리고 전원이 기분좋게 업무를 하여, 이벤트를 성공시키는 것이 중요하다.

디렉터의 업무

✽ 이벤트에서의 디렉터 역할

① **연출디렉터**

기본적으로 이벤트 개최 기간 중에 행사장 내에 반드시 대기하지 않아도 된다. 그러나 이벤트 연출과 관련하여 일체의 권한을 갖기 때문에 수시로 상황을 체크하는 것이 역할이며 책임이기도 하다.

② **운영디렉터**

이벤트 개최 기간 중의 행사장 내 운영에 관하여 일체의 권한을 가진다. (초대형 이벤트의 경우, 운영 프로듀서가 있고, 그 밑에 운영디렉터를 두는 경우도 있다) 운영디렉터는 이벤트 개최 기간 중 각 스태프의 상황, 진행 상황, 시스템 장비의 상태 등을 잘 파악하여 원활한 운영을 수행하는 것이 업무이다.

③ **전시디렉터**

이벤트 개최 기간 중에 행사장에 계속 대기할 필요는 없지만, 수시로 순회하여 이상 유무를 체크하는 것이 바람직하다. 또한 정기적으로 전시물을 점검할 경우는 스태프에게 적절한 지시를 전달해야 한다.

④ **음향·조명디렉터**

전시디렉터와 달라서 경우에 따라서는 이벤트 개최 기간 중에 행사장에 계속해서 대기해야 한다. 음향·조명의 리더로서 스태프에게 장비작동 상황에 대해 적절한 지시를 하고, 원활하게 진행할 수 있는 상태를 항상 유지해야 한다.

⑤ **영상디렉터**

역할은 음향·조명디렉터와 중복된다.

이상 각 디렉터의 업무 내용을 설명했다. 그러나 앞 장에서도 다뤘지만 중요한 것은 각 스태프 간의 파트너십이다. 이벤트를 실행하는 것은 인간이다. 스태프 간의 인간관계에 신뢰감이 생기지 않으면 일이 원활하게 되지 않고, 이벤트 자체가 실패로 끝나는 경우도 있다. 그와 같은 비극이 일어나지 않도록 디렉터는 스태프와의 커뮤니케이션을 유지하고, 그들 간에 좋은 파트너십이 생길 수 있도록 배려해야 한다. 이것이 가장 중요한 디렉터의 역할이라고 할 수 있다.

도우미의 역할과 업무 내용

도우미는 행사장 내부를 중심으로 근무한다. 그 업무 내용은 입장객이 쾌적한 상태에서 안전하게 행사장 내를 관람할 수 있게 하고, 즐거웠다는 느낌과 만족감을 가질 수 있도록 여러 가지 서비스를 제공한다. 또 주최기업의 이미지 제고에 공헌하기도 한다. 그 역할은 다양하면서도 중요하다. 주요 업무 내용을 다음에 제시하였다.

❖ **도우미의 주요 업무 내용**

① **안내 업무**: 입장객에게 부스·위치 등 안내 업무

② **설명 업무**: 전시품의 설명, 작동설명, 사회 등

③ **광고·홍보 협력 업무**: 신문, 잡지, TV 등 매스컴의 취재에 협력

④ **VIP 접대 업무**: 국내외 VIP 영접, 배웅, 응접실의 안내, 음료서비스,
행사장 안내와 설명 등

⑤ **기록 업무**: 도우미 업무에 관련되는 업무의 기록, 서류정리를 비롯 팸플릿 등 인쇄물의 배포, 관리

⑥ **정리 업무**: 행사장 내의 정리, 규제, 유도를 비롯 긴급 시의 피난 유도

⑦ **청소 업무** : 행사장 내의 청소

이 장의 핵심 포인트

이 장에서는 다음과 같은 점을 포인트로 정리할 수 있다.

- 운영이란 행사장에서 안전성, 편의성, 쾌적성 등 관람객의 관람환경을 최적화하기 위한 제반업무와 서비스의 종합적인 활동을 의미한다.

- 운영계획 수립 시에는 운영의 여건 분석을 반드시 해야 하며, 여건 분석은 네 가지로 구분 되는 데, 인문 환경 분석, 자연 환경 분석, 교통 여건 분석, 관람객 분석 등이 있다.

- 운영 매뉴얼은 현장에서 실제로 운영 실무를 담당하는 스태프에게 이벤트 운영 시스템의 개요와 업무 수행의 순서를 제시한 설명서로서, 업무 분야마다 업무의 기본적인 흐름과 비상시의 대응 방안 등을 구체적으로 해설한 교과서에 해당한다.

- 운영 매뉴얼은 회장 서비스, 회장 관리, 시설 관리, 영업 관리, 회장 외 관리, 인력 관리, 물자 관리 등 각 분야에서 개별적으로 확정된 각종 요령 중에서 현장 운영에 필요한 최소한의 정보를 엄선하여, 전체적으로 모순이 없도록 확인 · 조정하면서 하나의 체계로 편집한다.

- 이벤트 운영의 현장에서 입장이 다른 사람들이 임시로 조직을 구성하여 업무에 임하는 경우가 대부분이다. 모든 스태프가 헤매지 않고 활동을 하기 위한 가이드라인을 제시하는 것이 운영 매뉴얼에 요구되는 첫 번째 기능이다.

- 운영 매뉴얼에 빠뜨려서는 안될 가장 중요한 요소가 다양한 긴급 상황에 대한 대응 방법이다.

제6장

이벤트 평가와 애프터 매니지먼트

연구 포인트

이벤트도 별 탈 없이 끝나고 마지막 날 즐겁게 파티를 할 수 있었던 관계자(프로듀서, 디렉터 등)들은 이벤트의 성공과 실패와는 별도로 곧바로 기획자를 포함한 평가회를 개최할 필요가 있다. 통상적으로 그 평가회에서는 결과를 평가한다. 예를 들면 회사 내부에서 이벤트에 참가한 자가 '하려는 의욕', '팔려는 의욕', '변화하려는 의욕' 등 눈에 보이지 않는 새로운 에너지를 얻을 수 있었다면, 기업은 커다란 성과를 거두었다고 할 수 있다. 이러한 평가 단계를 거쳐서 다음 개최를 위한 준비가 시작된다. 지속성있는 이벤트는 그 이벤트가 실시 중이거나 종료된 시점에서 다음 행사 준비를 시작하는 것이다. 이 장에서는 실시한 이벤트의 평가와 지속되기 위한 조건을 연구하여 제3부를 정리하고자 한다.

1. 효과 측정

이벤트가 종료되면 제1부 3장에서 배운 이벤트 효과 측정을 실제로 해보자. 그리고 다시 한 번 이벤트 효과의 구조를 상기해 보자. 이벤트의 성공과 실패의 원인을 명확히 하고 평가해야 할 점과 반성해야 할 점을 살펴보며 다음 개최를 위한 준비 자료로 사용할 수 있기 때문에 효과 측정은 필요하다. 당연히 주최자(기업)가 조사할 부분과 전문회사에 의뢰하지 않으면 파악할 수 없는 부분이 있으므로, 양쪽 모두 측정할 필요가 있다.

그러나 현재는 대부분 기업 내부 효과 측정에 편중되어 있다. 여기에서는 기업 내부와 외부 전문가로 나눠서 효과 측정의 내용을 서술하고자 한다. 기본적으로 중요한 것은 제1부에서도 언급했던 것처럼 처음부터 효과 목표를 설정하여 거기에 대한 결과가 어떠했는지를 살펴보는 것이다. 단순히 결과만 놓고 효과 측정을 한다면 그 의미는 반감될 수밖에 없다.

기업 내에서 실시하는 효과 측정

기업에서 실시하는 효과 측정은 제3자의 시각으로 평가할 수 없다는 한계가 있다. 측정할 수 있는 핵심 효과는 다음과 같다. 측정 방법으로는 일반적으로 입·퇴장 시의 카운터 체크와 입장객 설문조사가 있다.

① 다이렉트 효과
 −입장객 및 참가자 수(대상별)
 −입장료 수입
 −행사장 내(외)의 소비액
 −의식 향상(임직원의 의식 향상과 공감, 지원 의식)

② 판매 촉진 효과
 −전체 매출액
 −시장점유율 확대

③ 커뮤니케이션 효과
 −기업의 지명도

－기업의 내용, 활동의 이해 등

외부 전문가에게 의뢰하는 효과 측정

이벤트의 효과를 전체적 혹은 부분적으로 파악할 필요가 있거나 통상적으로 회사 업무를 하는 기업 담당자의 능력으로 효과 측정이 어려울 때는 외부 전문가에 의뢰하는 경우가 많다. 외부 전문가에게 의뢰할 경우 주의할 사항은 다음과 같다.

① 효과 측정의 목적을 명확히 한다.
② 이벤트의 목적과 내용에 관한 조건을 설정한다.
③ 평가의 판단 기준을 명확히 한다.
④ 기획에서 실시까지 모든 자료를 제공한다.
⑤ 측정 작업 내용의 조건을 설정한다.

그 다음 전문가에게 의뢰한 분석 결과를 겸허하게 받아들이고 평가할만한 것은 평가하고 반성할 것은 반성한다면 다음 이벤트에 도움이 될 것이다.

2. 수지 결산

이벤트가 끝나면 '얼마를 벌었는가', '적자는 어느 정도인가', '예산대로 실시되었는가'는 참가 인원수와 함께 주목 대상이 된다. 이벤트의 수지는 어떤 방식으로 체크되는 것일까? (제2부 5장 5절의 '실시예산 작성' 참조)

추정 예산 체크

기획 단계에서 세운 추정 예산의 체크가 필요하다. 그것은 기획이 어떻게 실행되고 어떻게 변경되었는지를 조사하기 위함이다. 기획 의도가 어떻게 표현되었는지를 비용 측면에서 체크할 필요가 있다. 비용의 변환에서 기획자 의도의 반영도를 알 수 있다.

시설비가 예정보다 10%나 초과된다면 당연히 전시비나 운영비에 부담이 온다. 최근 지방박람회에서 기획 콘셉트를 표현하는 주요 전시장의 시설이 제대로 되어 있지 않고, 기획 콘셉트가 무엇인지 잘 알 수 없는 전시관이 눈에 띈다. 또한 도우미의 연수 교육이 제대로 되어 있지 않다든지, 전시관 실내가 더럽다든지, 운영 측면에서 준비가 부족한 전시관도 많다. 시설비 등 기타 항목에 비용을 과다하게 들인 경우가 자주 눈에 띈다. 당연히 수정되는 과정이 중요하고 기획자와 프로듀서의 협의내용이 비용에도 반영된다. 어디를 삭감하고 어디를 증액 시킬지가 비용에 반영되어 있는지 체크할 필요가 있다.

실행예산 체크

실행 계획이 잘 되었는지, 진행 관리가 원활하게 이루어졌는지를 검증해야 한다. 이때 나타나는 실행예산(또는 수정 예산)과 결산과의 차이는 큰 의미가 있다. 즉 실행 단계에서 여러 가지가 변경이 되었다는 것이다. 종료 후에는 대책을 세우려 해도 '소 잃고 외양간 고치기' 식이 된다. 원인 분석은 원래보다 많은 차이가 발생한 원인의 배경과 과정의 분석도 필요한, 작업이다. 전표, 영수증의 체크 등 회계 감사와 같은 방법으로도 검증이 필요하다. 실무 스태프의 사용 용도가 불명확한 비용이 발견되는 경우도 있기 때문에, 기업 담당자는 진행 도중의 체크도 필요하지만 결산 시 비용의 갑작스런 발생도 체크해야 된다.

결산 보고서의 작성

기업이 주최하는 이벤트는 기업 활동의 일환이기 때문에, 모든 것을 통상 경비 처리할 필요가 있다. 발생 비용의 모든 것을 빠뜨리지 않고 기록함과 동시에 영수증, 청구서, 납품서 등의 증빙 서류를 보관해 두어야 한다.

그리고 예산서에 근거한 재무재표를 작성해 감사를 받고 감사 종료 후 회계 보고를 한다. 금액은 별도로 하고 예산 항목에 따라 세부 항목을 열거하여 보고서의 표지로 한다. 보고서에 회계 감사에서 종결되었던 사유 기재와 결재를 받아 보고해야 한다. 이와 관련된 참고 사례로 [표 6-1] 2011 경주세계문화엑스포의 결산 보고를 제시한다.

[표 6-1] 2011 경주세계문화엑스포의 결산 보고

1. 예산 계획

1) 세입 예산

2011 엑스포의 세입 예산은 국비 40억, 지방비 60억(경상북도비 30억, 경주시비 30억), 기타 자부담 112억 900만 원 등 총 212억 900만 원으로 편성되었다. 자부담 비율이 52.8%로 2007년 24.2%에 비해 크게 증가하였다. 세입 예산 내역은 표 1)과 같다.

표 1) 2011 경주세계문화엑스포 예산

(단위: 백만 원)

연도별	합계	국비	도비	시비	이월금
합계	21,209	4,000	3,000	3,000	11,209
2010	1,500	0	750	750	0
2011	19,709	4,000	2,250	2,250	11,209

2) 세출 예산

2011 엑스포의 세출 예산을 내역별로 살펴보면 주제영상 제작 등을 위한 행사비 136억 6,000만 원, 언론매체 등을 통한 행사 홍보를 위한 홍보비 28억 9,700만 원, 부스 및 천막임차 등 시설 보완·정비를 위한 수익사업비 5억 1,300만 원, 행사운영요원 인건비 등 행사 진행을 위한 회장 운영비 20억 1,700만 원, 행사장 건축·조경·도로공사 등 시설 정비 추진을 위한 시설 설치비 21억 2,200만 원으로 편성하였다. 세출 예산의 자세한 내역은 표 2)와 같다.

표 2) 2011 경주세계문화엑스포 세출 예산

(단위: 백만 원)

항 목		총 사업비	국비	지방비	자부담
계		21,209	4,000	6,000	11,209
2011 행사비	행사비	13,660	2,651	4,032	6,977
	회장운영비	2,017	579	578	860
	홍보비	2,897	495	1,114	1,288
	시설설치비	2,122	175	176	1,771
	수익사업비	513	100	100	313

2. 정산 결과

1) 총수입

2011 엑스포의 총수입은 286억 700만 원이었다. 국비·경상북도비·경주시비 등 보조금이 100억

원으로 예산과 동일하고, 입장권 판매 등 수익 사업 수입이 67억 3,900만 원, 이자 등 기타 수입은 6억 5,900만 원, 이월금이 112억 900만 원이었다. 총수입 내역은 표 3)과 같다.

표 3) 2011 경주세계문화엑스포 총수입액   (단위: 백만 원)

합계	국비	도비	시비	수익사업	기타수입	이월금
28,607	4,000	3,000	3,000	6739	659	11,209

2) 총지출

2011 엑스포를 위해 지출한 총액은 200억 2,000만 원으로 지출내역을 보면 행사비 130억 6,400만 원, 홍보비 28억 3,500만 원, 수익사업비 4억 5,500만 원, 회장운영비 19억 6,300만 원, 시설설치비 17억 300만 원이었다. 자세한 내용은 표 4)와 같다.

표 4) 2011 경주세계문화엑스포 총지출액   (단위: 백만 원)

구분	합계	국비	도비	시비	자부담(이월액)
계	20,020	4,000	3,000	3,000	10,020
행사비	13,064	2,651	2,016	2,016	6,381
홍보비	2,835	495	557	557	1,226
수익사업비	455	100	50	50	255
회장운영비	1,963	579	289	289	806
시설설치비	1,703	175	88	88	1,352

3) 잉여금

2011 엑스포의 잉여금은 총 85억 8,700만 원으로 수익금이 67억 3,900만 원, 이자 등 기타 수입이 6억 5,900만 원, 이월금이 11억 8,900만 원이다. 자세한 내역은 표 5)와 같다.

표 5) 2011 경주세계문화엑스포 잉여금   (단위: 백만 원)

구분	계	국비	도비	시비	수익금	이자 등	이월금
수입액 (A)	28,607	4,000	3,000	3,000	6,739	659	11,209
지출액 (B)	20,020	4,000	3,000	3,000	–	–	100,20
잉여금 (A–B)	8,567	–	–	–	6,739	659	1,189

3. 보고서 작성

이벤트가 끝나면 모든 것을 잊어버리고 본래 업무로 돌아가는 것이 통례이지만, 거기서 끝나서는 아무것도 남지 않는다. 이벤트 결과 기록은 필수 요건이다. 따라서 다음 개최를 위해 보고서를 참고 자료로 작성하면 이벤트 담당자 교체 시 이 보고서가 위력을 발휘하게 된다.

[사진 6-1] 대형 이벤트의 결과 보고서

보고서의 요소

보고서의 요소로 최소한 기록해야 할 항목은 다음과 같다.

❊ 보고서의 요소 항목

    ① 이벤트 개요(주최, 후원, 협력, 협찬, 횟수, 개최 기간, 행사장, 주제, 참가 인원 등)

    ② 행사장 전체 구성도

    ③ 이벤트의 콘셉트(출전의 목적과 목표 등)

    ④ 운영 전반(조직도, 운영 관리, 사전 준비 활동 및 스케줄 등)

    ⑤ 행사장 평면도

    ⑥ 이벤트의 내용(전시의 내용 등)

⑦ 주요 우발적 사건(VIP의 방문 등)

⑧ 입장객의 동향

⑨ 광고(포스터, 신문광고, 기념품 등)

⑩ 홍보(기사의 스크랩, 방송 프로그램 동영상 등)

⑪ 재정운영 및 수지결산

⑫ 스태프의 업무 일지 발췌

⑬ 설문 조사 결과

⑭ 기록 사진 앨범 및 동영상 DVD

⑮ 소감(주최 측 관계자, 이벤트 프로듀서, 전문스태프의 이벤트 실시 소감)

총괄과 소감

주최 측 핵심 관계자와 이벤트 프로듀서는 기획에서 실시까지 모든 과정에서 진행 상황을 총괄하고 업무 일지에 기재한다. 누구와 어떤 작업을 했는지, 어디서 어떤 변경 사항이 발생되었는지 등 주의 깊게 메모한 후 그 내용을 소감으로 보고서에 기재한다.

[표 6-2]는 '2013 오송화장품 · 뷰티세계박람회' 결과백서의 주최 측 관계자와 전문스태프의 소감 사례를 발췌한 것이다.

[표 6-2] '2013 오송화장품 · 뷰티세계박람회' 결과백서 소감 사례

주최 측 관계자 소감

2013 오송화장품 · 뷰티세계박람회조직위원회 기획본부장 **김종석**

나는 충청북도 2012년 7월 10일자 인사로 '2013 오송화장품 · 뷰티세계박람회조직위'로 파견을 갔다. 전혀 예측을 못하였을 뿐만 아니라 세계박람회 조직위 업무는 난생 처음 접해 보는 일이라 나의 머리는 해머로 한 대 맞은 것같이 띵하고 아팠다. 그리고 걱정이 앞섰다.

'모든 부분에 부족한 내가 과연 세계박람회를 무난히 치를 수 있을까?' 하는 걱정으로 그날 밤잠을 설치며 많은 고민을 했다. 그리고 결론을 얻었다. 이왕지사 돌이킬 수 없는 일이라면 모든 정열을 다 바쳐 일하자, 그 뒤는 하늘의 뜻에 맡기자고 하면서 몇 가지 각오를 했다. 어려운 일이지만 웃으면서

즐겁게 일하자. 행사가 끝날 때까지 휴가는 물론 휴일에도 쉬지 말고 일하자. 그리고 동료들과 모든 일을 협의하고 소통하자. 나는 이 결심을 지키려고 정말 열심히 노력했다. 그랬더니 마음이 편해지기 시작했다.

일을 해도 피곤하지 않았다. 동료들과 같이 화장품 기업과 뷰티 단체 및 바이어 유치, 관람객 유치, 홍보 등 수많은 과제들은 쉽사리 이루어지는 것이 없었다. 기업체와 수많은 단체를 방문하고, 외국 바이어 유치를 위해 출장을 다니고, 관람객 유치를 위해 많은 협약을 체결하는 등 정말 힘들고 어려웠던 기간들이었다. 토요일, 일요일도 없이 도시로, 관광지로, 산으로, 해변으로 박람회 홍보를 다녔다. 기업체 유치를 위하여 수많은 회사를 방문하면서 푸대접을 받기 일쑤였고, '서울에서 박람회를 개최해도 잘 안 되는데 오송 시골에서 잘될까' 하는 비웃음을 수없이 받았다.

그러나 모든 직원이 똘똘 뭉쳐서 박람회 성공 개최만 바라보고 일했다. 실패는 생각하지도 않았다. 아침 6시가 지나서 집을 나서면 저녁 10시가 넘도록 박람회에 미쳐 있었다. 가족들까지 들볶았다. 아내는 친정이 있는 충주로 입장권을 팔라고 보냈는데, 불평을 하면서도 동네에서 홍보와 더불어 입장권 판매를 열심히 도와주었다. 적은 예산을 효율적으로 집행하기 위해 아끼고 또 아꼈다.

행사 기간 중 관람객이 불편한 곳이 없는지 온종일 행사장을 살피면서 가려운 곳을 찾아 해결하였다. 시설이 불편한 것은 없는지, 안전사고의 위험은 없는지, 식당은 친절하고 청결하며 맛이 있는지, 화장실은 깨끗하게 유지되는지, 행사장에 담배꽁초는 버려져 있지 않은지 등 모든 것을 꼼꼼히 점검했다.

나는 마음속으로 만약 실패하면 공직 생활을 마감해야겠다는 생각도 했었다. 관람객 100만 명을 돌파하는 날, 많은 분들이 행운의 입장객을 축하해 주는 동안 나는 한쪽에 서서 눈물을 훔쳤다. 기쁨의 눈물이었다. 운도 많이 따라 주었다. 행사 기간 24일 내내 날씨가 무더운 것을 제외하고는 무척 좋았다. 비도 밤에만 두 번 내리고 낮에는 뚝 그쳤다. 마지막 폐막식 날에는 구름 관중이 몰려와 '오송화장품·뷰티세계박람회'를 더욱더 빛내 주었다.

박람회가 끝나고 후회도 했다. 주제 전시관에 조금 더 투자를 했으면, 주공연장에 그늘 막을 일찍 설치했으면, 곳곳에 관람객 쉼터를 더 많이 만들었으면 하는 아쉬움이 남는다. 아! 나는 이젠 여한이 없다. 성공적인 박람회 개최로 충북이 우리나라는 물론 세계에서 화장품 뷰티산업을 선점할 수 있는 기회를 잡았다고 자부하고 싶다.

성공적인 박람회 개최를 위해 적극적으로 도와주신 도민 여러분께 감사를 드린다. 그리고 도지사님을 비롯한 동료 여러분, 청주시 등 12개 시·군 직원님들, 참여 기업체와 뷰티단체, 각종 기관·단체의 모든 분께 깊은 감사를 드린다. 특히 힘들어도 아무 불평 없이 열심히 일했던 박람회 조직위 모든 직원 분께 감사를 드린다.

전문스태프 소감

㈜한국국제전시 팀장 **문아름**

약 한 달 반 동안 집과 서울 사무실을 떠나 오송에서 조직위, 대행사 직원을 비롯한 300여 개 이상의 참가 업체들과 함께 전시 시작을 준비하는 아침부터 끝나는 저녁에 이르기까지 매일 인사하고 얼굴을 마주하며 보낸 시간에 정이 참 많이 들었는지 일상으로 복귀한 지금도 그 시절이 많이 생각나고 좋은 추억으로 마음 한편에 자리하고 있다.

민간 전시 주최자 1세대로 1987년 창립과 함께 이어온 서울국제화장품·미용박람회가 2013년 충청북도 오송에서 새로운 전환기를 맞이하게 되었다. 바이오산업의 중심지 오송. 처음 오송에서 화장품 뷰티 관련 박람회가 개최된다는 소식을 들었을 때 '과연 성공할 수 있을까?'라는 우려가 먼저 되었다. 이유는 화장품·뷰티 산업박람회가 그 어떤 분야보다 개최하는 것이 어렵다는 것을 담당 실무자로서 경험하고 느껴왔기 때문이다.

개최에 대한 의견 교환을 위해 도청 관계자 분들과 몇 차례 만남과 회의를 하면서 박람회의 목표나 규모, 충청북도를 비롯한 각 부처 및 관련 협회, 단체 등에서 모두 참여하는 우리나라 최초의 전무후무한 행사라는 점에서 조금씩 그 가능성을 발견했다. 그리고 서울에서 20여 년간 동 박람회를 개최해 온 민간 전시 주최자로서 서로 힘을 합친다면 그동안 한계에 부딪히며 아쉬움을 느꼈던 부분을 채워서 제대로 박람회를 실현할 수 있지 않을까 하는 희망을 갖게 되었다.

매년 상반기에 서울 코엑스에서 개최했던 '서울국제화장품·미용산업박람회'와 '충북오송 화장품·뷰티세계박람회'의 통합 개최 확정 이후 산업전시관을 공동 주관하게 된 저희는 전시 학문과 실무를 겸비하신 본사 문영수 대표이사님의 진두지휘 아래 전시 1팀과 2팀이 힘을 합쳐 업체 유치 전략에서부터 업체 관리, 현장 운영에 이르기까지 최선을 다해 박람회를 준비하였다.

그동안 '서울국제화장품·미용산업박람회'를 진행해 왔기 때문에 업체 유치, 관리 등에는 노하우가 있었지만, 야외 전시장에서 장기간 개최되는 박람회이다 보니 현장 상황 등에 따라 발생할 수 있는 여러 문제에 대해 내부적으로도 많은 회의와 함께 더욱 꼼꼼한 확인이 필요했다. 사전 시뮬레이션과 회의를 통해 예측되는 문제들에 대한 대안을 마련하였지만 현장에서 발생하는 예기치 못한 문제들로 인해 가끔 당황스럽고 어려움에도 부딪혔지만 지금 생각해 보면 모두 좋은 경험이었고 그 또한 추억으로 남았다.

걱정 반 설렘 반으로 시작된 박람회는 무엇보다 산업 종사자들의 관심과 호응도가 높았고, 비가 오거나 더운 날씨 등의 상황 속에서도 전국 각지 및 지역에서 방문한 많은 참관객들로 붐비는 것을 통해 박람회의 큰 성공을 예감할 수 있었다.

24일이라는 기간은 단순히 주최자와 출품사, 대행사, 주관사 등의 관계를 넘어 모두 함께 같은 공간과 시간을 공유하였다는 점에서 기존 박람회에서는 느낄 수 없던 끈끈한 인연을 만드는 소중한 시간이었다. 저희처럼 '전시회'나 '박람회'를 주된 업무로 하는 분들이 아님에도 오히려 더욱 열정적으로 박람회 준비에 불철주야 노력하셨던 조직위, 특히 기업 유치부 분들에게 많은 부분을 배우고 느낄 수 있었다.

언제나 협조하고 함께해 주셨던 대행사, 특히 산업전시관 담당자 분들과 화장품 산업관, 뷰티 산업관, 뷰티마켓에서 하루 종일 열정을 다해 바이어와 참관객을 맞아 주신 많은 참가업체 분들, 그리고 박람회장에서 뵙게 된 많은 바이어와 참관객, 마지막으로 현장에서 많은 시간을 함께한 도우미, 자원봉사자 분들… 이러한 분들의 열정과 노력이 24일간의 박람회를 성공으로 만들 수 있었던 큰 원동력이 된 것 같다.

이러한 뜻 깊은 경험을 잊지 않고 향후 더욱 발전적인 모델을 구상함과 동시에, 서울에서 개최되는 박람회에서도 충청북도와 계속해서 함께할 수 있기를 담당자로서 고대해 본다. 함께한 모든 분의 열정과 노력에 경의를 표하며, '2013 오송화장품·뷰티세계박람회'를 영원히 가슴속에 잘 간직하고 싶다.

다음 행사를 위한 자료 작성

보고서는 단순히 결과 보고뿐 아니라, 다음 이벤트 개최를 위한 매뉴얼로 활용할 수 있도록 작성해야 한다. 그러나 기획 단계에서 실시까지(특히 사전 준비 작업) 어떤 방식으로 이벤트를 실시했는가는 방대한 자료가 되기 때문에 별도로 파일을 만들어 보고서에 별첨한다. 파일의 내용은 모든 회의의 기록을 중심으로 시나리오, 연출 대본, 진행표, 인원 리스트, 견적서 복사본, 스케줄표, 예산서(추정→실행→수정→결산), 인사장, 신청서 복사본, 의뢰서 등 서류로 남기는 것은 전부 파일화해야 한다. 이러한 것이 얼마나 도움이 되는지는 그 다음 이벤트를 담당할 실무 스태프는 분명히 알 수 있을 것이다.

자료 배포

보고서의 배포처에 관해 정해진 규칙은 없다. 그러나 이벤트를 주최한 기관, 매스컴, 후원이나 협력을 아끼지 않았던 단체, 상공회의소, 협찬 기업 등 적어도 해당 이벤트에 협력해 준 곳은 거듭 감사를 전하고 보고서를 제출해야 한다. 이것을 다음으로 연결되는 활동의 일환으로 보는 사람은 이벤트 프로듀서가 될 수 있다.

기업 내부에서는 기업의 경영진(사장, 임원회)에 보고할 뿐 아니라 이벤트에 협력해준 관련 부서를 포함한 모든 부서에 보고서를 배포하여 사내의 협력 체제 구축에 탄력을 더해야 한다.

4. 평가회 개최

보고서가 완성되기 전이나 후에도 무방하므로 실무 스태프가 모여 평가회를 실시해야 한다. 보고서를 작성하는 데는 시일이 걸리므로 스태프들이 잊어버리기 전이나 보고서를 제출하기 전에 평가회를 개최하는 경우가 많다. 하지만 본래는 작성된 보고서를 보고 검토하면서 평가회를 갖고 취합된 내용을 다음 이벤트에 반영해야 한다. 단순히 평가회의 명목으로 회식을 하는 경우가 있지만 그다지 바람직하지 않다. 평가회를 마치고 축하 파티를 하는 게 좋겠다.

총괄 진행

평가회는 주최 측의 이벤트 담당자가 사회를 맡고 전문스태프 한 사람 한 사람이 발언하여 각자의 총괄적인 의견을 듣는 것으로 시작한다. 의견이 나오기 쉬운 자유로운 분위기를 조성한다. 주최 측 스태프와 전문스태프 양측에서 공평하게 발언을 듣는다. 프로듀서나 디렉터는 나중에 발언하고 현장의 외곽에서 활약한 스태프에게서 많은 의견을 듣는 것이 좋다. 각 스태프의 반성을 근거로 프로듀서나 디렉터가 부연 설명을 한다면 각 스태프의 교육 기회도 될 것이다.

분야별 프로듀서나 디렉터의 총평이 완료된 시점에서 총괄 프로듀서가 전체를 총평한다. 평가회에 똑같은 의견이 나오지 않는 것은 사고방식과 견해가 모두 다르기 때문이다. 브레인스토밍과 같은 방식으로 녹음하여 평가회의 회의록을 작성할 것을 권한다. 이 평가회에는 "이렇게 하면 더욱 좋았겠다"라는 적극적인 발언을 유도하여 다음에 더 나은 이벤트를 이끌어 갔으면 한다. 그리고 반성을 바탕으로 다음 행사도 열심히 하자는 다짐으로 결말을 짓는다.

다음 이벤트를 위한 인력 양성

다음을 위한 인력 양성이 중요하다. 반드시 이번 참가한 스태프(가능하면 전원)가 다음 행사 때도 담당하게 해야 한다. 실무를 아는 사람만큼 도움이 되는 것은 없기 때문이다. 인맥도 형성되고 전문스태프의 성격도 이해할 수 있으며 덧붙여 이벤트 실행을 경험한 실적과 자신감은 커다란 재산이다. 그것은 탁월한 다음 행사의 노하우가 된다.

반성 사항의 섹션별 피드백

발표된 반성 사항이나 개선 방안을 분석 및 분류하여 기획에서 실시까지 어느 단계에 적용되는지, 어떤 섹션의 문제인지 등을 정리한다. 또한 각 섹션의 프로듀서나 디렉터는 문제점을 추출하고 그동안의 경험과 노하우로 나온 평가회의 의견을 분석하여 다음 행사를 위한 개선 방안을 정리한다.

· 이 장의 핵심 포인트

이 장에서는 다음과 같은 점을 포인트로 정리할 수 있다.

- 이벤트의 실시 측면에서 현장 위주의 발상으로 이벤트를 분석하여, 이벤트 제작 과정의 중요성과 조직적으로 제작·진행되는 이벤트 현장의 실체에 대한 이해를 돕고자 했다.

- 이것으로 "당신도 이벤트의 프로가 될 수 있다"라고 이야기하고 싶지만 그렇게 간단한 것은 아니다. 이벤트는 깊이와 경륜이 필요하기 때문이다. 이벤트는 전문 능력을 필요로 하는 휴먼 엔지니어링의 집합체이다. 무리하지 말고 전문적인 부분은 전문가에게 맡기는 것이 이벤트 성공의 비결이다.

- 이벤트 관련 능력만으로는 이벤트 프로듀서라고 할 수 없다. 경영자로서의 자질, 사업가로서의 선견지명, 크리에이터로서의 창조력 등은 경험을 쌓지 않으면 갖출 수 없다. 다방면에 관심을 가지고 끊임없이 '이것을 이벤트화 할 수 없을까'라는 의문을 가지면서 모든 현상을 바라보는 안목을 키우는 것이 필요하다.

저/자/소/개
참/고/문/헌

2017년 현재

- 한국지역문화이벤트연구소장 및 이벤트프로젝트 프로듀서
- (사)한국이벤트프로모션협회 고문
- 코트라(Kotra) 2017 아스타나세계박람회 한국관 자문위원
- 박람회연구회 운영

학 력

- 1984년 경성대학교 예술대 응용미술과 졸업
- 1992년 일본이벤트프로듀스아카데미(NEPA)
  프로듀서과정 수료
- 2006년 배재대학교 관광경영대학원 이벤트축제경영학 석사

전문분야 | 박람회 및 문화관광축제 총괄기획 및 운영

주요 경력

1984년	(주)롯데전자 광고실 디자이너
1985~90년	(주)대홍기획 프로모션국 SP팀 이벤트팀장
1991년	(주)세륭기획 엑스포사업부장
1992년	일본 도쿄 (주)스테이지 사이드에서
	박람회프로젝트 연구
1993~94년	투웨이프로모션 대표 역임
1995~98년	(주)서울광고기획 SP국 부국장 역임
1999년~	한국지역문화이벤트연구소 설립 및 소장 취임
2007~8년	(사)한국이벤트프로모션협회 7대 회장 역임
2015~16년	(사)한국이벤트프로모션협회 11대 회장 역임

저 서

- 21세기 지역이벤트 전략(커뮤니케이션북스. 2000)
- 이벤트 성공의 노하우(월간이벤트. 2001)
- 문화관광축제 변화와 성과 1996~2005(문화관광부. 2007)
- 이벤트 성공의 노하우(개정판) (커뮤니케이션북스. 2007)
- 지역이벤트(커뮤니케이션북스. 2008)
- 한국의 근대박람회(커뮤니케이션북스. 2010)
- 세계박람회 기업관의 전략과 실제(커뮤니케이션북스. 2015)
- 박람회프로듀스(커뮤니케이션북스. 2015)

역 서

- 기적을 만드는 이벤트전략(김영사. 1994)
- 스페셜 이벤트-Inside&Out(월간이벤트. 2002)
- 기업은 이런 축제에 투자한다(커뮤니케이션북스. 2011)
- 국제박람회 역사와 일본의 경험(커뮤니케이션북스. 2011)
- 국제박람회와 메가이벤트 정책(커뮤니케이션북스. 2012)

자문 및 심사 평가

2001년	문화관광부 2001 지역문화의 해 지역축제
	전문컨설턴트
2004년	문화관광부 민속축제 심사위원
	인천시 대표축제 심사위원
2005년	문화관광부 지역축제 조사 및 개선사업 자문위원
	아시아육상대회 공식행사 심사위원
	2006 고양국제박람회 행사운영 대행 선정 심사위원
2006년	2006 고양세계꽃박람회 이벤트운영 자문위원
	문화관광부 2006 한(韓)브랜드 박람회
	대행 선정 심사위원
	경상남도 우수축제 선정위원
	아시아·태평양 난전시회운영 심사위원
2005~07년	문화관광부 지역문화컨설팅사업 심사위원 역임
2006~07년	문화관광부 "문화관광축제 10년사 백서"
	집필위원
1995~08년	문화체육관광부 문화관광축제 자문위원 역임
2007~08년	(사)한국이벤트프로모션협회 7대 회장 역임
2008년	계룡세계군문화엑스포 자문위원
	2009 고양국제박람회 행사운영 대행
	선정 심사위원
	2009 경기도자비엔날레 개회식 및
	주요행사 심사위원
2009년	2012 여수세계박람회 회장운영 자문위원
	서울패션센터 동대문 패션창작스튜디오 개관행사
	대행 선정 심사위원
	서울패션센터 찾아가는 패션쇼 대행 선정 심사위원
2007~10년	안성남사당바우덕이축제 자문위원 역임

| 하동군 축제자문위원 역임

2010년 2012 여수세계박람회 홍보관 기념품샵 운영업체
선정 심사위원

| 2012 여수세계박람회 지정업소 명칭 및 상징체계
공모 심사위원

| 2012 여수세계박람회 공식상품화권
사업선정 심사위원

| 한국관광공사 공연관광축제 대행사 선정 심사위원

| 한국콘텐츠진흥원 CT R&D 성과발표 · 전시회 대행
선정 심사위원

2009~11년 2012 여수세계박람회 브랜드마케팅 자문위원 역임

| 2011 대장경천년세계문화축전 자문위원 역임

| 경북관광포럼 자문위원 역임

2011년 2012 여수세계박람회 휘장사업 대행 선정 심사위원

| 2012 여수세계박람회 공식행사 대행 선정 심사위원

| 세븐럭 카지노 2012년 연간 이벤트
대행 선정 심사위원

2011~12년 2012 CIOFF 안성세계민속축전 추진위원 역임

| 문화체육관광부 문화관광축제 선정 심사위원 역임

2012년 2012 고양국제꽃박람회 행사운영 대행
선정 심사위원

| 2012 여수세계박람회 특별기획공연 대행
선정 심사위원

| 한국콘텐츠진흥원 지원사업 평가 심사위원

| 수원화성문화제 전문 평가위원

2011~13년 산청세계전통의약엑스포 자문위원 역임

2012~13년 경기도 지역축제 현장 평가위원 및 대표축제
컨설턴트 역임

2013년 한국콘텐츠진흥원 지원사업 평가 심사위원

| 2013 산청세계전통의약엑스포 세계약선요리대회
심사위원

| 산업부-미래부 R&D 성과전시회 용역
제안서 평가위원

| 농협중앙회 제6회 한우의 날」 대행업체
선정 심사위원

| 국방부 격오지 부대 응원 이벤트 기획 및
진행용역 심사위원

2014년 2014 고양국제꽃박람회 행사운영
대행 선정 심사위원

| 한국관광공사 R16 Korea 2014 세계비보이대회
심사위원

| 2014 광진구 동화나라축제 대행 선정 심사위원

| 한국콘텐츠진흥원 ITS GAME 2014 개최 대행선정
심사위원

| 한국콘텐츠진흥원 2012년 선정 콘텐츠산업기술지
원사업 3차년도

| 계속과제 심의위원

| 2014 인천아시안게임 전국순회 홍보프로모션 대행
선정 심사위원

| 농협중앙회 제7회 한우의 날 대행업체 선정
심사위원

| 소상공인진흥재단 연간홍보 대행선정 심사위원

2015년 소상공인시장진흥공단 전통시장 연간홍보 대행선
정 심사위원

| 소상공인시장진흥공단 TV홍보 대행선정 심사위원

| 소상공인시장진흥공단 전국소상공인 대회 행사대
행 심사위원

| 소상공인시장진흥공단 전국우수시장박람회 행사대
행 심사위원

| 한국농수산식품유통공사 2015 농산물 직거래로컬
푸드 페스티벌 대행선정 평가위원

| 한돈자조금관리위원회 2016년 한돈자조금 사업별
협력사 선정 심사위원

2015~16년 (사)한국이벤트프로모션협회 11대 회장 역임

2016년 소상공인시장진흥공단 소상공인의 날 행사대행 선
정 심사위원

| 2016 고양국제꽃박람회 행사운영
대행 선정 심사위원

| 한국콘텐츠진흥원 2016년 문화기술연구개발 지원
사업 선정평가위원

| 2016 춘천월드레저대회 행사대행 선정평가위원
| 소상공인시장진흥공단 전통시장 특성화사업 선정
  평가위원
| 코트라 2017 아스타나세계박람회 한국관 자문위원

주요 프로젝트

1989년		1993 대전세계박람회 홍보이벤트 기획 및 컨설팅
1991년		1993 대전세계박람회 문화행사 프로젝트 기획 및 컨설팅
1992년		1993 대전세계박람회 회장운영 프로젝트 기획 및 컨설팅
1995~99년		이천도자기축제 마스터플랜 기획 및 총감독
1996~97년		금산인삼축제 마스터플랜 기획 및 총감독
1998년		강화 고인돌축제 마스터플랜 기획 및 총감독 정읍내장산단풍축제 마스터플랜 기획 및 홍보마케팅 광주왕실도자기축제 마스터플랜 기획 및 컨설팅 2001 경기 세계도자기엑스포 기본계획 기획 및 컨설팅
1999년		전주종이축제 마스터플랜 기획 및 총감독 문경전설축제 마스터플랜 기획 및 컨설팅
2000년		충주세계무술축제 마스터플랜 기획 및 총감독 장성백양단풍축제 마스터플랜 기획 및 홍보마케팅 실시 영암왕인문화축제 마스터플랜 기획 및 컨설팅
2001년		장성홍길동축제 마스터플랜 기획 및 홍보마케팅 실시 문경후삼국영웅축제 마스터플랜 기획 및 컨설팅
2002년		안동국제탈춤페스티벌 관광홍보프로모션 실시
2002~03년	영암왕인문화축제 관광홍보프로모션 실시
2003년		익산시 쌍릉관광이벤트 마스터플랜 기획 및 컨설팅 태백시 대표축제 마스터플랜 기획 및 컨설팅
2004년		삼척시 대표축제 마스터플랜 기획 및 컨설팅 홍성내포사랑큰축제 마스터플랜 기획 및 조사평가 태백도깨비축제 마스터플랜 기획 및 컨설팅

2005년		동해시 대표축제 마스터플랜 기획 및 컨설팅
2005~06년	안성남사당바우덕이축제 관광홍보프로모션 실시
2006년		신안군 대표축제 마스터플랜 기획 및 컨설팅 안동국제탈춤페스티벌 관광홍보프로모션 실시
2007년		안성시 축제기획자 전문과정 운영 영등포구 축제기획자 전문과정 운영 양주시 대표축제 마스터플랜 기획 및 컨설팅
2008년		하동야생차문화축제 마스터플랜 기획 및 컨설팅
2009년		영등포구 축제기획자 전문과정 운영 2013 계룡세계군문화엑스포 마스터플랜 기획 및 컨설팅
2010년		안성남사당바우덕이축제 10년백서 집필 경기도 대표축제 현장평가
2011년		2012 안성세계민속축전 마스터플랜 기획 및 컨설팅 경기도 대표축제 현장평가
2012년		2012 안성세계민속축전 실행계획 기획 및 컨설팅 2012 여수세계박람회 행사운영 조사평가 구리시 대표축제 마스터플랜 기획 및 컨설팅 경기도 대표축제 현장평가
2013년		경기도 지역축제 경쟁력 강화 컨설팅 용역 경기도 대표축제 현장평가 광주세계아리랑축전 현장평가
2014년		2014 예천세계활축제 현장평가
2015~16년	2030 부산등록엑스포 유치 타당성조사 용역/ 전시 및 이벤트부문 기획

단행본

- 강정문(1989). 『광고전략 모델』. 대홍기획.
- 이각규(2000). 『21세기 지역이벤트 전략』. 커뮤니케이션북스.
- 이각규(2008). 『지역이벤트』. 커뮤니케이션북스.
- 이각규(2015). 『박람회프로듀스』. 커뮤니케이션북스.
- 한국정신문화연구원(1996). 『한국민족문화대백과사전』. 웅진출판주식회사.

번역 및 해외

- 제임스 W. 영 지음, 신인섭 옮김(1982). 『광고아이디어를 내는 방법』. 나남출판사.
- (社)日本イベントプロデュース協會編集(1998). 『イベント戰略 データファイル』. 第一法規.
- (社)日本イベント産業振興協會(2000). 『イベント白書2000』. (社)日本イベント産業振興協會.
- 高橋 誠 編著(1993). 『創造力 辭典』. 東京モド學院出版局.
- 宇野政雄編著(1992). 『新時代のマーケティング理論と戰略方向』. 早稲田大学大学院宇野研究室.
- 平野暁臣(2002). 『EVENT PLANNING HANDBOOK ―イベント計画実務の実際』. 日本実務出版.
- 和田 創(1996). 『和田創の企画力養成講座―販売促進のための企画の立て方・企画書のまとめ方』. 日経ＢＰマーケティング.
- Alfred L. Schreiber with Barry Lenson(1999). 『Lifestyle and Event Marketing』. McGraw Hill Inc.
- Joe Jeff Goldblatt(1990). 『SPECIAL EVENTS』. Van Nostrand Reinhold.

보고서

- 산업연구원(2010). 『우리나라 이벤트산업의 구조와 활성화 방안』. 산업연구원.
- 이각규(1999). 『밀러맥주 런칭컨벤션 실시보고서』. 서울광고기획.
- 이각규(2000). 『2000이천 도자기축제 실시보고서』. 한국지역문화이벤트연구소.
- 이각규(2000). 『2000충주세계무술축제 실행계획』. 한국지역문화이벤트연구소.
- 이각규(2006). 『2006안성남사당바우덕이축제 홍보마케팅 실시보고서』. 한국지역문화이벤트연구소.
- (재)경주세계문화엑스포조직위원회(2012). 『2011 경주세계문화엑스포 결과보고서』. (재)경주세계문화엑스포조직위원회.
- (재)대장경세계문화축전조직위원회(2011). 『2011 대장경천년문화축전 실행계획』. (재)대장경세계문화축전조직위원회.
- (재)산청세계전통의약엑스포조직위원회(2011). 『2013 산청세계전통의약엑스포 기본계획』. (재)2013 산청세계전통의약엑스포 조직위원회.
- (재)오송화장품·뷰티세계박람회조직위원회(2012). 『2013 오송화장품·뷰티세계박람회 실행계획』. (재)오송화장품·뷰티세계 박람회조직위원회.
- (재)2013 순천만국제정원박람회조직위원회(2014). 『2013 순천만국제정원박람회 백서』. (재)2013 순천만국제정원박람회조직위 원회.
- KOTRA(2012). 『KOTRA 50년사』. KOTRA.